Lexikon Geschichtswissenschaft
Hundert Grundbegriffe

Lexikon Geschichtswissenschaft

Hundert Grundbegriffe

Herausgegeben von
Stefan Jordan

Philipp Reclam jun. Stuttgart

Die Deutsche Bibliothek – CIP-Einheitsaufnahme

Lexikon Geschichtswissenschaft : hundert Grundbegriffe / Hrsg.: Stefan Jordan. – Stuttgart : Reclam, 2002

ISBN 3-15-010503-X

Satz und Druck: Reclam, Ditzingen. Printed in Germany 2002
Buchbinderische Verarbeitung: Kösel, Kempten
RECLAM ist eine eingetragene Marke
der Philipp Reclam jun. GmbH & Co., Stuttgart
ISBN 3-15-010503-X

www.reclam.de

Inhalt

Hundert Grundbegriffe

Einleitung

> »Ein Lexicon ist keine Postille darinne man straffet, ermahnet, tröstet u.s.f. Es soll Erklärungen der Wörter und Sachen in sich fassen.«[1]

Die Geschichtswissenschaft hat keine eigene Sprache. Im Gegensatz etwa zu den Naturwissenschaften, die über ausgeprägte Systeme formalisierter und um Eindeutigkeit bemühter Sprachen verfügen, bedienen sich Historiker der Normalsprache oder entlehnen ihre Fachbegriffe aus anderen Wissenschaften und der Philosophie. Sie schreiben ihnen aber häufig einen spezifisch geschichtswissenschaftlichen Sinn zu, auf den allgemeine Wörterbücher und die Nachschlagewerke anderer Disziplinen nur selten eingehen. Die Autoren dieses Lexikons haben es sich zum Ziel gesetzt, einhundert unverzichtbare Begriffe, die die geschichtswissenschaftlichen Debatten geprägt haben und immer noch bestimmen, so allgemeinverständlich darzustellen, dass auch Studienanfängern und so genannten Laien ein Einstieg in das Vokabular des Historikers ermöglicht wird.

In die Stichwortliste aufgenommen wurden Begriffe, die entweder eine bestimmte Forschungsrichtung bezeichnen, mit der ein besonderer methodisch-theoretischer Anspruch verbunden ist (›Begriffsgeschichte‹, ›*Annales*‹ etc.), oder solche, die Kategorien methodischen Arbeitens bzw. historisch-zeitliche Denkmodelle beschreiben (›Erklären‹, ›Dekadenz‹, ›Vergangenheit‹ etc.). Damit unterscheidet sich dieses Lexikon von der großen Zahl historischer Wörterbücher, die diese Begrifflichkeiten meist nur am Rande führen und stattdessen inhaltlich-systematische Termini wie ›Libe-

1 Johann Heinrich Zedler, *Grosses vollständiges Universal-Lexicon aller Wissenschaften und Künste*, Bd. 19, Leipzig/Halle 1739, S. 2.

ralismus‹ oder ›Markgraph‹ erklären. Weil sich die »100 Grundbegriffe« nicht als Konkurrenz, sondern als Ergänzung zu diesen Wörterbüchern verstehen, ist im Anhang dieses Bandes eine kurze Liste mit einführenden und Übersichtswerken zu finden, welche die Stichworte zu vertiefen helfen oder auf Sammlungen inhaltlicher bzw. systematischer Begriffe verweisen.

Neben den »100 Grundbegriffen« gibt es zweifellos auch andere wichtige Begriffe für die Geschichtswissenschaft. Vor gut zwanzig Jahren hätte die Stichwortliste sicher ganz anders ausgesehen. Begriffe wie ›Revolution‹ oder ›Ideologie‹ hätten damals nicht gefehlt, wohl aber jene Artikel, die auf jüngere Strömungen wie die ›Historische Anthropologie‹ Bezug nehmen, sich mit dem ›Diskurs‹ beschäftigen oder erläutern, was mit ›Eigensinn‹ gemeint ist. Ein Wörterbuch der Geschichtswissenschaft ist also selbst historisch, weil alle Begriffe eine Geschichte haben – manche sogar eine sehr lange, wie z. B. der Artikel ›Historiographie‹ zeigt. Aus diesem Grund kann es keinen ewigen Kanon historischer Begriffe geben. Die hier zusammengestellten Stichworte waren für den Herausgeber und seine Berater von besonderer Bedeutung. Wer andere Schwerpunkte setzt, wird einige Begriffe für weniger wichtig halten, andere dafür vermissen. Damit sich der Leser aber auch über historische Fachbegriffe informieren kann, die wie ›Relevanz‹, ›Gesetz‹ oder ›Perspektive‹ nicht als eigene Stichworte aufgeführt sind, enthält dieses Lexikon ein ausführliches Sachregister. Ein Personenindex wurde ebenfalls beigefügt.

Der Aufbau der Artikel folgt einem Schema, das von Fall zu Fall leicht variiert wird: An die Nennung des Stichworts schließen sich eine Kurzdefinition, dann eine begriffsgeschichtlich orientierte Problematisierung des Begriffs und schließlich ein Ausblick auf die gegenwärtige Diskussion und ihre Perspektiven an. Auswahlbibliographien am Schluss der Artikel verweisen wie die Literaturangaben im

Text auf einschlägige Werke mit möglichst aktuellem Erscheinungsdatum, die einen leichten Einstieg in die nähere Beschäftigung mit einzelnen Begriffen gestatten. Querverweise auf andere Stichworte sind in den Artikeln mit einem Pfeil (→) gekennzeichnet. Die Abkürzung der Stichworte kann sich auf Singular und Plural beziehen; so kann ›M.‹ im betreffenden Artikel sowohl ›Mythos‹ als auch ›Mythen‹ bedeuten. Genus, Numerus und Kasus sowie Flexionen bleiben in der Abkürzung ebenfalls unberücksichtigt.

Alle Beiträge dieses Lexikons sind Originalartikel, wurden also ausschließlich für diese Publikation verfasst. Die fremdsprachigen Beiträge übertrugen Markus Sedlaczek aus dem Französischen (›Wahrheit‹), Karin Schuler aus dem Englischen (›Trope‹, ›Fiktion‹) und die Redaktion des Reclam Verlags aus dem Niederländischen (›Heuristik‹). Ihnen und vor allem den Autoren, die sich auf den schwierigen Anspruch eingelassen haben, komplexe Sachverhalte in der geforderten Kürze allgemeinverständlich darzustellen, gebührt mein herzlicher Dank.

München, im Januar 2002 Stefan Jordan

Verzeichnis der Beiträgerinnen und Beiträger

Klaus Arnold, Jg. 1942, Dr. phil., Professor für Geschichte des Mittelalters an der Universität der Bundeswehr Hamburg.

Aleida Assmann, Jg. 1947, Dr. phil., Professorin für Englische Literatur und Allgemeine Literaturwissenschaft an der Universität Konstanz.

Jan Assmann, Jg. 1938, Dr. phil., Dr. theol. h. c. , Professor für Ägyptologie an der Universität Heidelberg.

Karl-Ludwig Ay, Jg. 1940, Dr. phil., Redaktor der »Max-Weber-Gesamtausgabe« der Bayerischen Akademie der Wissenschaften, München.

Ursula A. J. Becher, Jg. 1934, Dr. phil., Professorin em. für Theorie und Didaktik an der Katholischen Universität Eichstätt.

Horst Walter Blanke, Jg. 1954, Dr. phil., Privatdozent für Neuere Geschichte an der Universität Bielefeld.

Bodo von Borries, Jg. 1943, Dr. phil., Professor für Erziehungswissenschaft (unter besonderer Berücksichtigung der Didaktik der Geschichte), Universität Hamburg.

Arndt Brendecke, Jg. 1970, Dr. phil., Wiss. Assistent für Geschichte der Frühen Neuzeit an der Ludwig-Maximilians-Universität München.

Rüdiger vom Bruch, Jg. 1944, Dr. phil., Professor für Wissenschaftsgeschichte an der Humboldt-Universität Berlin.

Jörg Christöphler, Jg. 1961, München.

Christoph Cornelissen, Jg. 1958, Dr. phil., Privatdozent für Neuere und Neueste Geschichte an der Heinrich-Heine-Universität Düsseldorf.

Martin Dehli, Jg. 1971, Europäisches Hochschulinstitut Florenz.

Alexander Demandt, Jg. 1937, Dr. phil., Professor für Alte Geschichte an der Freien Universität Berlin.

Christiane Eifert, Dr. phil., Privatdozentin für Neuere Geschichte an der Freien Universität Berlin.

Wolfgang Ernst, Jg. 1959, Dr. phil., Privatdozent für Kultur- und Medienwissenschaft an der Humboldt-Universität Berlin.

Richard J. Evans, Jg. 1947, DPhil., Professor für Modern History, Universität Cambridge.

Norbert Frei, Jg. 1955, Dr. phil., Professor für Neuere und Neueste Geschichte an der Ruhr-Universität Bochum.

Eckhardt Fuchs, Jg. 1961, Dr. phil., Wiss. Assistent am Lehrstuhl Erziehungswissenschaft III der Universität Mannheim.

Daniel Fulda, Jg. 1966, Dr. phil., Wiss. Assistent am Institut für Deutsche Sprache und Literatur der Universität zu Köln.

Hans-Jürgen Goertz, Jg. 1937, Dr. theol., Professor für Sozial- und Wirtschaftsgeschichte an der Universität Hamburg.

Wolfgang Hardtwig, Jg. 1944, Dr. phil., Professor für Neuere und Neueste Geschichte an der Humboldt-Universität Berlin.

Benjamin Herzog, Jg. 1973, Fakultät für Geschichtswissenschaft an der Ruhr-Universität Bochum.

Arnd Hoffmann, Jg. 1967, Fakultät für Geschichtswissenschaft der Ruhr-Universität Bochum.

Lucian Hölscher, Jg. 1948, Dr. phil., Professor für Neuere Geschichte und Theorie der Geschichte an der Ruhr-Universität Bochum.

JOHANN HOLZNER, Jg. 1948, Dr. phil., Professor für Neuere Deutsche Literatur an der Universität Innsbruck.

GANGOLF HÜBINGER, Jg. 1950, Dr. phil., Professor für Vergleichende Kulturgeschichte der Neuzeit an der Universität Viadrina, Frankfurt a. d. O.

FRIEDRICH JAEGER, Jg. 1956, Dr. phil., Privatdozent für Neuere Geschichte an der Universität Bielefeld und Fellow am Kulturwissenschaftlichen Institut, Essen.

STEFAN JORDAN, Jg. 1967, Dr. phil., Wiss. Angestellter in der Historischen Kommission bei der Bayerischen Akademie der Wissenschaften, München.

DETLEF JUNKER, Jg. 1939, Dr. phil., Curt-Engelhorn-Stiftungsprofessor für Amerikanische Geschichte an der Universität Heidelberg.

HARTMUT KAELBLE, Jg. 1940, Dr. phil., Dr. h. c., Professor für Sozialgeschichte an der Humboldt-Universität Berlin.

HEINZ DIETER KITTSTEINER, Jg. 1942, Dr. phil., Professor für Vergleichende Europäische Geschichte der Neuzeit an der Universität Viadrina, Frankfurt a. d. O.

WALTER KOCH, Jg. 1942, Dr. phil., Professor für Geschichtliche Hilfswissenschaften an der Ludwig-Maximilians-Universität München.

JÜRGEN KOCKA, Jg. 1941, Dr. phil., Dres. h. c. , Professor für die Geschichte der Industriellen Welt an der Freien Universität Berlin und Präsident des Wissenschaftszentrums Berlin für Sozialforschung (WZB).

REINHART KOSELLECK, Jg. 1923, Dr. phil., Dr. h. c., Professor em. für Theorie der Geschichte und Neuere Geschichte an der Universität Bielefeld.

WOLFGANG KÜTTLER, Jg. 1936, Dr. sc., Professor i. R. am Max-Planck-Institut für Wissenschaftsgeschichte, Berlin.

Chris Lorenz, Jg. 1950, Dr. phil., Professor für Geschichtstheorie an der Universität Leiden und an der Freien Universität Amsterdam.

Alf Lüdtke, Jg. 1943, Dr. phil., Professor für Neuere und Zeitgeschichte, Arbeitsstelle »Historische Anthropologie« des Max-Planck-Instituts für Geschichte, Göttingen, an der Universität Erfurt.

Hans Medick, Jg. 1939, Dr. phil., Professor für Mittlere und Neuere Geschichte, Arbeitsstelle »Historische Anthropologie« des Max-Planck-Instituts für Geschichte, Göttingen, an der Universität Erfurt.

Ulrich Muhlack, Jg. 1940, Dr. phil., Professor für Allgemeine historische Methodenlehre und Geschichte der Geschichtsschreibung an der Johann Wolfgang Goethe-Universität Frankfurt a. M.

Lutz Niethammer, Jg. 1939, Dr. phil., Professor für Neuere und Neueste Geschichte an der Friedrich-Schiller-Universität Jena.

Paul Nolte, Jg. 1963, Dr. phil., Professor für Geschichte an der International University Bremen.

Jürgen Osterhammel, Jg. 1952, Dr. phil., Professor für Neuere und Neueste Geschichte an der Universität Konstanz.

Norbert H. Ott, Jg. 1942, Dr. phil., Bayerische Akademie der Wissenschaften, München.

Alexander von Plato, Jg. 1942, Leiter des Instituts für Geschichte und Biographie an der FernUniversität Hagen.

e. o. plauen, (d. i. Erich Ohser), 1903–1944, Zeichner und Karikaturist in Leipzig und Berlin, Opfer nationalsozialistischer Verfolgung.

Thomas Prüfer, Jg. 1963, Dr. phil., Mitarbeiter der Schiller-Nationalausgabe, Köln.

LUTZ RAPHAEL, Jg. 1955, Dr. phil., Professor für Neuere und Neueste Geschichte an der Universität Trier.

PAUL RICŒUR, Jg. 1913, Ph. D., Dres. h. c., Professor em. für Philosophie an der Universität von Paris.

HEDWIG RÖCKELEIN, Jg. 1956, Dr. phil., Professorin für Mittlere und Neuere Geschichte an der Universität Göttingen.

JÖRN RÜSEN, Jg. 1938, Dr. phil., Präsident des Kulturwissenschaftlichen Instituts im Wissenschaftszentrum Nordrhein-Westfalen, Essen; Professor für Allgemeine Geschichte und Geschichtskultur an der Universität Witten/Herdecke.

MARC SCHALENBERG, Jg. 1970, Dr. phil., Wiss. Assistent am Lehrstuhl für Wissenschaftsgeschichte der Humboldt-Universität Berlin.

JOCHEN SCHLOBACH, Jg. 1938, Dr. phil., Professor für Romanische Sprachen und Literaturen an der Universität des Saarlandes, Saarbrücken.

HERBERT SCHNÄDELBACH, Jg. 1936, Dr. phil., Professor für Theoretische Philosophie an der Humboldt-Universität Berlin.

PETER SCHÖTTLER, Jg. 1950, Dr. phil., Professor am Centre National de la Recherche Scientifique / Centre Marc Bloch, Berlin.

LUISE SCHORN-SCHÜTTE, Jg. 1949, Dr. phil., Professorin für Neuere Allgemeine Geschichte an der Johann Wolfgang Goethe-Universität Frankfurt a. M.

WINFRIED SCHULZE, Jg. 1942, Dr. phil., Professor für Geschichte der Frühen Neuzeit an der Ludwig-Maximilians-Universität München.

Willibald Steinmetz, Jg. 1957, Dr. phil., Privatdozent für Neuere und Neueste Geschichte an der Ruhr-Universität Bochum.

Johannes Süssmann, Jg. 1964, Dr. phil., Wiss. Assistent am Lehrstuhl für Neuere Allgemeine Geschichte an der Johann Wolfgang Goethe-Universität Frankfurt a. M.

Margit Szöllösi-Janze, Jg. 1957, Dr. phil., Professorin für Neuere Geschichte an der Universität zu Köln.

Jakob Tanner, Jg. 1950, Dr. phil., Professor für Geschichte der Neuzeit an der Universität Zürich.

Rudolf Vierhaus, Jg. 1922, Dr. phil., Dr. h. c., Professor em. für Mittlere und Neuere Geschichte an der Universität Göttingen, Direktor em. am Max-Planck-Institut für Geschichte, Göttingen.

Markus Völkel, Jg. 1953, Dr. phil., Professor für Europäische Geistesgeschichte und historische Methodologie an der Universität Rostock.

Peter Th. Walther, Jg. 1952, Ph. D., Wiss. Mitarbeiter an der Philosophischen Fakultät I der Humboldt-Universität Berlin.

Siegfried Weichlein, Jg. 1960, Dr. phil., Habilitand und DFG-Stipendiat, Institut für Geschichtswissenschaften der Humboldt-Universität Berlin.

Thomas Welskopp, Jg. 1961, Dr. phil., Privatdozent für Neuere Geschichte an der Freien Universität Berlin.

Hayden White, Jg. 1928, Professor em. für History of Consciousness, University of California, Santa Cruz.

Annette Wittkau-Horgby, Jg. 1961, Dr. phil., apl. Professorin für Wissenschaftsgeschichte an der Universität Hannover.

Hundert Grundbegriffe

Alltagsgeschichte

Der Begriff ›A.‹ bezeichnet eine Perspektive, nicht aber einen besonderen Gegenstand. Die Rede von einer ›Geschichte der kleinen Leute‹ verweist hingegen auf wichtige Aspekte, geht aber fehl in der Begrenzung auf einen Teilbereich von Gesellschaft. Eine andere häufige Formulierung, ›Geschichte von unten‹, zeigt einen Blickwandel an: Es geht nicht um die Sicht von den ›Kommandohöhen‹; zentral sind vielmehr die Praktiken, in denen diese besetzt und befestigt werden, sowie die Lasten und Leiden, die den ›Vielen‹ zugemutet werden oder die diese sich selbst auferlegen.

(1) Die Betonung des Alltäglichen entstand als Kritik der Kritik. Kritisiert wurde jene Neuorientierung, die ab 1967/68 als → Historische Sozialwissenschaft auftrat. Diese Richtung (z. B. Hans-Ulrich Wehler, Jürgen Kocka) hatte ihrerseits vehement die herkömmliche, historistisch-staatsorientierte (→ Historismus, Politische Geschichte) Geschichtswissenschaft kritisiert und richtete ihr Interesse auf die Wechselwirkungen zwischen Wirtschaft, Gesellschaft und Politik. So grundsätzlich diese Revision angelegt war, so galt sie später manchen als defizitär. Kritiker vermissten hinter dem Vorzeichen der → Modernisierungstheorie die Beschäftigung mit den Lasten und Kosten moderner Umwälzungen. Welches waren die Wahrnehmungen, → Erfahrungen und Verhaltensweisen derer, die zu ›klein‹ für die Makroperspektive, z. B. der Industrialisierung, waren? Was bedeutete es, Herrschaft und Ausbeutung auch als transnationale Momente der Moderne zu begreifen?

(2) Zur Perspektive von A. gehören Handlungsorientierungen. Der Titel des Buchs, das der schwed. Gewerkschaftler Sven Lindquist 1977 vorlegte, wurde Programm: *Grabe, wo du stehst!* (dt. 1989). Das hieß auch: überlasst die eigene Geschichte nicht dem Betrieb der professionellen Geschichtswissenschaft! Jenseits universitärer Forschung entstanden um 1980 als Reaktion auf diese Forderung und

nach dem Vorbild engl. *history workshops* in der Bundesrepublik lokale ›Geschichtswerkstätten‹, die bald eine nationale Vernetzung (und eigene Zeitschrift) auf den Weg brachten. In den Werkstätten wurden (mancherorts anhaltende) Aktivitäten entwickelt, die ›große‹ Geschichte nicht nur ›klein zu schreiben‹, sondern ›von unten herauf‹ neu zu begreifen und darzustellen.

(3) Seit alltagsgeschichtliche Fragen in Seminaren und Vorlesungen akzeptiert sind, ist A. eine Dimension zahlreicher Projekte und Darstellungen. Nach wie vor sind unterschiedliche Deutungen zu erkennen. Selbst da, wo es nicht um einen Teilbereich des historischen gesellschaftlichen Lebens geht, konkurrieren zwei Lesarten: Die eine konzentriert sich auf die Routinen und Gleichförmigkeiten; ihr gelten exzeptionelles oder spektakuläres Verhalten, auch Kalkül und Ekstase als vom Alltag unterschieden. Eine zweite Sichtweise meint mit ›Alltag‹ hingegen jene vielfältige Praxis, in der die Menschen ihre Situation wahrnehmen und sich ›aneignen‹. Selbst in extremen Notsituationen seien die Interpretations- und Variationsmöglichkeiten niemals völlig reduziert. Autobiographische (→ Autobiographie) Rekonstruktionen des Alltags in dt. Konzentrationslagern des Nationalsozialismus belegten dies z. B. ebenso wie die literarische Verarbeitung dieser Erfahrung, etwa durch Primo Levi, Ruth Klüger oder Imre Kertész.

Solche Deutungen boten zunächst Anlass für Missverständnisse. Manche alltagsgeschichtliche Studien zeigten Anzeichen einer Heroisierung oder Romantisierung der angeblich Namenlosen. Industrielle Proletarier, Gesinde, Landarbeiter und Soldaten erschienen als bisher verkannte Helden der Widerständigkeit. Genaue Untersuchungen der Gemengelagen des Alltags zeigen aber ein anderes Profil. In den Studien zur massenhaften Denunziationspraxis im dt. Faschismus (z. B. Gerhard Paul / Klaus Mallmann; Robert Gellately) ist deutlich geworden, dass die Praxis der ›Aneignung‹ Voraussetzung für die Intensität und mörderische

Destruktivität nationalsozialistischer Herrschaft war. Für die große Mehrheit der Deutschen gehörten neben individuell-egoistischen Motiven auch ein Streben nach Eintauchen und Anerkennung im sozialen Umfeld zu jenen Triebfedern, deren emotionale Seite weit wichtiger war, als es in gängigen normativen Konzepten von Demokratie und Massenteilnahme am Politischen wahrgenommen wird.

(4) Die alltagsgeschichtlichen Studien zum Nationalsozialismus könnten nahe legen, diese Sicht tauge v. a. für die Analyse der Diktaturen des 20. Jh. Entscheidend aber wäre, Alltäglichkeit ›quer‹ zu den Gesellschafts- und Herrschaftskontexten zu erkunden. Denn erst Einblicke in alltägliches Verhalten lassen erkennen, wie die Menschen und Gruppen ihre → Wirklichkeit sahen und herstellten. Allein in diesem Kontext lässt sich rekonstruieren, auf welche Weise und in welchem Maße jene Vorgaben und Erwartungen Folgen hatten, die ›von oben‹ oder durch institutionelle Zusammenhänge propagiert oder durchzusetzen versucht wurden (vgl. für frühere Zeiten Norbert Schindler, *Wilderer im Zeitalter der Französischen Revolution*, 2001).

Deshalb wären Alltagswirklichkeiten in Relation zu setzen. Das gilt z. B. für den *New Deal* der USA und die späten 1930er Jahre in Großbritannien, die mit dem Alltag in den faschistischen und stalinistischen Staaten verglichen werden könnten oder für den → Vergleich der dt.-dt. Nachkriegsgeschichte. Zu fragen wäre nach Ähnlichkeit bzw. Differenz sozialer Praktiken und Emotionen, kultureller Standards und Bilder.

Alltäglichkeit ist die Arena, in der Mitmachen und Zustimmen, aber auch eigensinnige Distanz, Ausweichen und womöglich Widerstehen kreiert und praktiziert werden. Hier entwickeln sich die Wechselbewegungen, mit denen Menschen zwischen scheinbar gegensätzlichen Orientierungen lavieren. In dieser Sicht ist Alltäglichkeit nicht Thema einer einzelnen Disziplin. Beteiligt sind die visuellen, performativen und literarischen Künste ebenso wie die

Wissenschaften, die sich auf diese Ausdrucksformen in ihrer Geschichtlichkeit beziehen. Insofern ist A. weder ein isoliertes Unternehmen noch eine Eintagsfliege.

Alf Lüdtke

Alf Lüdtke (Hrsg.): Alltagsgeschichte. Zur Rekonstruktion historischer Erfahrungen und Lebensweisen. Frankfurt a. M. / New York 1989.
Gerhard Paul / Klaus Mallmann: Herrschaft und Alltag: ein Industrierevier im Dritten Reich. Bonn 1991.
Gerhard Hirschfeld [u. a.] (Hrsg.): »Keiner fühlt sich hier mehr als Mensch«. Erlebnis und Wirkung des Ersten Weltkriegs. Essen 1993.
Hans Medick / Benigna von Krusenstjern (Hrsg.): Zwischen Alltag und Katastrophe: Der Dreißigjährige Krieg aus der Nähe. Göttingen 1999.
Robert Gellately: Hingeschaut und weggesehen. Hitler und sein Volk. Stuttgart 2002.

Annalen

Mit ›A.‹ (lat. *annales* [*libri*] ›Jahrbücher‹) wird eine spezifisch mittelalterliche Form der → Geschichtsschreibung bezeichnet, bei der ohne literarische Ambitionen und ohne Berücksichtigung sonstiger Strukturmodelle zu jedem Jahr neben historischen auch naturgeschichtliche → Ereignisse und biographische Fakten knapp aneinander gereiht werden (→ Biographie).

Für die Herausbildung der historiographischen Gattung ›Annalistik‹ können zwei Gründe angeführt werden: Zum einen haben die seit dem 8. Jh. überlieferten A. wohl Vorläufer in den in die Namenslisten der Antike inserierten

Aufzeichnungen historischer Ereignisse (z. B. assyr. *Limmu-A.*, seit 1200 v. Chr.; A. der *pontifices maximi*, etwa 130/115 v. Chr.; spätantike Konsullisten; Zeittafeln des Eusebios von Caesarea, Ende 3. / Anfang 4. Jh.), die wiederum auf die formale Struktur der Chroniken des 6. und 7. Jh. (z. B. Cassiodor, Victor Tunnunensis, Fredegar) einwirkten; zum anderen entstanden die A. aus Rand- und Interlinearnotizen in den Ostertafeln, die zur Berechnung der beweglichen Termine des das Kirchenjahr regierenden Osterfestes dienten. Erst die durch die Ostertafeln vermittelte, mit Christi Geburt beginnende, heilsgeschichtliche Zeitrechnung (Inkarnationsdatierung) lieferte eine verbindliche, die bloß individuellen Herrscherjahre überwölbende Orientierungshilfe (→ Chronologie, Zeit).

Im Unterschied zu → Chroniken, die sich als auch literarisch geformte Werke eines Einzelautors an ein breiteres Publikum wenden, sind A. ursprünglich von mehreren anonymen Autoren stück- und jahrweise hintereinander verfasste Aufzeichnungen. Oft von zahlreichen Händen über Generationen fortgeführt und gelegentlich mit Nachträgen zu früheren Daten versehen, sind sie ohne literarischen Anspruch und fast ausschließlich für den Gebrauch der eigenen, meist klösterlichen Kommunikationsgemeinschaft bestimmt, jedoch häufig zwischen mehreren Klöstern ausgetauscht und ausgeschrieben. Der geographische Berichtshorizont ist daher fast stets regional eng begrenzt; nicht auf die eigene Region bezogene Eintragungen (z. B. militärischer Taten) jedoch lassen Schlüsse auf Entstehung und Gebrauch der frühen A. im Umkreis der den Karolingern nahe stehenden Abteien zu. Die vielseitige Verwendbarkeit und den politischen Deutungsanspruch der A. macht nicht nur ihre im 8. und 9. Jh. mitunter gemeinsame Überlieferung mit Gesetzes- und Kapitularientexten deutlich; ihr verdanken auch die seit den letzten Jahrzehnten des 8. Jh. aufgezeichneten *Fränk. Reichs-A.* ihre Entstehung. Diese wurden von der Verwaltung des Karolingerhofs als offiziöse Geschichtsquelle genutzt und dienten der ideologisierten Darstellung der eigenen Politik (Rechtfertigung der Absetzung des Bayernherzogs Tassilo 788). Auch die Aufspaltung der *Fränk. Reichs-A.* in drei Fortsetzungen (Ostreich: *Fuldaer A.*, Lotharingien: *Xantener A.*, Westreich: *Annales Bertiniani*) vermittelt in der durchschimmernden unterschiedlichen Bewertung der Aufgliederung des Frankenreichs die politische Intention der Gattung.

Seit der 2. Hälfte des 9. Jh. verwischen die Gattungsgrenzen zwischen A. und Chronik, die knappen Einträge werden ausführlicher, Zeitgeschichte erhält größeres Gewicht, statt mehrerer aufeinander folgender Verfasser ist nun ein einziger, oft aus seiner Anonymität heraustretender Autor für das Gesamtwerk verantwortlich. Prägnantes Beispiel dieses Wandels der Gattung sind die bis 1077 reichenden A. Lamperts von Hersfeld, dessen Kompilation lokaler A. und spätantik-frühmittelalterlicher Chronistik in einer ausführlichen, die Regierungszeit Heinrichs IV. scharf kritisierenden zeitgeschichtlichen Polemik mündet. Wenn auch die A. spätestens im 13. Jh. durch andere historiographische Gattungen abgelöst werden, entstehen doch auch im Spätmittelalter noch annalistisch organisierte, zuweilen mit anderen, z. B. graphischen Modellen (Stammbäume), verschränkte Geschichtswerke wie z. B. die *Weltchronik* des Johannes de Utino, die sich auch an ein volkssprachliches Publikum wendet. Spätestes Beispiel der vereinzelt bis in die Neuzeit reichenden A.-Tradition sind die erst 1627 abbrechenden A. des Schwarzwaldklosters St. Georgen. Der Begriff ›A.‹ bleibt jedoch umgangssprachlich, als Bezeichnung für populäre Darstellungen der Geschichte von Firmen, Vereinen und Körperschaften oder als Titel für Periodika bis in die Gegenwart gebräuchlich.

Anders als die Chronistik bietet die Annalistik selten durch bewusstes Arrangieren von Fakten modellierte geschichtsmetaphysische Deutungsangebote. Dennoch trifft die Feststellung, A. seien allein der sachlichen Informationsvermittlung verpflichtet, nur bedingt zu, wie u. a. das von den *Fränk. Reichs-A.* vermittelte Geschichtsbild oder die je nach Interessenlage der Benutzer variierende Auswahl der aufgezeichneten Fakten zeigen.

Norbert H. Ott

Reginald L. Poole: Chronicles and Annals. Oxford 1926.
Bernard Guenée: Histoires, annales, chroniques. Essais sur les genres historiques au moyen âge. In: Annales 28 (1973). S. 997–1016.
Michael McCormick: Les annales du haut moyen âge. Turnhout 1975.
Denys Hay: Annalists and Historians. London 1977.
Kurt-Ulrich Jaeschke: [Art.] Annalen. In: Lexikon des Mittelalters. Bd. 1. München/Zürich 1980. Sp. 657–661.

Annales

Unter A.-Schule versteht man jene Strömungen innerhalb der frz. Geschichtswissenschaft, die sich um die Zeitschrift *Annales d'histoire économique et sociale* (1929–38, 1939–45 unter wechselnden Titeln, 1946–93 *Annales. Economies. Sociétés. Civilisations*, seit 1994 *Annales. Histoire. Sciences sociales)* gesammelt haben. Sie ist von vier Forschergenerationen geprägt, deren wichtigstes Bindeglied neben der Zeitschrift die gemeinsame Tradition, nämlich das Vorbild und Erbe der beiden Gründer, Marc Bloch (1886–1944) und Lucien Febvre (1878–1956), ist. Diese verfolgten das Ziel, die bis dahin dominierende politische Nationalgeschichte zurückzudrängen, die sich auf Männer, Taten und Ereignisse konzentrierte (→ Politische Geschichte). Bloch und Febvre betrieben stattdessen wirtschafts-, sozial- und kulturgeschichtliche Forschungen und förderten energisch die Öffnung der frz. Geschichtswissenschaft für Ideen und Methoden der Nachbardisziplinen Geographie, Soziologie, Psychologie und Ökonomie. Ihre Zeitschrift wurde ein fächerübergreifendes Projekt, das die Analyse sozial- und wirtschaftsgeschichtlicher Themen und die Beschäftigung mit Gegenwartsproblemen verband. Formen kollektiver Vorstellungen erregten in besonderem Maße die Aufmerksamkeit der A.-Historiker: Der Mediävist Bloch untersuchte den Glauben an die Heilkräfte der engl. und frz. Könige (*Les rois thaumaturges*, 1924; dt. *Die wundertätigen Könige*, 1998), bevor er in seinem Hauptwerk die europ. Feudalgesellschaft als Vorstellungswelt, sozialen Ordnungsentwurf und politisch-ökonomisches Herrschaftssystem analysierte (*La société féodale*, 2 Bde., 1939/40; dt. *Die Feudalgesellschaft*, 1999). Febvre schrieb eine einflussreiche Studie über Denkkategorien und religiöse Vorstellungswelten des 16. Jh., die am Beispiel von Rabelais' Religions- und Kirchenkritik die Frage nach den epochenspezifischen Grenzen des Denk- und Vorstellbaren zu beantworten suchte (*Le problème de l'incroyance au XVIe siècle: La religion de Rabelais*, 1942). Nach 1945 richtete die A.-Schule unter der intellektuellen Führung von Fernand Braudel und Ernest Labrousse ihre Forschungsarbeit v. a. auf die Wirtschafts- und → Sozialgeschichte. Die unmittelbar nach Kriegsende erschienenen großen Studien dieser Wortführer der ›zweiten Generation‹ lieferten Themen, Methoden und Vorbilder: Braudels Hauptwerk (*La Méditerranée et le Monde méditerranéen à l'époque de Philippe II*, 1949; dt. *Das Mittelmeer und die mediterrane Welt in der Epoche Philipps II.*, 1990) entwarf das dreigeteilte Panorama von geohistorischen Grundlagen, wirtschaftlich-sozialen Konjunkturen sowie politisch-militärischen → Ereignissen des Mittelmeerraums in der 2. Hälfte des 16. Jh. ›Lange Dauer‹ (→ longue durée), ›Strukturen‹ und ›Konjunkturen‹ wurden Leitbegriffe der A.-Schule. Labrousses Untersuchung über die Konjunkturzyklen am Ende des Ancien Régime (*La crise de l'économie française à la fin de l'Ancien régime et au début de la Révolution*, 1944) lieferte das Modell statistischer Analyse von Preisbewegungen und Einkommensverhältnissen: Seine Schüler gingen in den 1950er und 1960er Jahren daran, in den Archiven die bislang übersehenen Datenreihen zu Preisbewegungen und Besitzverhältnissen, von agrarischer und gewerblicher Produktion auszuwerten, mit deren Hilfe sie die Wirtschafts- und Sozialstruktur frz. Regionen zwischen 1700 und 1900 neu kartographierten. Institutionelle Verankerung erhielt die A.-Schule in der neu gegründeten Hochschule für Wirtschafts- und Sozialwissenschaften in Paris, der *VIe Section de l'Ecole des Hautes Etudes* (heute: *Ecole des Hautes Etudes en Sciences Sociales*). Die ›dritte Generation‹ legte bis zum Ende der 1960er Jahre zahlreiche Studien zur Wirtschafts- und Sozialgeschichte Frankreichs sowie zum westlichen Mittelmeerraum zwischen 1500 und 1800 vor, die der A.-Schule wachsende internationale Anerkennung einbrachten. Bis zum Ende der 1960er Jahre rückte dabei das Interesse an der Weiterentwicklung quantifizierender Methoden immer stärker in den Vordergrund: Die *histoire sérielle*, die quantifizierende Auswertung gleichförmiger Massenquellen, wurde zum Leitbild v. a. bei größeren Forschungsvorhaben. Seit den späten 1950er Jahren entwickelte sich zugleich eine Sozialgeschichte kultureller Phänomene, die sich als Mentalitätengeschichte (→ Mentalitäten) verstand. Vorstellungswelten und Denkmuster sozialer Gruppen, ja ganzer Epochen wurden zum Gegenstand dieser Forschungsrichtung. Auch ihr Hauptarbeitsfeld waren Mittelalter und Frühe Neuzeit. Typischerweise kombinierten zahlreiche Vertreter der ›dritten Generation‹ wie Emanuel Le Roy Ladurie, Georges Duby, Pierre Chaunu oder François Furet die Fragestellungen der beiden Hauptrichtungen der A.-Historiographie der 1960er Jahre: In ihren besten Werken blieb die neue Mentalitätengeschichte aufs engste mit der älteren Wirtschafts- und Sozialgeschichte verknüpft.

Eine ›vierte Generation‹ rückte in den 1970er Jahren nach: Nachdem die leitenden Ideen der A.-Gründer Gemeingut der frz. Historiker geworden waren und die A.-Schule auch international sehr großen Einfluss ausübte, entwickelte sie die Mentalitätengeschichte zur → Historischen Anthropologie fort. Die → Kulturgeschichte frühneuzeitlichen Alltagslebens (1) mit den zentralen Themen Tod, Geburt, Krankheit, Heirat, die Sozialgeschichte der Familie (2) und die Geschichte der Marginalisierten und Unterdrückten (3) wurden ihre zentralen Arbeitsgebiete.

Im Unterschied zu anderen Schulbildungen stellt sich die A.-Schule somit als Pakt dar, der vier Generationen umfasst, die eigenen Traditionen gepflegt und zugleich das Ziel innovativer Forschung weiter verfolgt hat. Dabei sind die Idiome der A.-Strömung immer vielfältiger geworden. Begriffe und Leitideen der Nachbarfächer haben wiederholt die Sprache der A.-Historiker angereichert, Marxismus und Strukturalismus hinterließen nachhaltige Spuren. Unterschiedlich fallen Urteile und Deutungsversuche aus, den Platz der A.-Schule in der modernen Geschichtswissenschaft zu bestimmen. Die Innovationen der frühen A. gehören in den internationalen Zusammenhang zahlreicher Neuansätze seit der Jahrhundertwende hin zu einer breiteren, den neuen Massenphänomenen in Wirtschaft und Gesellschaft Rechnung tragenden Forschung. In dieser Hinsicht muss die A.-Schule auch zu den Überwindern des → Historismus gerechnet werden. Die A.-Historiker haben dabei den Weg einer politikfernen Sozialgeschichte beschritten, die soziale Prozesse, kollektive Kräfte und v. a. die Trägheitsgesetze von ›Strukturen‹ ins Rampenlicht gerückt hat.

Schließlich dürfen die literarischen Qualitäten der A.-Historiographie nicht vergessen werden. Sie haben vielen

Werken eine breite Leserschaft gesichert und so dafür gesorgt, die Kluft zwischen einem breiteren Publikum und der ›Avantgarde‹ der Geschichtswissenschaft in Frankreich zu verkleinern.

Lutz Raphael

Peter Burke: Offene Geschichte. Die Schule der *Annales*. Berlin 1991.
Matthias Middell / Steffen Sammler (Hrsg): Alles Gewordene hat Geschichte. Die Schule der *Annales* in ihren Texten. Leipzig 1994.
Lutz Raphael: Die Erben von Bloch und Febvre. Geschichte der *Annales*-Historiographie und nouvelle histoire 1945–1980. Stuttgart 1994.
Ulrich Raulff: Ein Historiker im 20. Jahrhundert: Marc Bloch. Frankfurt a. M. 1995.
Stuart Clark (Hrsg.): The Annales School. Critical Assessments. 4 Bde. London 1999.

Anschaulichkeit

Das Darstellungsprinzip ›A.‹ (auch: Vergegenwärtigung, Verlebendigung; griech. *enargeia*, lat. *evidentia*, *perspicuitas*) verweist die moderne Geschichtswissenschaft auf die rhetorischen Wurzeln der → Historiographie und auf die seit dem späten 18. Jh. intensiv geführte Debatte um die Abgrenzung der Historie von der Literatur.

Die Forderung nach A. ist bei Cicero, Quintilian und Lukian belegt: Der Historiker solle wahrhaftig und parteilos (→ Objektivität) von den → res gestae berichten und diese so schildern, dass die Zuhörer derart eine Vorstellung von dem Berichteten gewinnen, als seien sie selbst zugegen gewesen. Dieses rhetorische Modell der Historiographie überdauerte von der Antike bis zur Auflösung des → historia magistra vitae-Topos im 18. Jh.

Im Mittelpunkt der geschichtstheoretischen Reform Mitte des 18. Jh. stand die Auseinandersetzung mit als vorbildlich erachteten Kompositions- und Darstellungsmitteln antiker Historiographie. Jedoch müsse die dem »organischen Geist« der Griechen (Johann Gottfried Herder, *Briefe zur Beförderung der Humanität*, 1796) zugeschriebene A. nun aus anderen als der direkten Augenzeugen- und Zeitgenossenschaft gewonnen werden. Der Rekurs auf Drama und Roman half, sowohl Kriterien für die Komposition einer kohärenten Geschichtserzählung als auch Stilmittel anschaulicher Darstellung zu gewinnen. Dazu zählten ›Verfabelung‹ (*emplotment*), individualisierende Charakterschilderungen und dramatisierende Darstellung der geschichtlichen Akteure als Handelnde, Einschaltung direkter Rede, Zuspitzung der → Erzählung auf peripatetische Momente, Tempuswechsel sowie der Gebrauch von Anekdoten.

Das im Pragmatismus gewonnene Darstellungsmittel der Individualisierung wurde im → Historismus zum materialen Prinzip der Geschichte selbst. Genetische, an dramatischer Verfabelung orientierte Sinnbildung (→ Sinn) löste bei Leopold Ranke das rhetorisch-exemplarische Modell der Historiographie ab. Mit Augenzeugenberichten und Reisebeschreibungen sowie Erzähltechniken des → historischen Romans schuf Ranke neue Standards der A. Neben Roman und Drama wurden Zeugnisse der bildenden Künste (Jacob Burckhardt, Hippolyte Taine, Johan Huizinga) oder die Örtlichkeiten selbst (Rom bei Ferdinand Gregorovius, die Normandie bei Henry Adams) Inspirationsquellen historiographischer Visualisierung (Francis Haskell, *Die Geschichte und ihre Bilder*, 1995). Die seit der Mitte des 19. Jh. beliebten populärhistorischen Werke verstärkten durch Illustrationen die Anstrengungen um Veranschaulichung des Vergangenen (Stephen Bann, *The Clothing of Clio*, 1984).

Johann Gustav Droysens *Historik* (1857) bildet in Deutschland den Endpunkt aller primär an Darstellungsfragen orientierten → Historiken, indem sie einerseits das Kriterium der → Methode von der Logik der Darstellung auf die der Forschung umpolte und andererseits die explikativen Grenzen sämtlicher Stilmerkmale einer historischen A. diskutierte. Während die anschauliche Vergegenwärtigung des Vergangenen seit Droysen für die fachwissenschaftliche Historiographie unter Fiktionalitätsverdacht geriet, erfuhr sie im Bereich populärer Vermittlungsformen historischen Wissens eine umso stärkere Konjunktur. Die z. B. durch das Genre der → Biographie markierten historiographischen Randbezirke im Grenzverlauf von Literatur und Wissenschaft löste die in den 1980er Jahren entfachte Debatte um die → Fiktion des Faktischen auf. Im Gefolge dieser literaturwissenschaftlichen Herausforderung der Geschichtswissenschaft rehabilitierte z. B. der *New Historicism* das Modell rhetorischer A.

Jörg Christöphler

Reinhart Koselleck [u. a.] (Hrsg.): Formen der Geschichtsschreibung. München 1982.

Hans-Jürgen Pandel: Mimesis und Apodeixis. Hagen 1990.

Ute Daniel: »Ein einziges grosses Gemählde«. Die Erfindung des historischen Genres um 1800. In: Geschichte in Wissenschaft und Unterricht 47 (1996). S. 3–20.

Daniel Fulda: Wissenschaft aus Kunst: die Entstehung der modernen deutschen Geschichtsschreibung 1760–1860. Berlin / New York 1996.

Jörg Christöphler / Andrea Dippel: Die Anschaulichkeit der Geschichte in Historiographie und Malerei – Eine Skizze. In: Zukunft der Geschichte. Historisches Denken an der Schwelle zum 21. Jahrhundert. Hrsg. von Stefan Jordan. Berlin 2000. S. 123–143.

Aufklärungshistorie

›A.‹ bezeichnet das historische Denken (d. h. Geschichtsschreibung, -forschung, -philosophie und -theorie), das durch Prinzipien der europ. Aufklärung maßgeblich geprägt ist. In zugespitzter Interpretation wird unter ›A.‹ ein eigenständiges Wissenschaftsparadigma verstanden, das dem → Historismus vorausgeht, also eine spezifische Erscheinung der dt. Spätaufklärung.

In wissenschaftshistorischer Hinsicht ist die A. das Bindeglied zwischen humanistisch-rhetorischem Geschichtsdenken einerseits und dem Historismus andererseits. Sie ist die Epoche der Geschichtsschreibung, in der die Historie eine wissenschaftliche Form historischen Denkens entwickelt hat. Repräsentativ für diesen Verwissenschaftlichungsschub stehen v. a. die Göttinger Johann Christoph Gatterer, August Ludwig Schlözer und Arnold Hermann Ludwig Heeren.

Grundsätzlich lässt sich A. als Auffassung charakterisieren, die Geschichte als universalen Prozess der Selbstbefreiung der Menschen interpretiert und zugleich das politische Handeln an der Leitidee orientiert, diesen Emanzipationsprozess weiterzuführen. A. beinhaltet notwendig ein kritisches Element; sie beruht zu großen Teilen auf Traditionskritik (→ Tradition). Das bedeutet aber nicht, dass sie mit jeglichen geschichtlichen Überlieferungen Tabula rasa gemacht hätte. Sie kennt sehr wohl identitätsstiftende positive Traditionen. Die A. ist nicht die Inkarnation ahistorischen Denkens, sondern im Gegenteil zutiefst historisch; in der Aufklärung ist Geschichte als Wissenschaft zuallererst konstituiert worden.

Zu den bevorzugten Themenbereichen der A. gehörten die Universalgeschichte (→ Weltgeschichte), geschichtsphilosophische Reflexionen (→ Geschichtsphilosophie), die historische Erforschung von Fremdkulturen, die europ. Staatengeschichte und speziell die Geschichte des europ.

Staatensystems (→ Politische Geschichte), weiterhin die dt. Geschichte, die Landesgeschichte, die Verfassungsgeschichte im Sinne einer umfassenden → Sozialgeschichte, die sog. Statistik (d. h. Staats- und Staatenkunde), die Wirtschaftsgeschichte, groß angelegte Quellensammlungen (→ Quelle), die einzelnen → Historischen Hilfswissenschaften, lexikographische und bibliographische Arbeiten, quellenkritische Studien (→ Quellenkritik) und Reflexionen über → Historik.

Als dominierende Merkmale des Paradigmas ›A.‹ scheinen folgende sieben Gesichtspunkte: (1) der Versuch, das enorm angeschwollene empirische Wissen über menschliche Vergangenheit zu verarbeiten; (2) die Erschließung einer geschichtlichen Welt, die im Vergleich zur humanistisch-rhetorischen Geschichtsschreibung einen qualitativ neuen Charakter besitzt und die man wegen der neu in den Blick genommenen Themenbereiche als eine sehr viel weiter gehende Historisierung menschlicher Identität fassen kann; (3) die Artikulation bürgerlichen Emanzipationsstrebens in und durch die Geschichtsschreibung; (4) die Öffentlichkeit der fachwissenschaftlichen Diskussion; (5) die Säkularisierung des historischen Denkens; (6) der Prozess einer fortschreitenden Verwissenschaftlichung und Verfachlichung der Historie; und (7) schließlich der Aufstieg der Universitäten zu den maßgeblichen Institutionen geschichtswissenschaftlicher Forschung. Diese Faktoren stehen in komplexen Zusammenhängen und bilden unterschiedliche Beziehungsgeflechte.

Legt man Jörn Rüsens Modell der → Disziplinären Matrix auf die → Historiographiegeschichte an, so lässt sich die A. in ihren verschiedenen Hinsichten erweisen: (1) als Rationalisierung der Orientierungsbedürfnisse zu Erkenntnisinteressen und deren Explikation; (2) als eine Theoretisierung der leitenden Hinsichten auf die Vergangenheit zum expliziten Bezugsrahmen der historischen Interpretation; (3) als Methodisierung der empirischen Geltungssicherung von Geschichten zum Regelsystem der historischen Forschung; (4) als Entrhetorisierung und als Narratisierung der historiographischen Darstellungsformen; (5) als Emanzipation von allen fachfremden Ansprüchen, die an die Historie gestellt werden, bzw. als Säkularisierung der Historie und als Universalisierung der historischen Identität.

Die A. hat die Bedeutung der Parteilichkeit (→ Objektivität) für den historischen Erkenntnisprozess entdeckt und in einer »Sehe-Punckt«-Theorie (Johann Martin Chladenius, *Allgemeine Geschichtswissenschaft*, 1752) theoretisch begründet. Die Aufklärungshistoriker bezogen sich auf die Grundprinzipien der Aufklärung (Vernunft, Kritik, Selbstdenken); ihre soziale Bezugsgruppe war v. a. das (Bildungs-)Bürgertum, das als neue Funktionselite zunehmend an Bedeutung gewann.

Im Gegensatz zum → Historismus bildete die A. keinen Forschungsgegenstand *sui generis* der Historiographiegeschichtsschreibung. Sie galt – z. B. bei Friedrich Meinecke (*Die Entstehung des Historismus*, 1936) – bis weit über die Mitte des 20. Jh. hinaus als unwissenschaftlich und zutiefst unhistorisch. Seit den späten 1970er Jahren ist die A. gewissermaßen wieder entdeckt worden: Der Rückgriff auf sie diente der Historismus-Kritik und der Begründung des neuen Wissenschaftsparadigmas der → Historischen Sozialwissenschaft. Inzwischen spielt die dichotomische Gegenüberstellung von A. und Historismus keine entscheidende Rolle mehr.

Im Hinblick auf die Erforschung der A. gibt es noch große Defizite: Bislang sind z. B. das historische Denken der Frühaufklärung und die katholische Historiographie noch kaum erforscht; es fehlt auch eine Aufarbeitung der A. im gesamteurop. Rahmen.

Horst Walter Blanke

Hans Erich Bödeker [u. a.] (Hrsg.): Aufklärung und Geschichte. Studien zur deutschen Geschichtswissenschaft im 18. Jahrhundert. Göttingen 1986.
Horst Walter Blanke / Dirk Fleischer: Theoretiker der deutschen Aufklärungshistorie. 2 Bde. Stuttgart-Bad Cannstatt 1990.
– Aufklärung und Historik. Aufsätze zur Entwicklung der Geschichtswissenschaft, Kirchengeschichte und Geschichtstheorie in der deutschen Aufklärung. Waltrop 1991.
Ulrich Muhlack: Geschichtswissenschaft im Humanismus und in der Aufklärung. Die Vorgeschichte des Historismus. München 1991.
Daniel Fulda: Wissenschaft aus Kunst. Die Entstehung der modernen deutschen Geschichtsschreibung 1760–1860. Berlin / New York 1996.

Autobiographie

A. (griech. ›Selbst-Lebensbeschreibung‹) und Ego-Dokument (lat. *ego* ›ich‹) sind Quellensorten, die im Rahmen einer verstärkten Anthropologisierung der Geschichtswissenschaft in den letzten Jahren zunehmend das Interesse der Forschung gefunden haben, während Memoiren (frz. *mémoire* ›Gedächtnis‹) – Rückblicke auf die je eigene Vergangenheit – seit dem Beginn der modernen Geschichtswissenschaft immer schon Objekt besonderer Aufmerksamkeit der Historiker waren (Peter Stadler, *Memoiren der Neuzeit*, 1995). Die *Geschichte des privaten Lebens* (Philippe Ariès [u. a.], Hrsg., 5 Bde., 1989–93; frz. 1985–87) scheint der vorläufige Endpunkt der neueren Entwicklung zu sein; der private Raum wird vermessen, die Intimsphäre ausgespäht, Konsum und Besitz werden gezählt, Testamente analysiert, Gefühle ermittelt, Verfehlungen ausgebreitet. Damit hat sich eine entscheidende Veränderung gegenüber dem klassischen → Historismus ergeben, dessen Individualitätssyndrom (→ Individualität) in merkwürdigem Widerspruch zu seiner Zurückhaltung stand, das Innerste des Menschen vollends ergründen zu wollen (Winfried Schulze, Hrsg., *Sozialgeschichte, Alltagsgeschichte, Mikro-Historie*, 1994).

(1) Die A. hat eine lange und komplexe Vorgeschichte, in der die sozialen Veränderungen in Spätmittelalter und Früher Neuzeit eine entscheidende Rolle spielen. Immer deutlicher stellt sich heraus, dass neben den klassischen literarischen Vorlagen eine Fülle von Anregungen durch konkrete gesellschaftliche Bedingungen ausschlaggebend waren. Sie reichen von der Zunahme von Schreibfähigkeit und pragmatischer Schriftlichkeit in Handel und Verwaltung, der leichteren Verfügbarkeit von Papier als Schreibstoff über die intensivierte Bildung, fortschreitende berufliche Differenzierung und neue soziale Mobilität bis hin zur Entstehung eines privaten Binnenraumes des Individuums als notwendigem Gegenstück zum System des frühneuzeitlichen Staates, der den Gehorsam seiner Untertanen einforderte. Damit öffnet sich ein weiter Raum im historischen Vorfeld der ›fertigen‹ A. des 18. Jh. als literarischer Typus *sui generis*, der auch den Zugang zum Ego-Dokument erleichtert.

(2) ›Ego-Dokument‹ ist ein weitgefasster Begriff, der nicht nur auf das autobiographische Material im engeren Sinne angewendet wird. Es werden darunter einerseits jene → Quellen verstanden, in denen ein Mensch freiwillig Auskunft über sich selbst gibt: Albrecht Dürers nächtlicher Alptraum einer Sintflut, Martin Luthers Lebensbericht von 1545, die Träume von René Descartes oder des engl. Erzbischofs William Laud und die Briefe der Herzogin Liselotte von der Pfalz können hier als Beispiele genannt werden. Andererseits versteht man darunter auch Aussagen ›normaler‹ Menschen unterschiedlicher sozialer Schichten über sich selbst, die durch besondere Umstände oder Zwang veranlasst wurden, z. B. Befragungen oder Willensäußerun-

gen im Rahmen administrativer, jurisdiktioneller oder wirtschaftlicher Vorgänge (Steuererhebung, Visitation, Untertanen- oder Zeugenbefragung, gerichtliche Aussagen zur Person, Verhör, Einstellungsbefragungen, Gnadengesuche, Urgichten, Kaufmanns-, Rechnungs- und Anschreibebücher, Testamente etc.; siehe hierzu z. B.: Natalie Zemon Davis, *Der Kopf in der Schlinge. Gnadengesuche und ihre Erzähler*, 1989).

(3) Damit wird eine deutliche Differenz zur relativ eng begrenzten, traditionellen Gruppe der ›Selbstzeugnisse‹ festgestellt, die in allen Quellenkunden abgehandelt wird. Die frz. Historikerin Arlette Farge fand in den Archiven von Polizei und Gerichten des Ancien Régime *le peuple en mots* wieder (*Dire et mal dire*, 1992; dt. *Lauffeuer in Paris*, 1993). Hinter den Worten der Verhörprotokolle könne man die Wirklichkeit des Lebens entdecken, hier erschließe sich die Stellung des Individuums gegenüber seiner sozialen Schicht und gegenüber der Obrigkeit. Schon 1956 sprach Pierre Chaunu von den »glücklichen Indiskretionen« der Inquisitionsrichter und gab sich überzeugt von der so gebotenen Möglichkeit einer »Tiefengeschichte menschlichen Verhaltens«. Die Unterscheidung zwischen Selbstzeugnissen und Ego-Dokumenten ist geboten, weil damit die Forschung auf jene verborgenen Quellen zur Entschlüsselung menschlichen Verhaltens gelenkt wird, die erst das Interesse an Existenz und Verhalten des einzelnen Menschen befriedigen können. Darüber hinaus bieten autobiographische Aussagen wichtige Einblicke in makrohistorische Prozesse, deren Tiefenwirkung anders kaum ermittelt werden könnte.

(4) Die klassische Quellengruppe der Memoiren nimmt eine spezifische Stellung *Zwischen Gedächtnis und Geschichte* (Pierre Nora, 1990) ein. Sie lenkt die Aufmerksamkeit v. a. auf jene Phasen der Geschichte, in der eine gezielte Publikation von Memoirenliteratur – etwa der von Jean-François Barrière und Saint-Albin Berville herausgegebe-

nen *Collection des memoires relatifs à la Révolution française* (1828) – eine bestimmte Deutung historischer Ereignisse, wie hier der Frz. Revolution, festschreiben wollte.

Winfried Schulze

Lucien Febvre: Ein Historiker prüft sein Gewissen [1933]. In: L. F.: Das Gewissen des Historikers. Berlin 1988. S. 9–22.
Günter Niggl (Hrsg.): Die Autobiographie. Zu Form und Geschichte einer literarischen Gattung. Darmstadt 1989.
Richard L. Kagan: Lucretia's Dreams. Politics and Prophecy in Sixteenth Century Spain. Berkeley 1990.
Winfried Schulze (Hrsg.): Ego-Dokumente. Annäherung an den Menschen in der Geschichte. Berlin 1996.
Kaspar von Greyerz [u. a.] (Hrsg.): Von der dargestellten Person zum erinnerten Ich. Europäische Selbstzeugnisse als historische Quellen (1500–1850). Köln [u. a.] 2001.

Begriffsgeschichte

Als ›B.‹ (engl. *conceptual history*) bezeichnet man seit den 1950er Jahren ein Konzept geschichtswissenschaftlicher Forschung, das Sprache nicht als Epiphänomen der sog. → Wirklichkeit (»Das Sein bestimmt das Bewußtsein«, Karl Marx), sondern als methodisch nicht hinterfragbare Letztinstanz versteht, ohne die keine → Erfahrung und keine Wissenschaft von der Welt oder von der Gesellschaft zu haben sind (Gareth Stedman Jones, *Klassen, Politik, Sprache*, 1988, engl. 1983; Hayden White, *Auch Klio dichtet oder Die Fiktion des Faktischen*, 1986; amerik. 1978). Für die B. ist Sprache einerseits Indikator der vorgefundenen ›Realität‹, andererseits Faktor dieser Realitätsfindung. Die B. ist weder ›materialistisch‹ noch ›idealistisch‹; sie fragt sowohl danach, welche Erfahrungen und Sachverhalte auf ihren Begriff gebracht werden, und danach, wie diese Erfahrungen oder Sachverhalte begriffen werden. Die B. vermittelt insofern zwischen den Sprach- und den Sachgeschichten. Eine ihrer Aufgaben ist die Analyse von im Lauf der Geschichte auftretenden Konvergenzen, Verschiebungen oder Diskrepanzen des Verhältnisses von Begriff und Sachverhalt.

Begriffe, wie z. B. ›Staat‹, sind mehr als bloße Wortbedeutungen; sie schließen viele einzelne Bedeutungen (Gebiet, Grenze, Bürgerschaft, Justiz, Militär, Steuer und Gesetzgebung) zusammen, aggregieren sie höher und zielen auf philosophische Systeme, politische Formationen, geschichtliche Lagen, religiöse Dogmen, ökonomische Strukturen, gesellschaftliche Gliederungen u. a. Sobald derartige Begriffe unersetzbar und unaustauschbar sind, werden sie zu Grundbegriffen, ohne die keine politische und keine Sprachgemeinschaft auskommt. Zugleich werden sie umstritten, weil verschiedene Sprecher ein Deutungsmonopol durchsetzen wollen. In unserem Beispiel entstehen dann Zusatzbestimmungen, die sich z. T. ausschließen: Staat wird als Rechts-, National-, Sozial-, Wohlfahrts-, Führer-, Fürstenstaat u. a. begriffen. Unersetzbar und deshalb strittig zu sein unterscheidet die hochkomplexen Grundbegriffe von sonstigen Begriffen. Geschichtliche Veränderungspotentiale sind in jedem Grundbegriff schon enthalten.

Daraus folgt, dass Grundbegriffe nicht auf überzeitliche Ideen oder Probleme festgelegt werden dürfen, auch wenn wiederkehrende Bedeutungsstreifen auftauchen können. Primär fragt B. danach, wann, wo, von wem und für wen welche Absichten oder welche Sachlagen wie begriffen werden. B. fragt immer nach den einmaligen Herausforderungen, auf die im konkreten Wortgebrauch begriffliche Antworten sprachlich kondensiert werden. Dabei erbringen alle Begriffe nicht nur synchron einmalige Deutungsleistungen, sie sind immer zugleich diachron gestaffelt. In der Pragmatik werden sie, wenn auch rhetorisch reguliert, auf ihren einmaligen Gebrauch hin zugespitzt, um Zustimmung zu erzeugen. In der Semantik sind dagegen oft jahrhundertealte Erfahrungen gespeichert, die die Aussagekraft eines Begriffs so sehr anreichern wie begrenzen. In Syntax und Grammatik schließlich wird der Spielraum einer Begriffsverwendung in langfristig sich wiederholender, nur langsam verändernder Weise eingefasst (Eugeniu Coseriu, *Synchronie, Diachronie und Geschichte*, 1974, span. 1958). Je nach Fragestellung sind also in jeder B. Synchronie und Diachronie auf verschiedene Weise verschränkt, niemals isolierbar.

Deshalb enthalten alle Begriffe eine zeitliche Binnenstruktur. Je nachdem, wie viele vorausliegende Erfahrungsgehalte in ihm angesammelt wurden, und je nachdem wie viel innovative Erwartungshaltungen in ihn eingehen, hat ein Begriff unterscheidbare zeitliche Wertigkeiten. Es gibt rückblickende Begriffe, die alte Erfahrungen gespeichert halten und sich gegen Umdeutungen sperren, und vorausschauende Begriffe, Vorgriffe, die eine neue oder andere Zukunft heraufbeschwören, terminologisch gesprochen: Erfahrungs-, Bewegungs-, Erwartungs-, Zukunftsbegriffe u. a.

Es ist die Skala verschiedener syn- und diachroner Verschränkungen, die jede B. auch interdisziplinär zu schreiben nötigt (Gunter Scholtz, Hrsg., *Die Interdisziplinarität der Begriffsgeschichte*, 2000). Die Metaphorik und Rhetorik auf der sprachgeschichtlichen Seite gehören ebenso dazu wie die Anleihen aus den Sachgeschichten von Recht, Theologie, Philosophie, Ökonomie u. a., deren Gewichtigkeiten sich je nach historischer Lage verschieben. Die alte Einsicht, dass die Geschichtswissenschaft nicht umhin kann, den sprachlichen Status ihrer Methoden und Erkenntnisse zu reflektieren, um zu wissen, wovon sie spricht, wird im Anschluss an eine Entwicklung in den USA Anfang der 1970er Jahre als *linguistic turn* bezeichnet.

Die B. ist kritisiert worden, soweit mit ihr das Projekt der *Geschichtlichen Grundbegriffe. Historisches Lexikon der politisch-sozialen Sprache in Deutschland* (hrsg. von Otto Brunner [u. a.], 9 Bde., 1972–97) theoretisch begründet wurde. Rolf E. Reichardt u. a. bezogen im *Handbuch politisch-sozialer Grundbegriffe in Frankreich 1680–1820* (20 Hefte seit 1985) serielle und symbolische Quellen stärker mit ein und berücksichtigten so die Kritik an der Hypothese, man könne Begriffe isoliert untersuchen (Dietrich Busse, »Historische Semantik«, in: *Sprache und Geschichte*, hrsg. von Reinhart Koselleck und Karlheinz Stierle, 1987; Hartmut Lehmann / Melvin Richter, *The Meaning of Historical Terms and Concepts*, 1996). Dem ist zu entgegnen, dass jeder Begriff *eo ipso* auf seinen Kontext bezogen ist. Speziell ohne Gegenbegriffe, Ober- und Unterbegriffe, Begleit- und Nebenbegriffe lässt sich kein Begriff analysieren. Er verweist zwangsläufig auf größere Texteinheiten, ohne deshalb seinen Status zu verlieren, denknotwendige Voraussetzung semiotischer Prozesse zu bleiben, über die gestritten werden muss. Besonders Parallelbegriffe zwingen dazu, neben semasiologischen Fragen nach einsinnigen Wortbedeutungen auch onomasiologische Fragen nach verschiedenen Benennungen gleichartiger Sachverhalte zu stellen. Der Überschritt in die sog. Diskursanalyse (→ Diskurs) ergibt sich damit von selbst. Begriffe sind immer in Begriffsnetze eingespannt; es kommt nur darauf an, in welcher Tiefenschärfe die Quellen befragt werden: ob die Syn- und Diachronie der Begriffe selber, ob die größeren Texteinheiten nach Sätzen, Abschnitten, Kapiteln, Büchern und den korrespondierenden Gegentexten analysiert werden oder ob der faktische oder virtuelle Sprachhaushalt insgesamt untersucht wird – samt den entsprechenden Äquivalenten anderer Sprachen. Keine Ausweitung oder Begrenzung kommt umhin, die sinnstiftende und sinnfordernde Leistung von Begriffen in ihrem Wandel mitzubedenken, wenn denn Geschichte überhaupt begriffen werden soll.

Eine Aporie bleibt zurück, die zu dauerndem Umdenken und Umschreiben nötigt: Geschichte ist immer mehr oder aber weniger, als begrifflich über sie gesagt werden kann – so wie Sprache immer mehr oder weniger leistet, als in der wirklichen Geschichte enthalten ist (Reinhart Koselleck, »Begriffsgeschichte und Geschichtsbegriffe«, in: *Geschichte der österreichischen Humanwissenschaften*, hrsg. von Karl Acham, 1999). Das seit 1955 jährlich erscheinende *Archiv für Begriffsgeschichte* und die 1998 in London gegründete, jährlich tagende internationale *History of Political and Social Concepts Group* haben also noch viel vor sich.

Reinhart Koselleck

H. G. Meier: [Art.] Begriffsgeschichte. In: Historisches Wörterbuch der Philosophie. Hrsg. von Joachim Ritter [u. a.]. Bd. 1. Basel 1971. Sp. 788–807.
Sakari Hänninen / Kari Palonen (Hrsg.): Texts, Contexts, Concepts. Jyväskyla 1990.
Melvin Richter: The History of Political and Social Concepts. A Critical Introduction. New York / Oxford 1995.
Jain Hampsher-Monk [u. a.] (Hrsg.): History of Concepts, Comparative Perspectives. Amsterdam 1998.
Hans Erich Bödeker (Hrsg.): Begriffsgeschichte, Diskursgeschichte, Metapherngeschichte. Göttingen 2001.

Biographie

›B.‹ (griech., ›Lebensbeschreibung‹) bezeichnet heute eine individuelle Lebensgeschichte, die sowohl den äußeren Lebensablauf als auch die geistige und psychische Entwicklung umfasst. Als historiographisches Genre stellt sie das Leben eines Individuums in seinem historisch-sozialen und kulturellen Kontext dar.

Der Terminus ›B.‹ trat erstmals um 500 n. Chr. auf und wurde im späten 17. Jh. in die europ. Sprachen aufgenommen. Biographische Darstellungsformen haben eine längere Tradition. Sie prägten sich in Phasen aus, in denen dem Individuellen ein Eigengewicht gegenüber der Gesamtheit beigemessen wurde: Während die klassische griech. Demokratie und die frühe röm. Republik, die beide den Einzelnen nur als Teil der politischen Gemeinschaft wahrnahmen, keine B. kannten, wurden im Hellenismus und in der röm. Kaiserzeit B. großer Dichter und Philosophen sowie von Herrschenden verfasst. Eine Besonderheit stellen griech.-röm. Doppel-B. dar.

Das europ. Mittelalter kannte v. a. Viten von Märtyrern und Heiligen, die Gegenstand hagiographischer Lebensdarstellungen mit legendenhaften Zügen waren und didaktische, kultische oder kirchengeschichtliche Funktion hatten. Profane Lebensbilder spielten seit der Karolingerzeit in Form von Viten und Gesta einzelner Herrscher oder im Rahmen von Kaiser- und Weltchroniken (→ Chronik) wieder eine Rolle. Sie emanzipierten sich kaum vom hagiographischen oder vom rhetorischen Muster der Lobrede und blieben der Demonstration des Exemplarischen verhaftet.

In Renaissance und Humanismus erwachte im Rückgriff auf die Antike das neuzeitliche Interesse am individuellen Menschen, was sich in einer reichen Autobiographik (→ Autobiographie) und einer lat., zunehmend auch volkssprachlichen Biographik niederschlug. Mit Bezug auf ein diesseitiges Persönlichkeitsideal porträtierten Einzel- oder Sammel-B. neben Heiligen, Päpsten und Fürsten v. a. Künstler, deren Lebensbilder stärker individuell akzentuiert wurden als die ebenfalls neuen B. städtischer Bürger.

Während die Zeit des Absolutismus relativ arm an B. war, wurde die B. seit dem 17. und frühen 18. Jh. zur eigenständigen literarischen Gattung und gewann mit der Aufklärung eine neue Qualität: Nicht nur die Taten und Werke, auch die innere Entwicklung und Bildung des vernunftbestimmten Individuums gehörten jetzt zur B., die sich der entstehenden Psychologie öffnete und ihre didaktische Zweckbindung verlor. In enger Beziehung zur Blüte des Romans wurde das 18. Jh. v. a. in England zum Säkulum der B., deren narrative Form sich endgültig durchsetzte (→ Erzählung). Einher mit der Etablierung als historiographisches Genre im 18. und 19. Jh. gingen nationale Großprojekte biographischer Nachschlagewerke sowie theoretische Reflexionen zur Biographik: Anfangs in verstreuten Annotationen, später in → Historiken systematisiert, stellten sie bis heute gültige Kriterien wie Faktengenauigkeit, Authentizität und → Quellenkritik auf, erörterten die Rolle des Individuums in der Geschichte und forderten die Berücksichtigung persönlicher Dokumente wie Briefe und Tagebücher als biographische → Quellen.

Die wissenschaftliche B. wurde, angestoßen vom dt. Idealismus, im Gefolge des → Historismus zum Kennzeichen des 19. Jh. Im Zentrum stand die Kategorie des → ›Verstehens‹. Für Johann Gustav Droysen (*Historik*, 1857) stellte die B. den einzigen Schlüssel dar, um die Bedeutung zweitrangiger Persönlichkeiten zu erfassen (→ Individualität). Der Historiker müsse sich intuitiv in eine »Begabung« hineinfühlen, um »gewissermaßen aus ihr selbst heraus zu sprechen«. Für Wilhelm Dilthey (*Einleitung in die Geschichtswissenschaften*, 1883) war das Intuitive überhaupt entscheidend für das Verständnis von Geschichte, die sich ihm »rein und ganz« nur aus der Individualität erschloss, während der soziale Kontext zurücktrat. Die B. wurde damit zum Königsweg historischer Erkenntnis, war Wissenschaft und Kunst zugleich. In den Vordergrund rückten die großen Dichter und Denker bzw. die »Männer der That«, die »die großen Machtkämpfe der Geschichte entschieden«. (Heinrich von Treitschke, »Vorbemerkung«, in: *Historische Zeitschrift* 76, 1896). Über das Intuitive öffnete sich die B. ins Irrationale, um im Umfeld des George-Kreises zu extrem subjektivistischen Positionen zu gelangen. In der Weimarer Zeit erfasste die B. in Form → historischer Romane breite Leserschichten und war für Psychologie, Soziologie und Pädagogik längst zur festen Kategorie geworden.

Mit dem Vordringen sozialwissenschaftlicher Konzepte konnte in den 1970er Jahren nur die Kollektiv- und Typen-B. ihren Platz behaupten, während der individuellen Lebensbeschreibung als konservativem, theorie- und methodenresistentem Genre allenfalls im Rahmen der → Psychohistorie noch Bedeutung zukam (Hans-Ulrich Wehler, Hrsg., *Geschichte und Psychoanalyse*, 1971). Jedoch erwachte mit der zunehmenden Kritik an einer ›menschenleeren‹ → Strukturgeschichte das Interesse am → historischen Subjekt neu (Fernand Braudel [u. a.], *Der Historiker als Menschenfresser*, 1990). Im Zuge der Pluralisierung der Forschungsfelder und Methoden spielt die B. seitdem im Rahmen der → Oral history, → Alltagsgeschichte, Mentalitätengeschichte (→ Mentalitäten), → Mikrohistorie, → Geschlechtergeschichte, → Kulturgeschichte, → Historischen Anthropologie und auch der → Sozialgeschichte (Andreas Gestrich, Hrsg., *Biographie – sozialgeschichtlich*, 1988) eine legitime Rolle. Sie hat historiographischen Ballast abgeworfen, akzeptiert Frauen und ›kleine Leute‹ in ihrer Alltagswelt als Akteure und fragt nach gesellschaftlichen, kulturellen und psychologischen Koordinaten menschlichen Handelns. Neue Herausforderungen stellen sich der B. im Zuge semiotischer und diskursanalytischer Fragestellungen (→ Diskurs). Pierre Bourdieu verdächtigte die chronologische Erzählform, bereits rein ästhetisch einen sinnhaften und damit ideologiehaltigen Zusammenhang ›des‹ Lebens zu suggerieren (1986; dt. »Die biographische Illusion«, in: *BIOS* 3, 1990). In seiner furiosen Anti-B. gab David Nye die in Narrativik und → Kausalität implizierte Illusion eines realen historischen Subjekts zugunsten der Bild- und Diskursanalyse auf (*The Invented Self*, 1983).

Die B., in der die zentralen Probleme von Geschichte zu kulminieren scheinen, bleibt offenbar auch in Zukunft ein diskutiertes Genre.

Margit Szöllösi-Janze

Helmut Scheuer: Biographie. Studien zur Funktion und zum Wandel einer literarischen Gattung vom 18. Jahrhundert bis zur Gegenwart. Stuttgart 1979.
Ernst Engelberg / Hans Schleier: Zu Geschichte und Theorie der historischen Biographie. In: Zeitschrift für Geschichtswissenschaft 38 (1990). S. 195–217.
Peter Alheit / Bettina Dausien: [Art.] Biographie. In: Europäische Enzyklopädie zu Philosophie und Wissenschaften. Hrsg. von Hans Jörg Sandkühler [u. a.]. Bd. 1. Hamburg 1990. S. 405–417.
Margit Szöllösi-Janze: Lebens-Geschichte – Wissenschafts-Geschichte. Vom Nutzen der Biographie für Geschichtswissenschaft und Wissenschaftsgeschichte. In: Berichte zur Wissenschaftsgeschichte 23 (2000). S. 17–35.

Chronik

Als ›C.‹ (lat. *chronicon*, *chronica*, von griech. *chronos* ›Zeit‹) werden historiographische Texte bezeichnet (→ Historiographie), die, in der Regel von einem einzigen Autor verfasst und als Bildungsangebot für ein breiteres Publikum verstanden, zeitlich aufeinander folgende → Ereignisse meist unter übergreifenden Deutungskonzepten und mit deutlich literarisch geprägtem Formbewusstsein (Vers oder Prosa) darbieten. Als Strukturrahmen der von der Schöpfung bis in die eigene Gegenwart reichenden Welt-C. dienen meist heilsgeschichtlich bzw. geschichtsphilosophisch (→ Heilsgeschichte, Geschichtsphilosophie) organisierte

Schemata (z. B. sechs Weltalter, vier Weltreiche), auf die auch viele der zeitlich und räumlich begrenzteren, die Geschichte bestimmter Reiche, Territorien, Bistümer oder Städte darstellenden Typen noch ausgerichtet sind. Wegen vielfältiger Zwischenformen und Überschneidungen ist die Abgrenzung der Gattung ›Chronistik‹ zu anderen historiographischen Genres (→ Annalen, Gesta, Vita) problematisch; auch die Grenzen zur Geschichtsdichtung sind wegen der häufigen Einbeziehung sagen- und legendenhafter sowie episch-fiktionaler Elemente v. a. im volkssprachlichen Bereich fließend.

Ihren Ursprung hat die Gattung C. in den universalhistorischen Darstellungen der röm. Kaiserzeit, deren lineare Struktur die christlichen Autoren der Spätantike durch typologische Bezüge und eschatologische Deutungen in ein Modell überführten, in dem der gesamte Geschichtsverlauf in der Heilsgeschichte seine Erfüllung findet. Schon das früheste Zeugnis einer christlichen Welt-C., die *Chronographia* des Sextus Iulius Africanus (um 220), lässt sich als propagandistischer Text gegen falsche Terminierungen der Wiederkehr Christi (Parusie) lesen. Entscheidend auf die mittelalterliche Geschichtsschreibung wirkte in der Bearbeitung durch Hieronymus von Stridon die aus Sextus' *Chronographia* schöpfende C. des Eusebios von Caesarea (um 326) ein, die, vermittelt durch Zwischenstationen, zahlreichen lat. wie volkssprachlichen C. als Quelle diente.

Schon die Eusebios-Hieronymus-C. markiert mit ihren drei Teilen (*chronographia*: antik-heidnische Überlieferung, *canones*: synchronistische Patriarchen- und Herrschertabelle, *spatium historicum*: Aufzeichnung der wichtigsten Ereignisse) die Unschärfe der Gattung. Chronologische Aspekte (*series temporum*), Vielfalt der Geschichten (*mare historiarum*) und enzyklopädische, Geographie und Geschichte aufeinander beziehende Prinzipien (*imago mundi*) verschränken sich mit je nach Interessenlage und Deutungsangebot unterschiedlicher Gewichtung. Paulus Orosius (*Historia adversos paganos*, 627) stellte erstmals der heidnischen »Unheils«-Geschichte den Gang der Heilsgeschichte programmatisch gegenüber; Isidor von Sevilla verschränkte sein nach dem Weltalter-Schema gegliedertes *Chronicon* mit einer *Etymologia*, während den C. des Beda Venerabilis das Weltzeitalter-Modell zugrunde liegt, das bis ins 11. Jh. für die Gattung bestimmend blieb (→ Chronologie, Zeit). Sigebert von Gembloux griff 1111 die C. des Hieronymus als Fortsetzer auf. Für den wohl bedeutendsten universalhistorischen Entwurf des Mittelalters, Ottos von Freising *Chronica sive historia de duabus civitatibus* (um 1143–46), signalisiert das Zerbrechen der Einheit der beiden *civitates* seit Heinrich IV. das Ende der Geschichte; seine C. schließt folglich statt in der eigenen Gegenwart mit Endzeitvisionen (Anna-Dorothee von den Brincken, *Studien zur lateinischen Weltchronistik bis in das Zeitalter Ottos von Freising*, 1957).

Das Profil der C. variiert mit der Gebrauchssituation der Werke: Enzyklopädisch-didaktisch akzentuiert ist das einem *Speculum naturale* und einem *Speculum doctrinale* an die Seite gestellte *Speculum historiale* (nach 1256) des Vinzenz von Beauvais, als Exempelsammlung für Predigtzwecke fungierten die franziskanischen *Flores temporum* (bis 1288) und das dominikanische Gegenstück Martins von Troppau, die v. a. auf die volkssprachliche Chronistik stark einwirkten. Die Nationalsprachen erschlossen der Historiographie ein neues Publikum und damit neue Deutungshorizonte, wie z. B. die Konrad IV. gewidmete, höfisch akzentuierte *Welt-C.* Rudolfs von Ems (um 1250), die traditionell-aristokratische mit merkantil-städtischen Komponenten verbindende C. des Wiener Stadtbürgers Jans Enikel (um 1280) oder die in reich illustrierten Codices überlieferten, als Legitimationstexte königlicher Herrschaft und staatlicher Konsolidierung dienenden *Grandes Chroniques de France* (seit 1274) zeigen. Die zahlreichen Städte- und

Landes-C. des Spätmittelalters dienten der Identitätsfindung der im Territorialisierungsprozess neu sich formierenden Kommunikationsgemeinschaften.

Auch die Grenzen zwischen Geschichtsschreibung und fiktionaler Erzählliteratur schwinden zunehmend: Schon die überwiegende Verwendung des für die höfische Dichtung verbindlichen Reimpaarverses statt der in der lat. C. üblichen Prosa verbindet die volkssprachliche Historiographie mit dem Normenkanon der Adelskultur. Werke wie die in der 1. Hälfte des 14. Jh. entstandene, bis zu 100000 Verse umfassende *Welt-C.* Heinrichs von München nehmen unveränderte Passagen aus pseudo-historischen Epen auf; in England wird Layamons *Brut* (um 1250) in Sammelhandschriften mit Artusromanen verschränkt. Erst mit der quellenforschenden → Methode der humanistischen Geschichtsschreibung des 16. Jh. bricht die bis in die Spätantike zurückgehende Tradition der C. ab. Der Begriff ›C.‹ hat sich jedoch v. a. in der Bedeutung von – meist populären – Darstellungen der geschichtlichen Entwicklung von Firmen, Vereinen oder Gebietskörperschaften bis in die Gegenwart gehalten.

Norbert H. Ott

Reginald L. Poole: Chronicles and Annals. Oxford 1926.

Karl Heinrich Krüger: Die Universalchroniken. Turnhout 1976.

Bernard Guenée: Histoires, annales, chroniques. Essais sur les genres historiques au moyen âge. In: Annales 28 (1978). S. 997–1016.

Gerhard Wirth [u. a.]: [Art.] Chronik. In: Lexikon des Mittelalters. Bd. 2. München/Zürich 1983. Sp. 1954–2028.

Franz-Josef Schmale: Funktion und Formen mittelalterlicher Geschichtsschreibung. Darmstadt 1985.

Chronologie

›C.‹ (griech. *chronos* ›Zeit‹) ist die Lehre vom Messen der Zeit und der zeitlichen Ordnung der Vergangenheit. C. als Wissenschaft untersucht zum einen im Bereich der ›Astronomischen‹ oder ›Mathematischen C.‹ die Grundlagen der Zeitmessung, z. B. durch Beobachtung von Himmelskörpern; zum anderen erarbeitet sie als → Historische Hilfswissenschaft ›Historische C.‹ die Kenntnis vergangener Zeiteinteilungen und Datierungsweisen. Der Begriff ›C.‹ wurde im 16. Jh. geläufig.

Zu den Aufgaben der historischen C. zählt neben der Erforschung von Kalendersystemen und Datierungsweisen die Synchronisation von Zeitangaben in Quellen verschiedener Kalenderkulturen. Lässt sich das Vorher, Nachher oder die Gleichzeitigkeit von Daten bestimmen, spricht man von ›relativer C.‹. Zur Überführung in eine ›absolute C.‹ muss das Geschehen in einer bis in die Gegenwart reichenden Zeitreihe verortet werden. Dies gelingt häufig durch den Bezug auf externe, z. B. astronomische Ereignisse. Es setzt die Verwendung einer Ära voraus, d. h. einer von einem Epochendatum (z. B. Erschaffung der Welt, Geburt Christi) fortzählenden Jahresreihe. Die als C. E. (*common era*) geläufige Rechnung der Jahre nach Christi Geburt wurde durch Dionysius Exiguus im 6. Jh. n. Chr. begründet; die Rückwärtszählung der Jahre vor Christi Geburt wurde im 17. Jh. geläufig.

Die Beschäftigung mit der Historischen C. begründete Eratosthenes von Kyrene, der die Olympiadenzählung zur Grundlage eines chronologischen Werkes erhob. Eusebios von Caesarea verknüpfte in seiner *Chronik* (vor 311) Daten der heidnisch-profanen Geschichte mit solchen der biblischen und frühchristlichen Tradition. Dies bildete die Voraussetzung für universalhistorische Entwürfe des Mittelalters. Neben die Astronomie trat seit dem Hochmittelalter verstärkt die als ›Komputistik‹ (*computus ecclesiasticus*) bezeichnete Kalenderwissenschaft. Sie verband Grundlagen der astronomischen C. mit der Berechnung von Festtagen für den kirchlichen Kalender zu einer praktischen Kalenderkunde (Arno Borst, *Computus. Zeit und Zahl in der Geschichte Europas*, 1991). Im Zeitalter des Humanismus wurde eine erhöhte Aufmerksamkeit für sprach- und kulturspezifische Differenzen entwickelt, in deren Folge Fragen der relativen C. auch mit philologischen Methoden, etwa durch Schrift- und Stilvergleiche, beantwortet wurden. Zu den modernen hilfswissenschaftlichen Methoden der chronologischen Bestimmung zählen auch die Radiokarbonmethode, d. h. die Messung der abnehmenden Radioaktivität organischer Stoffe, und die Dendrologie, die Datierung mittels der Jahresringe des Holzes.

Insofern die Historische C. die Reihenfolge historischen Geschehens organisiert, arbeitet sie im Bereich der → Quellenkritik. Zugleich produziert sie Aussagen, die die → Kausalität, die denkbare Finalität und die Narration von Geschichte betreffen. Heilsgeschichtliche und geschichtsphilosophische Sinndeutungen (→ Sinn) interpretieren die C., z. B. durch die Idee der Schöpfung, des Weltendes, durch das Modell historischer Stufen, Zeitalter, Verfalls- (→ Dekadenz) und Fortschrittsbewegungen (→ Fortschritt). Dies führt u. a. zur Hervorhebung von Epochen und Schlüsselereignissen, letztlich aber auch zur Suche nach Alternativen zur ›bloß‹ chronologischen Reihung historischer Daten. Schon das Mittelalter brachte die Unterscheidung chronologischer (*ordo naturalis*) und systematischer (*ordo artificialis*) Stoffanordnung hervor (Gert Melville, »System und Diachronie. Untersuchungen zur theoretischen Grundlegung geschichtsschreiberischer Praxis im Mittelalter«, in: *Historisches Jahrbuch* 95, 1975). In der Methodendebatte des 20. Jh. reagieren Konzepte wie das der → longue durée, der *mentalité* (→ Mentalitäten) oder auch der → Erinnerung auf die begrenzte Aussagekraft der chronologischen Reihe und ihrer immanenten Konzentration auf datierbare → ›Ereignisse‹. Das Konzept der → ›Gleichzeitigkeit des Ungleichzeitigen‹ bemüht sich explizit um anachronistische Bezüge.

Arndt Brendecke

Eduard Brinckmeier: Praktisches Handbuch der historischen Chronologie aller Zeiten und Völker besonders des Mittelalters. Berlin ²1882.

Hermann Grotefend: Zeitrechnung des deutschen Mittelalters und der Neuzeit. 2 Bde. Hannover 1892/98.

– Taschenbuch der Zeitrechnung des deutschen Mittelalters und der Neuzeit. Hannover 1898.

Hans Maier: Die christliche Zeitrechnung. Freiburg i. Br. 1991.

Anna-Dorothee von den Brincken: Historische Chronologie des Abendlandes. Kalenderreformen und Jahrtausendrechnungen. Eine Einführung. Stuttgart 2000.

Dekadenz

Der Begriff ›D.‹ erscheint seit dem 17. Jh. von frz. *décadence* abgeleitet, dies wiederum von spätlat. *decadentia* (Verfall, Niedergang, Entartung). Die Vorstellung, dass sich die Geschichte aus einer besseren Frühzeit in Stufen oder gleitend bergab bewege, findet sich in der Sage von der Vertreibung aus dem Paradies (*Gen.* 2 f.), bei Homer (*Ilias*) und im → Mythos vom goldenen Zeitalter, dem ein silbernes, ehernes und eisernes folge, das bis in die glücklose, gewalttätige Gegenwart dauere, zuerst im 7. Jh. v. Chr. bei Hesiod (*Werke und Tage*).

Später wurde D. als Folge von Wachstum gedeutet: Einfache und schwierige Umstände spornen zu Leistung und Erfolg an; Macht bringt Reichtum, Luxus und Erschlaffung. Auch die Abfolge der Weltreiche (*Dan.* 2,31 ff.; 7,3 ff.) wurde so erklärt, das Schema von Isokrates auf Athen, von Cato, Sallust und Livius auf Rom angewandt. Als Beginn des Sittenverfalls galten die Siege über Karthago und Makedonien, die zur Verweichlichung geführt hätten. Bei Lukrez, Augustinus und anderen findet sich das Bild vom Greisenalter der Welt (*mundus senescens*). Augustinus (*Vom Gottesstaat*) zitierte Cato minor: Je höher die äußeren Güter wuchsen, desto tiefer sanken die inneren Werte, und bestritt, dass die Christen am Niedergang Roms schuld seien. Bis ins 17. Jh. und darüber hinaus wurden die »Wehen der Endzeit« – Krieg, Not und Teuerung (*Mk.* 13,8) – in der Gegenwart verortet.

Niedergangsstimmung findet sich bei Jean-Jacques Rousseau, Gabriel Bonnot de Mably und Constantin François de Volney, sowie in der Mittelalter-Nostalgie der Romantik. Im *fin de siècle* kritisierte Friedrich Nietzsche, der sich selbst als »höchste Instanz« in Sachen D. betrachtete, verminderte Vitalität, Schwäche und Lustlosigkeit. Er führte dies auf Christentum, Intellektualität (Sokrates) und Ästhetizismus (Charles Baudelaire) zurück. Paul Verlaine und die Autoren der Zeitschrift *Le Décadent* (1885–89) bejahten die D. als Verfeinerung. Spätzeit und ›Kulturverfall‹ als Schattenseiten von Demokratie, Kapitalismus und Zivilisation beklagten Jacob Burckhardt, der eine kulturelle »Schnellfäule« voraussah, und Oswald Spengler, der krassen Materialismus erwartete.

1921 bezog Theodor Lessing Stellung gegen *Die verfluchte Kultur*, 1923 beschrieb Albert Schweitzer den »Niedergang« (*Verfall und Wiederaufbau der Kultur*), 1930 monierte Sigmund Freud *Das Unbehagen in der Kultur* und »soziale Neurose«, José Ortega y Gasset den *Aufstand der Massen*, 1935 Jan Huizinga »kulturelles Leiden« *Im Schatten von Morgen*. Hans Sedlmayr konstatierte 1948 den *Verlust der Mitte*, Hendrik de Man 1951 *Vermassung und Kulturverfall*, Arnold J. Toynbee den Kulturtod (*A Study of History*, 1957),

Alexander Solschenizyn 1978 Gottlosigkeit und »spirituelle Erschöpfung«, Pierre Chaunu 1981 die *dégradation* der weißen Rasse, den Bevölkerungsschwund durch die Verstädterung (*Histoire et décadence*, 1981). Biologistische D.-Konzepte vertraten schon Joseph Arthur Gobineau, der in der unvermeidlichen Rassenmischung das Verderben erblickte (*Essai sur l'inégalité des races humaines*, 1853) und noch Konrad Lorenz, der aus der »Selbstdomestikation« durch Globalisierung Instinktverlust und *Abbau des Menschlichen* (1983) ableitete. Zivilisationsbedingte D. wird vornehmlich in Westeuropa und Amerika lokalisiert. Als immer gültiges Muster der D. gilt seit Edward Gibbon der Untergang Roms (*The History of the Decline and Fall of the Roman Empire*, 1776/88), der Rückfall einer hohen, überfeinerten Zivilisation, deren Lebenskraft erlosch, in Barbarei.

Alexander Demandt

Paul Widmer: [Art.] Niedergang. In: Historisches Wörterbuch der Philosophie. Hrsg. von Joachim Ritter [u. a.]. Bd. 6. Basel/Stuttgart 1984. S. 838–846.
Alexander Demandt: Der Fall Roms. München 1984.
– Biologistische Dekadenztheorien. In: Saeculum 36 (1985). S. 4–27.
– Neuere Literatur zum Dekadenzproblem. In: Historische Zeitschrift 241 (1985). S. 105–118.
Arthur Herman. The Idea of Decline in Western Historiography. New York [u. a.] 1997.

Diskurs

Allgemein versteht man unter ›D.‹ eine Abfolge von Aussagen, die sich auf ein Thema beziehen und gewissen Regeln folgen. D.-Analyse ist der Versuch, für spezifische historische Situationen Regeln zu ermitteln, nach denen Aussagen hervorgebracht werden. D.-Geschichte verfolgt Veränderungen einzelner D. über längere Zeiträume hinweg.

Das Wort (lat. *discurrere* ›hin- und herlaufen‹) bezeichnete in der europ. Geistesgeschichte sowohl die Abhandlung eines Autors (z. B. René Descartes, *Discours de la méthode*, 1637) als auch den vernünftigen Dialog mehrerer Sprecher. Zu einem zentralen Begriff wurde es mit verschiedenen Bedeutungen für Philosophie und Wissenschaft seit den 1960er Jahren.

Gestützt auf anglo-amerik. Sprechakttheorien entwickelten Jürgen Habermas und Karl-Otto Apel ihre D.-Theorie bzw. D.-Pragmatik. Deren Ziel ist es, die universalen Geltungsansprüche aufzudecken, die jeder sinnvollen Redehandlung zugrunde liegen müssen. Habermas und Apel ging es um die Frage, wie Verständigung überhaupt möglich ist. ›D.‹ meint in diesem Zusammenhang eine Form sprachlichen Handelns, die sich dem Ideal herrschaftsfreier Kommunikation anzunähern sucht. Anwendungsfelder dieser D.-Theorie sind v. a. die praktische Philosophie und handlungsorientierte Wissenschaften.

Für die Geschichts- und Kulturwissenschaften ist ein anderes Verständnis von D. wichtiger geworden, das sich v. a. mit dem Namen des frz. Philosophen Michel Foucault verbindet. Sein D.-Begriff richtete sich gegen die traditionelle → Ideengeschichte und Kategorien wie Autor, Einfluss und Entwicklung. Eine subjektbezogene (→ Subjekt), auf nachvollziehendes → Verstehen zielende Interpretation lehnte Foucault ab. Vielmehr betrachtete er Sprache in ihrer bloßen Materialität, gleichsam an der Oberfläche, um die Beziehungen zwischen den Aussagen sowie zu den sie ermöglichenden nicht-sprachlichen Praktiken aufzuweisen. Ein D. definierte sich für Foucault als »Menge von Aussagen, die einem gleichen Formationssystem zugehören« (*Archäologie des Wissens*, 1973; frz. 1969). Nicht ein bestimmter

Gegenstand konstituiere die Einheit des D., sondern umgekehrt: Erst das Spiel der sprachlichen und nicht-sprachlichen Regeln mache in gegebenen historischen Situationen das Erscheinen von Gegenständen möglich.

Auf Historiker wirkten die D.-Analysen Foucaults provozierend, weil sie die Gewissheit der Existenz einer historischen → Wirklichkeit jenseits ihrer sprachlichen Artikulation aufzulösen schienen. Eine derart extreme Position, wie sie von anderen frz. Poststrukturalisten (z. B. Jacques Derrida) vertreten wurde, lässt sich allerdings aus den Texten Foucaults nicht ableiten. Denn er ging stets davon aus, dass auch nicht-sprachliche Praktiken an der Formation von D. beteiligt waren. Freilich blieben seine Aussagen gerade zu diesem Punkt unklar, was die Rezeption unter Historikern erschwerte und einer Polemik Vorschub leistete, die jede Berufung auf den D.-Begriff vorschnell in die Nähe der ›Postmoderne‹ rücken möchte.

In die Geschichtswissenschaft hat die D.-Analyse nur zögernd Eingang gefunden. Teils von Foucault, teils vom amerik. Sprachwissenschaftler Zellig H. Harris (»Discourse Analysis«, in: *Language* 28, 1952) inspiriert, begannen im Frankreich der späten 1960er Jahre der Linguist Michel Pêcheux und die Historikerin Régine Robin mit Methoden der historischen Sprachanalyse zu experimentieren. Ihre Arbeiten wurden u. a. von Jacques Guilhaumou fortgeführt. Das extrem formalisierte und quantifizierende Vorgehen der genannten frz. D.-Historiker ist äußerst aufwendig, weshalb die Untersuchungen bisher auf kurze Zeitabschnitte und kleine Textkorpora, meist aus dem Umfeld der Frz. Revolution, beschränkt geblieben sind.

Von der → Begriffsgeschichte kommend haben seit den frühen 1980er Jahren in Deutschland Rolf E. Reichardt und Hans-Jürgen Lüsebrink diskursanalytische Methoden erprobt. Ihre Studien zur Begriffswelt Frankreichs besitzen den Vorzug, die Sprachanalyse über längere Zeiträume auszudehnen und dabei die Ebene der symbolischen und medialen Kommunikation einzubeziehen. Obwohl Reichardt und Lüsebrink den D.-Begriff kaum verwendeten, können ihre Beschreibungen des Wandels größerer Begriffs- und Symbolnetze als gelungene Beispiele für D.-Geschichte gelten. Man kann aber auch in anderer Weise von der Begriffsgeschichte zur D.-Geschichte vordringen, indem man – durchaus unter Vermeidung des Begriffs ›D.‹, aber doch im Sinne Foucaults – eine Beschreibung der »Grenzen des Sagbaren« in längerfristigen Ereigniszusammenhängen unternimmt (Willibald Steinmetz, *Das Sagbare und das Machbare*, 1993). Anders als Foucault liest man dann die Quellenaussagen konsequent als sprachliche Handlungen und die Äußerungen einzelner Subjekte als innovative Momente in der D.-Geschichte.

Auch im anglo-amerik. Sprachraum gibt es seit längerem mehrere Forschungsrichtungen, die man diskursgeschichtlich nennen kann, obwohl sie ohne Rekurs auf frz. D.-Theoretiker entstanden sind und meist ohne den Begriff ›D.‹ auskommen. So bevorzugen Quentin Skinner und John G. A. Pocock in ihren Arbeiten zur politischen Sprache den Begriff *language*, um diejenigen institutionalisierten Redeweisen zu bezeichnen, die für einzelne Sprecher Grenzen des Sagbaren markierten. Das galt bis vor kurzem auch für Gareth Stedman Jones, dessen Aufsatz über die Sprache des Chartismus (engl. 1983; dt. in: G. St. J., *Klassen, Politik und Sprache*, 1988) wie kaum ein anderer Schlüsseltext dazu beigetragen hat, die diskursive Konstruktion (→ Konstruktivismus) von vermeintlich vorsprachlich gegebenen Kollektivsubjekten wie Klassen oder Nationen ins Bewusstsein zu rücken.

Seit den frühen 1990er Jahren wird der Begriff ›D.‹ im Kontext der neuen → Kulturgeschichte, aber auch in der Alltagssprache, zunehmend unscharf verwendet. Wenn D.-Analyse bzw. -Geschichte weiter für spezifische Herangehensweisen stehen sollen, müssen die Differenzen zu anderen Methoden betont werden. Gegenüber der Begriffsgeschichte zeichnen sich diskurshistorische Studien dadurch aus, dass sie die Untersuchung »über die Wort- und Satzgrenzen ausdehnen« (Ute Daniel, *Kompendium Kulturgeschichte*, 2001). Mit der Begriffsgeschichte und anderen vom *linguistic turn* inspirierten Verfahren teilen sie die Mindestvoraussetzung, die sprachliche Verfasstheit von Wirklichkeit in jeder historischen Untersuchung mitzureflektieren. Von der hermeneutisch verfahrenden Lektüre unterscheidet sich das diskursanalytische Verfahren durch den konsequent an der Textoberfläche haftenden Blick: Die sprachlichen Aussagen werden zunächst nur für sich betrachtet, ohne nach ›dahinter‹ liegenden Intentionen oder Interessen zu fragen. Indem die Bezüge zwischen Wortverwendungen, Satztypen, Argumentationsketten, Bedeutungen, Sprecherrollen, Institutionen und situativen Kontexten aufgewiesen werden, lassen sich Sprachregeln nachvollziehbar beschreiben, die den historischen Akteuren oft nicht bewusst waren und bei herkömmlicher Interpretation leicht übersehen werden. Darin liegt der Mehrwert der D.-Analyse gegenüber traditionellen Lektüreverfahren. Letztlich aber ist D.-Analyse damit nichts anderes als eine extrem raffinierte Form der → Quellenkritik.

Willibald Steinmetz

J. G. A. Pocock: The Concept of a Language and the »métier d'historien«: Some Considerations on Practice. In: The Languages of Political Theory in Early-Modern Europe. Hrsg. von Anthony Pagden. Cambridge 1987. S. 19–38.

Philipp Sarasin: Subjekte, Diskurse, Körper. Überlegungen zu einer diskursanalytischen Kulturgeschichte. In: Kulturgeschichte heute. Hrsg. von Wolfgang Hardtwig und Hans-Ulrich Wehler. Göttingen 1996. S. 131–164.

Gareth Stedman Jones: Anglo-Marxism, Neo-Marxism and the Discursive Approach to History. In: Was bleibt von

marxistischen Perspektiven in der Geschichtsforschung? Hrsg. von Alf Lüdtke. Göttingen 1997. S. 149–209.
Peter Schöttler: Wer hat Angst vor dem »linguistic turn«? In: Geschichte und Gesellschaft 23 (1997). S. 134–151.
Rolf E. Reichardt (Hrsg.): Aufklärung und Historische Semantik. Interdisziplinäre Beiträge zur westeuropäischen Kulturgeschichte. Berlin 1998.

Disziplinäre Matrix

Der Begriff ›D. M.‹ bezeichnet ein Denkschema, das der wissenschaftlichen Erkenntnis zugrunde liegt. Er wurde mit gleicher Bedeutung wie ›Paradigma‹ von Thomas S. Kuhn in seinem Werk *The Structure of Scientific Revolutions* (1962; dt. 1967) zur Analyse des naturwissenschaftlichen Denkens in seiner geschichtlichen Entwicklung geprägt.

In einer systematisch angelegten Übertragung der Kuhnschen Ideen auf die Geschichtswissenschaft (Rüsen, 1983) wird das historische Denken von fünf grundlegenden Faktoren bestimmt, die systematisch miteinander zusammenhängen: (1) Erkenntnisinteressen, die aus Orientierungsbedürfnissen im zeitlichen Wandel (→ Kontinuität) der gegenwärtigen Welt erwachsen; (2) bedeutungsverleihende Hinsichten und Perspektiven des zeitlichen Wandels, in denen die → Vergangenheit ihre spezifische Gestalt als ›Geschichte‹ für die Gegenwart bekommt; (3) methodische Regeln (→ Methode) der empirischen Forschung, nach denen die Erfahrung der Vergangenheit in diese Hinsichten und Perspektiven eingearbeitet wird; (4) Formen der Repräsentation, in denen das gewonnene historische Wissen als sinn- und bedeutungsvolle Geschichte dargestellt wird; (5) Funktionen der kulturellen Orientierung der menschlichen Lebenspraxis. Die innere Kohärenz dieser fünf Faktoren und zugleich ihr grundsätzlicher Zusammenhang mit der Kultur ihrer Zeit wird durch das Prinzip des → Sinns der Geschichte bestimmt.

Mit der Struktur dieser D. M. kann man drei Dimensionen historischen Denkens als gleichwertig und gleichursprünglich ausmachen: eine politische, eine kognitive und eine ästhetische. (1) Im Verhältnis zwischen Interessen und Funktionen gründet eine politische Strategie der kollektiven Erinnerung. (2) Im Verhältnis zwischen Konzepten und Methoden gründet eine kognitive Strategie der Produktion historischen Wissens. (3) Im Verhältnis zwischen Formen und Funktionen gründet eine ästhetische Strategie der Poetik und Rhetorik der historischen Repräsentation. Die jeweils geleistete Synthese dieser drei Dimensionen steht für die Ordnung der Geschichte als ein integraler Teil der Kultur.

Mithilfe des gleichen Schemas lassen sich – im Anschluss an Paul Ricœur (*Zeit und Erzählung*, Bd. 1, 1988) – drei Arten oder Ebenen der mentalen Aktivität des Geschichtsbewusstseins unterscheiden: (1) Eine ›Ebene des Fungierens‹, wo Orientierungsbedürfnisse entstehen und historisches Wissen Orientierungsleistungen vollbringt. Hier ist Geschichte ein Stück lebendiger, soziokultureller Realität, die den Menschen immer schon ›konstruiert‹ hat, bevor er sie bewusst und absichtsvoll ›konstruiert‹. (2) Eine ›Ebene der Reflexion‹, wo bewusst an historischen Deutungen gearbeitet wird. (3) Eine ›Ebene der Pragmatik‹, wo zwischen der fungierenden und der reflexiven Tätigkeit des Geschichtsbewusstseins vermittelt wird. Hier gehen die Früchte der geistigen Arbeit historischer Deutung in den Lebensprozess ein.

Die D. M. zeigt, wie die Arbeit der Historiker einerseits durch das praktische Leben beeinflusst und auf es bezogen ist und andererseits seinen eigenen Bereich im Wissensraum jenseits der praktischen Zwecke der Lebensorientierung hat. Sie macht plausibel, warum die Geschichte immer wie-

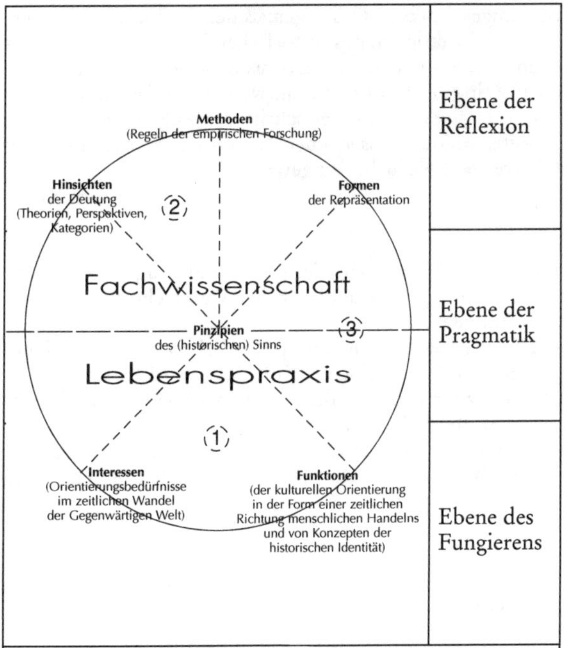

1: *politische* Strategie der kollektiven Erinnerung
2: *kognitive* Strategie der Erzeugung historischen Wissens
3: *ästhetische* Strategie der Poetik und Rhetorik historischer Repräsentation

Schema der disziplinären Matrix der Geschichtswissenschaft

der umgeschrieben wird – gemäß den veränderten Interessen und Funktionen des historischen Wissens im menschlichen Leben – und warum das historische Denken zur gleichen Zeit eine Kontinuität aufwies und eine Entwicklung nahm, ja sogar einen Fortschritt der kognitiven Strategie zeitigte, solides Wissen über die Vergangenheit aus deren Überresten (→ Quelle) zu gewinnen.

Jörn Rüsen

Jörn Rüsen: Historische Vernunft. Grundzüge einer Historik. Bd. 1: Die Grundlagen der Geschichtswissenschaft. Göttingen 1983.

– Historisches Erzählen. In: J. R.: Zerbrechende Zeit. Über den Sinn der Geschichte. Köln 2001. S. 43–105.

Horst-Walter Blanke: Historiographiegeschichte als Historik. Stuttgart-Bad Cannstatt 1991.

Hans–Jürgen Goertz: Umgang mit Geschichte. Eine Einführung in die Geschichtstheorie. Reinbek bei Hamburg 1995. S. 69–73.

Eigensinn

Der Begriff ›E.‹ bezeichnete um 1800 die absichtlich betriebene ›ungesellige Widerborstigkeit‹ im Verhalten, in Körperhaltung und Körpersprache. Die Befürworter herrschender Verhältnisse sahen in allen Formen von E. eine Herausforderung, der sie mit Polizei und Pädagogik beizukommen suchten. Auch Kritiker des Bestehenden vermochten in E. nur den Schattenwurf bestehender Abhängigkeiten zu erkennen. Hegel bemerkte in seiner *Phänomenologie des Geistes* (1807) lakonisch, dass »E. eine Freiheit [sei], welche noch innerhalb der Knechtschaft stehen bleibt«. Zeitgleich kontrastierte der Schriftsteller Jean Paul eine solche generelle Bestimmung mit genauerem Blick auf Verhaltensweisen. Während bei Männern die Beschränkung auf eigene Interessen dominiere, würden Frauen E. durchaus mit »Aufopferung« verbinden. Als weitere Bedeutung des Begriffs nennt das *Deutsche Wörterbuch* der Brüder Grimm »Unrat, Unflat«: Unmündige aus den »niederen Klassen« zeigten E.

Der geschichtstheoretische Terminus ›E.‹ findet sich – seines denunziatorischen Untertons entkleidet – seit den frühen 1980er Jahren: E. meine den ›eigenen Sinn‹ oder die spezifische Logik, die Personen sich selbst oder anderen zubilligten. Wenn z. B. Industriearbeiter um 1900 in wechselseitigen ›Neckereien‹ ›für sich‹ zu sein versuchten, wenn sie sich eigensinnig illegale Arbeitspausen sicherten – dann hatte dies Sinn für sie selbst, angesichts der vielfältigen Anforderungen zur Ein- und Unterordnung im Betriebsalltag, nicht allein ›von oben‹, sondern auch von Kollegen.

Der Gebrauch des E.-Begriffs steht im Zusammenhang mit zunehmender Kritik am bipolaren Konzept von ›Herrschaft‹ und ›Widerstehen‹ als Grundmatrix von Geschichte und Gesellschaft. Durch ethnologische Einsichten in Verhaltensweisen jenseits der europ. Moderne wurde das Sensorium für andere Verhaltenslogiken – und für deren Vielfalt geschärft.

Analytisch anregend ist E. für Rekonstruktionen von Herrschaft, des Faschismus, des Stalinismus und der ›totalen Kriege‹ des 20. Jh. Auch zur Klärung der Reichweite kolonialer Herrschaft taugt diese Perspektive. Die Beobachtung des Verhaltens von Individuen und von Gruppen zeigt, dass das Entweder-Oder von Zustimmen/Mitmachen oder Widerstehen fehl geht. Das Mitmachen mit zusammengebissenen Zähnen, jene widerwillige Loyalität, die nach 1915/16 mehr und mehr in den am Krieg beteiligten Gesellschaften in Europa überwog, und die – in eigener Form – seit den 1950er Jahren in der DDR eine Grundlinie des Verhaltens wurde, erforderte als Gegengewicht eine gehörige Dosis E. Aber auch die Zustimmung, die die meisten Deutschen im Nationalsozialismus antrieb, war bei vielen punktiert mit Distanznehmen oder Ausweichen.

Die Verweigerung des ›Hitler-Grußes‹ oder der Bekundung ›internationaler Solidarität‹ in den Gesellschaften des ›real existierenden Sozialismus‹ waren Ausdruck von E. Dieser lässt sich jedoch nicht nur in diktatorischen Regimes feststellen. Auch die Mobilisierungen und Konformitätswellen, die im Zuge des Kalten Krieges den Westen bestimmten, gingen mit vergleichbaren Eigensinnigkeiten einher. Hier gilt ebenfalls: E. bleibt immer fragil, erweist sich v. a. kaum je als Einstieg in gezielt-nachdrückliches Widerstehen.

E. zeigt diffuse Konturen. Gemeint ist ein uneindeutiges Verhalten mit nicht zu vereinbarenden, mitunter widersprüchlichen Motiven wie Folgen. Ein Grund für die Widersprüchlichkeit solchen Handelns liegt in der Anstrengung, das eigene Durchkommen zu sichern. Dabei wird weder ›Mitmachen‹ noch emphatischer Protest ausgeschlossen. Umgekehrt ist E. keine Vorstufe, die regelmäßig entweder zu Widersetzlichkeit oder allein zu vermehrtem Sich-Einpassen und Hinnehmen führte. In dieser Sicht erweist sich E. als Moment einer kulturellen Logik, die in Zeiten erneuter Beschleunigung und Unübersichtlichkeit vermehrt Resonanz finden könnte.

Alf Lüdtke

Gerald M. Sider: Christmas Mumming in Newfoundland. In: Past and Present 71 (1976). S. 102–125.

Oskar Negt / Alexander Kluge: Geschichte und Eigensinn. Frankfurt a. M. 1981.

James C. Scott: Domination and the Arts of Resistance: Hidden Transcripts. New Haven 1990.

Alf Lüdtke: Eigen-Sinn. Fabrikalltag, Arbeitererfahrungen und Politik vom Kaiserreich bis in den Faschismus. Hamburg 1993.

Thomas Lindenberger (Hrsg.): Herrschaft und Eigen-Sinn in der Diktatur. Studien zur Gesellschaftsgeschichte der DDR. Berlin 1999.

Entwicklung

Zusammen mit ›Individualität‹ gehört ›E.‹ (engl. *evolution*, *development*; frz. *évolution*, *développement*) zu den zentralen Kategorien historistischer Geschichtsschreibung (→ Historismus). Ausgehend von dem Problem, wie und warum eine gewählte Größe (z. B. Staaten, Personen, Ideen) sich im Lauf der Zeit verändert, schien ›E.‹ eine Verbindung von Früherem und Späterem, von Sein und Werden, von Substanz und Akzidenz, von Einzelnem und Allgemeinem zu ermöglichen. In langfristiger Perspektive kann man die Durchsetzung des E.-Begriffs als Säkularisierung und Temporalisierung der Vorstellung von der »Kette des Seienden« begreifen (Arthur O. Lovejoy, *The Great Chain of Being*, 1936; dt. 1985).

Schon vor der Evolutionstheorie (→ Evolution) im engeren Sinne erlangte ›E.‹ in der Biologie um die Mitte des 18. Jh. zentralen Stellenwert, v. a. durch George Louis Buffons *Histoire Naturelle*. Die organologischen Konnotationen des Begriffs blieben in der Folgezeit prägend und führten häufig zu einer engen Parallelisierung von individuellen und kollektiven Lebenszyklen (→ Zyklentheorie), etwa auch bei politisch-sozialen Gebilden.

Trotz gewisser Vorstufen wie Gottfried Wilhelm Leibniz' *Monadologie* (1716) ist der geistesgeschichtliche Durchbruch des Paradigmas ›E.‹ im dt. Sprachraum auf das späte 18. Jh. zu datieren, als v. a. Herder, Goethe und Schiller sich des Begriffs bedienten. Die eigentliche Stoßrichtung war dabei der Widerstand gegen eine allzu mechanistisch-lineare Konzeption von → ›Fortschritt‹ oder ›Vervollkommnung‹, auf die Geschichtsschreibung bezogen eine »Überwindung des Pragmatismus« (Friedrich Meinecke). E., obwohl später selber wegen teleologischer Implikationen kritisiert, sollte dagegen ein weniger deterministisches, vielmehr ›lebendiges‹ Modell zur Beschreibung zeitlicher Veränderungen bieten.

Der Geschichtsauffassung des → Historismus kam dies entgegen, weil so jede Epoche in ihrer Eigenheit und ihrem Eigenwert betrachtet und gewürdigt wurde, wobei sowohl kontextuale als auch intentionale Faktoren als Ursachen von E. benannt werden konnten. Mithin erwies sich das Konzept als äußerst geeignet, einer sich auf empirische Quellenstudien stützenden, auf Erklärung von Wandel (→ Kontinuität) in der Zeit bedachten Wissenschaft als Rückgrat zu dienen. Besonders Friedrich Carl von Savigny, Barthold Georg Niebuhr und Leopold Ranke verhalfen dem E.-Paradigma bis zur Mitte des 19. Jh. zu gestiegener Plausibilität, ja zur weitgehenden Selbstverständlichkeit (z. B. bei Johann Gustav Droysen, *Historik*, 1857).

Neben dieser bis zu Meinecke hinführenden und von diesem selbst nachgezeichneten Linie von ›Historisten‹ bedienten sich auch andere Historiker wie Jacob Burckhardt und Karl Marx des E.-Begriffs. Der Basler Kulturhistoriker benutzte es in seinem eher statisch konzipierten Epochenpanorama *Cultur der Renaissance in Italien* (1860) nicht bloß zur Erschließung des Individuellen, sondern auch des Typischen. Marx hingegen operierte mit einem streng deterministischen E.-Begriff, demzufolge Geschichte stets eine Geschichte von Klassenkämpfen sei. Nichtsdestoweniger leitete er hieraus einen aktivistischen Handlungsappell ab: der Revolutionär trete gleichsam als Katalysator im Sinne historischer Gesetze auf.

Bis ins frühe 20. Jh. hinein erfreute sich das Paradigma ›E.‹ – in seiner ›unpolitischen‹ Ausprägung – in den historischen Disziplinen größter Akzeptanz; E.-Geschichten wurden in verschiedensten Bereichen verfasst: von der Kunstgeschichte (z. B. Julius Meier-Graefe) bis zur Psychologie (Wilhelm Wundt), von der Literaturgeschichte (Eugen Wolff) bis zur Geschichte der Naturwissenschaften (Hermann von Helmholtz). Zugleich formierte sich durch den Aufschwung der sich von der »Historischen Schule« zunehmend distanzierenden Nationalökonomie und anderer sozialwissenschaftlich orientierter Disziplinen, die tendentiell mehr am Systemischen und Strukturellen, denn am Prozesshaften interessiert waren, verstärkt Kritik.

Im Verlauf des 20. Jh. geriet das E.-Denken zunehmend in den Verdacht methodischer Naivität; zudem propagierten die Arbeiten Michel Foucaults und anderer Strukturalisten eine Abneigung gegen Kontinuitäten und idiographische Hermeneutik allgemein (→ nomothetisch). Zu überlegen bleibt, ob der Begriff nicht gerade wegen seiner Flexibilität und seinen metaphorischen Ausdeutungsmöglichkeiten auch künftig im geschichtswissenschaftlichen Arsenal seinen spezifischen Platz zwischen Beschreibung und Analyse finden sollte.

Marc Schalenberg

Friedrich Meinecke: Die Entstehung des Historismus. 2 Bde. München 1936.

Wolf Lepenies: Das Ende der Naturgeschichte. Wandel kultureller Selbstverständlichkeiten in den Wissenschaften des 18. und 19. Jahrhunderts. Frankfurt a. M. 1978.

Wolfgang Wieland: [Art.] Entwicklung. In: Geschichtliche Grundbegriffe. Hrsg. von Otto Brunner [u. a.]. Bd. 2. Stuttgart 1979. S. 199–228.

Dietrich von Engelhardt: Historisches Bewußtsein in der Naturwissenschaft von der Aufklärung bis zum Positivismus. Freiburg i. Br. / München 1979.

Horst Bredekamp: Antikensehnsucht und Maschinenglauben. Die Geschichte der Kunstkammer und die Zukunft der Kunstgeschichte [1993]. Berlin 2000.

Epoche

›E.‹ bildet eine Kategorie zur → Periodisierung der Geschichte. Im allgemeinen Verständnis bezeichnet der Begriff einen Zeitabschnitt, dessen Anfang und Ende durch markante Zäsuren bzw. durch einen qualitativen Wandel (→ Kontinuität) der Verhältnisse gekennzeichnet werden. Die Großeinteilung der Geschichte in drei E. (Antike – Mittelalter – Neuzeit) seit dem 16. Jh. wurde an der Wende vom 17. zum 18. Jh. im Werk des Hallensers Christoph Cellarius tiefer begründet und popularisiert. Insbesondere die → Geschichtstheorie hat jedoch seit langem Vorbehalte gegen die Verwendung des Begriffs ›E.‹ vorgebracht; er genüge nicht, die vielfältigen Kulturen und geschichtlichen Teilentwicklungen einer Weltzivilisation zu erfassen. Dem steht weiterhin das Diktum Johann Gustav Droysens entgegen, dass E.-Begriffe grundsätzlich nur »Betrachtungsformen sind, die der denkende Geist dem empirisch Vorhandenen gibt, um sie desto gewisser zu fassen« (*Historik*, 1857).

Die Anfänge der Verwendung des Begriffs ›E.‹ liegen in der Antike. Solange das antike Verständnis eines zyklischen Geschichtsablaufs (→ Zyklentheorie) bzw. teleologische Geschichtsauffassungen christlicher Herkunft (→ Heilsgeschichte) allein bestimmend waren, wurde E. statisch aufgefasst als Halte- und Ruhepunkt. Erst im Gefolge der → Aufklärungshistorie und der Frz. Revolution setzte sich ein modernes Verständnis durch. ›E.‹ wurde nun synonym mit ›Periode‹ zur qualitativen Unterscheidung der historischen Entwicklungsstufen der Menschheit. Eine Art säkularisierte Erlösungslehre, die einen ständigen → Fortschritt der menschlichen Zivilisation postulierte, bildete zunehmend die Grundlage der E.-Einteilung.

Die Vertreter des → Historismus im 19. Jh. haben auf die Konzeption der E. als geistige Wesenseinheit zurückgegriffen, sie aber im Gegensatz zur Transzendentalphilosophie nicht mehr als Totalität eines überindividuellen Geistes verstanden. So hat Leopold Ranke das diskontinuierliche Element des E.-Begriffs betont. Jede E. habe ihre besondere Tendenz und ihr eigenes Ideal: »Jede E. ist unmittelbar zu Gott, und ihr Wert beruht gar nicht auf dem, was aus ihr hervorgeht, sondern in ihrer Existenz selbst, in ihrem Eigenen selbst« (*Über die Epochen der neueren Geschichte*, 1854).

Der E.-Begriff ist seitdem immer weiter differenziert worden. Die unterschiedlichsten Merkmale politischer, sozialer und ideengeschichtlicher Art, aber auch Kriterien der Kunstgeschichte und der Theorie wirtschaftlicher Ordnungssysteme gingen in die Definitionen ein. Namentlich die marxistische Geschichtstheorie versuchte, Gesetzmäßigkeiten im Wechsel der E. herauszuarbeiten (→ Historischer Materialismus). Zeitweise sind Versuche unternommen worden, E.-Einheiten als Stileinheiten zu bestimmen.

Auch in der neuen → Kulturgeschichte tritt der E.-Begriff in zahlreichen Varianten auf, obwohl neben dem Eurozentrismus wiederholt der deterministische Charakter von E.-Begriffen beklagt worden ist. Um die Schwierigkeiten in der zeitlichen und inhaltlichen Bestimmung synthetischer E.-Begriffe zu mindern, sind die Bezeichnungen ›Sattelzeit‹ und ›Epochenschwelle‹ in die Debatte eingeführt worden. Aber auch diese bilden letztlich, wie der engere Begriff der E., heuristische Ansätze (→ Heuristik), die in einem Akt historischen Urteilens gründen.

Christoph Cornelißen

Manfred Riedel: [Art.] Epoche. In: Historisches Wörterbuch der Philosophie. Hrsg. von Joachim Ritter [u. a.]. Bd. 2. Basel/Stuttgart 1972. Sp. 569–599.

Stephan Skalweit: Der Beginn der Neuzeit. Epochengrenze und Epochenbegriff. Darmstadt 1982.

Reinhart Herzog / Reinhart Koselleck (Hrsg.): Epochenschwelle und Epochenbewußtsein. München 1987.
Reinhart Koselleck: Wie neu ist die Neuzeit? [1990]. In: R. K.: Zeitschichten. Studien zur Historik. Frankfurt a. M. 2000. S. 225–239.

Ereignis

Als ›historisches E.‹ bezeichnet man eine Begebenheit, die eine geschichtliche Veränderung herbeiführt. Im Gegensatz zu physikalischen E., welche nur deren »äußere Seite«, nicht ihren »inneren Gedanken« berücksichtigen (Robin G. Collingwood), wirken historische E. sinnbildend an der Entstehung einer Geschichte mit (→ Sinn). Ontologisch werden dem historischen E. seine → Vergangenheit, seine Bewirkung durch menschliche Akteure (→ Subjekt) und seine grundsätzliche Fremdheit als absolute Eigenschaften zugeschrieben, epistemologisch seine unwiederholbare Einzigartigkeit (im Gegensatz zur Allgemeinheit des Gesetzes), seine praktische Kontingenz (im Gegensatz zur logischen und physikalischen Notwendigkeit) und seine Abweichung von jedem konstruierten Geschichtsmodell (Paul Ricœur).

Gegen die positivistische Vorstellung (→ Positivismus), dass historische E. – verstanden als punktuelle, von Menschen intentional bewirkte Veränderungen, wie sie die ältere → Politische Geschichte und Kriegsgeschichte behandelte – schon in den → Quellen vorgegeben und vom Historiker nur noch richtig zusammengesetzt werden müssten, richtete sich seit dem 1. Weltkrieg die Kritik der frz. → *Annales*-Schule an der sog. Ereignisgeschichte (Fernand Braudel). Wie schon in der historistischen Tradition der dt. → Kultur- und → Ideengeschichte wurde seither in der neueren → Sozial-, Wirtschafts- und Mentalitätengeschichte (→ Mentalitäten) wieder den längerfristigen Strukturen und Konstellationen der Geschichte (Klassen, Konjunkturen, Verfassungsstrukturen etc.) vermehrte Aufmerksamkeit gewidmet.

Neuerdings ist vielfach auf den konstruktiven Charakter historischer E. hingewiesen worden. Daran ist richtig, dass E. ihre historische Bedeutung erst durch ihre Einbettung in einen Zusammenhang, eine → Erzählung (*story*, *plot*, Fabel) gewinnen (Hayden White, Reinhart Koselleck, Paul Ricœur). Ohne die Annahme einer geschichtlichen → Wirklichkeit jenseits aller Erzählungen wäre jedoch kein Streit über die tatsächliche Gestalt der Vergangenheit, d. h. darüber, »wie es eigentlich gewesen« (Leopold Ranke), möglich (→ Tatsache).

Die Geschichtswissenschaft versichert sich der Tatsächlichkeit vergangener E. hauptsächlich durch den kritischen Vergleich überlieferter Quellen. Sie stützt sich dabei auf das aus dem Vorgang des → Erinnerns abgeleitete Alltagsbewusstsein, demzufolge wirkliche Ereignisse nur dann als vergangen (bzw. vergangene als wirklich) vorgestellt werden können, wenn sie als nicht mehr bestehende Sachverhalte doch der bestehenden Welt zugerechnet werden.

Historische E. bilden die wichtigsten Bausteine historischer Erzählungen und deren Referenzpunkte in der jeder historischen Erzählung vorgegebenen geschichtlichen Wirklichkeit. Sie gehen allerdings nicht in ihrer sinnstiftenden Funktion für einzelne Geschichten auf, sondern stehen im Laufe der Zeit im Schnittpunkt vieler historischer Erzählungen. Deren pragmatische → Wahrheit bemisst sich wiederum nicht an der Faktizität der E., sondern an ihren eigenen historischen Wirkungen. Historische E. können so als Scharniere bzw. Knotenpunkte zwischen unterschiedlichen Deutungen der Geschichte insgesamt verstanden werden, deren historische Vernetzung zwar nicht länger mehr die Utopie einer ›totalen Geschichte‹ einlösen kann, die aber doch einen historischen Kosmos objektiv wie subjektiv vermittelter Wirklichkeiten bilden.

Lucian Hölscher

Fernand Braudel: Histoire et sciences sociales. La longue durée [1958]; dt. Geschichte und Sozialwissenschaft. Die lange Dauer. In: F. B.: Schriften zur Geschichte. Bd. 1. Stuttgart 1992. S. 49–87.
Hayden White: Tropics of Discourse. Baltimore/London 1978. [Dt.: Auch Klio dichtet oder Die Fiktion des Faktischen. Stuttgart 1986.]
Reinhart Koselleck: Darstellung, Ereignis und Struktur. In: R. K.: Vergangene Zukunft. Zur Semantik geschichtlicher Zeiten. Frankfurt a. M. 1979. S. 144–157.
Paul Ricœur: Temps et récit. 3 Bde. Paris 1983–85. [Dt.: Zeit und Erzählung. München 1988–91.]
Lucian Hölscher: Neue Annalistik. Entwurf zu einer Theorie der Geschichte. In: Zukunft der Geschichte. Historisches Denken an der Schwelle zum 21. Jahrhundert. Hrsg. von Stefan Jordan. Berlin 2000. S. 158–174.

Erfahrung

Die Geschichtswissenschaft ist durch einen empirischen E.-Bezug auf historische → Quellen gekennzeichnet, mit dem sie ihren Anspruch auf → Wahrheit begründet.

Der damit verbundene »Sinn für die → Wirklichkeit« (Wilhelm von Humboldt) markiert bereits die Anfänge des → Historismus, der die Geschichtswissenschaft zu Beginn des 19. Jh. in Abgrenzung von der idealistischen → Geschichtsphilosophie als eigenständiges Fach etablierte, nachdem von der → Aufklärungshistorie bereits wichtige Grundlagen dieser fachlichen Autonomie gelegt worden waren. Leopold Ranke legitimierte die Orientierungsfähigkeit der → Geschichtswissenschaft, indem er die empirische E. gegenüber der spekulativen Erkenntnis aufwertete. Für ihn und die ihm folgenden Historiker wurde es unmöglich, »die Mannigfaltigkeit der Erscheinungen aus dem spekulativen Begriff zu deduzieren; – denn jenem Begriff der Spekulation entzieht sich und entweicht auf allen Seiten die Realität der Tatsache« (»Idee der Universalgeschichte« [1831/32], in: L. R., *Aus Werk und Nachlaß*, Bd. 4, 1975). Seither unterliegt die Geschichtswissenschaft einer Erkenntnisdynamik, in der sich der Horizont der historischen E. zeitlich (im Hinblick auf andere → Epochen), kulturell (im Hinblick auf andere Zivilisationen und Lebensformen) und systematisch (im Hinblick auf verschiedene Wirklichkeitsdimensionen wie Politik, Wirtschaft, Gesellschaft, Alltagswelt etc.) kontinuierlich erweitert hat. Erkenntnisfortschritt als Leitkriterium des historischen Denkens meint die Steigerung historischer E. durch empirisches Wissen, aufgrund dessen die Geschichtswissenschaft eine unmittelbar praktische Bedeutung und Orientierungsfunktion beansprucht. Philosophisch begründet wurde dieser Zusammenhang zwischen E. und Lebenspraxis durch Edmund Husserl (*Die Krisis der europäischen Wissenschaften und die transzendentale Phänomenologie*, 1936).

Insgesamt besitzt der E.-Begriff einen (1) methodischen, (2) erkenntnistheoretischen und (3) gegenstandstheoretischen Aspekt:

(1) Die Ausbildung der historischen → Methode diente der kritischen Sicherung des empirischen E.-Bezugs. ›Forschung‹ ist die Summe der Operationen, die den Tatsachengehalt (→ Tatsache) historischer Aussagen sicherstellen. In diesem Sinne definierte sie bereits Johann Gustav Droysen: »Das Wesen der historischen Methode ist *forschend zu verstehen.*« (*Historik*, 1857.)

(2) Unter erkenntnistheoretischen Gesichtspunkten verweist der E.-Begriff auf den Streit zwischen objektivistischen und konstruktivistischen Positionen (→ Konstruktivismus), denn er erstreckt sich sowohl auf die subjektive Deutung eines Sachverhalts, der seine kulturelle Bedeutung erst im Prozess dieser Deutung gewinnt (Max Weber), als auch auf die immer schon vorgegebenen Inhalte und Ge-

genstände der E. John Dewey, ein Vertreter des amerik. Pragmatismus, hat auf diese Doppelnatur von E., auf ihren gleichzeitigen Subjekt- und Objektstatus, hingewiesen, denn sie bezeichnen »das, was erfahren wird, und die Weise, wie es erfahren wird« (*Erfahrung und Natur*, 1995). Äußere Ereignisse gewinnen erst im direkten Bezug auf eine interpretierende → Subjektivität ihre spezifisch historische Signatur; die empirische Tatsächlichkeit und → Objektivität von E. und ihre subjektive Deutung und Bedeutungsverleihung schließen sich also keineswegs wechselseitig aus, sondern bedingen und ergänzen sich. E. sind nicht allein Konstruktionen ohne Wirklichkeitsbezug, etwa im Sinne ›erfundener‹ Traditionen, sondern verweisen auf einen empirischen Realitätsgehalt vergangenen Geschehens, das seinen für uns relevanten Sinn- und Bedeutungsgehalt jedoch erst im Akt der historischen Interpretation zu erkennen gibt. Der E.-Begriff bietet daher auch die Möglichkeit, Subjektivismus und Objektivismus des historischen Denkens als zwei Seiten desselben Phänomens zu verstehen.

(3) Schließlich besitzt der E.-Begriff einen gegenstandstheoretischen Aspekt. Die neueren kultur- oder alltagsgeschichtlichen Strömungen (→ Alltagsgeschichte, Kulturgeschichte) haben in Abgrenzung von der → Sozialgeschichte den subjektiven E. historischer Akteure einen hohen Stellenwert für die Gewinnung historischer Erkenntnis eingeräumt (→ Subjekt). Sie lassen sich insofern als Varianten einer Erfahrungsgeschichte begreifen, die den → Eigensinn der Handlungssubjekte akzentuieren und sich den Körpererfahrungen, Erinnerungen (→ Erinnern, Gedächtnis) oder den → Mentalitäten von Individuen und Gruppen zuwenden, um sie als empirische Quellen zu nutzen. Im Zuge dieser erfahrungsorientierten Neuausrichtung der Geschichtswissenschaft haben sich neue methodische Verfahren herausgebildet, die die E.-Welten vergangener Akteure dokumentieren und deuten (→ Oral history).

Friedrich Jaeger

Friedrich Kambartel: Erfahrung und Struktur. Bausteine zu einer Kritik des Empirismus und Formalismus. Frankfurt a. M. 1968.
Alf Lüdtke (Hrsg.): Alltagsgeschichte. Zur Rekonstruktion historischer Erfahrungen und Lebensweisen. Frankfurt a. M. 1989.
Jürg Freudiger [u. a.] (Hrsg.): Der Begriff der Erfahrung in der Philosophie des 20. Jahrhunderts. München 1996.

Erinnern/Vergessen

E. und V. sind Grundoperationen menschlicher Kultur, sowohl des Individuums als auch sozialer Gruppen und ganzer Gesellschaften. Sie können nicht anders als selektiv funktionieren und bedingen sich gegenseitig: Es gibt kein E. ohne V. – und umgekehrt.

Im engl. Sprachgebrauch werden *memory* und *remembering* meist synonym verwendet, in der dt. Sprache hingegen wird *memory* sowohl mit ›Erinnerung‹ als auch mit → ›Gedächtnis‹ übersetzt. Jacques Le Goff (*Geschichte und Gedächtnis*, 1992) und Harald Weinrich (1997) wiesen darauf hin, dass sich diese begriffliche Verzweigung schon bei Platon und Aristoteles findet. Anders als das Gedächtnis, dessen Tradierung durch Speichermedien gewährleistet wird und das sich in der Materialität der Repräsentationen (Bücher, Gemälde, Architektur, Orte etc.) verfestigt, ist Erinnerung ein verflüssigter Prozess, in dem Vergangenes aktualisiert wird. Es handelt sich um einen kontextabhängigen und kommunikativen, d. h. intersubjektiven Vorgang, in welchem Menschen Bilder der Vergangenheit vergegenwärtigen und sich ihrer → Zukunft vergewissern. Dadurch, dass Erinnerung – wie Maurice Halbwachs (*Das Gedächtnis und seine sozialen Bedingungen*, 1985) gezeigt hat – unabdingbar mit der komplexen Textur des kulturellen Gedächtnisses verwoben ist, unterscheidet sie sich vom Traum, in dem sich die Strukturen des Unbewussten brechen.

Viele Autoren der Antike stellten der *ars memoriae* (Gedächtniskunst) eine *ars oblivionis* (Kunst des V.) gegenüber. Die Göttin des Gedächtnisses, *Mnemosyne* (lat. *Memoria*), war die Mutter der neun Musen, unter ihnen *Klio*, die Schutzgöttin der Geschichte. Ihre Gedächtnisleistungen basierten auf der Mnemotechnik als Gegenmittel für das V. Dass die Toten den Fluss des V. meiden mussten und dass nur der Brunnen der Erinnerung die Unsterblichkeit bringen konnte, war wichtiges Element der orphischen und pythagoräischen Lehre. In den folgenden Jahrhunderten lässt sich eine Dominanz des Gedächtnisses und der Erinnerung konstatieren, die jedoch im Verlaufe der Frühen Neuzeit vom Machtkalkül des modernen Territorialstaats durchbrochen wurde: Ein Friedensvertrag konnte nur Erfolg haben, wenn sich die Kontrahenten gegenseitiges V. des Vergangenen zusicherten, so dass das E. nicht mehr als Ressource für Hass und Rache dienen konnte.

Im 19. Jh. wurde der Zusammenhang zwischen E. und V. neu problematisiert. Friedrich Nietzsche plädierte für eine symmetrische Anthropologie, die V. als *conditio sine qua non* des E. thematisiert. In der Tradition der Aufklärung erklärte er die moderne Disponibilität des Wissens und seine wirklichkeitsschaffende Macht aus dem Verlust des Transzendentalen durch die vernünftige Selbstermächtigung des Menschen. Damit stellte sich das Problem des Handelns unter Bedingungen von Unsicherheit auf neue, existentielle Weise: »Zu allem Handeln gehört V.« (*Vom Nutzen und Nachtheil der Historie für das Leben*, 1873). Das Wagnis des Handelns und die Befreiung von Erinnerungslasten gehören aus dieser Sicht zusammen.

Dieser Prozess zeigte sich auch bei der »Erfindung der Nation«, deren emotionale Bindekräfte in den Jahrzehnten vor dem 1. Weltkrieg in Gedächtnisorten und einer imaginären vaterländischen Opfer-Topographie ihren Ausdruck fanden. Die »kollektive« Erinnerung wurde zu einem fundamental ambivalenten Phänomen: Machtkritik und »Ziel von Herrschaft« (Le Goff) zugleich. Die totalitären Regimes des 20. Jh. beschworen eine bisher unbekannte Gefahr herauf: die Auslöschung des Gedächtnisses (Tzvetan Todorov, *Les abus de la mémoire*, 1985). Diesen Versuchen konnten Individuen und soziale Gruppen ihre Erinnerungen entgegensetzen, während die Macht umgekehrt darauf setzte, die sozialen Bedingungen, welche die Erfahrungs- und Erinnerungswelt von Menschen strukturierten, zu zerstören und damit die identifikatorische Symbolik des Regimes durchzusetzen.

Nach 1945 veränderte sich die Rolle des E. erneut grundlegend. Angesichts von Weltkriegen und exterminatorischer Politik wurde die Erinnerung an die Verbrechen und an die rassistischen sowie antisemitischen Phantasmata, die sie ermöglichten, zur unverzichtbaren kritischen Instanz. Gefordert wurde nun eine »anamnetische Kultur« (Johann Babtist Metz, in: *Holocaust: Die Grenzen des Verstehens*, hrsg. von Hanno Loewy, 1992), die sich – v. a. in Deutschland – gegen jene richtete, die ihre Schuld und Mitverantwortung mit der Forderung nach Amnestie und Amnesie zu leugnen suchten.

Für die vergangenheitspolitischen Auseinandersetzungen, die nach 1945 um das Problem des V. und um rivalisierende Erinnerungen geführt wurden, hatte der psychoanalytische Begriff der Verdrängung wichtige Bedeutung. Die Tabuisierungen, die sich als »Löcher im Gespräch« über die Vergangenheit zeigen, lassen sich als »gesellschaftliche Produktion von Unbewußtheit« verstehen (Mario Erdheim, *Die gesellschaftliche Produktion von Unbewußtheit*, 1982). Unbewusste Inhalte sind dadurch definiert, dass Menschen die Kontrolle über sie verlieren; deshalb können sie nicht einfach ›v.‹ werden. So unterliegt das Verdrängte einem inhärenten Hang zur Wiederkehr ins Bewusstsein. Die Unterscheidung zwischen repetitivem »Ausagieren« und sich-selbst-veränderndem »Durcharbeiten« verdrängter Bewusstseinsinhalte (Sigmund Freud, *Erinnern, Wiederholen und Durcharbeiten* [1914], in: S. F., *Gesammelte Werke*, Bd. 10, 1973) bietet eine Möglichkeit, die Dynamik von Erinnerungsprozessen zu verstehen. Ein anderer Ansatz knüpft bei Jacques Lacan an und versucht, das Spiel von Präsenz und Absenz in der Sprache für eine Definition von E. und V. nutzbar zu machen.

Seit den 1960er Jahren hat die Zahl der Fachdisziplinen und Forschungseinrichtungen, die sich mit Gedächtnis, Erinnerung und V. befassen, zugenommen: neben der Geschichte, Literaturwissenschaft und Anthropologie sind Psychologie, Psychoanalyse, Psychophysiologie, Neurowissenschaft, Biologie, Informatik und Künstliche Intelligenz zu nennen. In den Kulturwissenschaften und in der Geschichte lassen sich widersprüchliche Entwicklungen feststellen: Zum einen ist, wie Sigrid Weigel feststellt, in den Literaturwissenschaften ein »Paradigmenwechsel in der Theorie von der Erinnerung zum Gedächtnis« zu beobachten (*Bilder des kulturellen Gedächtnisses*, 1994). Damit verbunden ist eine Kritik an der Hermeneutik mittels semiotischer, diskursanalytischer und psychoanalytischer Positionen. Zum anderen rekurrieren Alltagsgeschichtliche Ansätze (→ Alltagsgeschichte) und → Oral history auf neohermeneutische Lehren (→ Verstehen) und bekunden steigendes Interesse an → Autobiographien, die zur Vergegenwärtigung vergangener Erlebnisse (Elisabeth Domansky / Harald Welzer (Hrsg.), *Eine offene Geschichte. Zur kommunikativen Tradierung der nationalsozialistischen Vergangenheit*, Tübingen 1999) sowie zur Historisierung aktueller Erfahrungen und damit zur Analyse der Dialektik von E. und V. beitragen sollen.

Jakob Tanner

Frances A. Yates: The Art of Memory. London 1972.
Yosef Hayim Yerushalmi: Zakor: Erinnere dich! Jüdische Geschichte und jüdisches Gedächtnis. Berlin 1988.
Saul Friedländer: Memory, History, and the Extermination of the Jews of Europe. Bloomington/Indianapolis 1993.
Gary Smith / Avishai Margalit (Hrsg.): Amnestie oder Die Politik der Erinnerung in der Demokratie. Frankfurt a. M. 1997.
Harald Weinrich: Lethe. Kunst und Kritik des Vergessens. München ^{2}1997.

Erklären

Etwas geschichtlich zu e. heißt, ein historisches Phänomen auf seine Ursachen und Bedingungen zurückzuführen. Es gilt als e., wenn es als notwendige Folge von (auch zeitlich) vor ihm liegenden Einflussfaktoren bestimmt worden ist, d. h., wenn eine kausale (→ Kausalität) Beziehung zwischen Ursachen und Folgen identifiziert werden kann.

In der positivistischen Wissenschaftsauffassung hat sich seit dem späten 18. Jh. die Bedeutung des Begriffs ›E.‹ auf die Herleitung von notwendigen Kausalbeziehungen aus der Beobachtung von ›Regularitäten‹ – statistischen bzw. ›wahrscheinlichen‹ Häufungen bestimmter Ereignisabfolgen (→ Ereignis) – verengt. Aus dieser aus Beobachtungen geschlussfolgerten Bestimmung kausaler Beziehungen entwickelte sich im 19. und 20. Jh. das gesetzmäßige Erklärungsmodell. Danach ging es um die Erklärung von Phänomenen durch den Nachweis invarianter Zusammenhänge von Ursachen und Wirkungen, in die man die Phänomene als Folgen einordnete. Carl Gustav Hempel und Paul Oppenheim haben dieses Gesetzesschema seit 1948 zu einem universalen Modell der wissenschaftlichen Erklärung weiter entwickelt, dem sog. *covering law*-Modell. Da dessen

Objektivitätskriterien (→ Objektivität), Gültigkeit des Gesetzes, Nachvollziehbarkeit seiner Geltung für das untersuchte Phänomen und Prognosefähigkeit (→ Voraussage), auf die Geschichtswissenschaft nur eingeschränkt projizierbar sind, hat man der Historie entweder ihren wissenschaftlichen Anspruch bestritten oder ihre ›Verwissenschaftlichung‹ im positivistischen Sinne gefordert (Holismus).

Im → Historismus dagegen setzte sich die hermeneutische Perspektive der sinnhaften (→ Sinn) Deutung menschlichen Handelns durch, obwohl der Verstehensbegriff des 19. Jh. → ›verstehen‹ und ›e.‹ noch nicht als Gegensätze fasste. Erst mit der Radikalisierung der Hermeneutik zur Lebensphilosophie durch Wilhelm Dilthey und im Gefolge der neokantianischen Philosophen Wilhelm Windelband und Heinrich Rickert polarisierte sich die Differenz zwischen Natur- und Geisteswissenschaften zu einer Dichotomie andersartiger Typen von Erkenntnis: Windelband und Rickert konstruierten den Dualismus zwischen den → nomothetischen (Gesetzes-)Wissenschaften und den idiographischen (Geistes-)Wissenschaften. Erstere entwickelten Gesetze, um Phänomene zu ›e.‹; Letztere beschäftigten sich dagegen mit → Individualitäten, die in ihrer Singularität ›verstanden‹ werden müssten.

Max Weber plädierte dafür, hermeneutische und analytische Erkenntnisweisen zu kombinieren (*Wirtschaft und Gesellschaft*, 1921). Nomothetisches Wissen – als Struktur- bzw. Erfahrungswissen – spiele bei der Deutung sozialer Phänomene eine wichtige Rolle, wenn die »ursächliche« Erklärung auch durch das Sinnverstehen ergänzt und durch eine »idealtypische« (→ Typus) Begrifflichkeit dem wertgeprägten Gegenstand angepasst werden müsse. Nicht Gesetze, wohl aber theoretische Modelle erschlössen Räume »objektiver Möglichkeiten«, in denen dann nach kausalen Einzelfolgen »adäquater Verursachungen« gespürt werden müsse (»Objektive Möglichkeit und adäquate Verursachung in der historischen Kausalbetrachtung«, in: M. W., *Gesammelte Aufsätze zur Wissenschaftslehre*, 1922).

In der dt. → Sozialgeschichte gewann die Erklärung im Zuge einer antihermeneutischen Wende neue Autorität. ›Erklärung‹ hieß nunmehr die Herleitung von → Ereignissen und Handlungen aus ihren strukturellen Ausgangskonstellationen. Aus einer ideologiekritischen Sicht postulierte man das kausale Übergewicht der restriktiven, überindividuellen Strukturen und Prozesse gegenüber den Intentionen und Motiven der Zeitgenossen. Dem entsprach die Annahme eines besonders geschichtsmächtigen kausalen Einflusses der sozioökonomischen Faktoren auf die modernen Gesellschaften des Westens. Geschichte konnte so weitgehend ohne Rückgriff auf die subjektiven Äußerungen der historischen Akteure e. werden. Zugleich öffnete sie sich dadurch einer explizit diskutierten Anwendung sozialwissenschaftlich-theoretischer Modelle und dem systematischen → Vergleich.

Seit den 1980er Jahren ist der Gegensatz zwischen ›e.‹ und ›verstehen‹ erodiert. Die Bindung der Erklärung an Gesetzesvorstellungen hat sich gelockert; die lebensphilosophische Aufladung des Verstehensbegriffes hat sich verloren. In den Ansätzen etwa Pierre Bourdieus oder Anthony Giddens' werden soziale bzw. historische Phänomene ohne weiteres durch Rekurs auf nomothetisches Wissen – in der Form systematischen Regelwissens – e. Dabei ist entscheidend, dass die Sphäre der Bedeutung, der Werte und des Bewusstseins an zentraler Stelle in die Theoriekonstruktion einrückt. Die Erklärung sozialen Handelns zeichnet aus, dass sie Interpretationen einer bereits von den Akteuren interpretierten sozialen → Wirklichkeit liefern.

Obwohl sich die prinzipielle Sonderstellung der Geschichtswissenschaft damit stark relativiert hat, bleiben als Spezifika der historischen Gegenstände ihre Situiertheit und Streckung in Zeit und Raum, ihre Nichtwiederholbarkeit und die unaufhebbare Eingebundenheit in ihre Kontexte. Historische Erklärungen sind heute sensibel gegenüber der Interferenz zusätzlicher Kausalfaktoren im Verlauf eines untersuchten Prozesses; sie erkennen die »Pfadabhängigkeit« historischer Entwicklungen an, und sie stellen sich der Erfahrung, dass Kausalität in der Geschichtswissenschaft immer mit Kontingenz (→ Zufall) zu rechnen hat.

Thomas Welskopp

Jürgen Kocka: Sozialgeschichte. Begriff – Entwicklung – Probleme. Göttingen 1977.

Jörn Rüsen / Friedrich Jaeger: [Art.] Historische Methode. In: Geschichte. Hrsg. von Richard van Dülmen. Frankfurt a. M. 1990. (Das Fischer-Lexikon.) S. 11–32.

Thomas Haussmann: Erklären und Verstehen. Zur Theorie und Pragmatik der Geschichtswissenschaft. Frankfurt a. M. 1991.

Chris Lorenz: Konstruktion der Vergangenheit. Eine Einführung in die Geschichtstheorie. Köln [u. a.] 1997.

Thomas Welskopp: E. In: Geschichte. Ein Grundkurs. Hrsg. von Hans-Jürgen Goertz. Reinbek bei Hamburg 1998. S. 132–168.

Erzählung

Die E. ist eine mündliche oder schriftliche Darstellung von Geschehnissen (der Sonderfall der bildlichen E. bleibt hier ausgespart), die sich durch Indirektheit, Nachzeitigkeit und Sukzessivität auszeichnet. Indirekt ist die Erzählrede, weil vor den Geschehnissen eine Erzählinstanz steht; nachzeitig, weil die Erzählinstanz zum Zeitpunkt des Erzählens (der Erzählzeit) nicht an den erzählten Geschehnissen (der erzählten Zeit) beteiligt ist; sukzessiv, weil die Darstellung im Nacheinander eines Diskurses entfaltet wird. Das Erzählen lässt sich mithin als Vermittlungsleistung der Erzählinstanz beschreiben: zwischen den erzählten Geschehnissen und den Zuhörern oder Lesern; zwischen der Erzählzeit und der erzählten Zeit; zwischen der Ordnung der E. und der Ordnung des erzählten Geschehens.

Obwohl eine allgemein akzeptierte Erzähltheorie nicht vorliegt (vgl. Matias Martinez, *Einführung in die Erzähltheorie*, 1999), ergeben sich aus der vorgeschlagenen Definition weitere Kategorien. Durch die Erzählperspektive tritt die Erzählinstanz in ein bestimmtes Verhältnis zu dem erzählten Geschehen wie zu den erwarteten Adressaten. Sie lässt ausgewählte Figuren und Gegenstände erscheinen, sie zeigt ausgewähltes Handeln und Veränderung. Zeitlich geordnet ergibt das erzählte Geschehen eine → Chronik; durch die Wahl eines bestimmten Anfangs aber und eines bestimmten Endes, verschiedener Erzählstränge und den Wechsel zwischen ihnen, durch Umstellung, Raffung und Dehnung wird aus der Chronik eine Fabel, entsteht ein durch das Erzählen konstituierter Gegenstand. E. bilden eine universale Darstellungs-, wenn nicht eine Wahrnehmungs- oder Denkform. Je nachdem, wie man sie auffasst, erhält das Erzählen eine spezielle oder grundsätzliche Bedeutung für die → Geschichtstheorie.

Eine grundsätzliche Bedeutung wird dem Erzählen von einigen Wissenschaftstheoretikern zugeschrieben: Arthur C. Danto und Morton White im angelsächs. Sprachraum,

Paul Ricœur im frz. (*Zeit und Erzählung*, 3 Bde., 1988–91; frz. 1983–85), Hans Michael Baumgartner und Jörn Rüsen im dt. betrachten das Erzählen als eine spezifische Form der wissenschaftlichen Erklärung (→ Erklären). Gegen die neopositivistische Wissenschaftstheorie mit ihrer Vorstellung von einer Einheitswissenschaft und ihrem aus der Physik übernommenen Erklärungsmodell beharren die genannten Wissenschaftler darauf, dass die Geschichtswissenschaft auf einer eigenen Art von Rationalität (→ Vernunft) beruht. Nicht in der Subsumption historischer Ereignisse unter allgemeine Gesetze bestehe ihre Erkenntnisleistung, sondern in der Erklärung von Veränderungen eines Gegenstands in der → Zeit. Etwas historisch erklären heiße: Ereignisse zu Verläufen ordnen. Und dies geschehe in Form von E. Die Narrativität (Erzählförmigkeit) bilde die Grundfigur allen historischen Wissens und Denkens.

Eine neue Wendung nahm die Narrativitätsdiskussion mit Hayden Whites *Metahistory* (1973; dt. 1991). Ausgerechnet die narrative Erklärung, die die spezifische Rationalität der Historie ausmachen soll, wird von White zu einem Sprachspiel deklariert, das in fiktionalen E. ebenso gut funktioniere wie in historiographischen. Nur ironisch bezeichnet White das narrative Verfahren noch als Erklärung; in der Vorrede von *Metahistory* charakterisiert er es als eine Strategie der Historiker, um den »Anschein« von wissenschaftlichen Erklärungen zu erzeugen. Das Erzählen wird bei ihm also gerade zum Ausweis der Unwissenschaftlichkeit.

Um dieser Provokation zu begegnen, bedarf es eines konkreteren Erzählbegriffs als dem der Wissenschaftstheoretiker. Einen solchen bieten die Linguisten und Literaturwissenschaftler. Für sie ist die Erzählrede eine Darstellungsform, deren Kategorien sich aus dem Verhältnis von Redeinstanz, Darstellung und Dargestelltem ergeben. Entdeckt wurden diese Kategorien zuerst in fiktionalen E., doch haben Vergleiche mit Alltags-E. und E. in Gebrauchstexten ergeben, dass alle E. auf den gleichen universalen Erzählkategorien beruhen. Erst die Art und Weise, wie diese Kategorien besetzt werden, bringt verschiedene Arten von E. mit verschiedenen Wirklichkeitsbezügen hervor.

Gegen White lässt sich daher einwenden, dass die Geschichtsschreibung als referentielle E. sich von fiktionalen E. durchaus unterscheidet. All ihre Merkmale signalisieren einen Wirklichkeitsbezug, den fiktionale E. gerade durchkreuzen. Daraus erwachsen beiden Erzählarten verschiedene Erkenntnisansprüche und methodische Verpflichtungen. Darüber hinaus zeigt die literaturwissenschaftliche Erzähltheorie, dass dem Denken der Historiker nur die Logik der Chronik (engl. *story*) zugrunde liegt; der Logik der Fabel (engl. *plot*) hingegen folgen weder der Forschungsaufsatz noch das Handbuch noch der geschichtsphilosophische Traktat. Daraus resultiert, dass das Erzählen nicht ausreicht, um darauf Theorien der → Geschichtswissenschaft oder des → Geschichtsbewusstseins zu gründen. Denn die Logik der Chronik teilt die Historie mit vielen Alltags-E., und die Logik der Fabel begründet nur eine spezielle: die erzählerische Darstellungsform in der Historie. In diesem Sinn hat Johann Gustav Droysen die E. in seiner *Historik* (1857) analysiert und ihr eine untersuchende, eine didaktische und eine erörternde Darstellungsform zur Seite gestellt. Mit den Mitteln der modernen Textanalyse könnte dieser Ansatz zu einer allgemeinen Textsortenlehre der Historie weiter entwickelt werden.

Johannes Süßmann

Arthur C. Danto: Analytical Philosophy of History. Cambridge 1965. [Dt.: Analytische Philosophie der Geschichte. Frankfurt a. M. 1974.]

Hans Michael Baumgartner: Kontinuität und Geschichte. Zur Kritik und Metakritik der historischen Vernunft. Frankfurt a. M. 1972.

Jochen Vogt: Bauelemente erzählender Texte. In: Grund-

züge der Literatur- und Sprachwissenschaft. Bd. 1. Hrsg. von Heinz Ludwig Arnold und Volker Sinemus. München [8]1986. S. 227–242.
Jörn Rüsen: [Art.] Historisches Erzählen. In: Handbuch der Geschichtsdidaktik. Hrsg. von Klaus Bergmann [u. a.]. Seelze-Velber [5]1997. S. 57–63.
Johannes Süßmann: Geschichtsschreibung oder Roman? Zur Konstitutionslogik von Geschichtserzählungen zwischen Schiller und Ranke (1780–1824). Stuttgart 2000.

Evolution

Unter lat. *evolutio* verstand man ursprünglich die wörtlich gemeinte → ›Entwicklung‹ von Schriftrollen. Vom Beginn des 18. Jh. bis heute bildet der Entwicklungsgedanke im übertragenen Sinne das Kernstück des E.-Begriffs.

›E.‹ bezeichnet eine unumkehrbare, stufenweise, allmähliche Veränderung in der → Zeit, wobei der Aspekt der → Kontinuität für den E.-Begriff ebenso bedeutsam ist wie der des Wandels. Durch die Betonung des Kontinuitätselements wurde der E.-Begriff im ausgehenden 18. Jh. zum Gegenbegriff zu ›Revolution‹ als abrupter, gewaltsamer Veränderung. Das Gegensatzpaar E./Revolution wurde erstmals von Herder verwendet, findet sich später aber auch bei Kant und Schiller. Hier bezieht es sich v. a. auf politische Veränderungen, wobei es i. d. R. implizit auf die biologischen Wissenschaften Bezug nimmt.

Im Zusammenhang mit dem Aufblühen der modernen biologischen Wissenschaften erhielt der E.-Begriff zu Beginn des 19. Jh. seine bis heute dominante Bedeutung als allmähliche Entwicklung vom einfach Belebten hin zum komplexen Lebewesen. Die Vorstellung, dass die Lebewesen nacheinander in zunehmend höheren Stufen entstanden seien, findet sich schon andeutungsweise bei Anaximander und in der jüdisch-christlichen Schöpfungslehre. Kennzeichnend für das moderne, naturwissenschaftliche E.-Verständnis ist jedoch der Versuch, die Abstammungslehre empirisch-wissenschaftlich zu untermauern. Der Begründer der E.-Theorie in diesem Sinne ist Jean de Lamarck (*Philosophie zoologique*, 1809), aber erst Charles Darwin verhalf dem E.-Gedanken zu Breitenwirkung. In *On the Origin of Species* [...] (1859) veröffentlichte er umfangreiches Material aus der Haustierzüchtung, vergleichenden Anatomie, Paläontologie und Tiergeographie. Hierin versuchte Darwin empirisch-wissenschaftlich zu beweisen, dass sich das Leben von einfachsten bis zu komplexesten Lebewesen weltimmanent entwickelt und immer neue Variationen hervorgebracht habe.

Von Anfang an stellte sich zusammen mit der E.-Lehre im Allgemeinen und mit Darwins Theorie im Besonderen die Frage nach der Herkunft des Lebens. Während Darwin sich bemühte, seine Theorie weltanschaulich offen zu lassen, wurde sie schon von seinen Zeitgenossen unter dem Gesichtspunkt diskutiert, dass sie die Ausbreitung der materialistischen Weltdeutung wesentlich vorantreibe (Annette Wittkau-Horgby, *Materialismus*, 1998). Im Zuge dieser Diskussion wurde der E.-Begriff zunehmend zum Gegenbegriff zur göttlichen Schöpfung. Seit Anfang der 1860er Jahre begann die E.-Theorie unter dem Einfluss des brit. Soziologen Herbert Spencer auch auf die Kultur- und Geisteswissenschaften einzuwirken: In Bereichen wie z. B. Ethik oder Recht, die verstärkt unter dem biologisch interpretierten E.-Gesichtspunkt betrachtet wurden, gewannen materialistische Implikationen an Bedeutung.

Ungeachtet der Fruchtbarkeit, die Darwins Theorie als Forschungshypothese bis heute v. a. in den biologischen Wissenschaften entfaltet hat, ist ihre erkenntnistheoretische Qualität nach wie vor umstritten. Karl R. Popper bezeichnete den Darwinismus als ›metaphysisches Forschungsprogramm‹ – »ein möglicher Rahmen für empirisch prüfbare wissenschaftliche Theorien« (*Ausgangspunkte*, 1994). Sein

Hauptargument gegen den Anspruch der Wissenschaftlichkeit der Darwinschen Theorie ist, dass sich aus dieser nur sehr allgemeine, aber keine präzisen und damit empirisch überprüfbaren Vorhersagen (→ Voraussage) ableiten lassen (vgl. Karl R. Popper, *Objective Knowledge*, 1972; dt. 1973). Dieses gelte sowohl im Hinblick auf die Erklärung des Formenreichtums in der Natur als auch im Hinblick auf die Annahme der Anpassung und Auslese. Poppers Einschätzung wurde nicht durchgängig akzeptiert. In der Gegenwart finden sich Forschungsansätze, die die E.-Theorie als wissenschaftlich erwiesen und deshalb auch als auf andere Wissensgebiete anwendbar ansehen (vgl. u. a. Ernst Mayr, *Die Entwicklung der biologischen Gedankenwelt*, 1984).

Annette Wittkau-Horgby

Peter J. Bowler: Evolution. The History of an Idea. Berkeley 1989.
– Biology and Social Thought: 1850–1914. Berkeley 1993.
Kurt Bayertz (Hrsg.): Evolution und Ethik. Stuttgart 1993.

Fiktion

Der Begriff ›F.‹ stammt von lat. *fingere* (›etwas formen, nachahmen‹, davon abgeleitet seit dem Mittelalter ›erfinden‹, ›vortäuschen‹). ›F.‹ erhielt so die Bedeutung einer unwahren Aussage, einer ›Erfindung‹ oder ›Erdichtung‹. Als klassifizierende Unterscheidung ist die Trennung zwischen zwei grundlegenden Literaturtypen – zwischen *non-fiction* und *fiction*, zwischen Sachliteratur und Belletristik –, die Gliederungsprinzip jedes englischsprachigen Verlags ist, im Englischen tiefer verwurzelt als die im Deutschen zwischen → ›Tatsache‹ und ›F.‹.

Vor genau diesem Hintergrund haben englischsprachige Kritiker und Historiker versucht, die Unterscheidung zwischen *facts* und *fiction* zu hinterfragen. So behauptete z. B. Hayden White (*Metahistory*, 1991; engl. 1973), dass der Historiker im Grunde die gleichen literarischen Verfahren verwende wie die Romanschriftsteller des 19. Jh. Genau wie diese benutze er zur Beschreibung der Vergangenheit Worte, Ausdrücke und Bilder, die damals nicht verwendet wurden, und forme die Geschichte nach literarischen Modellen wie Komödie oder Tragödie. Der Autor gebe seiner Geschichte so historischen → Sinn und könne auf der Grundlage ein und derselben historischen Beweissammlung eine unbegrenzte Zahl unterschiedlicher Geschichten konstruieren. Daraus folgt, so White (*Die Bedeutung der Form*, 1990; engl. 1987), dass es keinen Grund gebe, eine Geschichte einer anderen vorzuziehen.

Dennoch ist der Wahrheitsanspruch von Romanen grundsätzlich von dem der Geschichtsschreibung verschieden. Ein Romanautor hat die Freiheit, Charaktere und Situationen zu erfinden, die eine nur sehr indirekte Beziehung zu den tatsächlichen Personen und Ereignissen aufweisen; die Wahrheit des Romanciers ist grundsätzlich eine poetische oder philosophische Wahrheit. Historiker nehmen aber für ihre Darstellung Genauigkeit, Tatsächlichkeit und historische → Wirklichkeit in Anspruch. White räumt ein, dass für ein Phänomen wie z. B. den Holocaust die Gattung der Komödie eine unangemessene Darstellungsform sei. Die Zeugnisse der Vergangenheit schränken mit anderen Worten die möglichen Darstellungsarten ein.

Die Möglichkeiten, ein vergangenes Ereignis oder eine vergangene Situation auf der Grundlage derselben Belege darzustellen, sind zwar vielfältig. Gleichwohl ist ihre Zahl nicht unendlich, sondern auch durch den methodisch geregelten Umgang mit → Quellen beschränkt. In diesem Sinne kann man zwischen legitimen Schlussfolgerungen aus dem

Belegmaterial und absichtlicher Manipulation (Klitterung) oder Fälschung der Belege unterscheiden: zwischen historischen Aussagen über die Vergangenheit, die auf den Zeugnissen basieren, einerseits und andererseits fiktiven Aussagen, die dort keine Grundlage haben.

Wo genau diese Grenze gezogen werden kann, ist wiederholt Gegenstand von Kontroversen gewesen. Ein praktisches Beispiel bieten die Arbeiten von Natalie Zemon Davis (*Die wahrhaftige Geschichte von der Wiederkehr des Martin Guerre*, 1984; engl. 1983), die für ihre Bemerkung, dass das, was sie schreibe, »in Teilen meine eigene Erfindung« sei, scharfe Kritik erfuhr. Auf den Vorwurf, dass sich viele ihrer Behauptungen in den Quellen nicht nachweisen ließen, antwortete Davis mit dem Hinweis auf indirekte Belege: So seien z. B. frz. Bäuerinnen zur Zeit des Prozesses gegen Martin Guerre klug, aktiv und initiativ gewesen, was ihre Darstellung von dessen Ehefrau entlang dieser Charakteristika und nicht entlang der Quellen als passive und dumme Frau rechtfertige.

Tatsächlich sind die Quellen selbst, wie Davis in *Der Kopf in der Schlinge* (1990; engl. *Fiction in the Archives*, 1987) darlegte, nicht *fiktiv*, aber *fiktional* in dem Sinne, dass die Verfasser historischer Dokumente Geschichten präsentieren, die eine gewisse Wirkung erzielen sollen, und sie häufig literarischen Modellen der einen oder anderen Art unterordnen. Dennoch setzen sich diese F. gleichzeitig aus Elementen der Darstellung von Wirklichkeit zusammen: Die Tatsachen, die die von Davis untersuchten Verurteilten in ihren Straferlass- und Gnadengesuchen darstellten, konnten von den Behörden, an die sie gerichtet waren, nachgeprüft werden.

Die Weigerung, zwischen tatsächlichen und fiktionalen Darstellungen der Vergangenheit zu unterscheiden, tritt wohl am deutlichsten in den Arbeiten des sog. *New Historicism* (→ Historismus) zutage. Diese literaturtheoretische Strömung begreift fiktionale und historische Texte, die, wenn überhaupt, thematisch nur entfernt miteinander in Beziehung stehen, als erkenntnistheoretisch ununterscheidbar; beides seien Darstellungsformen, für die die Frage, ob sie wahr seien oder nicht, nur von sehr begrenzter Bedeutung oder Relevanz sei. Dennoch ist der *New Historicism* zu Recht dafür kritisiert worden, dass er Aussagen über die Vergangenheit treffe, deren Wahrheitsanspruch auf so dürftigen Belegen beruhe, dass kein Historiker sie akzeptieren würde. Tatsache und F. sind letztlich verschiedene Dinge, auch wenn die Unterschiede nicht immer so groß sind, wie man annehmen möchte; denn literarische Modelle beeinflussen das menschliche Verhalten wie auch die Darstellung der Tatsachen, und zeitgenössische Belletristik kann eine wichtige historische Quelle sein.

Richard J. Evans

Paul Ricœur: Geschichte und Wahrheit. München 1974. [Frz.: Histoire et Vérité. Paris 1955.]

Moritz Baßler (Hrsg): New Historicism. Frankfurt a. M. 1996.

Richard J. Evans: Szenen aus der deutschen Unterwelt. Reinbek bei Hamburg 1997. [Engl.: Tales from the German Underworld. London 1998.]

– Fakten und Fiktion. Über die Grundlagen historischer Erkenntnis. Frankfurt a. M. 1998. [Engl.: In Defence of History. London 1997.]

– Der Geschichtsfälscher. Frankfurt a. M. 2001.

Fortschritt

Der Begriff ›F.‹ – bisweilen richtiger ›Vorschritt‹ – ist als Lehnbildung von frz. *progrès* (lat. *progressus*, griech. *prokopē*) seit dem 18. Jh. üblich. Die optimistische Vorstellung, dass die Geschichte eine Entwicklung zum Besseren sei, dass sich die Lebensumstände und Weltkenntnis der Menschen vervollkommnen, beruht auf der Erfahrung technischer Neuerungen und wissenschaftlicher Entdeckungen sowie auf der Unterscheidung zwischen Kultur und Barbarei, die auf die Tätigkeit von Kulturheroen (Prometheus brachte das Feuer, Palamedes die Schrift, Daidalos die Töpferscheibe) bzw. unterschiedlich rasche Lernvorgänge zurückgeführt wurde. Im 6. Jh. v. Chr. bemerkte Xenophanes: »Nicht von Anfang an offenbarten die Götter den Menschen alles, sondern nach und nach finden diese suchend das Bessere«. In ähnlichem Sinne schrieb Pindar (*Olympien*), die Zeit (*chronos*) bringe die Wahrheit (*alētheia* ›Unverborgenheit‹) vorwärts schreitend heraus. *Veritas filia temporis* meint: die Wahrheit kommt durch die Zeit ans Licht. Diodor und Varro überliefern Theorien der Kulturentstehung aus tierisch-barbarischem Urzustand. F.-Bewusstsein findet sich nach den Vorsokratikern bei den Sophisten und wieder in augusteischer Zeit, nachdem bereits Polybios das Zusammenwachsen der Ökumene unter röm. Herrschaft zu einem organischen Ganzen (*sômatoeidēs*) begrüßt hatte. Seneca (*Naturwissenschaftliche Untersuchungen*) begriff die Wissenschaftsgeschichte als F., sagte Entdeckungen neuer Kontinente im Weltmeer voraus (*Medea*) und kritisierte die Überzivilisation seiner Zeit (*Briefe*), ähnlich wie dies im 4. Jh. v. Chr. der Kyniker Diogenes bereits getan hatte.

Nach vereinzelten Zeugnissen für einen F.-Glauben im Mittelalter mehren sich solche bei den Humanisten, die in der Überwindung des »finsteren Mittelalters« (Petrarca) durch Rückgriff auf die Antike eine Renaissance der Kultur erhofften. Giovanni Boccaccio, Ulrich von Hutten, Jean Bodin, Giordano Bruno, Francis Bacon und die Reformatoren sahen sich an einem neuen Zeitenmorgen. Die Frage, ob die Alten zu übertreffen seien, führte zu der 1687 von Charles Perrault ausgelösten *Querelle des Anciens et des Modernes.* Zwar dominierte der Optimismus, doch noch Wilhelm von Humboldt und Karl Marx glaubten, dass die griech. Kunst Unübertreffliches geleistet habe.

Die Aufklärer waren überzeugt, dass Aberglaube und Barbarei überwunden würden. Überwiegend bürgerlicher Herkunft, vertraten sie gegenüber Adel und Kirche die Idee der persönlichen, politischen und geistigen Freiheit – so v. a. die schott. Moralisten, die amerik. Gründerväter und die frz. Revolutionäre. Antiker F.-Stolz und christliche Heilserwartung verschmolzen zur Hoffnung auf säkulare Emanzipation. Herder (*Auch eine Philosophie der Geschichte zur Bildung der Menschheit*, 1774; *Ideen zur Philosophie der Geschichte der Menschheit*, 1784–91) deutete den »Fortgang der Menschenvernunft« zu einer allerdings nie erreichbaren »Vollkommenheit« in christlicher Nächstenliebe. Ähnlich äußerten sich Lessing (*Die Erziehung des Menschengeschlechts*, 1780) und Kant (*Idee zu einer allgemeinen Geschichte in weltbürgerlicher Absicht*, 1784; *Zum ewigen Frieden,* 1795; *Der Streit der Fakultäten*, 1798); als Garanten des F. erscheinen »Gott«, die »Vorsehung« und die »Natur«. Kant sah in der Zukunft einen friedlichen »Völkerbund« republikanischer Staaten.

Ein prophetisches Bekenntnis zum F. stammt von Antoine Marquis de Condorcet (*Entwurf einer historischen Darstellung der Fortschritte des menschlichen Geistes,* 1795). Erwartete er die entscheidende Entwicklung von der → Zukunft, so sah Hegel sie bereits in der → Vergangenheit: Der F. des Weltgeists im Bewusstsein der Freiheit wird als »Theodizee« bezeichnet und vom Alten Orient bis ins zeitgenössische Preußen verfolgt. Blieben bei Hegel Chinesen, Inder usw. vom F. ausgeschlossen, so werden sie bei Auguste Comte einbezogen. Sein Dreistadiengesetz (*Cours de philosophie positive*, 1830/42) von der Religion über die Philosophie zur »positiven« Wissenschaft (→ Positivismus) eröffnete der Menschheit eine glänzende Zukunft.

1854 bemerkte Leopold Ranke einen stetigen kulturellen, materiellen, politischen und wissenschaftlichen F. in der Geschichte. Indes könne für die Sittlichkeit ein F. »nicht angenommen werden« (*Über die Epochen der neueren Geschichte*). Karl Marx und Friedrich Engels erblickten in der Entfaltung der Produktivkräfte einen F., der allerdings die Lage der arbeitenden Klassen verschlechtert habe und nur über die unvermeidliche Weltrevolution die klassenlose Gesellschaft erreichen könne.

Auf Herbert Spencer und Charles Darwin fußende Evolutionsbiologen (→ Evolution) rechneten auch in der Geschichte der Lebewesen mit einem ›F.‹ (Victor Franz, *Der biologische Fortschritt*, 1935) und einer phylogenetischen ›Höherentwicklung‹ (Anagenese), die über die natürliche Auslese im Kampf ums Dasein zwischen Arten und Rassen, Völkern und Systemen zum Überleben und zur Ausbreitung der besser Angepassten und Stärkeren führe, so dass die ›Ausfächerung‹ (Kladogenese) in komplexere, differenziertere und effizientere Strukturen als Universalprozess erscheint.

Die von Friedrich Nietzsche, Arthur Schopenhauer und Georges Sorel vorgetragene F.-Kritik monierte, dass die Zivilisation den Menschen weder glücklicher noch besser gemacht habe. Weltkrieg, Totalitarismus und Ökokrise haben den Glauben an den F. erschüttert, können aber die technischen, wissenschaftlichen, ökonomischen und humanitären Errungenschaften nicht in Abrede stellen.

Alexander Demandt

Ludwig Edelstein: The Idea of Progress in Classical Antiquity. Baltimore 1967.
Joachim Ritter: [Art.] Fortschritt. In: Historisches Wörterbuch der Philosophie. Hrsg. von J. R. [u. a.]. Bd. 2. Basel/Stuttgart 1972. S. 1031–59.
Reinhart Koselleck: [Art.] Fortschritt. In: Geschichtliche Grundbegriffe. Hrsg. von Otto Brunner [u. a.]. Bd. 2. Stuttgart 1975. S. 351–423.
Hermann Lübbe: Zeit-Verhältnisse. Zur Kulturphilosophie des Fortschritts. Graz 1983.
Arnold Burgen [u. a.] (Hrsg.): The Idea of Progress. Berlin [u. a.] 1997.

Gedächtnis

G. ist die Fähigkeit, Erlebtes und Gelerntes zu behalten, aber auch zu vergessen (→ Erinnern), um Neues aufnehmen zu können; Erinnerung ist demgegenüber der Akt, sich im G. Gespeichertes bewusst zu machen. Als Grundbegriff der Geschichtswissenschaft tritt G. in zwei Bedeutungen auf: (1) als Oberbegriff für verschiedene Formen des Vergangenheitsbezugs (→ Vergangenheit), zu denen auch die → Historiographie als Form des ›sozialen‹ oder ›kollektiven G.‹ gehört (G1), und (2) als Gegenpol zu einer positivistisch verstandenen Geschichtswissenschaft (G2).

G1 geht bereits auf Herodot zurück, der unter Historie das G. rühmenswerter Taten verstand. Hegel verwandte die Begriffe Geschichtsschreibung und *mnemosyne* (griech. für G.) synonym. Für Peter Burke ist Geschichte »soziales Gedächtnis« (»History as Social Memory«, in: *Memory. History, Culture and Mind*, hrsg. von Thomas Butler, 1989; dt. in: *Mnemosyne. Formen und Funktionen der kulturellen Erinnerung*, hrsg. von Aleida Assmann und Dietrich Harth, 1991), aber der Historiker spielt, anders als bei

Herodot, die Rolle des *remembrancers*, des Schulden-Eintreibers im frühen England, der die Gesellschaft an das erinnert, was sie gerne vergessen will.

G2 hat sich erst im Kontext des → Historismus und einer dem Ideal der → Objektivität verschriebenen positivistischen Geschichtswissenschaft (→ Positivismus) entwickelt, wie sie Nietzsche in seiner 2. *Unzeitgemäßen Betrachtung* (*Vom Nutzen und Nachtheil der Historie für das Leben*, 1873) als lebensfeindlich anprangert und dem G., das auch vergessen kann, gegenüberstellt. Während Nietzsche jedoch den Begriff ›G.‹ in diesem Zusammenhang kaum verwandte, hat der frz. Soziologe Maurice Halbwachs den Gegensatz zwischen *mémoire* und *histoire* explizit entfaltet (*La mémoire collective*, 1950; dt. *Das kollektive Gedächtnis*, 1985). Nach Halbwachs sieht das kollektive G. die Gruppe »von innen« und ist bestrebt, ihr ein Bild ihrer Vergangenheit zu zeigen, in dem sie sich in allen Stadien wieder erkennen kann. Das kollektive G. blendet daher Veränderungen aus, während die ›Geschichte‹ wiederum nur das als historische → Tatsache gelten lässt, was als Prozess oder → Ereignis Veränderung anzeigt. Während aber umgekehrt das Gruppen-G. die Differenz und Eigenart der eigenen Geschichte betont, nivelliert die Geschichte alle derartigen Differenzen und reorganisiert ihre Fakten in einem vollkommen homogenen historischen Raum, in dem alles mit allem vergleichbar und v. a. alles gleichermaßen wichtig und bedeutsam ist. Denn es gibt zwar viele Kollektiv-G., aber nur eine Historie, die jeden Bezug auf eine Identität und einen spezifischen Bezugspunkt abgestreift hat und die Vergangenheit in einem ›identitätsabstrakten‹ Tableau rekonstruiert. Abstrakt ist v. a. die → Zeit, in die die Historie ihre Daten einfügt. Die historische Zeit ist eine *durée artificielle* (›künstliche Dauer‹), die von keiner Gruppe als *durée* erlebt und erinnert wird, ein funktionsloses Artefakt, herausgelöst aus den Bindungen und Verbundenheiten, die durch das soziale raum- und zeit-konkrete Leben gestiftet werden. Die Domäne des Historikers beginnt dort, wo die Vergangenheit nicht mehr ›bewohnt‹, d. h. nicht mehr vom kollektiven G. lebender Gruppen in Anspruch genommen wird.

Diesen Begriff von ›G.‹ als Gegensatz zu Geschichte hat Pierre Nora seinem Projekt einer Beschreibung frz. »Erinnerungsorte« zugrunde gelegt (*Les lieux de mémoire I–III*, 1986–92; dt. *Zwischen Geschichte und Gedächtnis*, 1990). Der Geschichte als Dynamik der Historisierung, die alles in »tote Vergangenheit« verwandelt, steht das G. gegenüber als »Wärme der → Tradition, Schweigen des Brauchtums, Wiederholung des Überlieferten«. »Es gibt *lieux de mémoire*, weil es keine *milieux de mémoire* mehr gibt«. Bewohnte Vergangenheit hat sich in Überreste, Spuren, Erinnerungsorte verwandelt. Auch Yosef Hayim Yerushalmi (*Zakhor. Jewish History and Jewish Memory*, 1987; dt. 1991) stellt das moderne Ethos des Historismus, das sich auf die Werte der kritischen Distanz und der Objektivität beruft, den vormodernen Ritualen der Erinnerung gegenüber, die Einfühlung und Identifikation vermitteln sollten. Für Yerushalmi entsteht Geschichte nicht nur aus einem Traditionsbruch, sondern erzeugt einen solchen Bruch, indem sie lebendige Traditionen durch Historisierung zerstört (→ Krisen). Geschichte (im Sinne z. B. der Wissenschaft des Judentums) wird hier verstanden als Strategie kritischer Distanzierung und Verfremdung, in starkem Gegensatz zu G. als einer Form der Identifikation.

Demgegenüber hat in den letzten Jahren, vertreten etwa durch Saul Friedländer (z. B. *Memory, History, and the Extermination of the Jews of Europe*, 1993), und Dominick LaCapra (*History and Memory after Auschwitz*, 1998) eine andere Richtung der Geschichtsforschung im Zusammenhang mit dem Holocaust und der Traumaforschung den engen Zusammenhang von G. und Geschichtsschreibung hervorgehoben, die hier geradezu als eine Form post-traumatischer Erinnerungs- und Trauerarbeit verstanden wird (s. insbesondere zahlreiche Beiträge der Zeitschrift *History and Memory*). Die Geschichtsschreibung bringt den Traditionsbruch nicht hervor; im Gegenteil: sie erwächst aus der traumatischen Erfahrung solchen Bruchs und versucht ihn durch die Rekonstruktion von Zusammenhängen zu überwinden. G. erscheint hier nicht als Gegensatz, aber doch als Gegenpol, auf einer Skala gleitender Übergänge, zu einer positivistischen, objektiven, wert- und identitätsneutralen Geschichtsforschung. Plädiert wird zugunsten einer Geschichtsschreibung, die beide Pole in produktive Beziehung setzt, indem sie das G. als Gegensteuerung zu den historisierenden und relativierenden Tendenzen der Historie, und die Historie wiederum als Korrektur der mythisierenden Tendenzen (→ Mythos) des G. einsetzt.

In diesen Zusammenhang gehört auch die Theorie des »kulturellen G.«, die eine Beziehung zwischen Vergangenheitsbezug und Identität konstatiert (Jan Assmann, *Das kulturelle Gedächtnis. Schrift, Erinnerung und politische Identität in frühen Hochkulturen*, 1992). Der Gegensatz zwischen G. und Geschichtsforschung stellt sich im Rahmen dieser Theorie als Unterschied von »Funktions«- und »Speicher«-G. dar (Aleida Assmann, *Erinnerungsräume. Formen und Wandlungen des kulturellen Gedächtnisses*, 1999). Die Theorie des kulturellen G. sucht die Unterscheidung zwischen Geschichte und G. zu überwinden, indem sie von der unaufgebbaren Perspektivität bzw. Identitätsbezogenheit jeder sinnproduzierenden Form von Vergangenheitsbezug ausgeht. → Sinn, wie ihn Kulturen produzieren, um soziales Handeln in einem Horizont gemeinsamer Erfahrung und Erwartung zu fundieren – und zwar nicht nur »subjektiv gemeinter« (Max Weber), sondern v. a. kollektiv verbindlicher Sinn –, wird typischerweise aus der gemeinsamen Geschichte, bes. aus kollektiven Leiderfahrungen gewonnen (Jan Assmann, *Ägypten. Eine Sinngeschichte*, 1996; Klaus E. Müller / Jörn Rüsen, Hrsg., *Historische Sinnbildung*, 1997).

Jan Assmann

Jacques Le Goff: Erinnerung. In: J. Le G.: Geschichte und Gedächtnis. Frankfurt a. M. / New York 1992. S. 87–136.
Aleida Assmann / Ute Frevert: Geschichtsvergessenheit/ Geschichtsversessenheit. Vom Umgang mit deutschen Vergangenheiten nach 1945. Stuttgart 1999.
Paul Ricœur: La mémoire, l'histoire, l'oubli. Paris 2000.
Etienne Francois / Hagen Schulze: Deutsche Erinnerungsorte. 3 Bde. München 2001.
Harald Welzer (Hrsg.): Das soziale Gedächtnis. Geschichte, Erinnerung, Tradierung. Hamburg 2001.

Geistesgeschichte

Die Geschichte des menschlichen Geistes in allen seinen Darstellungs- und Wirkungsformen besitzt v. a. in Deutschland eine lange philosophische Tradition. Seit dem Dt. Idealismus und Hegels Unterscheidung vom subjektiven, objektiven und absoluten Geist gehört ›Geist‹ zu den obersten Strukturbegriffen historischen Denkens. Daher wird ›G.‹ häufig synonym zu → ›Ideengeschichte‹ verwandt.

Einflussreich wurde Wilhelm von Humboldts Diktum: »Das Geschäft des Geschichtschreibers in seiner letzten, aber einfachsten Auflösung ist die Darstellung des Strebens einer Idee, Dasein in der Wirklichkeit zu gewinnen.« (*Ueber die Aufgabe des Geschichtschreibers*, 1821.) Leopold Ranke sprach vom »Real-Geistigen«, auf das alle historischen Erscheinungen bezogen werden müssen. Seit dem späten 19. Jh. fallen die Konzepte zur Organisation der gesamten Geschichte als G. immer stärker auseinander. Für Jacob Burckhardt ist der Geist ein »Wühler«, er markiere den Ort permanenter kultureller Zerstörung und den Wiederaufbau großer weltgeschichtlicher Institutionen, namentlich Staat und Kirche. Als eine Form der → Kulturgeschichte hat Wilhelm Dilthey G. systematisch hervorgehoben und theoretisch begründet (»Studien zur Geschichte des deutschen Geistes«, in: W. D., *Gesammelte Schriften*, Bd. 3, 1927). Nach Dilthey bezeichnet »Geist« jene Kulturinhalte, die über das einzelne menschliche Bewusstsein hinausreichen, zu denen aber »das Individuum als Repräsentant von Gemeinsamkeit erscheint« (»Der Aufbau der geschichtlichen Welt in den Geisteswissenschaften«, in: ebd., Bd. 7, 1927). Hiernach können → Biographien herausragender Persönlichkeiten den »Geist« einer → Epoche besonders treffend erschließen. Zur leitenden historischen → Methode wurde bei Dilthey wie schon in der *Historik* Johann Gustav Droysens (1857) die textverstehende »Hermeneutik«.

Für die erste Hälfte des 20. Jh. sind neben Diltheys Konzeption eine Reihe weiterer erkenntnistheoretisch und methodisch differierender Positionen geisteswissenschaftlichen Denkens unterschieden worden. Dazu zählen der südwestdt. Neukantianismus mit seiner Anthropologie des → Werte setzenden Kulturmenschen; der Marburger Neukantianismus mit den Kulturwissenschaften als praktischer Philosophie; Ernst Cassirer und seine formale Logik von symbolischen Formen; die Phänomenologie Edmund Husserls mit der eidetischen Rekonstruktion erschauter Ideen; der Neuhegelianismus oder Neohistorismus eines Benedetto Croce; Martin Heidegger und das Sich-selbst-Verstehen des konkreten Daseins; der logische Positivismus und Szientismus wie im Wiener Kreis um Rudolf Carnap; die marxistischen Kulturwissenschaften und die Dialektik der Aufklärung bei Theodor W. Adorno (Gunter Scholtz, »Zum Strukturwandel in den Grundlagen kulturwissenschaftlichen Denkens« (1880–1945), in: *Geschichtsdiskurs*, hrsg. von Wolfgang Küttler [u. a.], Bd. 4, 1997). 1923 wurde die *Deutsche Vierteljahrsschrift für Literaturwissenschaft und Geisteswissenschaft* gegründet.

Der dt. G. oder Ideengeschichte entsprechen die angelsächs. Strömungen der *history of ideas* bzw. der *intellectual history*. Die frz. *histoire des mentalités* (→ Mentalitäten) hat dagegen mit der Gründung der Zeitschrift → *Annales* Bewusstseinsphänomene und soziale Prozesse stärker miteinander verknüpft. In der zweiten Hälfte des 20. Jh., in der das Paradigma der → Sozialgeschichte in Theorie und Praxis der Historiker beherrschend wurde, ist G. in der Bundesrepublik oft mit abwertendem Klang im Sinne einer überholten idealistischen und deutschzentrierten, geschichtsphilosophischen Tradition (→ Geschichtsphilosophie) verwendet worden. Seit den Debatten um interdisziplinäres Lernen und Forschen und den Reformen der geisteswissenschaftlichen Fakultäten der 1980/90er Jahre wurde die G. für die Suche nach neuen theoretischen Konstellationen von Kulturgeschichte, Sozialgeschichte und → Politischer Geschichte rehabilitiert. Ohne den Ideenrealismus des 19. Jh. mit der Bevorzugung von Wissenschaft, Philosophie und Kunst wieder zu beleben, ist der G. als Kulturgeschichte eine neue Perspektive eröffnet worden: »In dieser Perspektive befassen sich die Geisteswissenschaften mit Kultur als dem Inbegriff aller menschlichen Arbeits- und Lebensformen, einschließlich naturwissenschaftlicher Entwicklungen« (*Geisteswissenschaften heute. Eine Denkschrift* von Wolfgang Frühwald [u. a.], 1991). Ein 1996 mit dem Untertitel *Ansätze zu einer neuen Geisteswissenschaft* gestartetes Schwerpunktprogramm der Deutschen Forschungsgemeinschaft zeigt mit seinem Haupttitel – *Ideen als gesellschaftliche Gestaltungskraft im Europa der Neuzeit* – an, wo methodisch das ›Neue‹ der G. liegen soll: G. bezieht sich hier nicht mehr nur auf autonome gedankliche Prozesse. Sie berücksichtigt explizit die Wirkungsweise von Ideen als »gedachten Ordnungen« bzw. als Weltbildern, an denen sich soziales Handeln sinnhaft orientiert. Sie erforscht die Medien und Kommunikationsformen ebenso wie die sozialen Träger und Institutionen, in denen Ideen zirkulieren.

Gangolf Hübinger

Lutz Geldsetzer: [Art.] Geisteswissenschaft. In: Historisches Wörterbuch der Philosophie. Hrsg. von Joachim Ritter [u. a.]. Bd. 3. Basel/Stuttgart 1974. Sp. 207–210.

Ernst Schulin: Geisteswissenschaft, Intellectual History und Histoire des Mentalités seit der Jahrhundertwende. In: E. Sch.: Traditionskritik und Rekonstruktionsversuch. Göttingen 1979. S. 144–162.

Luise Schorn-Schütte: Ideen-, Geistes-, Kulturgeschichte. In: Geschichte. Ein Grundkurs. Hrsg. von Hans-Jürgen Goertz. Reinbek bei Hamburg 1998. S. 489–515.

Geschichtsbewusstsein

Seit den 1970er Jahren hat der Begriff ›G.‹ eine atemberaubende Karriere erlebt, zunächst in der → Geschichtsdidaktik. Geschichte – so wurde begriffen – ist nicht ein maßstabsgerecht verkleinertes Modell der → Vergangenheit, sondern ein mentales Phänomen, nämlich präsente und relevante Vergangenheit in narrativer Struktur mit erklärendem und sinnstiftendem Charakter (→ Erklären, Sinn). So ist es zu verstehen, dass ›G.‹ um 1975 zur zentralen Kategorie des Geschichtslernens, zugleich zu dessen Gegenstand und Ziel, erklärt wurde.

Diese Entdeckung hängt an der Logik des geschichtlichen Erkennens selbst, seiner unabwendbaren Verwiesenheit auf → Quellen einerseits und seiner unhintergehbaren Selektivität, Perspektivität, Retrospektivität, Interessengebundenheit und Gegenwartsbezogenheit andererseits. Kaum jemand wird diese Einsicht theoretisch ernsthaft bestreiten; mit ihr auch praktisch ernst zu machen, bedeutet aber für Forschungs- und Lehrtätigkeit eine Art kopernikanischer Wende. Denn plötzlich steht nicht mehr allein das ›Objektivitätsproblem‹ (→ Objektivität), die Sicherung korrekter Aussagen in Darstellungen im Vordergrund, sondern das ›Verarbeitungsproblem‹, die Rezeption seitens der Nachlebenden.

Freilich steckt der Begriff ›G.‹ voller Tücken: Wenn man nur die ausdrücklich thematisierten und reflektierten Aspekte einbezieht, greift er zu kurz. Wenn man sich auf die kognitive Domäne beschränkt, bekommt man die zentralen Steuerungsmechanismen der Zuwendung zur und Abwendung von Geschichte nicht in den Griff. Der motivationale und triebdynamische Aspekt ist unverzichtbar, um an die Relevanzzumutungen und -ausblendungen heranzukommen, die für ›historische Sinnbildung‹ konstitutiv sind.

Mit kulturwissenschaftlichen Ansätzen, die in der Tradition Maurice Halbwachs' ›kulturelles → Gedächtnis‹ thematisieren und sich kaum auf geschichtsdidaktische Vorarbeiten beziehen, besteht zwar eine inhaltliche Überschneidung, aber bisher wenig dialogischer Austausch. Für Untersuchungen des Bewusstseins ist zudem die Psychologie zuständig. Wenn man also ›G.‹ zur Zentralkategorie erhebt, müsste man seine Arbeit eigentlich in den Erkenntnissen der einschlägigen Disziplin fundieren – oder sich ausdrücklich gegen diese absetzen. Gerade das ist jedoch seitens der Geschichtsdidaktiker – und neuerdings der Kulturwissenschaftler – im Regelfall nicht geschehen.

Schließlich bedeutet es einen großen Unterschied, ob man den Begriff ›G.‹ erkenntnislogisch (d. h. theoretisch) entfaltet, normativ fordernd entwickelt oder empirisch gehaltvoll ausfüllt (von praktischer Umsetzung in Lernprozessen, wie sie Befürworter von ›G.‹ von Anfang an gefordert haben, ganz abgesehen). In die erkenntnislogischen Ableitungen des Begriffs haben sich oft in erheblichem Ausmaß moralische Forderungen eingeschlichen; Karl-Ernst Jeismann (*Geschichte und Bildung*, 2000) z. B. versteht den Begriff ›G.‹ zunehmend nicht bloß als formale und analytische Kategorie (wie noch 1985), sondern als wertmäßig gefüllt (Rationalität, Reflexion). Unbestritten und unwiderlegbar bleibt, dass G. mit starken Emotionen kombiniert auftritt, dass also nicht gefragt werden kann, ob, sondern nur wie mit stets vorhandenen Affekten umzugehen ist (»klärend«, »auslöschend«, »verleugnend«, »sublimierend«, »kultivierend«, »relativierend« etc.).

G. kann mit qualitativen Verfahren und mit quantitativen Methoden empirisch gefasst werden, und zwar unter Beachtung psychologischer Erkenntnisse, entwicklungslogischer Verläufe, unbewusster Strebungen und Widerstände sowie impliziter Prägungen und Lebensformen (Bodo von Borries, *Geschichtslernen und Geschichtsbewußtsein*, 1988; *Jugend und Geschichte*, 1999). Zum G. gehören mithin u. a. folgende, sich z. T. überschneidende Bereiche: Stärke und Richtung von Geschichtsinteressen (Motive), Art und Genauigkeit von Geschichtskenntnissen (Wissen), Emotionen gegenüber der Historie und einzelnen historischen Themen bzw. Zusammenhängen, Kompetenzen historischer Zugänge und historischen Denkens (Methoden der Erkenntnis und Kritik), Grundleistungen (Fremdverstehen/Alteritätserfahrung, Retrospektive / Klärung der Gegenwartsgenese, Sinnbildung / Kontingenzbewältigung), »Sachanalyse«, »Sachurteil«, »Werturteil« (Karl-Ernst Jeismann, *Geschichte als Horizont der Gegenwart*, 1985) bzw. »historische Wahrnehmung«, »historische Deutung«, »historische Orientierung« (Jörn Rüsen, *Historisches Lernen*, 1994), Sinnbildungsmuster (traditionale, exemplarische, kritische und genetische Figur), Identifikationen (Parteinahmen für und gegen historische → Subjekte), Schlussfolgerungen für Gegenwart und Zukunft (Verknüpfung von Vergangenheitsdeutungen, Gegenwartswahrnehmungen und Zukunftserwartungen), Funktionen der Geschichte im öffentlichen und privaten Leben (Geschichtskultur).

Ein weiteres Problem des Begriffs ›G.‹ ist die überaus schwierige Abgrenzung gegen andere Termini wie ›historische Identität‹, ›historische Kompetenz‹, ›Sinnbildungsfähigkeit‹, ›narrative Kompetenz‹, ›aufgeklärter Geschichtsumgang‹. Die Überschneidungen sind kein Zufall, so wenig wie die allmähliche Ablösung des Begriffs ›G.‹ – mit seiner tendentiellen subjektiv-individuellen Beliebigkeit – durch → Geschichtskultur.

Verschiedentlich ist versucht worden, den Begriff G. weiter zu entfalten, geradezu methodisch zu operationalisieren. Jörn Rüsen schlug drei Qualitätskriterien für Historie – und damit auch für G. – vor: »empirische«, »normative« und »narrative« Triftigkeit (*Historische Vernunft*, 1983). Die Art der Verbindung zwischen Vergangenheitsdeutung, Gegenwartswahrnehmung und Zukunftserwartung macht nicht nur den Kern von G. aus, sondern unterliegt auch einer rekonstruierbaren Typologie. Es geht jeweils um eine andere Form der → Kontinuität, der ›Dauer im Wandel‹. Bei Rüsens Modell handelt es sich um eine Art von Spirale.

Weit rezipiert wurde der Vorschlag Hans-Jürgen Pandels (»Dimensionen des Geschichtsbewusstseins«, in: *Geschichtsdidaktik* 12, 1987), sieben Elemente zu unterscheiden: (1) Zeitbewusstsein (früher – heute/morgen), (2) Wirklichkeitsbewusstsein (real/historisch – imaginär; auch: fiktiv), (3) Historizitätsbewusstsein (statisch – veränderlich), (4) Identitätsbewusstsein (wir – ihr/sie; auch: die anderen), (5) politisches (oben – unten; oder: mächtig – machtlos), (6) ökonomisch-soziales (arm – reich) und (7) moralisches Bewusstsein (richtig – falsch; treffender: gut – böse). Diese Aufgliederungen sind pragmatisch sinnvoll; systematisch leuchtet allerdings nicht ein, warum – neben Herrschaft und Reichtum – nicht andere Sektoren historischen Lebens ergänzt werden (können), z. B. Geschlechtsbewusstsein (weiblich – männlich), kulturelles Bewusstsein (balanciert / reflektiert – naiv) und ökologisches Bewusstsein (umweltbewahrend – umweltzerstörend).

Neu ist ein Vorschlag Waltraud Schreibers, fünf Teilkompetenzen des G. zu unterscheiden: Fragekompetenz, Methodenkompetenz, Sachkompetenz, Medienkompetenz und Orientierungskompetenz (»Die Entwicklung historischer

Sinnbildungskompetenzen als Ziel historischen Lernens mit Grundschülern«, in: *Erste Begegnungen mit Geschichte*, hrsg. von W. Sch., Bd. 1, 1999). Auch hier bleibt die Frage, ob das schon ein abschließendes System ist oder ob die Liste sich ergänzen und die Reihung bzw. Zuordnung verbessern ließe.

Bodo von Borries

Peter Schulz Hageleit: Was lehrt uns die Geschichte? Pfaffenweiler 1989.
Jörn Rüsen: Historische Orientierung. Über die Arbeit des Geschichtsbewußtseins, sich in der Zeit zurechtzufinden. Köln [u. a.] 1994.
Bodo von Borries: Das Geschichtsbewußtsein Jugendlicher. Weinheim/München 1995.
Jörn Rüsen (Hrsg.): Geschichtsbewußtsein. Psychologische Grundlagen, Entwicklungskonzepte, empirische Befunde. Köln [u. a.] 2001.

Geschichtsdidaktik

Als eine wissenschaftliche Disziplin untersucht die G., wie sich Menschen in der Auseinandersetzung mit der Vergangenheit in ihrer Gegenwart kulturell orientieren und wie dieser Vorgang im Sinne eines Lernprozesses gestaltet werden kann.

In der Epoche des → Historismus ist diese Orientierungsleistung des historischen Denkens mit Hilfe der Bildungskategorie näher beschrieben worden: ›Historische Bildung‹ meinte die Einbettung der Gegenwart in eine Vergangenheit, durch die sich die → Identität der Lebenden in größere zeitliche Zusammenhänge hinein erweitert und damit an Orientierung angesichts eines beschleunigten Wandels gewinnt (→ Kontinuität). In ihr geht es um einen Sinnzusammenhang zwischen den Zeitdimensionen der → Vergangenheit, Gegenwart und → Zukunft, den Menschen benötigen, um den Wandel ihrer Welt verstehen und sinnorientiert in ihr leben zu können (→ Sinn).

Lange Zeit wurde die Entwicklung der G. durch ein Verständnis von Wissenschaft gehemmt, das den kognitiven Verfahren der empirischen Forschung eine unmittelbar wirksame Bildungsmächtigkeit zuerkannte, womit eine geschichtsdidaktische Organisation von Lernprozessen überflüssig zu werden schien. Infolgedessen verengte sich die Didaktik zu einer Unterrichtsmethodik, die den Schülern als Adressaten historischer Bildung wissenschaftlich gewonnene Erkenntnis vermitteln sollte.

Seit den 1970er und 1980er Jahren gelang es einer neuen Generation von Geschichtsdidaktikern eine eigenständigere G. durchzusetzen: Sie wurde nun zu einer Disziplin, die die verschiedenen Formen des → Geschichtsbewusstseins und die Prozesse des historischen Lernens in Schule, Wissenschaft und Gesellschaft theoretisch reflektiert, empirisch erforscht und praktisch anleitet. Ihren Ausdruck fand diese neue Konzeption in dem erstmals 1979 erschienenen *Handbuch der Geschichtsdidaktik.* Seither reklamiert die G. ein umfassendes Arbeits- und Untersuchungsfeld:

(1) Sie untersucht Geschichte als konstitutives Element der Lebenspraxis. Damit sind auf einer phänomenologischen Ebene alle die Faktoren angesprochen, die die menschliche Lebenswelt zu einer durch und durch geschichtlichen machen und auf → Zeit und Wandel hin ausrichten. Zugleich reflektiert sie die vielfältigen Formen, in denen diese Zeitlichkeit des Menschen als Geschichtsbewusstsein präsent und wirksam ist. Seit einigen Jahren hat sich der Begriff → Geschichtskultur eingebürgert, um diese lebensweltlichen Bezüge des historischen Denkens in ihrer Gesamtheit in den Blick zu bringen. Er verweist auf die praktischen Verwendungszusammenhänge, Institutio-

nen und Orientierungsleistungen historischer Erinnerung (→ Erinnern) in Schule und Alltag, Politik und Gesellschaft, Öffentlichkeit, Medien und Kunst.

(2) Ferner richtet sich der Reflexionsanspruch der G. nun selber auf den Beitrag der Geschichtswissenschaft für die Prozesse der kulturellen Orientierung. Als Instanz des historischen Lernens zeichnet sich die Geschichtswissenschaft durch Theoriegebrauch, Methodenreflexivität und Forschung aus. Jedoch ist ihr damit nicht automatisch eine kulturelle Orientierungsfähigkeit gegeben. Vielmehr verkümmert sie zu einem esoterischen Forschungspositivismus, wenn sie sich nicht ständig der Frage nach den Orientierungsfunktionen und -leistungen des historischen Denkens stellt. Insofern bleibt G. als Begründungsinstanz des Zusammenhangs von Wissen und Praxis ein integraler Bestandteil des historischen Denkens. Ihre Aufgaben können nicht ohne weiteres durch die empirische Forschung selbst wahrgenommen werden, sondern erfordern eine eigenständige Begründung.

(3) In kritischer Spannung zu diesen beiden Bezugsgrößen – der Lebenspraxis und der Geschichtswissenschaft – definiert sich G. schließlich als genuine Wissenschaft historischen Lernens. Als solche reflektiert sie zum einen dessen allgemeine Prozeduren, etwa den Modus des Erzählens als Elementarform des historischen Denkens (→ Erzählung) oder den Zusammenhang von Analyse, Sachurteil und Wertung als voneinander unterscheidbare Lernoperationen des Geschichtsbewusstseins. Auch begründet sie die Grundprinzipien und Kriterien einer didaktischen Organisation von Lernprozessen. Darauf verweisen solche Kategorien wie ›Erfahrungsbezug‹, ›Schülerinteresse‹ oder ›Multiperspektivität‹. Ferner thematisiert die G. die curricularen Aspekte des historischen Lernens. Dabei kommt ihr eine große Bedeutung bei der Formulierung von Lehrplänen und bildungspolitischen Richtlinien zu, aber auch bei der Ausbildung von Geschichtslehrern, bei der Begründung und Operationalisierung von Lernzielen, bei der Reflexion

lernpsychologisch relevanter Faktoren oder bei der Neukonzeption und Analyse von Schulbüchern. Schließlich widmet sich die G. konkreten Lernsituationen und -orten, v. a. dem Schulunterricht, aber auch Institutionen der Erwachsenenbildung oder Museen (Museumsdidaktik). Hier stehen institutionelle Bedingungen oder unterrichtsmethodische Fragen im Zentrum ihres Interesses (Sozial- und Arbeitsformen, Unterrichtsmedien, Kriterien der Leistungsmessung und der Qualitätsbeurteilung).

Als ein Erfolg dieser neueren G. hat sich im Feld öffentlicher Erinnerungs- und Geschichtskultur ein hohes Maß an Reflexivität im lernenden Umgang mit Geschichte eingestellt. Ein weiterer Erfolg ist ablesbar am breiten gesellschaftlichen Konsens über die große Bedeutung der Geschichte für die kulturelle Orientierung der Gegenwart. Die Kehrseite dieses gesellschaftlichen Erfolgs ist jedoch in der Gefahr einer Instrumentalisierung historischen Wissens zu sehen, auf die die G. antworten muss, indem sie die spezifischen Orientierungsleistungen des Geschichtsbewusstseins in eigener Regie und methodisch kontrolliert untersucht. Orientierung ist ein komplexes Geschehen, das auf ganz unterschiedliche mentale Operationen, Praktiken und Phänomene verweist. Sie vollzieht sich (1) im Medium von → Erfahrungen, ist (2) an Prozesse der Kommunikation als Modus der kulturellen Vergesellschaftung gebunden und besitzt (3) einen konstitutiven Bezug auf Handeln – ist also immer auch Handlungsorientierung. Schließlich verbinden sich (4) mit Orientierungen kulturelle Geltungsansprüche, und (5) formiert sich im Modus kultureller Orientierungen die Identität ihrer Subjekte. Dies alles sind Unterscheidungen von Einzelaspekten, die im lebenspraktischen Vollzug kultureller Orientierung gewöhnlich nicht geschieden sind. Gleichwohl ist es sinnvoll, sie differenziert in ihrer jeweiligen kulturellen Eigenart in den Blick zu nehmen. Darin könnte eine wichtige Aufgabe zukünftiger G. bestehen.

Friedrich Jaeger

Jörn Rüsen: Historisches Lernen. Grundlagen und Paradigmen. Köln [u. a.] 1994.
Klaus Bergmann [u. a.] (Hrsg.): Handbuch der Geschichtsdidaktik. Seelze-Velber [5]1997.
Joachim Rohlfes: Geschichte und ihre Didaktik. Göttingen 1997.
Klaus Bergmann: Geschichtsdidaktik. Schwalbach 2000.
Bernd Schönemann / Waltraud Schreiber (Hrsg.): Geschichtskultur und historische Orientierung. Weinheim 2001.

Geschichtskultur

Der Begriff ›G.‹ hat sich im dt. Geschichtsdiskurs seit Beginn der 1990er Jahre mit zunehmender Ausstrahlung etabliert. Er wurde als »Gesamtheit der Formen, in denen Geschichtswissen in einer Gesellschaft präsent ist« (Hardtwig 1990), als »praktisch wirksame Artikulation von Geschichtsbewusstsein im Leben einer Gesellschaft« (Rüsen 1994) oder in Anlehnung an Johan Huizinga als »Modus, nach dem eine Gegenwart Rechenschaft von ihrer Vergangenheit gibt« (Tenfelde 1996) definiert. In jedem Fall zieht er die Konsequenz aus der Einsicht, dass die → Vergangenheit einer Gruppe oder Gesellschaft nicht naturwüchsig gegeben, sondern kulturell geschaffen ist, dass sie im Modus wie in der Komplexität ihrer Darstellung unterschiedliche Formen symbolischer Verdichtung annimmt und dass es darauf ankommt, gerade die Vielzahl und die jeweils spezifischen Absichten, Leistungen und Funktionen dieser Formen zu erschließen und in ihrem Zusammenhang zu reflektieren.

Der Begriff und die Konzeptionalisierung von G. stehen im Kontext eines Paradigmenwechsels in der aktuellen Beschäftigung mit Vergangenheit. Die Interessenverlagerung von der ›Gesellschaft‹ zur ›Kultur‹ im internationalen Geschichtsdiskurs seit den 1970er Jahren artikulierte die Einsicht, dass Einstellungen zur → Wirklichkeit, Deutungsmuster und Wertentscheidungen (→ Werte) nicht nur als Funktion materieller Interessen zu verstehen sind, sondern dass sie ein dem historischen Wandel unterworfenes, aber mehr oder weniger kohärentes Ensemble bilden, in dem sich Sinnbildungsprozesse vollziehen (→ Sinn). Der gleichzeitig sich anbahnende *linguistic turn* (→ Begriffsgeschichte) machte deutlich, dass es höchst unterschiedliche Darstellungsformen von Geschichte gibt und dass sie geschichtliches Wissen notwendigerweise unter ästhetischen Gesichtspunkten strukturieren. Zugleich löste sich die Fixierung des Kulturbegriffs auf die bürgerliche Hochkultur. Er wurde jetzt allgemein auf die symbolische Konstruktion von Wirklichkeit in jeder Gesellschaft und speziell auf die symbolische Vergegenwärtigung von Vergangenheit auch in nicht-hegemonialen Schichten und Gruppen anwendbar. Neben der älteren Kategorie des → Geschichtsbewusstseins gewann der Begriff ›Erinnerung‹ an Plausibilität, weil er die kognitive Dimension des Geschichtswissens nicht isoliert, sondern mentalitäre Prägungen (→ Mentalitäten) und den Zusammenhang von Orientiertheit des Handelns durch Vergangenheits-, Gegenwarts- und Zukunftsbezug auf ganz unterschiedlichen Ebenen der Reflektiertheit stärker berücksichtigt. Allerdings sind die inzwischen gängigen Begriffe der G. einerseits und der Erinnerungs- und Gedächtniskultur (→ Erinnern, Gedächtnis) andererseits noch unzureichend voneinander abgegrenzt.

G. manifestiert sich in Texten, Artefakten und rituellen oder nicht-rituellen Handlungen. Geschichtsschreibung bildet in dieser Gesamtheit nur ein schmales, allerdings intellektuell konstitutives Segment. Daneben präsentieren Bilder, Bauwerke, Riten, *cultural performances* Geschichtswissen. Reden zu Jahrestagen wie zum 8. Mai oder 20. Juli vermitteln mit breitem Wirkungsanspruch Vergangenheitsdeutungen mit Blick auf Gegenwart und Zukunft. Denkmäler organisieren die Erinnerung um zeitlich und lokal identifizierbare → Ereignisse und Leistungen. In den expandierenden alten und neuen Medien ist Geschichtswissen in Text und Bild abrufbar. Ein immer dichter geknüpftes Netz von Museen präsentiert ein immer breiteres Spektrum von hoch- und alltagskulturellen Artefakten. Geschichtsvereine bzw. -werkstätten widmen sich der lokalen und territorialen Spurensuche und der Fundierung von Bürgerbewusstsein durch Geschichtsbewusstsein. Insgesamt ist seit den 1970er Jahren in der westlichen Welt, aber auch im Ostblock, ein gesteigertes Geschichtsinteresse festzustellen, das sich seit 1989/90 im Zeichen umstürzender, aber widersprüchlicher Prozesse von beschleunigtem soziokulturellem Wandel, Re-Nationalisierung und gleichzeitiger Internationalisierung noch gesteigert hat. Die Befunde hierzu sind uneindeutig. Die Allpräsenz von Geschichte bedeutet nicht notwendig grundständige Auseinandersetzung mit ihr und Aneignung, sondern eher Verlust an Verbindlichkeit.

Die Ursachen für die gegenwärtige, in ihrer Relevanz uneindeutige Blüte der G. liegen auf den unterschiedlichen, aber interdependenten Ebenen universaler Prozesse, nationalgeschichtlicher Voraussetzungen und lokaler Lebenswelten. Ein beschleunigter weltweiter sozioökonomischer Strukturwandel verändert auch die lokalen Umwelten und nationalgesellschaftlichen und -politischen Horizonte. Die kulturelle Überlieferung gewinnt neue Bedeutung als Orientierungsstütze und als Präsenz des Vertrauten in der Veränderung. Eine solche kompensationstheoretische Erklärung (Hermann Lübbe, *Zeit-Verhältnisse. Zur Kulturphilosophie des Fortschritts*, 1983) darf jedoch nicht isoliert werden. Die Präsenz des Vergangenen in der G. schafft neben der Kompensation des Neuen auch die Möglichkeit, dieses von einem ihm selbst nicht immanenten Werthorizont her überprüfbar zu machen. In Deutschland erzwingt die NS-Vergangenheit und ermöglicht ihr zeitliches Fernerrücken die gesteigerte Beschäftigung mit der Geschichte der ersten Hälfte des 20. Jh. Schließlich fördert die Entlastung von materiellem Mangel die Chancen, das Bedürfnis nach Horizonterweiterung und Integration von Fremderfahrung zu befriedigen.

Die G. der letzten Jahre hat an Spannweite und Vielschichtigkeit zugenommen. Sie bereitet Vertrautes und Fremdes auf, bewahrt materielles und rekonstruiert geistiges Erbe, stiftet und kritisiert Überlieferung. Sie steht im Dienst unterschiedlicher Zugänge zur Vergangenheit, die sich mit Nietzsche (1) als »monumentalisches« (auf Vorbildhaftigkeit und handlungsleitende Funktion von Geschichte zielendes), (2) »kritisches« (lebensfeindliche Überlieferung zerstörendes) und (3) »antiquarisches« (auf Bewahren bedachtes) Interesse beschreiben lassen. Aufgabe der Geschichtswissenschaft ist es, ihre Ergebnisse und Standards in der G. zur Geltung zu bringen (Thomas E. Fischer, *Geschichte der Geschichtskultur*, 2000).

Wolfgang Hardtwig

Wolfgang Hardtwig: Geschichtskultur und Wissenschaft. München 1990.

Klaus Füßmann [u. a.] (Hrsg.): Historische Faszination. Geschichtskultur heute. Köln [u. a.] 1994. (Darin bes.: Jörn Rüsen: »Was ist G.? Überlegungen zu einer neuen Art, über Geschichte nachzudenken«, S. 3–26; Heinrich Theodor Grütter: »Warum fasziniert die Vergangenheit? Perspektiven einer neuen Geschichtskultur«, S. 45–60).

Klaus Tenfelde: Geschichtskultur im Ruhrgebiet. In: Gewerkschaftliche Monatshefte 47 (1996). S. 240–253.

Martin Sabrow (Hrsg.): Verwaltete Vergangenheit. Geschichtskultur und Herrschaftslegitimation in der DDR. Leipzig 1997.

Bernd Mütter [u. a.] (Hrsg.): Geschichtskultur. Theorie – Empirie – Pragmatik. Weinheim 2000.

Geschichtsphilosophie

Der Begriff ›G.‹ wurde zuerst 1765 von Voltaire verwendet, der darunter die an der Vernunft orientierte Darstellung der Kultur aller Nationen versteht. Diese universalistische, nicht auf Europa eingeschränkte G. stellte er gegen ältere geschichts-theologische Betrachtungen, die von Augustinus bis zu Bossuet vom Heilsweg Gottes mit den Menschen handeln. Doch diese Gewissheit schwand in der Aufklärung mit der Kritik an der Leibniz-Theodizee.

Kant machte 1784 den »Unwillen« des betrachtenden Philosophen über die Sinnlosigkeit (→ Sinn) der menschlichen Geschichte zum Ausgangspunkt seiner *Idee zu einer allgemeinen Geschichte in weltbürgerlicher Absicht*. Anders als Herders *Auch eine Philosophie zur Geschichte der Menschheit* (1774) und seinen *Ideen zur Philosophie der Geschichte der Menschheit* (1784–91) ist Kants *Idee* ein streng philosophischer Entwurf, der auf einer im Rahmen seiner drei *Kritiken* theoretisch abgesicherten »Teleologie in praktischer Absicht« ruht. Die kantische G. setzt das »Böse« in der menschlichen Natur (Ehrsucht, Herrschsucht, Habsucht) als den Motor zur kulturellen, rechtlichen und moralischen Verbesserung der Menschheit ein. Eine »Naturabsicht« bringe für den Menschen zurecht, was er selbst nicht vermag.

Damit ist das Problem angesprochen, auf das die G. des späten 18. Jh. reagiert: Zwar tritt der Mensch auf vielen Gebieten der vormals übermächtigen Natur entgegen – nur das Ganze der eigenen Geschichte befindet sich nicht unter humaner Verfügung. Es produziert sich unbewusst hinter seinem Rücken als die Resultante der im Rahmen einer Konkurrenzgesellschaft blind aufeinander treffenden Handlungen. Diese Blindheit beim Machen der Geschichte überlagert die G. mit der zielgerichteten Intention einer Instanz jenseits der menschlichen Handlungsentwürfe: einer ›Vorsehung‹, einer ›Naturabsicht‹ oder einer ›List der Vernunft‹. Was bei Kant nur eine Hilfskonstruktion für Moralphilosophie war, verfestigte sich bei Hegel zu einem umfassenden System, das als historisch-dynamisch erneuerte Theodizee mit dem Anspruch auftrat, die »Arbeit des Negativen«, die produktive Rolle des Bösen in der Geschichte begriffen zu haben. Hegels G. ist von ihrem Material her eigentlich eine → Kulturgeschichte des menschlichen Geistes, eingebettet in den Gang einer in der Geschichte sich verwirklichenden → Vernunft. Die Behauptung einer Vernunft in der Geschichte ist in der Folgezeit der zentrale Einwand gegen alle G. geworden.

Er kommt zum einen von der Geschichtswissenschaft – wobei nicht zu übersehen ist, dass Leopold Ranke Hegels G. noch einmal eine Geschichtstheologie entgegensetzte. In nachhaltigerer Weise wandte sich Jacob Burckhardt, bestärkt durch Schopenhauers Pessimismus, mit dem Argument gegen Hegel, das Böse könne niemals gegen ein eventuell aus ihm hervorgehendes Gutes aufgerechnet werden. Karl Marx griff in seinen Frühschriften die »Allegorisierung« des Einzelnen durch dessen Einhüllung in den Gang der Vernunft an: Das Faktum bleibe dann nicht es selbst, sondern werde durch die in ihm sich scheinbar verwirklichende Vernunft »heiliggesprochen«. Dennoch blieb Marx der G. insofern verhaftet, als nun eine Vernunft in Gestalt des Sozialismus den historischen Prozess abschließen sollte.

Die gegen Ende des 19. Jh. in der Sozialdemokratie geführte ›Bernstein-Debatte‹ lässt bereits erhebliche Zweifel am sich verflachenden dialektischen Optimismus erkennen; durch den Sieg der Russ. Revolution 1917 etablierte sich jedoch noch einmal ein auf Lenin zurückgehender → Historischer Materialismus, der unter Stalin zur Legitimationsideologie verkam. Diese parteioffizielle G. fand bis zu ihrem Untergang 1989 nie zu einer freien philosophischen Diskussion. Der westliche Marxismus schlug eine kritische Bahn ein, die u. a. in die Frankfurter Schule einmündete.

Nietzsche hatte 1873/74 in seiner Schrift *Vom Nutzen und Nachtheil der Historie für das Leben* Einspruch gegen den → Historismus und gegen die G. erhoben. Zusammen mit dem aus dem Nachlass kompilierten *Willen zur Macht* entfaltete er eine folgenschwere Denkfigur, die v. a. im frühen 20. Jh. rezipiert wurde: Wenn Geschichte nicht vernünftig-teleologisch, sondern ewig wiederkehrendes Verhängnis sei, dann bedürfe es eines heroischen Menschentypus, der dieses Schicksal bejahe, daraus aber die Kraft schöpfe, sich dem drohenden Unheil mit übermenschlicher Kraft entgegenzustemmen. Maßgeblich zur Verdrängung der dt. Niederlage von 1918 trug Oswald Spengler mit seiner »Kulturmorphologie« bei: *Der Untergang des Abendlandes* (1918/22) lehrt die Zivilisation als unausweichliches Schicksal jedes Kulturkreises zu bejahen. Allerdings meinte Spengler keine westliche Zivilisation, sondern eine dt. »faustische Moderne«, in der das Blut den Sieg über das Geld davontragen sollte.

Martin Heidegger (*Sein und Zeit*, 1927) umriss die Situation des Menschen als eines ontisch ausgezeichneten Daseins, das sich um sein eigentliches Seinkönnen sorgt. Was existentialistisch ansetzte, unterstellte sich 1933 den neuen Machthabern. In seiner Metaphysikvorlesung bezeichnete Heidegger 1935 die »Bändigung der Gefahr der Weltverdüsterung« als die historische Aufgabe Deutschlands. Man kann dieses Denken auf der Linie von Nietzsche über Spengler ebenfalls als G. betrachten, muss aber bedenken, dass es der G. des Dt. Idealismus diametral entgegengesetzt ist, obgleich es in seiner massiven Zivilisationskritik ›idealistische‹ Motive beibehält. Die Nicht-Verfügbarkeit der Geschichte, die zur Konstruktion einer Vernunft in der Geschichte geführt hatte, überlebte nun in Gestalt unscharfer Begriffe wie ›Schicksal‹ oder ›Geschick‹.

Nach dem 2. Weltkrieg schien sich die G. als Ideologie totalitärer Systeme diskreditiert zu haben; eine Schwundstufe geschichtsphilosophischer Debatten wurde allenfalls noch um Arnold J. Toynbee, Alfred Weber und Karl Jaspers geführt. Vom Denken der ›Frankfurter Schule‹ haben sich nur wenige Historiker inspirieren lassen; sie bot keine eigentliche G. mehr an, sondern ein philosophisches Bedenken der Geschichte des 20. Jh. Eine jüngere Historikergeneration ist von Jean-François Lyotard und v. a. Michel Foucault beeinflusst; mit der Postmoderne schien endgültig das ›Ende der großen Erzählung‹ angebrochen.

Allerdings fand in den letzten Jahren Paul Ricœur breitere Aufmerksamkeit, der auf Kants G. zurückgriff. In *Zeit und Erzählung* (3 Bde., 1988–91; frz. 1983–85) überschneidet er sich streckenweise mit Überlegungen Reinhart Kosellecks zu einer Philosophie der historischen Zeit. Da zugleich neben der politischen und der Sozialgeschichte die Kulturgeschichte wieder verstärktes Interesse findet, besteht Hoffnung, dass sich mit ihr auch ihre Zwillingsschwester, die G., neu konstituiert. Aus heutiger Sicht sind von den geschichtsphilosophischen Entwürfen des späten 18. Jh. die Fragestellungen immer noch interessant. Denn nach wie vor stehen wir vor dem von Kant formulierten Problem, dass wir auf das Ganze der Geschichte zwar unsere Ideen, nicht aber unser Handeln erstrecken können. Es ist der Gedanke der Nicht-Verfügbarkeit der Geschichte, der angesichts der Globalisierung wieder an Virulenz gewinnt.

Heinz Dieter Kittsteiner

Karl Löwith: Weltgeschichte und Heilsgeschehen. Die theologischen Voraussetzungen der Geschichtsphilosophie. Stuttgart 1953.

Hayden White: Metahistory. Die historische Einbildungskraft im 19. Jahrhundert in Europa. Frankfurt a. M. 1991. [Engl.: Metahistory. The Historical Imagination in Nineteenth-Century Europe. Baltimore 1973.]

Herta Nagl-Docekal: Der Sinn des Historischen. Geschichtsphilosophische Debatten. Frankfurt a. M. 1996.

Heinz Dieter Kittsteiner: Listen der Vernunft. Motive geschichtsphilosophischen Denkens. Frankfurt a. M. 1998.
Rainer Maria Kiesow / Dieter Simon (Hrsg.): Auf der Suche nach der verlorenen Wahrheit. Zum Grundlagenstreit in der Geschichtswissenschaft. Frankfurt a. M. / New York 2000.

Geschichtstheorie

Der Begriff ›G.‹ ist in zweifacher Weise auf Geschichte bezogen: (1) auf den Sachverhalt, auf das menschliche Geschehen in der Vergangenheit; (2) auf den Umgang mit diesem Sachverhalt, auf das historische Denken und seine kulturellen Präsentationen.

(1) Im ersten Falle geht es um Perspektiven der historischen Interpretation, um einen expliziten Bezugsrahmen, mit dem quellenkritisch ermittelte → Tatsachen der → Vergangenheit zeitlich so miteinander verknüpft werden, dass sie eine sinn- und bedeutungsvolle Geschichte (→ Sinn) für die Gegenwart ergeben. Es ist umstritten, ob es zu dieser historischen Deutung der Geschehnisse der Vergangenheit einer Theorie bedarf und ob diese Theorie die Form eines relativ eigenständigen gedanklichen Gebildes mit höherem Abstraktionsgrad als die historische Darstellung selber hat. Die Geschichtswissenschaft hat sich mit ihren Forschungsansprüchen auf empirisch gehaltvolles Wissen und mit der dafür maßgebenden methodischen Rationalität (→ Methode) des Erfahrungsbezugs gegen die → Geschichtsphilosophie gewandt und ihre Ansprüche zurückgewiesen, die Vergangenheit insgesamt theorieförmig als Geschichte verständlich zu machen. Theoretisches Wissen war keine Zielbestimmung der historischen Erkenntnis, sondern nur ein Hilfsmittel, um die konkreten Befunde der historischen Erfahrung mit abstrakten Begriffen aufzuschlüsseln und zu deuten.

Nichtsdestoweniger blieb die Geschichtswissenschaft von grundlegenden Annahmen darüber abhängig, was Geschichte überhaupt ist, wie sie erkannt und gedeutet werden kann. Die → Aufklärungshistorie war einer Theorie des → Fortschritts verpflichtet; der → Historismus des 19. Jh. basierte zumeist auf einer idealistischen Geschichtsphilosophie. Auch die wichtigsten Strömungen des historischen Denkens im 20. Jh. sind von grundlegenden Annahmen über die Faktoren des zeitlichen Wandels (→ Kontinuität) und über dessen Richtung bestimmt. Solche Annahmen treten immer wieder in expliziter Form auf, so z. B. einleitend in Hans-Ulrich Wehlers *Deutsche Gesellschaftsgeschichte* (Bd. 1, 1987). Das marxistische Geschichtsdenken folgte den Richtlinien eines theorieförmigen Konzepts, das den zeitlichen Wandel der menschlichen Welt sozioökonomisch erklärte (→ Erklären) und den kulturellen Faktoren der menschlichen Weltdeutung nur eine sekundäre Rolle zusprach (→ Historischer Materialismus). Die anderen Strömungen der Geschichtswissenschaft verwandten Deutungsmuster, die stark modernisierungstheoretisch (→ Modernisierungstheorie) ausgerichtet waren oder aber in kritischer Abgrenzung von solchen starken Gegenwartsbezügen eine andere Zeitstruktur, eine → longue durée sich durchhaltender Lebensformen betonte (sog. → *Annales*-Schule).

Bis heute umstritten sind Ausmaß und methodische Funktion theoretischer Elemente der historischen Interpretation. Oft wirken sie implizit und sind dann einer kritischen Erörterung und Überprüfung entzogen. In expliziter Form können sie starre dogmatische Formen annehmen und den Erkenntnisfortschritt hemmen. Nur in flexibler und hypothetischer Form, zugeschnitten auf den besonderen Charakter historischer Entwicklungen und Prozesse – Max Weber hat sie als die Form von Idealtypen (→ Typus) beschrieben – sind sie erkenntnisförderlich und stärken die Erklärungskraft historischer Deutungen.

(2) G. tritt aber nicht nur als Bezugsrahmen historischer Interpretationen auf. Sie kann auch als Theorie des historischen Denkens und der Geschichtswissenschaft entwickelt werden. Dann geht es in ihr um die Eigenart des Denkens und der Erkenntnisprozesse, die für den deutenden Umgang mit der spezifischen Zeiterfahrung maßgeblich sind, die man ›historisch‹ nennt. Sie kann auch in dieser Form Geschichtsphilosophie genannt werden, jedoch nur in ›formalem‹ Sinn. Sie ist dann nämlich ganz auf die Frage bezogen, was historisches Denken ist, und stellt mit dieser Ausrichtung eine Kritik der ›materialen‹ Geschichtsphilosophie dar, indem sie die Erkenntnisleistungen der methodisch geregelten empirischen historischen Forschung gegen die Erfahrungsferne philosophischer Konstruktionen betont.

Eine der wichtigsten Aufgaben dieser G. ist die Klärung der Möglichkeiten und Grenzen der historischen Erkenntnis. Sie arbeitet die logische Eigentümlichkeit dieser Erkenntnis heraus – meist in Abgrenzung zu den strengen Naturwissenschaften mit ihrer Fähigkeit, allgemeine Naturgesetze zu erkennen und mit ihnen die Natur technisch beherrschbar zu machen. Analoge Versuche der historischen Erkenntnis und ihrer politischen Nutzung sind gescheitert; die G. sieht den Grund dafür darin, dass Geschichte als Erkenntnisobjekt nicht wie die Natur, sondern als Kultur gedacht werden muss, die eine andere Art der Deutung verlangt. Dieser Unterschied wurde als Gegensatz zwischen »generalisierenden« und »individualisierenden« (Heinrich Rickert), zwischen → »nomothetischen« und »idiographischen« (Wilhelm Windelband) oder zwischen erklärenden und verstehenden (→ Verstehen; Johann Gustav Droysen, Wilhelm Dilthey) Denkweisen ausgelegt.

Ihre jüngste Wendung hat diese G. im Narrativismus vollzogen. Die Eigenart des historischen Denkens wird jetzt in der narrativen Struktur des historischen Wissens gesehen. Paradigmatisch für die historische Deutung der menschlichen Vergangenheit ist das Erzählen (→ Erzählung) einer Geschichte; historisch ist dieses Erzählen insofern, als es sich auf reale Vorgänge der Vergangenheit bezieht, die empirisch ermittelt werden können. Mit der Einsicht in die narrative Struktur des historischen Wissens und die narrative Prozedur des historischen Denkens wird die Funktion des historischen Wissens in der Kultur der jeweiligen Gegenwart deutlich. Ihre Rolle in der sinnhaften Orientierung der menschlichen Lebenspraxis und v. a. in den Vorgängen der menschlichen Identitätsbildung wird geklärt.

Dieser theoretische Blick auf das historische Denken bringt Sachverhalte zum Vorschein, die leicht der Aufmerksamkeit entgehen, wenn man nur nach der Geschichte als Wissenschaft fragt: Die Geschichtsschreibung (oder allgemeiner: historische Repräsentation) erscheint als narrativer Text mit einer eigenen poetischen und rhetorischen Logik, die ganz anders geartet ist als die methodische Rationalität der historischen Forschung oder auch die theoretischen Elemente der historischen Interpretation. Repräsentation als wesentlicher Vorgang der historischen Deutung der Vergangenheit tritt gleichrangig neben die Interpretation, ja stellt sie z. T. so in den Schatten, dass der kognitive Status der historischen Erkenntnis hinter seiner ästhetischen Form zu verschwinden droht.

Es gehört zur Aufgabe einer speziell auf die Geschichte als Fachwissenschaft gerichteten G. – sie wird in Deutschland im Anschluss an ihre klassische Ausprägung durch Droysen meist als → Historik bezeichnet –, diese verschiedenen Aspekte zu integrieren: die kategorialen Voraussetzungen des historischen Denkens und die theoriefähigen Elemente der historischen Forschung mit den formalen Aspekten des historischen Erzählens, die kognitiven Faktoren mit den ästhetisch-rhetorischen und diese beiden wiederum mit den pragmatischen Funktionen, die die Geschichtswissenschaft in der → Geschichtskultur ihrer Zeit erfüllt. Erst in einem solchen systematischen Zusammenhang (rein schematisch kann er als → ›Disziplinäre Matrix der Geschichtswissenschaft‹ entworfen werden) wird die Komplexität der Geschichte ansichtig, die das zeitliche Geschehen der menschlichen Welt ebenso wie seine Deutung durch die Betroffenen in sich schließt.

Jörn Rüsen

Jürgen Kocka (Hrsg.): Theorien in der Praxis des Historikers. Forschungsbeispiele und ihre Diskussionen. Göttingen 1977.
Josef Meran: Theorien in der Geschichtswissenschaft. Die Diskussion über die Wissenschaftlichkeit der Geschichte. Göttingen 1985.
Jörn Rüsen: Rekonstruktion der Vergangenheit. Grundzüge einer Historik II: Die Prinzipien der historischen Forschung. Göttingen 1986.
– Theorie der Geschichte. In: J. R.: Historische Orientierung. Über die Arbeit des Geschichtsbewußtseins, sich in der Zeit zurechtzufinden. Köln 1994. S. 71–100.
Friedrich Jaeger: Geschichtstheorie. In: Geschichte. Ein Grundkurs. Hrsg. von Hans-Jürgen Goertz. Reinbek bei Hamburg 1998. S. 724–756.

Geschichtswissenschaft

G. als eine in Gegenstand, Theorie und Methodik autonome Wissenschaft zielt nach Laetitia Boehm auf »kritisch reflektierende und verstehende Ermittlung sowie Vermittlung des Geschehenen« ([Art.] »Geschichtswissenschaft«, in: *Staatslexikon*, Bd. 5, [7]1986). »Verwissenschaftlichung der Geschichtsschreibung«, wovon erst seit wenigen Jahrzehnten gesprochen wird, meint eine Tendenz, »Geschichtsschreibung mit den Maßstäben einer allgemeinen Wissenschaftslehre bzw. -theorie zu erfassen bzw. ihr kompatibel zu machen« (Wolfgang Hardtwig, »Die Verwissenschaftlichung der neueren Geschichtsschreibung«, in: *Geschichte. Ein Grundkurs*, hrsg. von Hans-Jürgen Goertz, 1998). Ein systematisch gefüllter Begriff von G. setzte indes während der Aufklärung in der zweiten Hälfte des 18. Jh. ein.

Hilfswissenschaften zur → Quellenkritik entstanden schon im Humanismus und während der Konfessionalisierung in der frühen Neuzeit, blieben aber gebunden an die propädeutische Rhetorik bzw. formten sich in Theologie und Jurisprudenz heraus. Als Begriff und Wissenschaftslehre (→ Historik) führte erstmals Johann Martin Chladenius ›G.‹ ein (*Allgemeine Geschichtswissenschaft*, 1752). Eine Professur für G. als eigenständige Disziplin nahm in Göttingen seit 1759 Johann Christoph Gatterer wahr, der 1766 ein historisches Institut gründete.

G. in dieser Zeit war v. a. an drei Voraussetzungen gebunden: (1) Das Wort ›Geschichte‹ als Subjekt und Objekt zugleich löste ältere Vorstellungen von *historia* bzw. Historien und Geschichten ab, die sich auf einzelne Personen und → Ereignisse bezogen. Es bezeichnete nun als Prozessbegriff in einem Kollektivsingular das (vergangene und künftige) Geschehen insgesamt. Über die → Erzählung von Begebenheiten hinaus ging es um ›Geschichte an sich‹ bzw. ›Geschichte überhaupt‹, um Erkenntnis und Forschung. (2) Mit der neuen Bedeutung von Geschichte korrespondierte ein Neuverständnis von ›Wissenschaft‹, vormals verstanden als individuelle Einsichten und Fertigkeiten, nunmehr als Inbegriff der Kenntnisse, als Ganzes allgemeiner → Wahrheiten definiert. ›Wissenschaft‹ zielt seitdem auf systematisch und autonom verfasste, in methodischer Ableitung kontrollierte Wahrheitsfindung. Mit Kant und anderen trat Empirie (→ Erfahrung) neben rationale → Systematik als Quelle der Erkenntnis und als Bedingung für Forschung. Neben Philosophie und Naturforschung etablierte sich G. als spezifische, aber gleichwertige Erkenntnisform. (3) Erst eine umfassende Modernisierung des → Geschichtsbewusstseins (→ Geschichtskultur) ermöglichte G., welche sich einfügte in die Kultur des Bildungsbürgertums als neuer sozialer Trägerschicht seit Mitte des 18. Jh. Ein innerweltlicher aufklärerischer Utopieüberschuss setzte wissenschaftlich kontrollierte Traditionskritik (→ Tradition) als Voraussetzung für Zukunftsentwürfe frei und begriff Geschichte als unabschließbaren Prozess.

Mit der Etablierung der G. entstand das Berufsbild des Historikers, der bis in die erste Hälfte des 19. Jh. meist ausgebildeter Theologe oder Jurist war. Noch Mitte des 19. Jh. lehnten bedeutende Historiker eine autonome G. ab. Für den studierten Juristen und Althistoriker Theodor Mommsen blieb → Historiographie eine Kunst. Der Kulturhistoriker Jacob Burckhardt verwies gegenüber einem Studium der Geschichte auf ein Studium des Geschichtlichen. Gleichwohl setzte eine Professionalisierung von G. bereits im späten 18. Jh. ein, gefördert durch entsprechende Nominalprofessuren an Universitäten und durch eine Verankerung methodisch kontrollierter G. an den Wissenschafts-Akademien. Im Verlauf des 19. Jh. begünstigte eine Historisierung aller Kulturphänomene (→ Historismus) unter Zugrundelegung einer fachwissenschaftlich ausgebildeten historischen → Methode eine flächendeckende Verankerung von G. an allen deutschsprachigen Universitäten (mit zunehmend epochenspezifischer Spezialisierung) sowie mit z. T. erheblichen zeitlichen Verzögerungen in anderen Staaten.

Seit dem frühen 19. Jh. hatten Geschichtsvereine und historische Zeitschriften unter Anleitung von Fachhistorikern Konjunktur. Hinzu kamen neue Organisationsformen von G., etwa mit den *Monumenta Germaniae Historica* seit 1819, dem Institut für österr. Geschichtsforschung in Wien seit 1854 oder der 1858 bei der Bayer. Akademie der Wissenschaften in München errichteten Historischen Kommission. Mit der institutionellen Auffächerung ging indes eine Eingrenzung der Gegenstandsbereiche einher. Der Göttinger Aufklärungshistoriker August Ludwig Schlözer hatte im späten 18. Jh. die G. »zur Aufklärung und zum Glücke der bürgerlichen Gesellschaft« bestimmt (Vorrede zu: Abbé Mably, *Von der Art die Geschichte zu schreiben*, 1784). Die Staatenkunde seiner Zeit umfasste noch Literatur-, Kunst-, Handels- und Technikgeschichte, Wissenschafts- und → Kulturgeschichte, und in diesem Sinn hatte Gatterer geschrieben, es gebe nur eine Geschichte, die Völkergeschichte (*Vom historischen Plan*, 1767). Unter dem Eindruck der Frz. Revolution und der napoleonischen Kriege drängte dann aber gegenüber einer umfassenden Kulturgeschichte eine Konzentration auf machtpolitisch organisierte Nationen in das Zentrum v. a. der dt. G., zusätzlich begünstigt durch den umstrittenen und geschichtswissenschaftlich unterfütterten dt. Weg von einer föderativ verfassten Kulturnation zur kleindt. Staatsnation. Westliche Strömungen eines positivistischen Geschichtsdenkens (→ Positivismus) und das marxistische Lehrgebäude des → Historischen Materialismus verstärkten zusätzlich eine weitgehende Einschränkung der dt. G. auf leitende Ideen des Geschichtsprozesses in Form von Staaten und Nationen. Um 1900 sah sich die dt. G. in mehrfacher Hinsicht herausgefordert. Das Individualitätsaxiom (→ Individualität) des Historismus zwang zur Auseinandersetzung mit dem Problem eines Werterelativismus (→ Werte). Jedoch verweigerte sich die ›Zunft‹ im Unterschied zu anderen Kulturwissenschaften weitgehend und sah sich erst nach dem 1. Weltkrieg zur Positionierung gezwungen, nun aber in weiten Teilen durch einen Primat → Politischer Geschichte in Auseinandersetzung mit der alliierten Kriegsschuldthese und durch eine »Ideologie des deutschen Weges« (Bernd Faulenbach) blockiert. Gegenüber einem im späten 19. Jh. machtvollen Wissenschaftsimperialismus der Naturwissenschaften wurde mit philosophischer Hilfestellung eine eigenständige idiographisch-hermeneutische Methodik der Geisteswissenschaften entwickelt, im Unterschied zu naturwissenschaftlicher Nomothetik (→ nomothetisch). Die Ablehnung naturgesetzlicher Ableitungen für die G. diente zugleich als Arsenal gegen gesetzförmige kollektivistische Geschichtsauffassungen, wie sie etwa der Wirtschafts- und Kulturhistoriker Karl Lamprecht vertrat. Damit riegelte sich die dt. G. weitgehend und mit langfristigen Folgen von sozial- und kulturhistorischer Modernisierung ab.

Andererseits legte die G. des 19. und frühen 20. Jh. leistungs- und anschlussfähige Definitionen ihres Erkenntnisinteresses vor. So war für Johann Gustav Droysen Geschichte »das Wissen der Menschheit von sich selbst, ihre Selbstgewißheit« (*Historik*, 1857), für den Niederländer Johan Huizinga die »geistige Form, in der eine Kultur sich Rechenschaft« ablegt (*Im Bann der Geschichte*, 1943). Wilhelm Bauer wies auf die Veränderungen hin, »die in der Zeit und im Raum unwiederholbar sind« (*Einführung in das Studium der Geschichte*, 1921). Eine vermittelnde Position nahm Ernst Bernheim in der Methodendebatte um 1900 ein, für den G. »die Tatsachen der Entwicklung der Menschen in ihren Betätigungen als soziale Wesen im psycho-physischen Kausalzusammenhang erforscht und darstellt« (*Einleitung in die Geschichtswissenschaft*, 1905). Offen bleibt, wie weit G. auch im Zeitalter von Postmoderne bzw. ›Zweiter Moderne‹ in behutsamer Erweiterung wie in Ablehnung dem Bann des Historismus verpflichtet bleibt, jener »grundsätzlichen Historisierung alles unseres Denkens über den Menschen, seine Kultur und seine Werte« (Ernst Troeltsch, *Der Historismus und seine Probleme*, 1922).

Nach dem 2. Weltkrieg trat ein → ›historischer Sinn‹ in Gesellschaft und Politik zurück, wurde G. neben paradigmatischen Raumgewinnen von Physik und Biologie im Wissenschaftsbetrieb mit einer → Vergangenheit, Gegenwart und → Zukunft abdeckenden Logik der Sozialwissenschaften konfrontiert, war um 1960 von einem »Verlust der Geschichte« (Alfred Heuß) die Rede. Die Krise der G. wurde als Herausforderung und Chance zu theoriegeleiteter Selbstverständigung genutzt, konzentriert auf → Objektivität, Erzählung, Struktur, vorangetrieben v. a. durch Reinhart Koselleck (»Wozu noch Historie?«, in: *Historische Zeitschrift* 212, 1971), Karl-Georg Faber (*Theorie der Geschichtswissenschaft*, 1971) und den Arbeitskreis *Theorie der Geschichte* (6 Bde., 1979–90).

Schließt sich damit der Kreis zu einem theoretisch begründbaren Kollektivsingular ›Geschichte‹ im Projekt der Aufklärung? Innerhalb der G. haben sich eigenständige Formationen der Makro- und → Mikrohistorie herausgebildet, Multikulturalität, eine unübersichtliche Globalisierung und zugleich das Ende globaler Systemkonfrontationen höhlten einheitsstiftende Kategorien von G. aus. Der Kollektivsingular ›Geschichte‹ zerfällt erneut und neuartig in Geschichten. An die Stelle einer Modernisierung der G. tritt die Frage nach der Rolle der G. in der Moderne: Wissenschaftsgeschichte als problemgeschichtliche Orientierungsleistung (Wolfgang Küttler [u. a.], Hrsg., *Geschichtsdiskurs*, 5 Bde., 1993–99). Neuere Handbücher vermessen neben einer Epochengliederung (→ Periodisierung) divergente Fächerbildungen und Konzeptionalisierungen von Geschichte bzw. eigenständige Felder und Erweiterungen und verwenden in einer Einführung den Plural ›Geschichtswissenschaften‹ (Christoph Cornelißen, Hrsg., *Geschichtswissenschaften*, 2000).

Rüdiger vom Bruch

Georg G. Iggers / Wilhelm Schulz: [Art.] Geschichtswissenschaft. In: Sowjetsystem und demokratische Gesellschaft. Eine vergleichende Enzyklopädie. Hrsg. von Claus D. Kernig. Bd. 2. Freiburg [u. a.] 1968. Sp. 914–959.

Reinhart Koselleck: [Art.] Geschichte, Historie. In: Geschichtliche Grundbegriffe. Hrsg. von Otto Brunner [u. a.]. Bd. 2. Basel/Stuttgart 1975. S. 647–717.

Wolfgang Hardtwig: Geschichtskultur und Wissenschaft. München 1990.
Ulrich Muhlack: Geschichtswissenschaft im Humanismus und in der Aufklärung. Die Vorgeschichte des Historismus. München 1991.
Daniel Fulda: Wissenschaft aus Kunst. Die Entstehung der modernen deutschen Geschichtsschreibung 1760–1860. Berlin / New York 1996.

Geschlechtergeschichte

Unter ›G.‹ (engl. *gender history*) versteht man diejenige historische Analyse, in der Geschlecht als zentrales gesellschaftliches Strukturprinzip verstanden und untersucht wird. G. untersucht die Geschichte von Männern und Frauen, von Männlichkeit und Weiblichkeit als kulturellen Übereinkünften sowie von Geschlechterverhältnissen als gesellschaftlichen Ordnungsmodellen.

Im Kontext der Frauenbewegung in den USA seit Mitte der 1960er Jahre zunächst als *women's history* und in der Bundesrepublik seit Mitte der 1970er Jahre entsprechend als Frauengeschichte begonnen, setzte sich mit der Etablierung an den Universitäten etwa seit Mitte der 1980er Jahre der Begriff ›G.‹ durch. In der Geschichtswissenschaft wurde er zunächst gebräuchlich, um die Erforschung der von der Allgemeinen Geschichte (→ Weltgeschichte) ignorierten Geschichte von Frauen zu bezeichnen. Als solche Addition zum Wissenskanon lässt sich Frauengeschichte bis zurück zu Plutarchs Biographien bedeutender Frauen verfolgen (Natalie Zemon Davis, »Women's History in Transition«, in: *Feminist Studies* 3, 1976). Hiervon unterscheidet sich G. durch den Ansatz, die Geschichte von Frauen nicht als ein Besonderes, sondern als Bestandteil der Geschlechterordnungen und somit der Allgemeinen Geschichte zu untersuchen. Mit diesem integrativen Ansatz wurde die Allgemeine Geschichte auf den Prüfstand gestellt. Joan Kelly fragte »Did Women Have a Renaissance« (in: *Becoming Visible: Women in European History*, hrsg. von Renate Bridenthal [u. a.], 1977) und stellte klar, dass die → Periodisierungen der Allgemeinen Geschichte denen der G. nicht entsprechen. G. war somit von Anfang an als Geschichte beider Geschlechter und als methodische Herausforderung der etablierten Geschichtswissenschaft konzipiert.

In der Bundesrepublik wurde G. zunächst als historische Frauenforschung, ab Mitte der 1980er Jahre als G. in vielfältiger Weise vorangetrieben. Ihre Stärke bestand von Anfang an in ihrer Interdisziplinarität. Zunächst auf die Geschichte von Frauenarbeit und Frauenbewegungen konzentriert (Karin Hausen [Hrsg.], *Frauen suchen ihre Geschichte*, 1983), orientierte sich die G. an soziologischen und politologischen Ansätzen sowie der → Historischen Sozialwissenschaft und der → Alltagsgeschichte. Anschließend wurden methodische und konzeptionelle Anregungen v. a. aus der → Kulturgeschichte, Mentalitätengeschichte (→ Mentalitäten) und der → Historischen Anthropologie aufgegriffen. Die Historizität des Leibes und der körperlichen Wahrnehmung von Frauen jenseits der postulierten universellen Natur des Körpers konnte nun Gegenstand der G. werden (Barbara Duden, *Geschichte unter der Haut*, 1987). Duden schuf die Grundlage für eine Körpergeschichte, die nach den zeitlich gebundenen Wahrnehmungen des Körpers und nach den je historischen körperlichen Zuschreibungen fragt, die den gesellschaftlichen Ausschluss von Frauen legitimieren sollten. Ebenfalls an ethnologischen und anthropologischen Fragestellungen orientiert sich diejenige G., die nach Erfahrungen und deren Verarbeitung fragt. Regina Schulte (*Die verkehrte Welt des Krieges*, 1998) untersuchte, wie sich die Geschlechterordnung durch Gewalterfahrungen etwa im Krieg veränderte und wie Männer und Frauen diese Erfahrungen verarbeiteten, um zu einer erneuten Gemeinsamkeit zu finden. Individuelle Imaginationen der eigenen Schwächen und Stärken werden als Variationen historisch gewachsener Bilder entschlüsselt, die zur Stabilisierung einer hierarchischen Geschlechterordnung beitragen.

Grundlegende Begriffe und Konzepte der Geschichtswissenschaft – hierauf macht die G. aufmerksam – transportieren → Werte aus der Welt der Männer und verdecken daher die zu analysierende Geschlechterordnung. An der Geschichte der Begriffe ›Geschlecht‹, ›Mann‹ und ›Frau‹ demonstrierte Ute Frevert (*Mann und Weib und Weib und Mann. Geschlechterdifferenzen in der Moderne*, 1996), wie mit Hilfe gesellschaftlicher Definitionsmacht soziale wie politische Handlungsräume für Männer eröffnet und für Frauen verschlossen wurden. Die G. hat inzwischen die Privilegierung der Öffentlichkeit vor der Privatheit, beider feste räumliche Zuordnung zu Männern oder Frauen, zu Arbeit und Familie, schließlich die Platzierung von Klasse, Professionalität, Politik im Raum der Männer und des Öffentlichen kritisch hinterfragt und als Ausdruck der gesellschaftlichen Geschlechterordnung transparent gemacht. Dennoch blieb die G. in ihren Konzepten in drei wirkungsmächtigen Dichotomien gefangen, worauf Gisela Bock (»Challenging Dichotomies: Perspectives on Women's History«, in: *Writing Women's History*, hrsg. von Karen Offen [u. a.], 1991) hinwies. Obwohl versucht wurde, die polarisierte Gegenüberstellung von Kategorien wie ›Natur‹ und ›Kultur‹, ›Arbeit‹ und ›Familie‹, ›Öffentlichkeit‹ und ›Privatheit‹ zu überwinden, traten mit ›biologischem Geschlecht‹ (*sex*) und ›kulturellem Geschlecht‹ (*gender*), ›Gleichheit‹ und ›Differenz‹, ›Integration‹ und ›Autonomie‹ erneut dichotomische Konzepte in den Vordergrund.

Auf die je nach Zeit und Ort besondere Unzulänglichkeit solcher Begriffe für die G. machte Heide Wunder (*»Er ist die Sonn', sie ist der Mond«. Frauen in der frühen Neu-*

zeit, 1992) aufmerksam. Sie arbeitete für die ständische Gesellschaft heraus, dass die Geschlechtszugehörigkeit eine je nach Lebensalter, Zivilstand und sozialer Schicht zu differenzierende Bedeutung hatte, aber Männer und Frauen keineswegs auf grundsätzlich getrennte gesellschaftliche Bereiche verwies. Im frühneuzeitlichen Haushalt als erster gesellschaftlicher Ordnung waren Männer und Frauen aufeinander angewiesen, Frauen keiner universellen Männerherrschaft unterworfen. Das Ausmaß, in dem normative Begriffe des 19. und 20. Jh. die historische Analyse antiker Geschlechterordnungen verhindern, erhellt Beate Wagner am Beispiel der Rationalitätskritik und Weiblichkeitskonzeptionen in der Matriarchatsdiskussion in der Altertumswissenschaft (*Matriarchatstheorien der Altertumswissenschaft*, 1992).

Großen Einfluss auf die G. übte in den letzten zehn Jahren der *linguistic turn* (→ Begriffsgeschichte) aus, in dessen Kontext Joan W. Scott Geschlecht als konstitutives Element von gesellschaftlichen Beziehungen definierte, das auf wahrgenommenen Unterschieden zwischen den Geschlechtern gründet, und zugleich als eine wesentliche Weise, Machtbeziehungen Bedeutung zu verleihen (»Gender: A Useful Category of Historical Analysis«, in: *American Historical Review* 91, 1986). Die kontroverse Debatte hierüber hat zur radikalen Historisierung der Geschlechterdifferenz und der Geschlechterordnungen beigetragen.

Als bedeutendstes Ergebnis der in der G. vorgelegten Arbeiten zeichnet sich indes die »Nicht-Einheit der Geschichte als historiographische Herausforderung« ab, wie Karin Hausen argumentierte (in: *Geschlechtergeschichte und Allgemeine Geschichte*, hrsg. von Hans Medick und Anne-Charlott Trepp, 1998). G. zielt nicht auf die Integration von Frauen in eine an männlichen Werten und Relevanzkriterien orientierte, als ›Allgemeine Geschichte‹ ausgegebene Historiographie, sondern auf die radikale Überprüfung des gesamten begrifflichen Apparats und aller gebräuchlichen Konzepte. Auf diese Weise soll eine Historiographie ermöglicht werden, die es zulässt, die vielfältigen, von Widersprüchlichkeiten wie auch von Differenzen geprägten Geschichten von Männern und Frauen gleichberechtigt darzustellen.

Christiane Eifert

Ute Frevert: Männergeschichte oder Die Suche nach dem ›ersten‹ Geschlecht. In: Was ist Gesellschaftsgeschichte. Hrsg. von Manfred Hettling [u. a.]. München 1991. S. 31–43.

Karin Hausen / Heide Wunder (Hrsg.): Frauengeschichte – Geschlechtergeschichte. Frankfurt a. M. 1992.

Laura L. Frader / Sonya O. Rose (Hrsg.): Gender and Class in Modern Europe. Ithaca/London 1996.

Christiane Eifert / Angelika Epple [u. a.] (Hrsg.): Was sind Frauen? Was sind Männer? Geschlechterkonstruktionen im historischen Wandel. Frankfurt a. M. 1996.

Gisela Bock: Frauen in der europäischen Geschichte. Vom Mittelalter bis zur Gegenwart. München 2000.

Gleichzeitigkeit des Ungleichzeitigen

›G. d. U.‹ ist eine geschichtstheoretische Formel für die spezifisch neuzeitliche Erfahrung der kalendarischen Gleichzeitigkeit historischer Strukturen und Prozesse, die unterschiedlichen Entwicklungsphasen und Herkunftsschichten der → Vergangenheit angehören.

Systematisch kann man zwei Erfahrungsdimensionen der G. d. U. unterscheiden: Bezogen auf die jeweils eigene Kultur und Gesellschaft bedeutet sie (1) das Hineinragen früherer Geschichte, als Überlagerung chronologisch verschiedener Herkunftsbestände, in die eigene Gegenwart; man kann dies als die ›diachrone Dimension‹ bezeichnen. Daneben tritt als ›synchrone Dimension‹ (2) die Erfahrung von Ungleichzeitigkeit im Kulturvergleich, die seit der griech. Antike (Hellenen versus Barbaren) formuliert wurde, mit der überseeischen Expansion in der Frühen Neuzeit weite Verbreitung fand und bis in die heutige Entwicklungsländerproblematik fortwirkt. Sie meint die synchrone Existenz von Kulturen, die im verzeitlichten Fortschrittsdenken der Neuzeit unterschiedlichen Epochen angehören.

Die Erfahrung der G. d. U. hat sich seit dem 17. Jh. in verschiedenen Etappen herausgebildet und als theoretischer Topos verdichtet. Im 17. und 18. Jh. wurde der in verschiedenen Bereichen des Lebens ungleichmäßig sich vollziehende Fortschritt, so Reinhart Koselleck, als »Hiatus« erfahren ([Art.] »Fortschritt«, in: *Geschichtliche Grundbegriffe*, hrsg. von Otto Brunner [u. a.], Bd. 2, 1975) und damit die einheitliche Zeit in ein auf Diachronie bezogenes Zeitspektrum aufgebrochen; erst so wurde die theologische Zeit zur verzeitlichten Geschichte. Seit der Frz. Revolution, v. a. in der 1. Hälfte des 19. Jh., drückte die G. d. U. vor dem Hintergrund der realhistorischen Umbrüche zunehmend das Spannungsverhältnis zwischen technisch-industrieller Moderne und agrarisch-traditionalen Strukturen als einer früheren Zeitschicht aus. Mitte des 20. Jh. verdichtete sie sich zu einem expliziten Theorem der → Geschichtsphilosophie und stand im Kontext der Krisenerfahrungen der klassischen Moderne. Philosophisch ist sie von Hegel (als spezifische Form historischer »Dialektik«) und von Heidegger (*Sein und Zeit*, 1927) nachhaltig beeinflusst worden. In seiner Faschismusanalyse *Erbschaft dieser Zeit* (1935) prägte Ernst Bloch den Begriff ›Ungleichzeitigkeit‹ als »Restsein aus früheren Zeiten«. Bloch operierte – wie später Koselleck – mit der »Schichten«-Metapher ungleicher Zeit, benutzte aber noch nicht die Formel von der G. d. U. Diese begegnet als »Gleichzeitigkeit des Nicht-Gleichzeitigen« in der konservativen Kultur- und Gesellschaftstheorie Hans Freyers (*Theorie des gegenwärtigen Zeitalters*, 1955).

Aus diesen geistigen Traditionen kommend, hat Koselleck seit den 1970er Jahren die G. d. U. zu einer zentralen Kategorie seiner auf Zeitkonzepte fokussierten → Historik gemacht. In der modernen Erfahrung der G. d. U., die Koselleck selber begriffsgeschichtlich (→ Begriffsgeschichte) erforschte, bündeln sich insofern die Polaritäten von Diachronie und Synchronie, von → Ereignis und Struktur (→ Strukturgeschichte), von Dauer (→ longue durée) und Wandel (→ Kontinuität), von → Erfahrung und Erwartung. Die G. d. U. wird neben der Irreversibilität von Ereignissen und den Wiederholungsstrukturen zu einer von drei fundamentalen »temporalen Erfahrungsmodi« von Geschichte (Reinhart Koselleck, *Vergangene Zukunft*, 1979).

In jüngster Zeit wurde die G. d. U. von der postmodernen und ›postkolonialen‹ Kultur- und Geschichtstheorie aufgegriffen. Sie steht hier für die Erfahrung von Brüchen und Differenzen und verweist auf die verlorene Eindeutigkeit der Moderne und ihrer ›Meistererzählungen‹.

Paul Nolte

Beat Dietschy: Gebrochene Gegenwart. Ernst Bloch, Ungleichzeitigkeit und das Geschichtsbild der Moderne. Frankfurt a. M. 1988.

Oskar Negt: Erbschaft aus Ungleichzeitigkeit und das Problem der Propaganda. In: O. N.: Es muß nicht immer Marmor sein. Berlin 1975. S. 9–34.

Reinhart Koselleck: [Art.] Geschichte, Historie. In: Geschichtliche Grundbegriffe. Hrsg. von Otto Brunner [u. a.]. Bd. 2. Stuttgart 1975. S. 595–717.

– Zeitschichten. Studien zur Historik. Frankfurt a. M. 2000.

Anil Bhatti: Aspekte der Grenzziehungen: Postcolonial. In: Kulturelle Grenzziehungen im Spiegel der Literaturen. Hrsg. von Horst Turk [u. a.]. Göttingen 1998.

Heilsgeschichte

Als bibeltheologischer Grundbegriff (griech.-bibl. *oikonomia*, lat. *dispositio*, *ordo salutatis*) ist H. von entscheidender Bedeutung für die mittelalterliche Geschichtsauffassung und liefert das Strukturmodell der christlichen Geschichtsschreibung.

Auf der Grundlage der Vorstellung von der Kontinuität des Alten und Neuen Bundes, die sich auf die Kirche erstreckt, in der nach Eph. 1,3–14 und 3,1–13 Gottes Heilsplan durch Jesus Christus im Hl. Geist verwirklicht wird, wobei der Heilsmittler sowohl Gott als auch Mensch sein muss (Hypostatische Union), entwickelte Augustinus die Lehre von den sechs Weltzeitaltern der H. (*De civitate Dei* XXII c. 30). Die von dieser Theorie beeinflusste scholastische Theologie reflektierte den *ordo salutatis* zeitgeschichtlich und überzeitlich-metaphysisch, verifizierte ihn kosmologisch und feierte ihn in der Liturgie: Gott als ewige und geschichtsmächtige Instanz bestimmt Beginn und Vollendung der Welt-Zeit, die von der Schöpfung herkommend sich durch die H. auf die ewige Vollendung als Ziel zubewegt. Paradiesische Ur-Zeit und eschatologische End-Zeit entsprechen sich; in der Zwischenzeit der H. ist durch Jesu Opfertod der Sieg über Sünde und Tod bereits entschieden, den die Kirche als Institution jedoch mit allen Mitteln (*fides, sacramentum, caritas*) zu verteidigen hat (→ Zeit).

Der antagonistische Charakter der H. in Kirche und → Weltgeschichte wurde zur Grundlage des mittelalterlichen Geschichtsverständnisses. Rupert von Deutz bezog die Weltalter-Lehre Augustins auf den trimorphen Heilsplan Gottes: Die Schöpfung ist das Werk des Vaters, die sechs Weltzeitalter definieren sich durch die Inkarnation Christi und das Wirken des Hl. Geistes als H., rein pneumatisch ist die aufkommende End-Zeit bestimmt. Die Geschichtsdeutungen des 12. Jh. (Honorius Augustodunensis, Anselm von Havelberg) verstärken die eschatologische Dimension des Modells; nach Joachim von Fiore wird die durch Christus herbeigeführte Endzeit durch den Hl. Geist vollendet und ein neuer Heilsstand (*novus ordo*) begründet, der sich in der *ecclesia spritualis* verwirklicht.

Die politische Sprengkraft dieser aus der engen Beziehung der H. auf Kirchen- und Weltgeschichte resultierenden Erwartung eines ›Dritten‹ Zeitalters offenbarte sich in mitunter radikalen Forderungen nach einer Erneuerung der Kirche sowohl im franziskanischen Kontext (Petrus Johannis Olivi) als auch außerhalb der Bettelorden (Arnald von Villanova). Die im Konzil von 1215 verurteilte joachimitische Theologie der H. versuchte Alexander von Hales durch eine Synthese von H. und Metaphysik zu überwinden; für Bonaventura bezeichnet Christus die endgültige Wende der H., nicht das Ende der Geschichte (→ Posthistoire); Thomas von Aquin argumentiert mit dem den Neuen Bund definierenden Paradoxon des »Gesetzes der Gnade« gegen die Endzeitvorstellungen Joachims. Die Vorstellung, dass das ewige, geschichtslose Heil des Menschen durch die Geschichte des Lebens Jesu vermittelt wird, strukturiert in Verbindung mit dem heilsgeschichtlichen Weltalter-Modell die Mehrzahl nicht nur der universalhistorischen → Chroniken des Mittelalters.

Das Thema einer zusammenfassenden Deutung der Geschichte unter heilsgeschichtlicher Perspektive beschäftigte auch nachreformatorische Theologen (Föderaltheologie des Johann Coccejus) und wirkt in säkularisierter Form noch in den geschichtsphilosophischen Systemen der Aufklärung, des Idealismus (Hegel) und des Marxismus nach. Versuche, die Gesamtheit geschichtlicher Erfahrung vor dem Horizont der H. zu deuten, haben sich bis in die Theologie der Gegenwart erhalten.

Norbert H. Ott

Karl Löwith: Weltgeschichte und Heilsgeschehen. Stuttgart 1955.

Roderich Schmidt: Aetates mundi. Die Weltalter als Gliederungsprinzip der Geschichte. In: Zeitschrift für Kirchengeschichte 67 (1955/56). S. 288–317.

Amos Funkenstein: Heilsplan und natürliche Entwicklung. Formen der Gegenwartsbestimmung im Geschichtsdenken des hohen Mittelalters. München 1965.

W. Lohff: [Art.] Heil, Heilsgeschichte, Heilstatsache. In: Historisches Wörterbuch der Philosophie. Hrsg. von Joachim Ritter [u. a.]. Bd. 3. Basel/Stuttgart 1974. Sp. 1031–33.

Heuristik

Die H. gehört zu den traditionellen Konzeptionen der historischen → Methode, die sich im 19. Jh. herausbildete. Aufgabe der H. (griech. *heuristikein* ›finden‹) ist das Finden von Quellen, weshalb Ernst Bernheim (*Lehrbuch der historischen Methode*, 1889) das Wort als Synonym für ›Quellenkunde‹ gebrauchte. Im traditionellen Verständnis des historischen Arbeitsprozesses versteht man unter H. die erste Phase der Untersuchung, der → Quellenkritik und Interpretation (→ Verstehen) folgen. Johann Gustav Droysen betonte jedoch (*Historik*, 1857), dass die historische Untersuchung nie mit der H. an sich, sondern mit der Formulierung von Fragen beginne: »Die Forschung *sucht* etwas, sie ist nicht auf ein bloß zufälliges Finden gestellt; man muss zuerst wissen, was man suchen will, erst dann kann man finden […]. So ist der Anfang der Methode nicht die Kritik, sondern die Frage und das Suchen aus der Frage, die Heuristik. Sie lehrt nicht, was man suchen soll, sondern wie und wo, in welchen Materialien usw.« H. ist nach Droysen ein auf Vorkenntnissen beruhender kreativer Prozess, der »das historische Material zu erweitern und zu ergänzen [versucht], und zwar: a) durch divinatorisches Suchen und Entdecken; b) durch Kombination […]; c) durch Analogie […]; d) durch Hypothese«.

Später im 19. Jh. verstand man unter H. meistens die verschiedenen Zugänge zu den Quellen, wie z. B. zu Archivverzeichnissen, Bibliographien, Museen, und die Hilfswissenschaften. Die H. differenzierte sich damit aus in jeweils epochenbezogene praktische Handreichungen zum Umgang mit den Quellen. In der H. bildeten sich Unterscheidungsbegriffe für Quellen heraus, z. B. die Differenzierung zwischen »Überrest« und »Tradition«, schriftlichen und nichtschriftlichen Quellen, primären und sekundären, direkten und abgeleiteten Quellen sowie zwischen erzählenden Quellen und Akten.

Diese Unterscheidungen erwiesen sich im Lauf des 20. Jh. als problematisch. In dem Maße, in dem Quellen zunehmend als vielfältige Informationsträger verstanden wurden, wurde auch klarer, dass die Klassifizierung einer Quelle von der Fragestellung des Historikers abhängt: Ein Taufregister etwa kann als direkte Quelle für die Kirchengeschichte einer Gemeinde dienen, aber auch als indirekte Quelle für die demographische Geschichte (z. B. zur Berechnung durchschnittlicher Familiengrößen). Eine Quelle liefert also nur mit Bezug auf eine bestimmte Fragestellung Informationen über die Vergangenheit.

Diese grundlegende Einsicht in den ›fragenden‹ Charakter jeder historischen Forschung ist unter dem Einfluss des → Positivismus stark in den Hintergrund getreten und erst nach 1970 wieder ins Bewusstsein zurückgekehrt. Die

›Rückkehr zur Frage‹ folgte in Deutschland v. a. aus der Wiederentdeckung Max Webers für die historische Forschung und wurde geschichtstheoretisch in Jörn Rüsens *Für eine erneuerte Historik* (1976) fortgesetzt. In Großbritannien hat Robin G. Collingwood mit seiner *logic of question and answer (Idea of History*, 1946; dt. 1955) ebenfalls eine einflussreiche Kritik des historischen Positivismus formuliert. In Frankreich waren es v. a. Lucien Febvre, Marc Bloch (*Apologie der Geschichte oder Der Beruf des Historikers*, 1974; frz. 1946) und später Paul Veyne (*Geschichtsschreibung – und was sie nicht ist*, 1990; frz. 1971), die die Geschichtsschreibung mit Erfolg als eine problemorientierte Wissenschaft rehabilitierten; der Italiener Carlo Ginzburg beschrieb – wie schon Droysen auch – den Historiker als »Spurensucher« (*Spurensicherungen. Über verborgene Geschichte, Kunst und soziales Gedächtnis*, 1983). Die Rückkehr zur Frage bedeutete im Grunde eine Rückkehr zu Droysens Bestimmung der H.

Chris Lorenz

Christian Meier / Jörn Rüsen (Hrsg.): Historische Methode. München 1988.
Chris Lorenz: Konstruktion der Vergangenheit. Eine Einführung in die Geschichtstheorie. Köln [u. a.] 1997.
Brian Fay [u. a.] (Hrsg.): History and Theory. Contemporary readings. Cambridge 1998.
Marc Bloch: Aus der Werkstatt des Historikers. Zur Theorie und Praxis der Geschichtswissenschaft. Frankfurt a. M. / New York 2000.

Histoire totale

Die Formulierung ›H. t.‹ dient v. a. im dt. Sprachraum zur Umschreibung einer Geschichtskonzeption, die mit der frz. → *Annales*-Historie von Marc Bloch, Lucien Febvre, Fernand Braudel u. a. in Verbindung gebracht wird.

Die Herkunft des Begriffs ist unklar. Vor dem 1. Weltkrieg sprach Henri Berr, der Mentor Febvres, von einer *synthèse totale*. Hierunter verstand er eine theoretisch ambitionierte Form von → »Weltgeschichte«, die er mit in seiner Buchreihe *L'évolution de l'humanité* realisieren wollte (*La synthèse en histoire*, 1911). Marc Bloch, der die eigene Studie *Die wundertätigen Könige* als Versuch einer *explication totale* ankündigte (*Les rois thaumaturges*, 1924; dt. 1998), bezeichnete Henri Pirennes *Geschichte Belgiens* (7 Bde., 1899–1932) als gelungenes Beispiel einer H. t. Parallel dazu prägte der Soziologe Marcel Mauss die Formel vom *fait social total* (*Essai sur le don*, 1924/25; dt. 1968). Doch erst nachdem Fernand Braudel mit *Das Mittelmeer und die mediterrane Welt in der Epoche Phillips II.* (*La méditerranée et le monde méditerranéen à l'époque de Philippe II*, 1949; dt. 1990) eine neuartige *histoire structurale* vorgelegt hatte – ein Begriff, den er von dem Agrarhistoriker Gaston Roupnel übernahm (*Histoire et destin*, 1943) –, kam auch das Wort ›H. t.‹ allmählich in Mode. Im Vorwort seines bahnbrechenden Buchs über *Die Bauern des Languedoc* sprach Emmanuel Le Roy Ladurie vom »Abenteuer einer h. t.« (*Les paysans du Languedoc*, 1966; dt. 1983). Jacques Le Goff und Pierre Toubert veröffentlichten 1975 einen programmatischen Aufsatz mit dem Titel *Une histoire totale du Moyen Age est-elle possible?*

Im dt. Sprachraum wird der Begriff ›H. t.‹ meist abwehrend verwendet. Ohne belegende Zitate unterstellen Kritiker, dass die *Annales*-Historiker nicht nur eine umfassende, sondern auch eine vollständige Geschichte anstrebten, was selbstverständlich unmöglich sei. »Wer immer versucht, die

Gesamtheit aller einzelnen Geschichten zu einer totalen Geschichte zu vereinigen, muss empirisch scheitern« (Reinhart Koselleck, 1983). Auch Hans-Ulrich Wehler warnte jene, »die ebenso naiv wie behende die ›histoire totale‹ weiter beschwören« (1986). Und für Winfried Schulze war »der Traum einer ›histoire totale‹ [...] noch nicht ausgeträumt« (*Einführung in die Neuere Geschichte*, 1987). In Wirklichkeit hat aber kein *Annales*-Historiker jemals eine H. t. im Sinne eines »Stoff-Abbildungs-Modells« (Heinrich Lutz) gefordert.

Obwohl weder Bloch noch Febvre ihre Art der Geschichtsschreibung programmatisch so genannt haben – Febvre sprach lieber von »Problemgeschichte« (*histoire-problème*), Bloch von »Tiefengeschichte« (*histoire profonde*) –, lässt sich ihr Ansatz als H. t. oder *histoire globale* (Braudel) umschreiben. ›Total‹ oder ›global‹ meint dann eine Orientierung, die nicht auf Vollständigkeit zielt, sondern die Multidimensionalität historischer Phänomene – zumal ganzer Gesellschaften – durch eine umfassende, reflektierte Strukturanalyse entschlüsseln will. Dies erfordert die Ausarbeitung geeigneter → Methoden sowie interdisziplinäre Zusammenarbeit. Im Unterschied zur ›Volksgeschichte‹ (→ Strukturgeschichte, Sozialgeschichte), wie sie in den 1930er Jahren in Deutschland aufkam, rekurriert diese Art von Holismus aber nicht auf ein einheitliches Prinzip (Volk, Raum, Rasse usw.), sondern geht von der Vielfalt und Widersprüchlichkeit historischer Ursachen aus. H. t. unterstellt keine organische Totalität (›Volkskörper‹), sondern ein komplexes, gesellschaftliches Ganzes, das sozialwissenschaftlich zu dekonstruieren ist. »Getreu den Lehren von Lucien Febvre und Marcel Mauss will der Historiker stets das Ganze, die ›Totalität‹ des Sozialen, erfassen. Daher sein Bestreben, die verschiedenen Stockwerke, Zeitlichkeiten, Strukturen, Konjunkturen und → Ereignisse zusammenzubringen« (Fernand Braudel, *Ecrits sur l'histoire*, 1969; dt. 1992).

Als erstes Modell der H. t. kann Febvres Buch über die Freigrafschaft Burgund im 16. Jh. gelten (*Philippe II et la Franche-Comté*, 1912). Braudels *Méditerranée* greift dieselbe Thematik auf, verlegt sie aber in die Weite des Meeres und erweitert sie um die Dimensionen der → longue durée und der Weltgeschichte. Auch Blochs *Société féodale* (2 Bde., 1939/40; dt. 1982) und Braudels *Civilisation matérielle, économie et capitalisme* (3 Bde., 1979; dt. 1985) lassen sich als Versuche einer vergleichenden H. t. lesen (→ Vergleich). Allerdings zeigen diese Arbeiten auch, dass das Konzept ›H. t.‹ nicht als reine ›Makrogeschichte‹ missverstanden werden darf. Wie neuere historiographische Experimente belegen, können auch → Alltagsgeschichte und → Mikrohistorie, die »mit den Maßstäben spielen« (Jacques Revel), als Varianten einer H. t. betrachtet werden.

Peter Schöttler

Grete Klingenstein / Heinrich Lutz (Hrsg.): Spezialforschung und »Gesamtgeschichte«. Beispiele und Methodenfragen zur Geschichte der frühen Neuzeit. München 1982.

Karl Acham / Winfried Schulze (Hrsg.): Teil und Ganzes. Zum Verhältnis von Einzel- und Gesamtanalyse in Geschichts- und Sozialwissenschaften. München 1990.

Matthias Middell / Steffen Sammler (Hrsg.): Alles Gewordene hat Geschichte. Die Schule der *Annales* in ihren Texten 1929–1992. Leipzig 1994.

Jacques Revel (Hrsg.): Jeux d'échelles. La micro-analyse à l'expérience. Paris 1996.

Peter Schöttler: Die intellektuelle Rheingrenze. Wie lassen sich die französischen *Annales* und die NS-»Volksgeschichte« vergleichen? In: Die Nation schreiben. Geschichtswissenschaft im internationalen Vergleich. Hrsg. von Christoph Conrad und Sebastian Conrad. Göttingen 2002. S. 275–300.

Historia magistra vitae

Die Formel »Die Geschichte als Lehrmeisterin des Lebens« dient seit Cicero als Bezugspunkt für die Auseinandersetzung um die handlungsleitende Funktion historischen Wissens – mit entsprechenden Auswirkungen auf Legitimation, Tendenz und Rezeption von Geschichtsschreibung, v. a. im Humanismus und in der → Aufklärungshistorie.

Traditionell bezeichnet der Topos einerseits die vermittelnde Aufgabe, historische Beispiele für zeitlos gültige Normen zu liefern. Andererseits sei der Geschichte ein in Regeln oder Analogien übertragbares Erfahrungswissen (→ Erfahrung) zu entnehmen; sie biete also Einsicht in die kausalen Strukturen der soziopolitischen Welt und mache diese auf Handlungschancen und -folgen hin durchsichtig. Geschichte als Fremderfahrung vervollständige die jeweils aktuelle Eigenerfahrung. Zeitlich wird dies als Vorwegnahme begriffen: »Geschichte ist antizipierte Erfahrung« (Henry Lord Bolingbroke, *Letters on the use and study of history*, 1734).

Die Voraussetzungen der Formel ›H. m. v.‹ – objektive Geltungskonstanz und intersubjektive Transferierbarkeit von Erfahrungswissen – sind seit dem 18. Jh. unter dem Eindruck der tiefgreifenden Historisierung der Welt problematisch geworden. Die bisherige situative Anwendung von Erfahrung, die sich von der Vergleichbarkeit von ›Umständen‹ abhängig machte, wird mit ihrer epochalen Bedingtheit fragwürdig. Ihre Wiederholbarkeit wird durch die Vorstellung eines umfassenden historischen Bedingungsgeflechts erschwert. Der alte Topos reagiert darauf mit modernen Verwandlungen und sichert so seine Unverzichtbarkeit theoretisch ab.

Naheliegend ist es (1), die sozial-politische Welt nach Gegenstandsbereich und Geltungsdauer von Erfahrung durchzustufen. In diesem Sinne wird der Topos zumeist auf ge-

genwartsnahe Geschichte eingeschränkt oder – z. B. bei Karl Kautsky (*Die materialistische Geschichtsauffassung*, 1927) – auf die Formulierung ›historischer Gesetze‹ hin ausgerichtet. Damit soll vermieden werden, dass der Lehrwert der Geschichte, den die Struktur von Erfahrungswissen gerade auf einen Zwischenbereich zwischen Singularität und Gesetzmäßigkeit festgelegt hatte, in die Lücke zwischen radikaler Historisierung und radikaler Enthistorisierung fällt. Letztere entsteht in der sich öffnenden Schere zwischen der Disziplin der Geschichte einerseits und den sich nun aus ihr auslagernden Handlungswissenschaften andererseits. Die historistische Geschichtswissenschaft leugnet nicht das Vorhandensein soziopolitischer Regelmäßigkeiten, sieht aber nicht darin, sondern in dem je Individuellen ihren spezifischen Gegenstandsbereich. Die Handlungswissenschaften verzichten zunehmend auf einen historischen Erfahrungshorizont. Das zeigt sich etwa für die Politik, wenn noch Heinrich von Treitschke sie als »angewandte Geschichte« einfordern konnte, Ralf Dahrendorf aber den Topos bezeichnend depotenziert: »Man kann aus der Geschichte lernen, aber man kann sie nicht anwenden.«

Die Perspektive auf die geschichtliche Welt als großen Gesamtzusammenhang führt (2) dazu, dass in der Geschichtsphilosophie und in der Historischen Schule die Vergangenheit nicht mehr als Repräsentant eines zeitlosen Bestands an Handlungsoptionen gesehen wird, denen die gegenwärtige Entscheidung sich wählend gegenüberstellen könne. Vielmehr gehen Erkenntnissubjekt und Erkenntnisobjekt, Geschichtsprozess und Handlungssubjekt ineinander auf. In der möglichst exakten Identifizierung dieses Prozesses besteht der Lehrwert von Geschichte: Sie bietet temporale Selbstverortung, die nach Johann Gustav Droysen (*Historik*, 1857) ihren praktischen Sinn darin findet, dass »man die Dinge nach dem erkannten Gang und Sinn ihres Werdens weiterführe«. Nicht um Subsumption des besonderen Falls unter eine allgemeine Regel, sondern um seine Ergänzung zur eigentümlichen Bewegung, zum Zusammenhang geht es hier.

Dieser inhaltlichen Neubestimmung des Lehrwerts entspricht (3) eine formale Änderung: Lernen wird in den Historiken von Georg Gottfried Gervinus (*Grundzüge der Historik*, 1837) und Droysen nicht mehr als materiale, sondern als formale Bildung, als Fähigkeitserwerb verstanden. Nicht Erfahrung aus Geschichte, sondern Erfahrung der Geschichte ist das Wesentliche. Ihr historiographischer und rezeptiver Nachvollzug selbst wird als Praxis des Lebens begriffen, die einen nicht mehr als Regelwissen ausformulierbaren Lehrwert beinhalte: »die durchgemachte geistige Übung« (Droysen).

Auf Versuche einer Neubestimmung des Historismus Anfang des 20. Jh. wirkte nicht mehr nur die Veränderung des Geschichts-, sondern auch des Lebensbegriffs zurück, von dem aus der bildende Wert der Geschichte nun aufgeschlossen wurde (4). So wurde von Wilhelm Dilthey die Relation von Eigen- und Fremderfahrung nicht mehr additiv verstanden, sondern als dynamisches, historisches Wechselverhältnis im Vorgang des vom eigenen Erlebnis ausgehenden Verstehens (*Der Aufbau der geschichtlichen Welt in den Geisteswissenschaften*, 1910/70). Bei Benedetto Croce, für den die erkennende Durchdringung und Bewältigung der Vergangenheit v. a. die Funktion einer Befreiung zur neuen Tat hat, verblasste der Lehrwert zur bloßen Übertragung eines Impulses, der inhaltlich unbestimmt ist, Lebendigkeit und Tätigkeit als solche betrifft, die aktuell immer neu zu füllen sind (*La storia come pensiero e como azione*, 1938; dt. 1944).

Benjamin Herzog

Rüdiger Landfester: Historia magistra vitae. Untersuchungen zur humanistischen Geschichtstheorie des 14. bis 16. Jahrhunderts. Genf 1972.

Reinhart Koselleck: Historia magistra vitae. Über die Auflösung des Topos im Horizont neuzeitlich bewegter Geschichte. In: R. K.: Vergangene Zukunft. Frankfurt a. M. 1979. S. 38–66.
Konrad Repgen: Vom Nutzen der Historie. In: Wozu Historie heute? Hrsg. von Amalie Fössel und Christoph Kampmann. Köln [u. a.] 1996. S. 167–183.

Historik

›H.‹ (lat. *ars historica*) bezeichnet die systematische Selbstreflexion der Fachhistorie auf ihre Wissenschaftlichkeit. Sie wird ergänzt durch Arbeiten zur → Historiographiegeschichte.

Bereits einzelne antike Historiker (z. B. Lukian) haben sich zu geschichtstheoretischen Problemen geäußert, aber erst im Humanismus etablierte sich die H. als besondere Textgattung: Sie war wesentlich eine Gattungspoetik der → Historiographie, während etwa erkenntnistheoretische Fragen eine untergeordnete Rolle spielten. Mit den maßgeblichen Texten von Francesco Patrizi (*Della Historia diece dialoghi* […], 1560) und Jean Bodin (*Methodus ad Facilem Historiarum Cognitionem*, 1566) wurde eine Tradition begründet, die leicht modifiziert für die nächsten zwei Jh. Geltung beanspruchen konnte (z. B. Gerhard Johann Voß, *Ars Historica*, 1623).

In der → Aufklärungshistorie konstituierte sich die H. neu, indem sie sich aus vier verschiedenen Traditionssträngen systematisierte: dem (1) humanistisch-rhetorischen, (2) hilfswissenschaftlich-enzyklopädischen, (3) geschichtsphilosophischen und -theologischen und (4) erkenntnistheoretischen bzw. geschichtslogischen Traditionsstrang. Durch Publikationen und im akademischen Lehrbetrieb wurden unter dem Namen einer ›Historischen Enzyklopädie‹, oft auch dem einer ›H.‹, eminente Theorie-Probleme der sich verwissenschaftlichenden Historie diskutiert (Quellen in: Horst Walter Blanke / Dirk Fleischer, Hrsg., *Theoretiker der deutschen Aufklärungshistorie*, 2 Bde., 1990). Die Frage des prekären Verhältnisses von → Objektivität und Parteilichkeit wurde etwa unter dem Begriff unterschiedlicher »Sehe-Punckte« (Johann Martin Chladenius, *Allgemeine Geschichtswissenschaft*, 1752) behandelt, wichtige Fragen der historiographischen Komposition als komplexes Verhältnis von »Aggregat« und »System« (August Ludwig Schlözer, *Vorstellung seiner Universal-Historie*, 1772/73).

Seit der Spätaufklärung stellt die H. ein Moment der Verfachlichung und der Fachlichkeit der Geschichtswissenschaft selber dar, indem sie die Praxis der verwissenschaftlichten Geschichtsschreibung und der methodisch geregelten historischen Forschung bestimmt. Damit nimmt sie fünf verschiedene Funktionen wahr: Sie dient (1) didaktisch-propädeutischen Zwecken, (2) der Systematisierung historischen Wissens, (3) der Spezialisierung in bestimmte Forschungsmethoden und Arbeitsgebiete, (4) v. a. der systematischen Begründung von Eigenart und Funktion der Geschichtswissenschaft im Zusammenhang mit anderen Wissenschaften und im lebenspraktischen Kontext der Historiker und ihres Publikums und (5) der historischen Absicherung erreichter Standards der Wissenschaftsentwicklung. Die einmal begründete Tradition der metatheoretischen Reflexionsarbeit setzte sich in der Folgezeit fort (vgl. Stefan Jordan, Hrsg., *Schwellenzeittexte*, 1999), wenngleich es zu bedeutenden inhaltlichen Modifikationen, etwa der Begründung einer spezifischen ›Historischen Ideenlehre‹, eines Herzstücks historistischen Geschichtsdenkens (→ Historismus; Wilhelm von Humboldt, *Ueber die Aufgabe des Geschichtschreibers*, 1821) kam.

Aus der zweiten Hälfte des 19. Jh. sind v. a. die *Historik* Johann Gustav Droysens (1857) und Ernst Bernheims (*Lehrbuch der Historischen Methode*, 1889) zu nennen: die eine wohl die bis heute bedeutendste geschichtstheoretische Schrift, die andere ein stark auf praktische Bedürfnisse abgestelltes Handbuch. Beide zusammen repräsentieren den zeitgenössischen Erkenntnisstand: der klassische Historismus entwickelte die Bemühungen der Spätaufklärung und des frühen Historismus weiter, systematisierte und kanonisierte sie. Er reflektierte auf die erkenntnisleitenden Interessen, den systematischen Bezugsrahmen und die methodischen Zugriffe des Fachs → Geschichtswissenschaft sowie auf die Form und Funktion der historiographischen Darstellung.

In dem Maße, in dem das historistische Wissenschaftsparadigma in die Kritik geriet und der Ruf nach einem Paradigmenwechsel hin zur → Historischen Sozialwissenschaft lauter wurde, wurde auch die »Theoriebedürftigkeit der Geschichtswissenschaft« (Reinhart Koselleck, 1972) beklagt und die Forderung nach einer »erneuerten H.« erhoben (Jörn Rüsen, *Für eine erneuerte Historik*, 1976). Seit Beginn der 1970er Jahre kam es zu kontroversen Theorie-Debatten, deren Ertrag auf der einen Seite in den Texten Hans-Ulrich Wehlers (*Historische Sozialwissenschaft und Geschichtsschreibung*, 1980) sowie in der Reihe *Theorie der Geschichte. Beiträge zur Historik* (hrsg. von Reinhart Koselleck [u. a.], 6 Bde., 1977–90) greifbar ist. Auf der anderen Seite stehen die dreiteiligen Grundzüge einer H., die Jörn Rüsen unter den Titeln *Historische Vernunft*, *Rekonstruktion der Vergangenheit* und *Lebendige Geschichte* 1983–89 vorlegte, als weiteres Resultat der Diskussionen.

In den letzten Jahren hat die Theoriediskussion deutlich nachgelassen; an der strukturellen Bedeutung der H. hat sich indes nichts geändert: Will man den Wissenschaftsstatus der Historie nicht preisgeben, ist es notwendig, auf die Prinzipien dessen, was die Wissenschaftlichkeit ausmacht, immer wieder zu reflektieren. H. ist Matrix-Forschung (→ Disziplinäre Matrix).

Sicherlich ist metatheoretische Reflexionsarbeit etwas konzeptionell anderes als ›werktätige‹ historische Forschungsarbeit, doch sollte nachdenklich stimmen, dass eine Reihe unbestreitbar herausragender Historiker sich nicht nur auf ›reine‹ Historiographie beschränkt hat, sondern bedeutende Texte zur H. verfasste, wie etwa Georg Gottfried Gervinus (*Grundzüge der Historik*, 1837), Jacob Burckhardt (*Über das Studium der Geschichte*, hrsg. 1982), Karl Lamprecht (*Ausgewählte Schriften zur Wirtschafts- und Kulturgeschichte und zur Theorie der Geschichtswissenschaft*, hrsg. 1974), Max Weber (*Gesammelte Aufsätze zur Wissenschaftslehre*, 1921) und Theodor Schieder (*Geschichte als Wissenschaft*, 1965).

Horst Walter Blanke

Hans-Walter Hedinger: [Art.] Historik, ars historica. In: Historisches Wörterbuch der Philosophie. Hrsg. von Joachim Ritter [u. a.]. Bd. 3. Basel/Stuttgart 1974. Sp. 1132–37.

Horst Walter Blanke: Historiographiegeschichte als Historik. Stuttgart-Bad Cannstatt 1991.

– [u. a.] (Hrsg.): Dimensionen der Historik. Geschichtstheorie, Wissenschaftsgeschichte und Geschichtskultur heute. Festschrift für Jörn Rüsen. Köln [u. a.] 1998.

Konrad H. Jarausch [u. a.] (Hrsg.): Geschichtswissenschaft vor 2000. Perspektiven der Historiographiegeschichte, Geschichtstheorie, Sozial- und Kulturgeschichte. Festschrift für Georg G. Iggers. Hagen 1991.

Stefan Jordan: Geschichtstheorie in der ersten Hälfte des 19. Jahrhunderts. Die Schwellenzeit zwischen Pragmatismus und Klassischem Historismus. Frankfurt a. M. / New York 1999.

Historiographie

›H.‹ (lat. *historia* ›Geschichtsschreibung‹) ist ein Gattungsbegriff für schriftliche Texte, die Vergangenes mit Tatsächlichkeitsanspruch darstellen; um → Vergangenheit als ›Geschichte‹ zu präsentieren, bedienen sie sich charakteristischer sprachlicher Mittel. ›H.‹ bezeichnet heute Veröffentlichungen von geschichtswissenschaftlichen Fachvertretern und anderen kompetenten Autoren wie Aufsätze und Monographien, besonders aber diachron oder synchron ausgreifende Geschichtsdarstellungen.

Im Vordergrund des herkömmlichen Begriffsverständnisses steht der Anspruch der H., wahrheitsgetreu bzw. realitätsadäquat über vergangene → Ereignisse und Prozesse zu berichten (→ Erfahrung). H. leistet dies, indem sie materielle und/oder zeichenhafte Hinterlassenschaften deutet (→ Quelle). Sie galt lange als Abbild der durch historische Forschung gewonnenen Erkenntnisse. Häufig in diesem Sinne missverstanden wurde das Bekenntnis Leopold Rankes, er wolle »bloß sagen, wie es eigentlich gewesen«.

Bereits von Johann Gustav Droysen angefochten (*Historik*, 1857), ist der erkenntnistheoretische Objektivismus dieser Position von neuerer Geschichtstheorie und H.-Analyse korrigiert worden. Hayden White (*Metahistory*, 1973; dt. 1991) oder Paul Ricœur heben auf die sprachlichen Verfahren der H. ab, welche der jeweils dargestellten Vergangenheit die Strukturen verleihen, die in einer bestimmten Kultur und → Epoche als geschichtlich gelten. So wird Geschichte seit der zweiten Hälfte des 18. Jh. als kontinuierlicher und unumkehrbarer Prozess verstanden, der zeitliche zu qualitativen Differenzen ausbildet, jedoch alle einzelnen Geschichten integriert. Die moderne H. bringt diese Struktur der ›Geschichte‹ zum Ausdruck, indem sie sich erzählerischer Verfahren und Muster bedient (→ Erzählung). Dabei bezieht sich H. nicht reproduktiv auf eine Geschichte, die vorgängig gegeben wäre, sondern konstituiert diese erst in der sprachlichen Darstellung. H. basiert auf sprachlichen und kognitiven (Erkenntnis-)Operationen, die (mittelbar) erinnerte Vergangenheit (→ Erinnern) zur spezifischen Geschehensstruktur ›Geschichte‹ formieren.

Von postmodernen Autoren wurde diese Einsicht zu der These radikalisiert, dass H. eine Textsorte darstelle, die sich lediglich rhetorisch, nicht aber in der Qualität ihres Wirklichkeitsbezuges (Referenz) von literarischen Fiktionen unterscheide, weil sie die ›Geschichte‹, die sie zu beschreiben vorgibt, erst hervorbringt (vgl. Robert F. Berkhofer, *Beyond the Great Story*, 1995). Demgegenüber wurde aus sprachpragmatischer (handlungsbezogener) Sicht auf fortbestehende Unterscheidungsmöglichkeiten hingewiesen: Während die literarische Fiktion sich dadurch auszeichnet, dass sie entpragmatisiert ist (also weder Tatsachenbehauptungen aufstellt noch Handlungsanweisungen gibt), verfolgt H. immer Interessen (politische, wissenschaftliche usw.) und stützt sich auf Texte, die in und aus vergangenen Handlungszusammenhängen entstanden sind (z. B. Urkunden). Obwohl Geschichte nicht den Referenten der H., sondern ›nur‹ deren charakteristisches Deutungskonzept bildet, kommen in H. daher durchaus Realitäten zur Sprache (→ Wirklichkeit).

H. hängt stets von Absichten ab, die sich in der Gegenwart des Geschichtsschreibers herausbilden: Sie entwirft standpunktabhängige Deutungen von Vergangenheit, rechtfertigt gegenwärtiges Denken und Handeln und ergreift Partei (→ Objektivität) für einen bestimmten Weg in die Zukunft. Bei ihrer Entstehung im 5. Jh. v. Chr. in Griechenland (Herodot, Thukydides) wurde die H. daher mit der Rhetorik verbunden. Rhetorische Regeln blieben bis in die → Aufklärungshistorie vorherrschend bei der Gestaltung von H. Selbst als solche Regeln als äußerlich abgelehnt wurden und die Ordnung des historiographischen Textes dessen Gegenständen folgen sollte, blieb H. in einem weiteren Sinne rhetorisch, denn auch der Einsatz scheinbar rein wissenschaftlicher Techniken wie Fußnoten soll die Zustimmung des Lesers erreichen.

Analysen und Theorien der H. stellen v. a. drei Fragen, die wechselseitig aufeinander verweisen: (1) welche kognitive Leistung H. als Träger geschichtswissenschaftlicher Erkenntnis erbringt, (2) wie sie diese Leistung durch Erzählung und weitere ästhetische Techniken ermöglicht, (3) wie sie rhetorisch Bezug auf gegenwärtige Handlungszusammenhänge nimmt.

H. gilt nicht allein als Ziel, sondern auch als Orientierungspunkt der historischen Forschung, denn ihre sprachlichen Strukturen geben das geschehensinterpretative Muster – die ›Geschichte‹ – vor, an dem sämtliche Schritte der Forschung sich ausrichten (→ Disziplinäre Matrix). Ulrich Muhlack geht noch weiter und spricht davon, »daß sich alles historische Denken in der historischen Darstellung konzentriert oder erfüllt« (»Geschichtsschreibung als Geschichtswissenschaft«, in: *Geschichtsdiskurs*, hrsg. von Wolfgang Küttler [u. a.], Bd. 3, 1997). Folgerichtig haben sich geschichtstheoretische und historiographiegeschichtliche Studien in den letzten Jahren verstärkt der historiographischen Praxis zugewandt (→ Historiographiegeschichte).

Daniel Fulda

Paul Ricœur: Zeit und Erzählung. 3 Bde. München 1988–91. [Frz.: Temps et récit. Paris 1983–85.]

Jörn Rüsen: Lebendige Geschichte. Bd. 3: Formen und Funktionen des historischen Wissens. Göttingen 1989.

Daniel Fulda: Wissenschaft aus Kunst. Die Entstehung der modernen deutschen Geschichtsschreibung 1760–1860. Berlin / New York 1996.

– Erschrieben oder aufgeschrieben? Zu einigen Problemen der aktuellen Historiographieforschung. In: Historisches Jahrbuch 120 (2000). S. 301–316.

Dietrich Harth: [Art.] Geschichtsschreibung. In: Historisches Wörterbuch der Rhetorik. Hrsg. von Gert Ueding. Bd. 3. Tübingen 1996. Sp. 832–870.

Historiographiegeschichte

Unter ›H.‹ versteht man die Geschichte der Geschichtsschreibung und -forschung, mitunter auch die Geschichte des historischen Denkens überhaupt. Sie ist neben der → Historik, die i. d. R. auf → Systematik ausgerichtet ist, eine von zwei Arten der Vergewisserung der eigenen wissenschaftlichen Standards.

Vorläufer der H. lassen sich bis in den Frühhumanismus zurückverfolgen. Einzelne Historiker der → Aufklärungshistorie diskutierten die Standards einer neuen, verwissenschaftlichten Historie auf der Folie einer Auseinandersetzung mit antiken Historikern. Im Übergang zum → Historismus schrieb man H. in Form einer Entwicklungsgeschichte (→ Entwicklung).

An groß angelegten Überblicksdarstellungen sind v. a. die Werke Franz Xaver von Wegeles (*Geschichte der Deutschen Historiographie seit dem Auftreten des Humanismus*, 1885), Eduard Fueters (*Geschichte der neueren Historiographie*, 1911), Georg von Belows (*Die deutsche Geschichtschreibung von den Befreiungskriegen bis zu unseren Tagen*, 1916), Moriz Ritters (*Die Entwicklung der Geschichtswissenschaft an den führenden Werken betrachtet*, 1919), Heinrich Ritter von Srbiks (*Geist und Geschichte vom deutschen Humanismus bis zur Gegenwart*, 1950/51), Georg G. Iggers' (*The German Conception of History*, 1968; dt. *Deutsche Geschichtswissenschaft*, 1971) und Ernst Breisachs (*Historiography. Ancient, Medieval, & Modern*, 1983) zu nennen, deren unterschiedliche Ausrichtung ansatzweise in den Titeln deutlich wird.

In wissenschaftstheoretischer Hinsicht lassen sich die überlieferten H. in insgesamt zehn verschiedene Typen und zwei Hauptfunktionen differenzieren: Die häufigste Form sind (1) personenbezogene Porträts, d. h. Arbeiten, die sich dem Leben (→ Biographie) und Gesamtwerk eines Historikers widmen oder die Detailprobleme erörtern. Dann lässt sich (2) der Typus ›H. als Werkgeschichte‹ nennen: Hier wird die Geschichte des Fachs als Geschichte einer besonderen Literaturgattung (→ Historiographie) erzählt. Dies ist die wohl häufigste Form der Gesamtdarstellung. Weniger verbreitet sind (3) Arbeiten über einzelne Institutionen der Historie wie über die *Monumenta Germaniae Historica*. Im weiteren Sinne gehören zur H. (4) auch Überblicke über den gegenwärtigen Forschungsstand, die zur Einführung in das Studium der Geschichte dienen, sowie (5) Arbeiten zur Geschichte der geschichtswissenschaftlichen → Methode(n). Die virulenten geistesgeschichtlichen Tendenzen (→ Geistesgeschichte) stehen (6) im Mittelpunkt eines Typs der H., in dem die Strukturen (→ Strukturgeschichte) des historischen Denkens oft als besonderes Bildungsgut behandelt werden. Ein weites Feld bilden (7) ›Problemgeschichten‹ wie etwa die Geschichte des Verhältnisses von Geschichtswissenschaft und anderen Disziplinen. Die gesellschaftliche Funktion der Historie in wissenschaftshistorischer Hinsicht zu erfassen, ist (8) ein eigenes Aufgabengebiet der H. (→ Geschichtskultur). Als vorletzter Typus ist (9) der Themenkomplex ›H. als → Sozialgeschichte‹ bzw. die Sozialgeschichte der Historikerschaft zu nennen, (10) gefolgt von Versuchen, den Entwicklungsgang der Fachdisziplin in der Geschichte ihrer metatheoretischen Reflexionsarbeit einzufangen.

H. dient i. d. R. der Vergewisserung eigener wissenschaftlicher Standards bzw. beinahe genauso häufig und nicht selten mit ersterem verknüpft, der jeweiligen weltanschaulichen Position. Zumeist wird die H. – bewusst oder unbewusst – auf die gegenwärtige Forschungspraxis bezogen, und zwar in affimierender oder in dezidiert kritischer Absicht. Insofern die H. den Entwicklungsstand der Fachhistorie reflektiert, spiegelt sie auch deren Defizite: So ist die H. noch immer stark auf Deutschland bezogen und bezieht namentlich außereurop. Historiographien nur selten ein; die *gender*-Problematik (→ Geschichtergeschichte) ist für die H. bislang kaum ernsthaft erforscht worden.

Horst Walter Blanke

Wolfgang Küttler [u. a.] (Hrsg.): Geschichtsdiskurs. 5 Bde. Frankfurt a. M. 1993–99. [Darin: Horst Walter Blanke, »Typen und Funktionen der Historiographiegeschichte. Eine Bilanz und ein Forschungsprogramm«, Bd. 1, 1993, S. 191–211.]

Horst Walter Blanke: Historiographiegeschichte als Historik. Stuttgart-Bad Cannstatt 1991.

– Theorieprobleme der Historiographiegeschichte. In: Geschichtswissenschaft vor 2000. Perspektiven der Historiographiegeschichte, Geschichtstheorie, Sozial- und Kulturgeschichte. Hrsg. von Konrad H. Jarausch [u. a.]. Hagen 1991. S. 185–213.

– Zum Verhältnis von Historiographiegeschichte und Historik. Eine Analyse der Tagungsbände *Theorie der Geschichte* und *Geschichtsdiskurs*. In: Tel Aviver Jahrbuch für deutsche Geschichte 29 (2000). S. 55–84.

Historische Anthropologie

H. A. ist eine Forschungsrichtung, die sich keiner bestimmten Teildisziplin der Geschichtswissenschaft zuordnen lässt. Bereits im begrifflichen Rekurs auf die Anthropologie ist eine inter- oder besser transdisziplinäre Orientierung mitgedacht. Sie lässt die Fächergrenzen, aber auch die Subdisziplinen der Geschichtswissenschaft, wie etwa die → Sozial- und Wirtschaftsgeschichte, bewusst hinter sich. Nach ersten Ansätzen einer Konzeptualisierung in den 1960er und 1970er Jahren, die eher am Rande der Geschichtswissenschaft stattfanden (Thomas Nipperdey, *Die anthropologische Dimension der Geschichtswissenschaft* [1967], in: Th. N., *Gesellschaft, Kultur, Theorie*, 1976; Oskar Köhler, »Versuch einer ›Historischen Anthropologie‹«, in: *Saeculum* 25, 1974), erweiterte und fokussierte sich die Diskussion in den 1980er Jahren (Hans Süssmuth, Hrsg., *Historische Anthropologie*, 1984). Seit den 1990er Jahren kam es im dt. Sprachraum und international zu einer Ausdifferenzierung, Kristallisierung und Institutionalisierung unterschiedlicher Richtungen in Studiengängen und Instituten. Bestehende Zeitschriften wie *Saeculum* (seit 1950) widmeten sich nun verstärkt Problemen der H. A., Neugründungen wie *Paragrana. Internationale Zeitschrift für Historische Anthropologie* (seit 1992) und *Historische Anthropologie. Kultur – Gesellschaft – Alltag* (seit 1993) schufen Foren des Austauschs. Dieser Prozess ist noch im Gange (Don Kalb [u. a.], Hrsg., *Historical Anthropology: the Unwaged Debate*, Sonderheft der Zeitschrift *Focaal. Tijdschrift voor Antropologie* 26/27, 1996).

Ein wichtiger Ausgangspunkt für eine eigenständige Ausprägung der H. A. waren die → Alltagsgeschichte und die Erfahrungsgeschichte. Diese hatten den arbeitenden, handelnden, leidenden und widerständigen ›normalen‹ Menschen anstelle von historischen Eliten, Strukturen oder politischen Herrschafts- und Ereigniszusammenhängen in den Blickpunkt des Interesses gerückt. Auch die H. A. gibt den → Subjekten, die nicht als geschichtsmächtig galten, einen Ort und Namen im historischen Prozess. In ihrer transdisziplinären Orientierung steckt darüber hinaus ein experimentelles und forschungspraktisches Moment, das

Disziplinen und Problemorientierungen zusammenführt. H. A. setzt sich damit einerseits bewusst auch zwischen die disziplinären Stühle der Humanwissenschaften. Andererseits gewinnt sie als empirische Kulturwissenschaft der Gesellschaften Impulse durch die Volkskunde und Ethnologie.

Die Orientierung an diesen Disziplinen hilft ein Missverständnis zu vermeiden, das in der deutschsprachigen Tradition von Anthropologie und ihrer ›historischen‹ Variante angelegt ist: dass die Anthropologie immer zu tun habe mit den Grundbefindlichkeiten oder gar Konstanten menschlichen Verhaltens. Demnach würde H. A. lediglich die Varianten dieser Grundbefindlichkeiten erforschen.

Ein solches Verständnis einer allenfalls »historisierenden Anthropologie« (Ludolf Kuchenbuch) hat sich gerade nicht einer kritischen historisch-kulturwissenschaftlichen Überprüfung ausgesetzt. Diese kommt zu dem Ergebnis, dass auch die Vorstellung von menschlichen Grundkonstanten in unterschiedlichen kulturellen und historischen Zusammenhängen immer in höchst unterschiedlichen Bedeutungen existiert hat. Es war erst das neuzeitliche Europa, in dem ein anthropologisches Universalisierungsmodell ausgebildet worden ist, das bei allen Menschen eine gleiche Grundausstattung voraussetzt. Seit dem Zeitalter der Entdeckungen und der Aufklärung wurde diese Vorstellung als eurozentrisches Konstrukt und eurozentrischer Wertmaßstab auch auf andere Kulturen und Gesellschaften angewandt.

Entscheidend für das Verständnis von H. A. ist ein neues, umfassendes Verständnis von Kultur als Kategorie historischer Untersuchung sowie als Bedeutungselement historischer → Wirklichkeit, das seit den 1970er Jahren für die Geschichtswissenschaft zunehmend wichtig wurde. Es war von der Kultur- und Sozialanthropologie inspiriert, deren Ansätze von Historikern v. a. in den USA, in Frankreich und England rezipiert wurden.

Im Unterschied zur → Kulturgeschichte älterer und neuer Provenienz, die nicht mit der H. A. verwechselt werden sollte, geht die H. A. davon aus, dass sich historische Lebensweisen und gesellschaftliche Verhältnisse nicht vollständig und zulänglich als ›kulturelle Texte‹ und ›kulturelle Konstruktionen‹ begreifen lassen. Im Verständnis der H. A. bleibt in historischen Prozessen eine Materialität von Geschichte zu erforschen, die sich der Prämisse der kulturellen Textualität nicht nur der Geschichtserkenntnis – wie sie etwa die Memoria- oder Gedächtniskulturforschung weithin prägt (→ Erinnern, Gedächtnis) –, sondern auch der historischen Prozesse nicht bruchlos fügt – einer Prämisse, wie sie den Ausgangspunkt des *New Historicism* (→ Historismus) und der so genannten *New Cultural History* bildet.

H. A. erschöpft sich also keineswegs in einer kulturalistischen Verengung auf Fragen von → Mentalität, Bedeutungsproduktion und kulturell geprägten Ausdrucksformen und Handlungsweisen in der Geschichte. Sie zeichnet sich vielmehr dadurch aus, dass sie die Frage nach der Bedeutung von Kultur an die Frage nach der Konstitution und Transformation von Ökonomie und Herrschaft rückbindet. Diese Verknüpfung weist über ein durchaus auch vorzufindendes Verständnis von H. A. als modischem Laufsteg für neue erfahrungsnahe kulturgeschichtlich drapierte Themen hinaus. Sie verlangt vielmehr die Konkretisierung durch Ausbildung spezifischer methodischer Ansätze und Untersuchungen und zugleich eine Perspektivenerweiterung der H. A. zu einer interkulturellen und komparativen ›Anthropologie der Geschichte‹, d. h. einer Anthropologie der historisch geprägten und historisch prägenden Erkenntnis-, Wahrnehmungs- und Handlungsweisen in ihren kulturspezifischen Vernetzungen, Unterschieden, Brüchen und Gemeinsamkeiten.

Hans Medick

Jochen Martin: Der Wandel des Beständigen. Überlegungen zu einer Historischen Anthropologie. In: Freiburger Universitätsblätter 126 (1994). S. 126–159.
Gert Dressel: Historische Anthropologie. Eine Einführung. Wien [u. a.] 1996.
Christoph Wulf (Hrsg.): Vom Menschen. Handbuch Historische Anthropologie. Weinheim 1997.
Richard van Dülmen: Historische Anthropologie. Entwicklung. Probleme. Aufgaben. Köln [u. a.] 2000.
Hans Medick: Quo vadis Historische Anthropologie? Geschichtsforschung zwischen Historischer Kulturwissenschaft und Mikro-Historie. In: Historische Anthropologie. Kultur – Gesellschaft – Alltag 9 (2001). S. 78–92.

Historische Hilfswissenschaften

Je nach Fragestellung können verschiedenste Wissenschaften (Philologien, Jurisprudenz, Philosophie, Kunstgeschichte, Naturwissenschaften u. a.) dem Historiker Hilfsdienste leisten. Unabhängig davon hat sich eine Gruppe von Fächern im Rahmen der Geschichtswissenschaft herauskristallisiert, die man als ›die‹ H. H. bezeichnet. Diese werden nicht nur gelegentlich herangezogen, sondern gehören ständig zum unentbehrlichen Rüstzeug des Historikers und können auch in Nachbarwissenschaften (z. B. Kunstgeschichte) von Nutzen sein.

Zu den H. H. werden traditionell v. a. folgende Fächer gezählt: Paläographie, Diplomatik, Aktenkunde, → Chronologie, Sphragistik, Heraldik, Genealogie und Numismatik. Allgemeine Quellenkunde (→ Quelle, Quellenkritik) als Oberbegriff wird meist nicht in diesen Kanon eingereiht. Die einzelnen Disziplinen der H. H. sind in sich geschlossene Einzelwissenschaften – v. a. für die Geschichte des Mittelalters und der Neuzeit weitestgehend verselbstständigt, wenn auch mit ihr untrennbar verbunden –, mit fest ausgeprägten Methoden und Forschungszielen. Insbesondere sind sie als Grundwissenschaften ›Werkzeug des Historikers‹ in seinem Bemühen um Erfassung und kritische Beurteilung schriftlicher, aber auch dinglicher Quellen.

Einzelne Disziplinen bzw. Aspekte der H. H. sind schon länger bekannt als der Begriff und leisteten vielfach ihre Dienste im täglichen Rechtsleben, etwa bei Beurteilung der Echtheit von Rechtsdokumenten und Besitzansprüchen (Diplomatik, Chronologie, Sphragistik) oder zum Erweis ständischer Rechte (Genealogie, Heraldik). Der Begriff ›H. H.‹ als Bezeichnung einer Fächergruppe scheint im dt. Sprachbereich erstmals in der zweiten Hälfte des 18. Jh. auf – als man sich intensiv der Systematik und der Schaffung von Begriffen im Wissenschaftlichen widmete – und setzte sich gegenüber »Nebenwissenschaften« oder »Hilfsdoktrinen« zu Beginn des 19. Jh. durch. Versuche einer Umbenennung in »Historische Grundwissenschaften« im 20. Jh. (Karl Brandi, Leo Santifaller) fanden mehrheitlich Widerspruch.

Die *Paläographie*, die Lehre von den alten Schriften, ist vielfach Basis historischen wissenschaftlichen Arbeitens. Sie lehrt das Lesen, Datieren und Lokalisieren von Schrifterzeugnissen und befasst sich mit der Entwicklung der Schriftstile und ihren Zusammenhängen. Darüber hinaus sieht sie das Schreiben als eines der bedeutsamsten Kulturphänomene. Zweig der Paläographie, soweit nicht als eigene Disziplin angesehen, ist die *Kodikologie* (Handschriftenkunde). Die Schriftenkunde der Neuzeit schließt an die Paläographie an.

Die komplexeste aller H. H. ist die *Diplomatik* (Urkundenlehre), die auch die Dienste der Paläographie, Sphragistik und Chronologie (Zeitrechnungslehre) heranzieht. Die »Urkunde ist ein unter Beobachtung bestimmter Formen ausgefertigtes und beglaubigtes Schriftstück über Vorgänge von rechtserheblicher Natur« (Ahasver von Brandt). Begründer der Diplomatik war der Benediktiner Jean Mabillon (*De re diplomatica libri sex*, 1681). Das *discrimen veri ac falsi* (Unterscheidung, ob echt oder unecht) ist die Hauptaufgabe der Urkundenlehre. Mit seiner Forderung, die »Kanzleimäßigkeit« eines Dokuments mit Hilfe von Schrift- und Diktat(Stil)vergleich zu untersuchen, begründete Theodor Sickel in der zweiten Hälfte des 19. Jh. die moderne Spezialdiplomatik, die die Voraussetzung für die inzwischen zahlreichen Urkundeneditionen lieferte. In der dt. Wissenschaft unterscheidet man die drei Bereiche Kaiser- und Königsurkunde, Papsturkunde und Privaturkunde, wobei Letzteres – noch am wenigsten aufgearbeitet – die Urkunden aller anderen Aussteller (Bischöfe, Klöster, Fürsten, Städte usw.) meint. Neben den Spezialdiplomatiken stehen zunehmend auch vergleichende Fragestellungen. Die *Aktenkunde* befasst sich mit dem vornehmlich neuzeitlichen Geschäftsschriftgut, also mit dem Niederschlag der schriftlichen Verwaltung.

Weitestgehend dinglichen Quellen sind die *Numismatik* (Münzkunde und Geldgeschichte), *Sphragistik* (Siegelkunde) und *Heraldik* (Wappenkunde) zugewandt. In enger Beziehung zu den beiden letzteren steht die *Genealogie* (Lehre von den Verwandtschaftsverhältnissen).

Der traditionelle Kanon der H. H. ist nicht grundsätzlich in sich abgeschlossen und sollte es auch nicht sein. Je nach Fragestellung der Forschung wird man bes. neue(re)n Disziplinen die Rolle einer H. H. zuerkennen, sofern sie eine entsprechende wissenschaftliche Verfestigung mit eigenen Methoden und Forschungszielen ausgebildet haben. Zu nennen wären u. a. etwa *Insignienkunde* oder mittelalterliche *Realienkunde*. Die gegenüber der Inschriftenwissenschaft des Altertums – einer traditionellen H. H. der Alten Geschichte – noch verhältnismäßig junge *Epigraphik* des Mittelalters und der Neuzeit hat in den letzten zwei bis drei Jahrzehnten enorme Fortschritte gemacht, so dass man sie inzwischen dem Kreis der H. H. zurechnen kann. Inwieweit die *Historische Fachinformatik* ebenfalls diesen Weg geht, bleibt abzuwarten.

Der Aufschwung der Geschichtswissenschaft – insbesondere der Mediävistik – im 19. und 20. Jh. war mit den H. H. und ihrer Entwicklung untrennbar verbunden. Die Anwendung technischer Innovationen stellen die H. H. in Forschung und Lehre heute vor neue Herausforderungen.

Walter Koch

Ahasver von Brandt: Werkzeug des Historikers. Eine Einführung in die Historischen Hilfswissenschaften. Stuttgart [u. a.] 1958.

Egon Boshof [u. a.]: Grundlagen des Studiums der Geschichte. Eine Einführung. Köln [u. a.] 1973.

Heinrich Fichtenau: Die Historischen Hilfswissenschaften und ihre Bedeutung für die Mediävistik. In: Methoden der Geschichtswissenschaft und der Archäologie. München 1974. S. 115–143.

Peter Rück (Hrsg.): Mabillons Spur. Zweiundzwanzig Miszellen aus dem Fachgebiet für Historische Hilfswissenschaften der Philipps-Universität Marburg. Marburg 1992.

Friedrich Beck / Eckart Henning (Hrsg.): Die archivalischen Quellen. Eine Einführung in ihre Benutzung. Weimar 1994.

Historische Sozialwissenschaft

›H. S.‹ bezeichnet ein Überschneidungsgebiet von → Geschichtswissenschaft und systematischen Sozialwissenschaften sowie einen bestimmten Typus der in Kooperation zwischen beiden entwickelten Zugriffe auf die Geschichte. H. S. ist am stärksten in der → Sozialgeschichte verwirklicht worden, aber nicht auf diese beschränkt, sondern auch in Bezug auf die Geschichte von Verfassung, Politik, Wirtschaft, Kultur, Religion, Wissenschaft usw. praktizierbar. H. S. ist keine Teildisziplin der Geschichtswissenschaft, sondern ein spezifischer Zugriff auf die Geschichte.

Der Begriff wird seit den frühen 1970er Jahren häufiger gebraucht, u. a. von Hans-Ulrich Wehler (*Geschichte als Historische Sozialwissenschaft*, 1973), Rudolf Vierhaus (»Gedanken zum Studium der Geschichtswissenschaft«, in: *Theorie der Geschichtswissenschaft und Praxis des Geschichtsunterrichts*, hrsg. von Werner Conze, 1972) und Winfried Schulze (*Soziologie und Geschichtswissenschaft*, 1974). *Geschichte und Gesellschaft* (seit 1975) trägt den Untertitel *Zeitschrift für Historische Sozialwissenschaft*.

Geschichtswissenschaft, Nationalökonomie, Soziologie, Politikwissenschaften und Ethnologie haben sich seit dem 19. Jh. als eigenständige Fächer ausgebildet und dabei theoretisch und methodisch das betont, was sie trennt. Doch gab es immer Wissenschaftler, die mit ihren Arbeiten die Fachgrenzen überbrückten, wie etwa Max Weber, Norbert Elias oder Fernand Braudel. Die Sozialgeschichte wurde bisweilen in einer »Brückenstellung zwischen Geschichte und Soziologie« (Werner Conze), die Wirtschaftsgeschichte als Verbindungsglied zwischen Geschichtswissenschaft und Ökonomie gesehen.

Nach dem 2. Weltkrieg wurden die Kontakte, die Kooperation und bisweilen die Verschmelzung zwischen kleinen Teilen der beteiligten Disziplinen international häufiger; zum einen entstanden und entstehen umfassende Werke Historischer Soziologie oder Historischer Politikwissenschaft z. B. von Reinhard Bendix, Ralf Dahrendorf, Barrington Moore, Raymond Aron, Theda Skocpol, Rainer M. Lepsius, Charles Tilly und Michael Mann. Zum anderen übertrug die »Historische Sozialforschung« (engl. *social sci-*

ence history) die Postulate und Methoden der empirischen Sozialforschung – explizite Formulierung und Prüfung von Hypothesen, quantifizierende Verfahren, systematische Korrelations- und Kausalanalyse – auf wirtschafts-, sozial- und politikhistorische Probleme, z. B. in der *New Economic History* der 1960er Jahre, der Historischen Demographie, der Historischen Wahlforschung oder der Historischen Sozialstrukturanalyse (David S. Landes / Charles Tilly, *History as Social Science*, 1971; Heinrich Best / Wilhelm H. Schröder, »Quantitative historische Sozialforschung«, in: *Historische Methode*, hrsg. von Christian Meier und Jörn Rüsen, 1988).

Eine dritte Form der Verknüpfung von Geschichts- und Sozialwissenschaften stellt v. a. in Deutschland die H. S. dar. Primär von Historikern vertreten, hält sie an den Grundprinzipien der historischen → Methode fest. Sie zielt auf die Strukturen, Prozesse und Zusammenhänge historischer → Wirklichkeit, ohne doch → Erfahrungen und Handlungen, → Ereignisse und Zäsuren zu vernachlässigen. In Kritik am → Historismus arbeitet die H. S. mit expliziten, nicht aus den Quellen abzuleitenden, oft aus den systematischen Sozialwissenschaften entliehenen Begriffen, Modellen und Theorien, die zur Entwicklung von Fragestellungen und Hypothesen, zur Abgrenzung des Gegenstands, zur → Periodisierung, zum → Vergleich wie zur Erklärung (→ Erklären) und Einordnung dienen. Zur Theorieorientierung der H. S. gehört ihre Neigung zur expliziten Reflexion auf die eigenen erkenntnistheoretisch-methodologischen Voraussetzungen und Folgen wie auf ihren gesellschaftlichen Kontext. Analytisch-argumentative Darstellungsformen ergänzen und ersetzen die historische Erzählung. Es handelt sich um *Geschichtswissenschaft jenseits des Historismus* (Wolfgang J. Mommsen, 1971).

Jürgen Kocka

Georg G. Iggers: Neue Geschichtswissenschaft. Vom Historismus zur Historischen Sozialwissenschaft. München 1978.
Hans-Ulrich Wehler: Historische Sozialwissenschaft und Geschichtsschreibung. Göttingen 1980.
Immanuel Wallerstein [u. a.]: Die Sozialwissenschaften öffnen. Ein Bericht der Gulbenkian-Kommission zur Neustrukturierung der Sozialwissenschaften. Frankfurt a. M. 1996.
Jürgen Kocka: Historische Sozialwissenschaft heute. In: Perspektiven der Gesellschaftsgeschichte. Hrsg. von Paul Nolte [u. a.]. München 2000. S. 5–24.
Willfried Spohn: History and the Social Sciences. In: International Encyclopedia of the Social and Behavioral Sciences. Neue Aufl. London 2001. Bd. 10. S. 6829–35.

Historischer Materialismus

Unter ›H. M.‹ wird die marxistische Geschichtsauffassung in philosophischer Hinsicht und als theoretisches Prinzip historischer Forschung verstanden.

Der Begriff findet erste Verwendung im Junghegelianismus (Karl Rosenkranz, *Psychologie oder Wissenschaft vom subjektiven Geist*, 1837). Karl Marx begründete die historische Qualifizierung des Materialismus für die Gesellschaftsentwicklung in den *Thesen über Feuerbach* (1845), benutzte aber die Bezeichnung ›H. M.‹ nicht. Als → Geschichtstheorie skizzierten Marx und Friedrich Engels den H. M. erstmals in der *Deutschen Ideologie* (1845/46), und Marx führte ihn im Vorwort zur *Kritik der politischen Ökonomie* (1859) als Methodenerläuterung zum *Kapital* (3 Bde., 1867–94) weiter aus. Systematische Anwendung fand der Begriff in Engels' *Anti-Dühring* (1878) und *Ludwig Feuerbach und der Ausgang der klassischen deutschen Philosophie* (1888).

Marx und Engels entwickelten die Grundzüge des H. M. in Auseinandersetzung mit dem mechanischen Materialismus (→ Evolution), der idealistischen »spekulativen Philosophie« und dem utopischen Sozialismus als ökonomisch begründete Kritik der bürgerlichen Gesellschaft. Eine neue, »positive« Wissenschaft (→ Positivismus) sollte die kognitive Grundlage für die revolutionäre Bewegung des modernen Proletariats sein (*Die deutsche Ideologie*, 1845/46). Statt der bürgerlichen müsse »die menschliche Gesellschaft oder die gesellschaftliche Menschheit« der Standpunkt praktisch eingreifender Wissenschaft sein, wodurch die Welt nicht mehr nur verschieden interpretiert, sondern verändert werde (→ Objektivität). Auf diese Weise sollte der Materialismus erstmals konsequent auf die menschliche Geschichte bezogen werden (*Thesen über Feuerbach* [...], 1845).

Dass die Produktion und Reproduktion der materiellen Lebensbedingungen die entscheidende Grundlage aller Geschichte sei, bildete die leitende Hypothese für die im *Kapital* (Bd. 1, 1867) mit einer ausgearbeiteten ökonomischen Theorie begründete Kritik des Kapitalismus, die das Kernstück einer künftig auszuarbeitenden umfassenden historischen Gesellschaftswissenschaft war. Auf dieser »Basis« waren die politischen, rechtlichen und kulturellen Formen des »Überbaus« und zugleich in der Relation zwischen der Entwicklung der »Produktivkräfte« und den jeweils herrschenden »Produktionsverhältnissen« die Entstehung sozialer Revolutionen zu erklären. Diese Analyseelemente wurden in der Struktur- und Entwicklungskategorie »Ökonomische Gesellschaftsformation« zusammengefasst (Vorwort in: *Zur Kritik der politischen Ökonomie*, 1859).

Klassen-, Revolutions- und Formationstheorie bildeten den Rahmen für die Untersuchung von Massen- und Einzelhandlungen sowie davon hervorgebrachter Entscheidungen. Das Verhältnis von Freiheit und Bedingtheit geschichtlichen Handelns wurde am möglichen Fortschritt des sozialökonomischen Formationsprozesses als Grundbedingung allgemeiner Emanzipation gemessen: »Die Menschen machen ihre eigene Geschichte, aber sie machen sie nicht aus freien Stücken, nicht unter selbstgewählten, sondern unter unmittelbar vorgefundenen, gegebenen und überlieferten Umständen«. Sie werden erst wirklich zum Herrscher über ihre Handlungen und Entscheidungen, wenn die soziale Revolution der Arbeiterklasse die wirkliche Freiheit des gesellschaftlich emanzipierten Menschen gegenüber dem bisherigen Zustand unbeherrscht und hinter dem Rücken der Handelnden sich durchsetzender Gesetze herstellen werde (Karl Marx, *Der 18. Brumaire des Louis Bonaparte*, 1852).

Marx konnte in den heuristischen Grundelementen des H. M. an die Dialektik Hegels, die brit. Nationalökonomie und die Klassenkonzeption der frz. Revolutionsgeschichtsschreibung (François Guizot) anknüpfen; mit dem Postulat einer wissenschaftlich begründeten revolutionären Praxis einer bestimmten Klasse überschritten Marx und Engels jedoch die Grenzen des bürgerlichen Diskurses (*Manifest der kommunistischen Partei*, 1848).

Die gesamte Rezeption des H. M. ist seitdem von der Spannung zwischen Wissenschaft und Weltanschauung geprägt. Maßgebliche Systematisierungen stammen von Lenin (*Was sind die Volksfreunde und wie kämpfen sie gegen die Sozialdemokraten*, 1894; *Gedenkartikel »Karl Marx«*, 1913) und Karl Kautsky (*Die materialistische Geschichtsauffassung*, 2 Bde., 1927). Nach Lenin sollte erst im revolutionären Klassenstandpunkt der Arbeiterklasse und ihrer Partei das eigentliche Wesen des H. M. als Theorie und praktische Orientierung bestehen. Von Stalin wurde der H. M. als Marxismus-Leninismus in einen Kanon einfacher Lehrsätze gepresst (*Kurzer Lehrgang der Geschichte der KPdSU*, 1938) und seit den 1930er Jahren weitgehend vom Marxismus im Westen und von der internationalen Wissenschaftsentwicklung isoliert. Dort wurde der H. M. in unterschiedlichen Richtungen rezipiert, z. B. durch die Frankfurter Schule (Theodor W. Adorno, Max Horkheimer), die brit. Kulturgeschichte (Edward P. Thompson) oder den frz. Strukturalismus (Louis Althusser).

Der H. M. marxistisch-leninistischer Version wurde nach dem 20. Parteitag der KPdSU 1956 trotz fortbestehender ideologischer Bindung auch als heuristisches Prinzip der Gesellschaftswissenschaften spezifiziert und modifiziert. Damit intensivierte sich in den 1960er und 1970er Jahren die Wirkung neuer und traditioneller Marx-Rezeption als wesentlicher Bestandteil des übergreifenden Systemdiskurses. Im Westen erfolgte die inhaltliche Annäherung v. a. im Kontext der Wachstums-, Industriegesellschafts-, Entwicklungs- und → Modernisierungstheorien (Hans-Ulrich Wehler, *Modernisierungstheorie und Geschichte*, 1975; Jürgen Kocka, *Sozialgeschichte*, 1977/86).

Mit dem Perspektivenwechsel des *linguistic turn* (→ Begriffsgeschichte) im Westen und dem Zusammenbruch des Marxismus-Leninismus als Staatsideologie um 1990 war auch ein weitgehender Akzeptanzverlust des H. M. als theoretischem System verbunden. Dagegen setzt sich die in den »philosophischen Diskurs der Moderne« (Jürgen Habermas) seit langem integrierte Rezeption der Marxschen Geschichtsauffassung im Pro und Kontra der aktuellen Grundlagendebatten fort (Eric J. Hobsbawm, *Wieviel Geschichte braucht die Zukunft*, 1997).

Wolfgang Küttler

Grundlagen des Historischen Materialismus. Lehrbuch. Berlin 1976.

Perry Anderson: Westlicher Marxismus. Frankfurt a. M. 1978.

Ernst Engelberg / Wolfgang Küttler (Hrsg.): Formationstheorie und Geschichte. Berlin 1978.

Helmut Fleischer: Epochenphänomen Marxismus. Frankfurt a. M. 1997.

Historismus

Unter ›H.‹ (engl. *historicism*) versteht man eine → Epoche v. a. der dt. Geschichtswissenschaft bzw. eine Form historischen Denkens, die sich seit dem Beginn des 19. Jh. ausgeprägt hat.

Der früheste nachweisbare Gebrauch des Begriffs findet sich 1797 bei Friedrich Schlegel; systematisch wurde er zuerst von Philosophen verwendet. In der Zeit nach Hegel diente er bei Christlieb Julius Braniß, Carl Prantl und Immanuel Hermann Fichte zur Bezeichnung einer spekulativen → Geschichtsphilosophie oder als Abgrenzung gegen diese. Im letzten Viertel des 19. Jh. entwickelten sich im Zeichen des H. Debatten um die Anwendung historischen Denkens als Gegensatz zum Vernunftdenken in der Nationalökonomie, der Jurisprudenz und der Theologie.

In der Geschichtswissenschaft wurde der Begriff seit der Wende zum 20. Jh. im Kontext zweier Hauptprobleme historischen Denkens gebräuchlich. Angestoßen durch Friedrich Nietzsches *Vom Nutzen und Nachtheil der Historie für das Leben* (1873) wurde er einerseits zum Signalbegriff für die problematischen Auswirkungen einer Historisierung des Denkens auf die Gültigkeit bestehender → Werte und für die Frage, inwiefern der Historiker neben objektiven Ergebnissen (→ Objektivität) auch Werturteile produziere. Andererseits wurden unter dem Stichwort H. in der Zeit des Streits um Karl Lamprechts Modell einer → Kulturgeschichte in den 1890er Jahren methodologische (→ Methode) Debatten über den Einsatz idiographischer oder → nomothetischer Verfahren geführt, in deren Verbindung eine Unterscheidung zwischen ›dt.‹ Wissenschaftstradition auf der einen und ›westeurop.‹ auf der anderen Seite getroffen wurde.

Der Begriff ›H.‹ ist eng mit dem Namen Friedrich Meineckes verknüpft, der in seinem Werk *Die Entstehung des Historismus* (2 Bde., 1936) die Auffassung vertrat, dass unter H. »nichts anderes als die Anwendung der in der großen dt. Bewegung von Leibniz bis zu Goethes Tode gewonnenen neuen Lebensprinzipien auf das geschichtliche Leben« verstanden werden könne. Die wesentliche Denkfigur, die diese Auffassung kennzeichne, sei die Verbindung einer »individualisierenden Betrachtung« (→ Individualität) mit dem Entwicklungsgedanken (→ Entwicklung). H. ist damit nach Meinecke die am höchsten entwickelte Epoche der dt. → Historiographiegeschichte, in der Geschichte allgemein als eine von historischen Individuen vorangetriebene Entwicklung begriffen wird. In diesem Sinne sind bedeutende Historiker des 19. Jh. wie Leopold Ranke, Johann Gustav Droysen, Heinrich von Sybel oder Theodor Mommsen als Historisten bezeichnet worden. Versteht man H. wie Meinecke, so bezeichnet das Aufkommen des neuen theoretischen Konzepts der → Historischen Sozialwissenschaft seit den 1960er Jahren das Ende des H. Als typisch dt. Form der → Historiographie hat Georg G. Iggers die Meineckesche Begriffsprägung 1968 in den Kontext der Ideologie eines »verhängnisvollen dt. Sonderwegs« gerückt (*The German Conception of History;* dt. *Deutsche Geschichtswissenschaft*, 1971). Von seiner nationalistischen Ideologie befreit und inhaltlich modifiziert, findet sich die Definition Meineckes heute noch bei Friedrich Jaeger und Jörn Rüsen (*Geschichte des Historismus,* 1992). H. ist hier ebenfalls eine Epoche, deren Anfänge in der → Aufklärungshistorie gesehen werden und als deren weiteres Charakteristikum das → Verstehen als methodischer Hauptschritt hinzugetreten ist.

Anders als Meinecke hat der Theologe Ernst Troeltsch den Begriff interpretiert. In *Der Historismus und seine Probleme* (1922) definierte Troeltsch den H. als »grundsätzliche Historisierung alles unseres Denkens über den Menschen, seine Kultur und seine Werte«. Deutlich geprägt von der moralischen Krisenerfahrung des 1. Weltkriegs stellte Troeltsch fest, dass die konsequente Anwendung historischen Denkens die Existenz überzeitlicher Werte ausschließe und alle bestehenden Werte als vergänglich relativiere. Der so als Werterelativismus gedeutete H. wird verstanden als für alle Wissenschaften anwendbare Einsicht in die Endlichkeit alles Seins und Tuns. Eine Ausführung seines Konzepts einer »Kultursynthese«, in der das Werteproblem durch eine Verbindung relativierender Ergebnisse empirisch-historischer Forschung (→ Erfahrung) mit überzeitlichen Feststellungen spekulativer Geschichtsphilosophie gelöst werden sollte, wurde durch den Tod Troeltschs verhindert. Eine andere Lösung schlug der Nationalökonom Max Weber vor, der für eine Trennung von »Wissenschaft« und »Weltanschauung« plädierte (z. B. in *Wissenschaft als Beruf*, 1919). Während der Weltanschauung die Aufgabe zukomme, politisch-moralische Handlungsnormen zu formulieren, beschränke sich die Aufgabe der Wissenschaft auf die Aufstellung methodisch-theoretisch gesicherter und zeitlich begrenzt gültiger Tatsachenerkenntnisse. Im Anschluss an diesen Vorschlag haben Otto Gerhard Oexle und Annette Wittkau (*Historismus*, 1992) H. als Denkform der Jahrhundertwende bezeichnet, deren Problem – der Werterelativismus – durch Weber gelöst worden sei.

Die Vieldeutigkeit des Begriffs ›H.‹ ist durch seine Verwendung in nicht-geschichtswissenschaftlichen Kontexten und in anderen Sprachen verstärkt worden. In *The Poverty of Historicism* (1957; dt. *Das Elend des Historizismus*, 1965) fasste der Philosoph Karl R. Popper unter ›Historizismus‹ jene sozialwissenschaftlichen Theorien zusammen, die auf der Grundlage von Gesetzen oder Regelmäßigkeiten Prognosen für die Zukunft treffen. Unter der Bezeichnung *New Historicism* entstand in den USA in den 1980er Jahren eine postmoderne literaturwissenschaftliche Konzeption, die Texte vor dem Hintergrund eines historisch-kulturellen ›Netzwerks‹ zu deuten anstrebt (→ Fiktion). Einerseits durch häufige Neudefinitionen begrifflich unscharf geworden und andererseits durch die Nähe zu einer nationalistischen Weltanschauung politisch verfemt, dient der Begriff ›H.‹ bzw. ›Neo-H.‹ heute oft als abwertende Bezeichnung für als anachronistisch beurteilte Geschichtsbegriffe.

Stefan Jordan

Thomas Nipperdey: Historismus und Historismuskritik heute. In: Th. N.: Gesellschaft, Kultur, Theorie. Göttingen 1976. S. 59–73.
Horst Walter Blanke / Jörn Rüsen (Hrsg.): Von der Aufklärung zum Historismus. Zum Strukturwandel des historischen Denkens. Paderborn [u. a.] 1984.
Otto Gerhard Oexle: Historismus. Überlegungen zur Geschichte des Phänomens und des Begriffs. In: Braunschweigische Wissenschaftliche Gesellschaft. Jahrbuch 1986. Göttingen 1986. S. 119–155.
– / J. Rüsen (Hrsg.): Historismus in den Kulturwissenschaften. Köln [u. a.] 1996.
Gunter Scholtz (Hrsg.): Historismus am Ende des 20. Jahrhunderts. Berlin 1997.

Ideengeschichte

Die Ideen- oder → Geistesgeschichte widmet sich der Analyse geistiger Bewegungen, Konzepte, Tendenzen, Motive, Haltungen und → Traditionen in der Annahme, dass sowohl diese als auch materielle Kräfte historischen Wandel (→ Kontinuität) bewirken. Die Gewichtung der Wechselwirkung zwischen beiden Bereichen bleibt eine offene Frage für die historische Wissenschaft.

Die Vorstellung, dass Ideen als geistige Kräfte die Geschichte bewegen, entstammt der europ. Diskussion des ausgehenden 18. und des beginnenden 19. Jh. Anknüpfend an die frz. Aufklärung führte Herder den Begriff des Geistes zur Beschreibung historischen Wandels weiter und versah ihn mit verändertem Inhalt; Ideen, Meinungen, Systeme wurden verstanden als Organismen, deren Einheit durch den ihnen innewohnenden Geist begründet sei. Hegel stärkte diese Entwicklungen mit seiner Theorie des Geistes.

Eine wirkungsmächtige Vertiefung fand der ideengeschichtliche Ansatz in der dt. Philosophie und → Historiographie: Von Leopold Ranke, Johann Gustav Droysen, Wilhelm Dilthey über die Neukantianer Wilhelm Windelband und Heinrich Rickert bis zu Friedrich Meinecke und Ernst Troeltsch führten die Prägungen nach Frankreich, England, Osteuropa (Polen, Russland) und in die USA, wo sich in den ersten Jahrzehnten des 20. Jh. eigene nationale Traditionen ideengeschichtlicher Forschung entwickelten. Zu nennen sind hier Arthur O. Lovejoy für England, Perry Miller für die USA und in skeptischer Distanz Lucien Febvre für Frankreich.

Rankes Begriff der I. war geprägt durch die politische Romantik des frühen 19. Jh. Er betonte den organischen Charakter werdender Staatsindividualitäten und lehnte die zeitgenössische naturrechtliche Staatslehre als unhistorisch ab. Ranke betrachtete historische Erscheinungsformen der Ideen als → Individualitäten, die wachsen und vergehen, die ein eigenes »Selbst« besitzen; dessen Erkenntnis als »Real-Geistiges« sei Aufgabe des Historikers. Der Wandel ihrer »Vergegenwärtigungen« (z. B. in Institutionen) durch die Geschichte lasse sich als übergeordnete Idee fassen, die eine → Epoche präge. Jede dieser Ideen sei »unmittelbar zu Gott«, keine habe absoluten → Wert. Motor historischen Wandels sei das → historische Subjekt, die Erforschung seiner Motive liefere den Zugang zum Verständnis einer Epoche.

Mit der Betonung der Einmaligkeit einzelner Epochen ebnete Ranke den Weg zur relativierenden Sicht des → Historismus der folgenden Jahrzehnte. Der damit einhergehenden Krise des wissenschaftlichen Selbstverständnisses der Geschichtswissenschaft versuchte Droysen mit seiner Theorie geschichtswissenschaftlicher Erkenntnis (*Historik*, 1857) zu begegnen. In Auseinandersetzung mit zeitgenössischen Versuchen, allein den Naturwissenschaften den Charakter einer Wissenschaft zuzuerkennen (→ Positivismus), formulierte er die Auffassung von der Einheit des menschlichen Geistes, der sich lediglich in zwei verschiedenen Betrachtungsweisen äußere. Dem Blick auf die natürliche Welt widmeten sich die »Naturwissenschaften«, dem Blick auf die sittlich-geistige Welt die Geschichtswissenschaft, die deshalb als »Geisteswissenschaft« bezeichnet wird. Droysens Annahme einer Einheit des menschlichen Geistes, die den auch weltanschaulichen Gegensatz zwischen Materialismus und Idealismus überwinden helfen sollte, beinhaltete keine Gleichberechtigung der beiden »Mächte«, sie ordnete vielmehr die »Natur« dem »Geist« unter. Letzterer äußere sich in drei hierarchisch geordneten »sittlichen Mächten«, die Droysen auch als »große Ideen« bezeichnete: im Staat, der höchsten Gemeinschaft; in den idealen Kräften wie Sprache, Religion, Kunst und Wissenschaft; schließlich in den praktischen Kräften in Gestalt gemeinschaftlichen Rechts und sozialer Fürsorge. Das Handeln der freien Individuen bewege die Geschichte, nicht die → Kausalität äußerer Bedingungen. Der Historiker als Wissenschaftler kann also nicht »erkennen«, sondern hat die Aufgabe, »forschend zu → verstehen«.

Bis in die Mitte des 20. Jh. bildeten die Abgrenzungsversuche zwischen Natur- und Geisteswissenschaften den Hintergrund für die Differenzierung des I.-Konzepts. Die Legitimität der Erforschung des Nicht-Regelhaften, Nicht-Kausalen bedeutete nicht zugleich die Ausblendung aller Fragen nach den materiellen Bedingungen, unter denen sich die historischen Ideen entfalten. Als *Die Idee der Staatsräson* bezeichnete Meinecke 1924 das Wechselspiel der polaren Kräfte »Ethik« und »Staatsnotwendigkeit«. Staaten seien individuelle Naturen mit Lebensbedürfnissen und

Willensäußerungen; als solche seien sie nicht mehr im Rankeschen Sinne »Gedanken Gottes«, sondern setzten eigene Zwecke. Meinecke bestritt damit nicht die Einheit der Geschichte, aber die Annahme kausaler Abhängigkeiten. Damit wurde geistes- und ideengeschichtliche Forschung idealisiert (Wolfgang Hardtwig, »Geschichtsreligion – Wissenschaft als Arbeit – Objektivität. Der Historismus in neuer Sicht«, in: *Historische Zeitschrift* 252, 1991).

Die Kritik an dieser Art der I. artikulierte sich in Deutschland seit dem Ende des 2. Weltkriegs in doppelter Form: als Dominanz der → Sozial- und Wirtschaftsgeschichte in der Bundesrepublik und der marxistischen Geschichtsschreibung in der DDR. Mitte der 1980er Jahre erwachte das legitime Interesse an mentalem und geistigem Wandel jenseits wirtschaftlicher und sozialer Strukturen wieder, es konnte an anerkannte Formen westeurop. I. anknüpfen und etablierte sich vornehmlich als → Begriffsgeschichte (Otto Brunner [u. a.], Hrsg., *Geschichtliche Grundbegriffe*, 8 Bde., 1972–97). Damit wurde das aus den früheren Diskussionen bekannte Problem der Kontextualisierung aufgenommen und der Stellenwert von Sprache für Konstitution und Veränderung historischer → Wirklichkeit zum Gegenstand historischer Forschung. Als gemeinsame Basis galt die Annahme, dass sich der Wandel sozialer Wirklichkeiten auch im Wandel des Sprechens über diese wiederfindet (Günther Lottes, »›The state of the art‹. Stand und Perspektiven der ›intellectual history‹«, in: *Neue Wege der Ideengeschichte. Festschrift für Kurt Kluxen zum 85. Geburtstag*, hrsg. von Frank-Lothar Kroll, 1996).

Diese Begriffsgeschichte fand europaweite Akzeptanz; seit den 1990er Jahren verband sich die Kritik an ihrem modernisierungstheoretischen Zugriff (→ Modernisierungstheorie) mit vergleichbaren, gleichfalls begriffsgeschichtlich ansetzenden Forschungen (Christof Dipper, »Die ›Geschichtlichen Grundbegriffe‹. Von der Begriffsgeschichte zur Theorie der historischen Zeiten«, in: *Historische Zeit-*

schrift 270, 2000). Sowohl die Kritik, in Frankreich formuliert durch die Gegensätze zwischen Mentalitätengeschichte (→ Mentalitäten) und einer I. im Sinne Ludwig Goldmanns, als auch die parallelen Verfahren in Gestalt der *New History of Ideas* in England und den USA (Quentin Skinner, John G. A. Pocock), in Italien (Sandro Chignola) und in den Niederlanden (Martin van Gelderen) können als Varianten der neuen I. (*History of ideas*, *Intellectual history*) charakterisiert werden. Denn für alle gilt die Grundannahme, dass der Wandel sozialer, politischer und wirtschaftlicher Ordnungen sich im Wandel von Sprache/Begriffen artikuliert bzw. durch jene motiviert ist und als solcher für den Historiker erkennbar/rekonstruierbar wird.

Luise Schorn-Schütte

Dominick La Capra / Steven L. Kaplan (Hrsg.): Geschichte Denken. Neubestimmungen und Perspektiven moderner europäischer Geistesgeschichte. Hamburg 1988.

Ian Hampsher-Monk / Karin Tilman / Frank van Vree (Hrsg.): History of Concepts: Comparative Perspectives. Amsterdam 1998.

Mark Bevir: The Logic of the History of Ideas. Cambridge 1999.

Eckhard Helmuth / Christoph von Ehrenstein: Intellectual History made in Britain: Die Cambridge School und ihre Kritiker. In: Geschichte und Gesellschaft 27 (2001). S. 149–172.

Luise Schorn-Schütte: Neue Geistesgeschichte / History of ideas. In: Kompaß der Geschichtswissenschaft. Hrsg. von Günther Lottes und Joachim Eibach. München 2002. S. 270–280.

Individualität

Der Begriff ›I.‹, ein Schlüsselbegriff des → Historismus, ist komplementär zur Kategorie des → ›Verstehens‹ und bezeichnet den ihm zugehörenden Gegenstandsbereich: die jeweilige Besonderheit, Singularität, Unvergleichbarkeit historischer Phänomene, die nur der hermeneutischen Methode zugänglich ist.

Die alteurop. Geschichtsauffassung kannte das Individuelle lediglich als Spezifizierung oder Illustrierung normativer und kausaler Universalien, die prinzipiell als unveränderlich galten. Im Historismus erhob sich die I. aus diesem abgeleiteten Verhältnis und beanspruchte eine selbstständige, ganz auf sich selbst beruhende Existenz. Sie behielt allerdings eine universale Dimension, aber in dem neuen Sinne, dass jede I. als Träger oder Konkretisierung eines Allgemeinen erschien, das außer ihr keinerlei → Wirklichkeit habe. I. bedeutete also – im Gegensatz zum bisherigen Dualismus – die Immanenz des Allgemeinen im Besonderen, aus der sich zugleich Bedingungs- und Wirkungszusammenhänge zwischen den I. ergeben.

Erstmals ausgearbeitet wurde diese Kategorie in Wilhelm von Humboldts *Ueber die Aufgabe des Geschichtschreibers* (1821). Ausgehend vom Begriff der »Idee«, der die ursprüngliche menschliche Freiheit und Schöpferkraft meint, erklärte er die I. zu deren »Erscheinung« oder »Wirklichkeit«: »ein unaufhörlich thätiges Bestreben, seiner inneren, eigenthümlichen Natur äusseres Daseyn zu verschaffen.« I. war ihm ohne Freiheit, die Freiheit ohne ihre beständige Individualisierung nicht zu denken. Humboldt lieferte zugleich eine Typologie dessen, was er unter die Kategorie der ›I.‹ subsumierte: Individuen, Nationen, Sprachen, Ausgestaltungen der Kunst, der Wissenschaft, des Rechts. Er sah »das geistige Princip der I.« in allen Erscheinungsformen menschlichen Lebens wirken, weil dieses insgesamt zur Freiheit bestimmt sei: »Das Ziel der Geschichte kann nur die Verwirklichung der durch die Menschheit darzustellenden Idee seyn, nach allen Seiten hin, und in allen Gestalten, in welchen sich die endliche Form mit der Idee zu verbinden vermag, und der Lauf der Begebenheiten kann nur da abbrechen, wo beide einander nicht mehr zu durchdringen im Stande sind.«

Leopold Ranke hat, gemäß der Grundrichtung der dt. Geschichtswissenschaft des 19. Jh., die Humboldtsche Kategorie besonders auf die → Politische Geschichte angewandt. Er nannte die Staaten »Individualitäten, eine der anderen analog, – aber wesentlich unabhängig von einander [...] geistige Wesenheiten, originale Schöpfungen des Menschengeistes, – man darf sagen, Gedanken Gottes« (*Politisches Gespräch*, 1836). »Es sind Kräfte, und zwar geistige, Leben hervorbringende, schöpferische Kräfte, selber Leben, es sind moralische Energien« (*Die großen Mächte*, 1833). Die Interaktion der Staaten habe diese Differenzierung zur Voraussetzung: »Aus Sonderung und reiner Ausbildung wird die wahre Harmonie hervorgehen.« Ranke setzte damit der universalistischen, kosmopolitischen Staatslehre der Aufklärung seine historische entgegen, bei der alles auf die Selbstbestimmung der Staaten ankommt.

Der vorgezeichneten Bahn folgend, hat Friedrich Meinecke, auch im Anschluss an den Theologen Ernst Troeltsch, in seinem Buch *Die Entstehung des Historismus* (2 Bde., 1936) den Historismus mit der Kategorie der I. identifiziert: »Der Kern des Historismus besteht in der Ersetzung einer generalisierenden Betrachtung geschichtlich-menschlicher Kräfte durch eine individualisierende Betrachtung.« Es entspricht zugleich der dynamischen Auffassung des I.-Gedankens seit Humboldt, dass er die individualisierende um die genetisch-entwicklungsgeschichtliche Betrachtung (→ nomothetisch) ergänzte: »Im Wesen der I., der des Einzelmenschen wie der ideellen und realen Kollektivgebilde, liegt es, dass sie sich nur durch → Entwicklung offenbart.«

Die Kategorie der ›I.‹ hat in demselben Maße Kritik auf sich gelenkt, in dem die Kategorie des ›Verstehens‹ umstritten war. Thomas Nipperdey, dem es Mitte der 1970er Jahre um eine methodologische Rehabilitierung des Historismus ging, stellte dennoch die historistische Wendung »gegen die Generalisierung« und die »Tendenz, der Erkenntnis des Individuellen allein Selbstwert zuzuerkennen«, in Frage: »Komparatistik, → Typus, Generalisierung können mit und neben individualisierender Analyse die Erkenntnis nur fördern.« Er ließ freilich keinen Zweifel, dass diese Analyse »auch heute noch methodologisch sinnvoll sein« könne. Jedenfalls braucht, nach der ursprünglichen Konzipierung des I.-Gedankens selbst, zwischen beiden Verfahren kein struktureller Widerspruch zu bestehen.

Ulrich Muhlack

Karl-Georg Faber: Theorie der Geschichtswissenschaft. München 1971.
Thomas Nipperdey: Historismus und Historismuskritik heute. In: Th. N.: Gesellschaft, Kultur, Theorie. Göttingen 1976. S. 59–73.
Otto Vossler: Geschichte als Sinn. Frankfurt a. M. 1979.
Karl Acham / Winfried Schulze (Hrsg.): Theorie der Geschichte. Beiträge zur Historik. Bd. 6: Teil und Ganzes. München 1990.

Kausalität

Unter ›K.‹ wird das Prinzip von Ursache (lat. *causa*) und Wirkung (lat. *effectus*) verstanden. In der Natur, der Naturgeschichte und der von Menschen gemachten Geschichte ist eine Ursache oder sind mehrere Ursachen der reale Grund für eine Wirkung. Die Wirkung kann notwendig, wahrscheinlich oder zufällig durch die Ursache(n) bedingt sein.

Bis in die Frühe Neuzeit (z. B. Hobbes, Hume, Kant) werden i. d. R. verschiedene Formen konkreter K. vom allgemeinen K.-Prinzip unterschieden, wonach jedes Geschehen, jede Veränderung eine Ursache habe. Berühmt geworden ist Kants Grundsatz der K., der als Grundsatz *a priori* (vor aller → Erfahrung) des reinen Verstandes Erfahrung erst möglich macht. ›K.‹ seien einzelne Gesetze innerhalb der Erfahrung.

Für die moderne → Geschichtswissenschaft stellt das K.-Problem das größte, nicht gelöste Erkenntnisproblem dar. Bei der Suche nach den Ursachen eines Ereignisses (z. B. Untergang des Röm. Reichs, Machtergreifung der Nationalsozialisten) steht der Historiker vor einem strukturierten Durcheinander von Ursachenpluralitäten und Ursachenkomplexitäten. Er hat es in der K.-Frage mit Personen, Institutionen, Handlungen, Ereignissen, Strukturen, Prozessen, → Mentalitäten und Ideologien zu tun. Historiker pflegen von notwendigen und hinreichenden, kurz-, mittel- und langfristigen, von höheren und tiefen, von allgemeinen und konkreten, strukturellen und dispositionalen Ursachen zu sprechen. Alexander Demandt hat 1984 in *Der Fall Roms* 210 K.-Faktoren alphabetisch geordnet.

Alle Versuche zur Lösung des K.-Problems liefen bislang auf Problemverkürzungen und gedankliche Ausweglosigkeiten hinaus. Für die neopositivistische, letztlich auf Hume zurückgehende Denkschule (z. B. Karl R. Popper, Carl Gustav Hempel, William Dray, Wolfgang Stegmüller) darf in der Geschichtswissenschaft nur von Erklärung (→ Erklären) eines Ereignisses (*Explanandum*) gesprochen werden, wenn die Erklärung (*Explanans*) ein allgemeines Gesetz, eine statistische Wahrscheinlichkeitsaussage, zumindest aber Regelwissen enthält. Das Einmalige, Zufällige (→ Zufall), Nicht-Wiederholbare, die Absichten und Handlungen weltgeschichtlicher Persönlichkeiten, auch die »K.

aus Freiheit« (Kant), nämlich das Vermögen, einen Zustand von selbst anzufangen, entfielen in dieser Sicht als wissenschaftliche Erklärung.

Max Weber hat 1906 durch das Möglichkeitsurteil das Regelwissen mit einer gedanklichen Operation gekoppelt, die als »virtuelle Geschichte« bekannt geworden ist. Nur wer das Mögliche denke, erkenne das Wirkliche. Die Gewichtung eines einzelnen K.-Faktors beginne mit der Frage, ob bei der gedanklichen Ausschaltung dieses Faktors aus dem Komplex der als mitbedingt in Betracht gezogenen Faktoren der Ablauf der Geschehnisse nach allgemeinen Erfahrungsregeln eine andere Richtung hätte einschlagen können. Falls ja, ist dieser so isolierte Faktor eine wichtige K. im historischen Prozess. Auch die in vielen Wissenschaften benutzte *ceteris paribus*-Klausel, d. h. der Versuch, die Bedeutung einer idealtypisch gedachten K. bei »im übrigen gleichen Bedingungen« zu ermitteln, beruht auf einem Möglichkeitsurteil (→ Kontrafaktische Geschichte). Die historische Hermeneutik dagegen hält das → Verstehen der Absichten und Handlungen der Zeitgenossen, die Re-Konstruktion des »gemeinten Sinns« (Max Weber), für das Zentrum historischer K.

Detlef Junker

Max Weber: Objektive Möglichkeit und adäquate Verursachung in der historischen Kausalbetrachtung. In: M. W.: Gesammelte Aufsätze zur Wissenschaftslehre. Tübingen 1922. S. 266–290.

Wolfgang Stegmüller: Probleme und Resultate der Wissenschaftstheorie und Analytischen Philosophie. Bd. 1. Berlin 1969.

Günter Posch (Hrsg.): Kausalität. Neue Texte. Stuttgart 1981.

Werner Heil: Das Problem der Erklärung in der Geschichtswissenschaft. Ein Beitrag zum Selbstverständnis

und zur Objektivität in der Geschichtswissenschaft. Frankfurt a. M. 1988.
Chris Lorenz: Konstruktion der Vergangenheit. Eine Einführung in die Geschichtstheorie. Köln 1997. S. 65–277.

Konstruktivismus

Völlig unabhängig von der gleichnamigen Avantgardekunstbewegung zu Beginn des 20. Jh. entwickelte sich der K. aus der zunächst technischen Weltkriegswissenschaft Kybernetik (Norbert Wiener, *Kybernetik*, 1963). Allgemein untersucht er Verhaltensweisen durch Übertragung der Beobachtung rekursiver, geschlossener Prozesse auf die Analyse von biologischen (Humberto Maturana, Francisco Varela) und sozialen Systemen (George Spencer Brown, Niklas Luhmann). Die Herausmodellierung des systemtheoretischen K. aus der allgemeinen Erkenntniswissenschaft ist ideengeschichtlich nicht präzise zu verorten; die klassische Logik jedenfalls wird auf die Operationen ›Markieren‹ und ›Erinnern von Unterschieden‹ reduziert.

Anders als für Neurobiologen und Naturwissenschaftler stellt sich für Historiker vorrangig die Frage nach Formen der Selbstorganisation gesellschaftlicher Subsysteme als Modell zur Erklärung geschichtlichen Wandels (→ Kontinuität). Exemplarisch dafür steht die teils reflektierte, teils unbewusste Ausdifferenzierung sozialer Systeme, wie sie beschleunigt im 18. Jh. auftrat, etwa mit Adam Smiths ökonomischem Modell des Merkantilismus als geschlossenem Kreislauf; Giambattista Vico konzipierte die Welt der Geschichte als von Menschen selbst gemacht (autopoietisch) neben der Welt der Natur (*Scienza Nuova*, 1725). Mit der Verzeitlichung und Prozessualisierung bislang räumlicher Klassifikation kam Geschichte, wie Reinhart Koselleck nachgewiesen hat, selbst auf den Begriff (→ Zeit); Hegel

(*Philosophie der Weltgeschichte*, 1822/30) verstand sie wenig später als Selbstentfaltung des Geistes, und Novalis (*Fragmente und Studien* 1799–1800) vertrat die Auffassung: »Geschichte erzeugt sich selbst.« Aus konstruktivistischer Perspektive ist die Geschichte der Historiographie dabei der notwendig blinde Fleck, von dem aus Historiker ihr Objekt überhaupt betrachten, d. h. von der Gegenwart unterscheiden können. Die Standortgebundenheit aller Geschichtsperspektive und -konstruktion ist die Einsicht des aufgeklärten → Historismus.

K. zeichnet sich einerseits durch die Verabschiedung der festen Form-Materie-Kopplung aus, was Begriffe wie Information und Wissen aus ihrer substanzlogischen Umklammerung löst. Der ›Radikale K.‹ dementiert die ontologische Weltreferenz: Kognitive Lebewesen nehmen keine Objekte der realen Welt wahr, sondern nur autopoietisch gedeutete Wirklichkeiten; das Objekt wird zu einer Funktion der Erkenntnisprozesse selbst. Kulturtechnisches → Gedächtnis organisiert von daher räumliche und zeitliche Sinnesdaten weniger als Speicher denn als semantisch selbstreferentiellen Prozess – was allein Selektion, Reduktion von Komplexität und Formen von historischer Sinngebung des Sinnlosen (→ Sinn) ermöglicht.

Während das Archiv die Zeithorizonte einer gegebenen Gesellschaft formal synchronisiert, ist es die Funktion des geschichtlichen Denkrahmens, nach Maßgabe theoretischer Willkür Anfang und Ende von Geschichten zu finden oder zu setzen. Für den Historiker ist nur ein → Ereignis beobachtbar, das einen Zeitindex hat und in Datenklassen auftritt; er hat dabei zu entscheiden, wie die Lücken zwischen den Ereignissen aufgefüllt werden. Die historische → Erzählung ist demnach → Diskurs als Bewegung gegenüber einer archivischen Konstellation, deren Organisation eine andere, nicht-lineare Zeit behauptet. Erst in dem Moment, wo die Akten der Vergangenheit zur Quellensammlung (→ Quelle) geschlossen sind, werden sie als differente → Vergangenheit adressierbar und zu Wissenspartikeln, die aus dem → Gedächtnis eines Systems in die aktuelle Informationsverarbeitung transportiert werden können, ohne ihre Identität zu ändern – Kommunikation im übertragungstechnischen Sinn.

Erinnerungen (→ Erinnern) werden – ganz in der Tradition selbstreflexiver Historiographie – nicht schlicht aus dem Speicher abgerufen, sondern erst prozessual als Jetztvergangenheit konstruiert. Es gibt also keinen wissensarchäologischen Nullpunkt der Historie, der Leopold Rankes historiographischer Asymptote entsprechen würde, »bloß zu sagen, wie es eigentlich gewesen«. Auf einer übergeordneten zeitlichen Ebene lässt sich der Mechanismus der → Historiographie als Integration diskreter, in ihrer zeitlichen Ordnung analysierter Elemente beschreiben. Im historiographischen Moment werden die losen Verknüpfungen des Speichermediums Archiv zu strukturbildenden Mustern verdichtet; von dem Moment an agiert die Form der historischen Imagination, welche → Vergangenheit erst als Geschichte fassbar macht.

Das kollektive Gedächtnis als soziale Konstruktion (Maurice Halbwachs) bedarf der beständigen Reaktivierung, um nicht zu verfallen, also der institutionellen Rückkopplung. Was jeweilige Gedächtnisse konstruiert, sind Agenten und Agenturen, Institutionen der Disziplin → Geschichtswissenschaft und immer schon ihre technischen Medien. Aus konstruktivistischer Sicht gibt es – weder individuell noch als Systemgedächtnis – gar kein historisches Gedächtnis *sui generis*, nur dynamische Zuweisungen.

Wolfgang Ernst

Österreichische Zeitschrift für Geschichtswissenschaften 8 (1997). H. 1: Geschichte beobachtet.

Siegfried J. Schmidt: Die Selbstorganisation des Sozialsystems Literatur im 18. Jahrhundert. Frankfurt a. M. 1989.

– (Hrsg.): Gedächtnis. Probleme und Perspektiven der interdisziplinären Gedächtnisforschung. Frankfurt a. M. 1991.

Dirk Baecker: Anfang und Ende in der Geschichtsschreibung. In: Techno-Pathologien. Hrsg. von Bernhard Dotzler. München 1992. S. 59–85.

Ernst von Glasersfeld: Radical Constructivism. A Way of Knowing and Learning. London 1995. [Dt.: Radikaler Konstruktivismus. Ideen, Ergebnisse, Probleme. Frankfurt a. M. 1997.]

Kontinuität/Wandel

Der Begriff der historischen ›K.‹ ist aufs engste mit dem des ›W.‹, d. h. der Veränderung eines Zustandes in der → Zeit, verbunden. Er bezeichnet nicht nur den inneren wie äußeren Zusammenhang einer Reihe von Ereignissen bzw. Veränderungen, sondern auch die Fortdauer von etwas im W. der Geschichte.

Traditionell galt die Geschichte als Inbegriff des Wechselnden und Zufälligen im Unterschied zur Stetigkeit der sich selbst gleichbleibenden Natur. Ihr allein kam K. zu. Dies änderte sich erst mit der Ausbildung des modernen Geschichtsbegriffs um 1800, in dem die Erfahrung ›beschleunigten W.‹ und der revolutionären Umbrüche im 18. Jh. einen wirkungsmächtigen Ausdruck fand. Seither war es möglich, historische → Ereignisse als Momente einer in sich sinnvollen und notwendigen → Entwicklung zu denken. → ›Fortschritt‹ war der prominenteste Ausdruck dieser neuen Auffassung, die den historischen W. als stetigen Vervollkommnungsprozess der Menschheit deutete.

Von K. war in diesem Zusammenhang noch nicht die Rede. Den Begriff führte Johann Gustav Droysen in den geschichtstheoretischen Diskurs ein (*Historik*, 1857). Dabei grenzte er die K. der Geschichte, die er als stetiges Fortschreiten definierte, strikt von der durch Wiederholung gekennzeichneten K. der Natur ab. Zudem verstand Droysen unter historischer K. weder eine durch ihren Anfang bestimmte lückenlose Ereignisfolge (→ Kausalität) noch einen vom Ende her gedachten Fortschrittsprozess (Finalität), sondern allein die zukunftsoffene Bewegung des Werdens. Konkret meinte er damit die Ausbildung der sittlichen Welt durch die »Arbeit der Menschheit«, die sich im Bewusstsein ihrer Geschichte als geistiges Wesen selbst hervorbringt. In diesem kontinuierlichen, sich in sich selbst steigernden Bildungsprozess ist das Neue und damit der W. kein Bruch mit dem Alten, sondern dessen ideelle Summe und Fortsetzung.

Die vielfältigen Versuche im 20. Jh., einen nicht-idealistischen Begriff von historischer K. zu entwickeln, lassen sich auf keinen gemeinsamen Nenner bringen. Doch können zwei grundlegende Ansätze unterschieden werden. Der eine begreift K. als konstitutive Form des Geschichtsprozesses, wobei die avanciertesten Vertreter dieser Auffassung davon ausgehen, dass diese K. nicht gegeben ist, sondern im verstehenden oder handelnden Vollzug der Geschichte hervorgebracht wird. Der andere Ansatz deutet K. als ein Konstrukt der Geschichtserkenntnis (→ Konstruktivismus).

Zu den bedeutendsten Vertretern der ›realistischen‹ Position gehört Hans-Georg Gadamer, der die historische K. von der existentiellen Erfahrung der Diskontinuität her erklärt. Für Gadamer ist die Geschichte kein stetes Werden und Vergehen, sondern eine Folge von epochalen Brüchen. Dem Menschen sei es aufgegeben, das durch diese Einschnitte entstehende Neue mit dem Alten zu versöhnen, indem er die → Tradition, durch die er immer schon bestimmt sei, im Lichte der eingetretenen Veränderung verstehend sich aneigne, fortführe und auf diese Weise K. im W. der Geschichte herstelle (→ Verstehen).

Ein einflussreiches konstruktivistisches K.-Konzept hat Hans-Michael Baumgartner (*Kontinuität und Geschichte*, 1972) im Anschluss an die Geschichtsphilosophie Georg Simmels entwickelt. Auf Basis der narrativistischen Geschichtstheorie Arthur C. Dantos sieht Baumgartner in der K. der Geschichte das Konstrukt einer historischen → Erzählung, die zeitliche Veränderungen der → Vergangenheit retrospektiv als kontinuierliche Verläufe darstellt. Auf diese Weise entstünden allerdings nur partikulare Geschichten. Die Totalität der Geschichte sei eine regulative Idee, die sich aus dem Interesse an universaler Sinngebung speise.

Beide K.-Konzepte prägen die aktuelle geschichtstheoretische Debatte. In seinem Entwurf einer Historik hat Jörn Rüsen (*Historische Vernunft*, 1983) die narrative K.-Bildung als eine Form der Kontingenzbewältigung (→ Zufall) definiert, durch die das → Geschichtsbewusstsein Dauer im W. und damit historische Identität herstellt. Um Identitätsbildung in Zeiten ›beschleunigten W.‹ und der Diskontinuität kultureller Lebensformen geht es auch Aleida Assmann (*Zeit und Tradition*, 1999). In ihrem kulturalistischen Konzept deutet sie die Tradition als eine »Strategie der Dauer«, durch die das kulturelle → Gedächtnis die K. von Vergangenheit, Gegenwart und Zukunft konstruiert.

Eine radikale Kritik am K.-Konzept der Moderne trug der frz. Strukturalismus vor und ebnete damit postmodernen Geschichtsvorstellungen den Weg. Der einflussreichste Gegenentwurf zum modernen Geschichtsbegriff stammt von Michel Foucault. In *L'archéologie du savoir* (1969; dt. *Archäologie des Wissens*, 1973) entwickelte er das Modell einer neuen Geschichtsschreibung, das die Diskontinuität zum Prinzip der historischen Erkenntnis erhebt. Die K. ist danach eine Illusion, die auf der Vorstellung beruht, die Geschichte habe ein sich selbst im W. gleichbleibendes → Subjekt. Dem setzt Foucault die Vielfalt und Eigenheit der Diskurse und Praktiken entgegen, die die neue Geschichtsschreibung als diskontinuierliche Einheiten konstruiert und analysiert. Die Wirkung dieser Umdeutung der Geschichte reicht bis zur Verabschiedung der ›großen Erzählung‹ durch die Postmoderne, die sich direkt gegen alle Formen der Fortschrittsgeschichte und → Modernisierungstheorie richtet und in der aktuellen Debatte um eine neue Universalgeschichte (→ Weltgeschichte) eine zentrale Rolle spielt.

Thomas Prüfer

Hans-Georg Gadamer: Die Kontinuität der Geschichte und der Augenblick der Existenz (1965). In: H.-G. G.: Gesammelte Werke. Bd. 2. Tübingen 1968. S. 133–145.
Hans Trümpy (Hrsg.): Kontinuität – Diskontinuität in den Geisteswissenschaften. Darmstadt 1973.
N. Herold: [Art.] Kontinuität, historische. In: Historisches Wörterbuch der Philosophie. Hrsg. von Joachim Ritter [u. a.]. Bd. 4. Basel/Stuttgart 1976. Sp. 1038–42.
Dietmar Rothermund: Geschichte als Prozess und Aussage. Eine Einführung in Theorien des historischen Wandels und der Geschichtsschreibung. München 1994.

Kontrafaktische Geschichte

›K. G.‹ (ungeschehene, potentielle, virtuelle Geschichte, Alternativ- oder Eventualgeschichte) bezeichnet Überlegungen zu nicht eingetretenen, aber denkbaren Möglichkeiten in der Vergangenheit.

Solche finden sich im rhetorischen Einschlag der antiken Historiographie: Livius fragte, ob Alexander Rom besiegt hätte, wenn er in Italien eingefallen wäre (*Römische Geschichte*), ob Hannibal die Stadt eingenommen hätte, wenn er nach seinem Sieg bei Cannae *ante portas* erschienen wäre. Cicero (*Gespräche in Tusculum*) überlegte, wie gut es gewesen wäre, wenn Pompeius früher gestorben wäre, Seneca (*Naturwissenschaftliche Untersuchungen*), wenn Caesar nie geboren wäre. Auch in der Neuzeit sind historische Eventualitäten oft erwogen worden, so von Edward Gibbon, Jacob Burckhardt, Arnold J. Toynbee u. a. zu einem anderen Ausgang der Schlacht auf den Katalaunischen Feldern 451 oder der bei Tours und Poitiers 732. Leopold Ranke überlegte, was aus dem Christentum geworden wäre, wenn den Aposteln die griech. Weltsprache nicht zur Verfügung gestanden hätte, welche Konsequenzen ein anderer Ausgang des Bauernkriegs 1525 oder die Annahme der dt. Kaiserkrone durch Friedrich Wilhelm IV. 1849 hätte erwarten lassen. Joachim Fest erwog, wie Hitler beurteilt würde, wäre er 1938 umgekommen (*Hitler. Eine Biographie*, 1973). Friedrich Nietzsche und Max Weber erklärten solche Erwägungen für sinnvoll, doch wurden sie überwiegend als ›haltlose Spekulation‹ abgelehnt, so von Johann Gottfried Herder, Arthur Schopenhauer, Karl Hampe, Golo Mann und Carl Friedrich von Weizsäcker. Carl Schmitt betrachtete eine solche Spekulation geradezu als Gotteslästerung.

Gewiss dienen Alternativentwürfe oft, durch Wünsche oder Ängste verzerrt, zur Verurteilung oder Rechtfertigung des Geschehenen, so die Wunschträume Napoleons auf Sankt Helena über ihm vorenthaltene Chancen einer neuen Friedensordnung für Europa, oder die populären Horrorszenen bei einem Endsieg Hitlers. Hier ist der Übergang zur Science Fiction fließend. Im Unterschied zu dieser aber kennzeichnet es die K. G., dass sie argumentiert. Objektive Möglichkeiten lassen sich wahrscheinlich machen durch Hinweis auf verdrängte Nebenströmungen, auf Analogien und Erfahrungsregeln. Bestehendes konnte anstelle der Veränderung fortdauern, diese konnte stärker oder schwächer als geschehen ausfallen, konnte früher, später oder an anderem Orte stattfinden. So lässt sich mit hoher → Plausibilität vertreten, dass ohne Jesus und Mohammed die alten

Religionen zumindest eine Weile fortbestanden hätten oder dass Napoleon in Russland auch ohne den Brand von Moskau gescheitert wäre, durch einen Sieg bei Waterloo aber seine Position in Frankreich gefestigt hätte.

K. G. vertieft das Verständnis von Entscheidungssituationen, indem sie die Handlungsspielräume aufweist und neben dem schließlich erfolgreichen Faktor die konkurrierenden Potenzen ausleuchtet, die zum Zuge gekommen wären, wenn ein → Zufall jenen ausgeschaltet hätte. K. G. ist erforderlich zur Einschätzung von Kausalfaktoren (→ Kausalität), die ihr Gewicht erst zeigen, wenn sie gedanklich aus dem Zusammenhang herausgenommen werden; zur Begründung von Werturteilen, die einen Vergleich des Geschehenen mit schlimmeren oder besseren Alternativen erfordern; zur Bestimmung von politischen Fehlentscheidungen und zur Abschätzung von Wahrscheinlichkeiten, da nicht immer das zu Erwartende eingetreten ist.

Unrealisierte Möglichkeiten eröffnen sich in Anfangsstadien und Krisen, weniger in der Zivilisations- als in der Kulturgeschichte, nicht selten in der Kriegs- und Staatengeschichte, in denen Entscheidungen bei einzelnen Feldherren oder Staatsmännern liegen, jedenfalls überall, wo Zufall, Willkür und Begabung eine Rolle spielen (Georgi Plechanow, *Über die Rolle der Persönlichkeit in der Geschichte*, 1898). Die großen Entwicklungslinien (→ Entwicklung) hingegen lassen sich nicht leichthin umdenken: Die → Fortschritte in Technik und Medizin, Industrialisierung und Demokratisierung, Bevölkerungswachstum und Globalisierung sind hoch determiniert und wären bei individuellen Kursänderungen wohl bald wieder in die Hauptrichtung eingeschwenkt, denn anders ist nicht zu erklären, dass es überhaupt längerfristige und raumübergreifende Prozesse gibt.

Alexander Demandt

Jacob Burckhardt: Weltgeschichtliche Betrachtungen [1868]. Hrsg. von Jakob Oeri. Berlin 1905.
Alexander Demandt: Ungeschehene Geschichte. Ein Traktat über die Frage: Was wäre geschehen, wenn … Göttingen 1984. ^{3}2001.
Niall Ferguson: Virtuelle Geschichte. Historische Alternativen im 20. Jahrhundert. Darmstadt 1999.
Michael Salewski (Hrsg.): Was wäre wenn: Alternativ- und Parallelgeschichten: Brücken zwischen Phantasie und Wirklichkeit. Stuttgart 1999.
Kai Brodersen (Hrsg.): Virtuelle Antike. Wendepunkte der Alten Geschichte. Darmstadt 2000.

Krisen

K. sind Prozesse, deren Anfänge, Höhepunkte, Ende prinzipiell datierbar sind. Niedergangs-, Auflösungs-, Verfallsprozesse sind keine K., wohl aber können ihnen sich steigernde K. vorangegangen sein (→ Dekadenz). K. sind prinzipiell offene Prozesse; ihre Geschwindigkeit, ihr Ausgang sind nicht zwangsläufig, ihr Ablauf und ihr Wendepunkt selten so deutlich erkennbar wie in einem Krankheitsprozess. Der medizinische K.-Begriff – von griech. *krisis* – bezeichnet eine ›kritische‹ Phase, in der es sich entscheidet, ob im Krankheitsverlauf eine Wendung zum Besseren oder zum Exitus eintritt.

Von K. kann gesprochen werden, wenn zuvor bestehende stabile und funktionierende Zustände sich aufzulösen beginnen, erodieren, dysfunktional werden und die eingetretenen Störungen nicht mit hergebrachten Mitteln überwunden werden können, sondern eine *renovatio*, eine Reform, eine Revolution erforderlich wird und erfolgt; geschieht dies nicht, handelt es sich nicht (mehr) nur um eine K. Kennzeichen von K. ist, dass es in ihrem Prozess Alternativen gibt, Phasen und Konstellationen, in denen sich entscheidet, ob sie überwunden werden können.

K. sind keine Naturprozesse, wohl aber können z. B. Erdbeben, Flutkatastrophen, Dürreperioden K. auslösen: Hunger-K., aber auch K. des Vertrauens in die Fähigkeit von Regierung und Verwaltung, mit ihnen fertigzuwerden. Naturprozesse können Bedingungen der Möglichkeit von K. sein, diese sind von Menschen erfahrene, erlittene, gemachte und genutzte K. Allerdings genügt subjektiv oder auch kollektiv geäußertes K.-Bewusstsein nicht als hinreichender Beweis, sondern kann allenfalls als Indiz für tatsächliche K. gelten. Indes kann K.-Bewusstsein Verlauf und Ausmaß einer K. wesentlich beeinflussen. K. müssen, um als solche bezeichnet werden zu können, objektiven Charakter haben, also nicht nur herbeigeredet sein, indem vorübergehenden und vereinzelten krisenhaft erscheinenden Symptomen von Veränderung aus Sorge übertriebene Bedeutung zugeschrieben wird.

Sehr unterschiedliche Prozesse sind in der Geschichte als K. erfahren und unterschiedlich gedeutet worden. Als K. wurden sowohl zeitlich und räumlich begrenzte als auch globale Prozesse bezeichnet; es wird von Funktions-K. eines politischen Systems wie von langfristigen Kultur-K. gesprochen. Es sind die tatsächlichen oder angenommenen Ursachen der Auswirkungen des K.-Geschehens, die die K.-Terminologie prägen und zugleich Kontexte angeben, in denen sie erforscht werden müssen.

Vor allem die großen Veränderungsprozesse in der Menschheitsgeschichte haben zu immer neuen Versuchen geführt, sie in ihrem Verlauf zu beschreiben, zu verstehen und zu erklären. Dazu bedarf es der Erforschung ihrer jeweils besonderen Ursachen und Anlässe, der Strukturierung ihres zeitlichen Verlaufs und der Definition ihres jeweils besonderen Charakters als politische oder soziale, ökonomische oder kulturelle K. Einen solchen Versuch hat Jacob Burckhardt im Kapitel *Die geschichtlichen K.* seiner

Weltgeschichtlichen Betrachtungen (1868, gedr. 1905) unternommen, wobei ihm v. a. die Frz. Revolution und ihre Auswirkungen vor Augen standen. Geschichtliche K. seien im Unterschied zum »normalen« Aufeinanderwirken der großen »Weltpotenzen« Staat, Religion und Kultur »beschleunigte Prozesse«. Derartige Prozesse seien zugleich »Zeichen des Lebens« und »Entwicklungsknoten«, durch die vorher nicht geahnte menschliche Kräfte zur Überwindung der K. freigesetzt werden könnten.

Nicht alle großen K. lassen sich hinreichend als »beschleunigte Prozesse« kennzeichnen. Auch sich aufstauende, verzögerte, behinderte Prozesse können sich zu K. entwickeln oder sind vorübergehende K.-Erscheinungen ohne Veränderungswirkung. Am ehesten können politische, auch ökonomische K. zumal in modernen, hoch entwickelten Gesellschaften, als »Entscheidungsprozesse unter Zeitdruck« (K. W. Deutsch) charakterisiert werden. Soziale oder gar Kultur-K. vollziehen sich langfristig, werden oft erst spät als solche erkannt und noch später überwunden, nie jedoch im Sinne einer Rückkehr zu vorhergehenden Zuständen.

Es geschieht nicht selten, dass der K.-Charakter gerade langfristiger Veränderungsprozesse, in die viele Menschen und Lebensbereiche involviert waren, nachträglich von der historischen Forschung unterschiedlich interpretiert, in Frage gestellt oder überhaupt bestritten wird. Vielfach wird wohl Teilabschnitten oder -ausschnitten dieser Prozesse K.-Charakter zugesprochen, nicht jedoch dem übergreifenden Gesamtprozess. So ist gegen die allerdings sehr pauschale Rede von der ›K. des späten Mittelalters‹ unter Hinweis auf → Kontinuitäten, die Lebendigkeit religiösen Lebens und kirchliche Reformansätze Einspruch erhoben worden. Ebenso gegen den Begriff einer *General Crisis of the 17th Century*, so sehr er geeignet erscheint, die tiefe, allgemeine Unruhe dieser Zeit in Europa, die in äußeren und Bürgerkriegen, Aufständen, religiösen Unterdrückungen, Ständekämpfen, sozialen Auseinandersetzungen, in Traditions- und Autoritätskritik, Mentalitätswandel und Ausbildung eines ›politischen‹ Bewusstseins Ausdruck fand (→ Tradition, Mentalitäten) – v. a. in England und den Niederlanden –, auf den Begriff zu bringen (Lawrence Stone, *The Crisis of the Aristocracy 1558–1641*, 1965; Trevor Aston (Hrsg.), *Crisis in Europe, 1560–1660*, 1965). Die revolutionsgeschichtliche Schule in Frankreich, die die These der Einheit der zur Revolution von 1789 führenden Entwicklung vertrat, hat es lange hartnäckig abgelehnt, von einer K. des *Ancien Régime* zu sprechen. Ein weiteres Beispiel: die Staats- und Funktions-K. der preuß. Monarchie 1786–1815 mit der Gleichzeitigkeit und der schnellen Folge von kultureller Blüte, Kritik am Herrschaftssystem, Erosion der militärischen Disziplin, politischer und militärischer Katastrophe, Staats- und Bildungsreform und Wiederaufstieg zur führenden Macht neben Österreich im Dt. Bund: wirklich ein ›beschleunigter Prozess‹.

Nur in seltenen Fällen sind K. auf bestimmte Ursachen zurückzuführen; mehrere und verschiedenartige Umstände und Konstellationen haben in ihrem Zusammen- und Gegeneinanderwirken Prozesse in Gang gebracht und vorangetrieben, die sich zu ernsthaften K. entwickelten. Die 1788 zur Versammlung der Generalstaaten in Versailles zusammentretenden Deputierten wollten keine Revolution machen, nicht die Monarchie abschaffen, nicht eine Herrschaft des Schreckens errichten. Intensive Forschung hat die Vielfalt der elementaren Vorbedingungen wie der eher zufälligen und momentanen Antriebe der Revolution gezeigt: das vielleicht eindrucksvollste Beispiel einer ›großen‹ K., die sich zu revolutionärem Umbruch steigerte, der selbst wieder in die K. geriet, weitere K. nach sich zog, aber im Ergebnis entscheidende Bedeutung für die Entwicklung der europ. Kultur gehabt hat.

K. bewirken nicht notwendig Kontinuitätsbrüche; aus ihnen können neue Konstellationen hervorgehen, die die erfolgreiche Überwindung der K. ermöglichen. Ist dies nicht der Fall, wird die K. zum Prozess des Zerfalls und der Auflösung der vorher bestehenden Verhältnisse. Solche Prozesse können sich lange hinziehen und Phasen vorübergehender Stabilisierung durchlaufen. Als klassisches Beispiel gilt seit dem 18. Jh. *The Decline and Fall of the Roman Empire*, dessen Geschichte Edward Gibbon 1776–88 schrieb.

Man kann fragen, ob die Geschichte Europas seit der Mitte des 19. Jh. nicht als Geschichte der kleinen und großen, begrenzten oder sich selber reproduzierenden oder infizierten K. geschrieben werden sollte, nachdem die optimistische Annahme eines stetigen und *à la longue* unaufhaltsamen → Fortschritts der Menschheit erschüttert ist.

Rudolf Vierhaus

Martin Jänicke (Hrsg.): Politische Systemkrisen. Köln 1971. [Darin u. a.: Randolph Starn, »Historische Aspekte des Krisenbegriffs«, S. 52–69.]

– (Hrsg.): Herrschaft und Krise. Beiträge zur politikwissenschaftlichen Krisenforschung. Opladen 1973.

Jürgen Habermas: Legitimationsprobleme im Spätkapitalismus. Frankfurt a. M. 1973.

Franz Wieacker: Die Krise der antiken Welt. Göttingen 1974.

Rudolf Vierhaus: Politische und soziale Krisen. Zum Problem der Deutung historischer Prozesse. In: Wirtschaft und Wissenschaft 3 (1975). S. 14–21.

Kulturgeschichte

Von der ›Geschichte der Kultur‹ oder der ›Geschichte der Zivilisation‹ wird in Unterscheidung zur ›Geschichte der Staaten und Staatsaktionen‹ zunehmend seit dem 18. Jh. gesprochen. Die Aufklärung forderte den *Versuch einer Geschichte der Cultur des menschlichen Geschlechtes* (Johann Chr. Adelung, 1782). Unter Berufung auf Voltaire wurden dabei philosophische und literarische Bezüge hervorgehoben. Unter Berufung auf Montesquieu standen geographische oder politische Gesichtspunkte im Vordergrund. Seit dem Ende des 19. Jh. wird K. in der dt. Wissenschaftstradition mit grundsätzlichen Fragen der → Historik im Sinne der Begründungsformen wissenschaftlicher Geschichtserkenntnis verknüpft.

In anthropologischer Absicht hat Jacob Burckhardt »Kultur« zum Grundbegriff historischer Erkenntnis bestimmt und als das unaufhörliche Bewegungsprinzip gegenüber den universalen Institutionen Staat und Kirche charakterisiert. »Kultur« ist für Burckhardt »Inbegriff alles dessen, was zur Förderung des physischen Lebens und als Ausdruck des geistigen und gemütlich-sittlichen Lebens spontan zu Stande gekommen ist, alle Geselligkeit, alle Techniken, Künste, Dichtungen und Wissenschaften, besonders alle Philosophien. Scheinbar die Welt des Beweglichen und Freien neben den beiden festen Formen: Staat und Religion.« (*Weltgeschichtliche Betrachtungen*, 1905.) Ähnlich definiert Reinhart Koselleck für die gegenwärtige Diskussion um die K. »Kultur« als »die Arbeit des Menschen sowohl an sich selbst als auch an der Natur, aber auch die Leistungen seiner freien Schöpfung« (*Geisteswissenschaften heute. Eine Denkschrift* von Wolfgang Frühwald [u. a.], 1991).

Seit 1850 mehrten sich in Deutschland die »Allgemeinen Culturgeschichten« (Gustav Klemm, Wilhelm Wachsmuth, u. a.); der Volkskundler Wilhelm Heinrich Riehl (*Cultur-*

studien aus drei Jahrhunderten, 1859) erhielt 1859 in München einen Lehrstuhl für K. Durch Eberhard Gothein noch eher verhalten (*Die Aufgaben der Kulturgeschichte*, 1889) und offensiv durch Karl Lamprecht wurde K. am Ende des 19. Jh. zum Leitbegriff einer strukturellen Änderung wissenschaftlicher Geschichtsschreibung aufgewertet. Mit den Verfechtern einer primär auf »Politik«, »Ideen« oder »Individuen« ausgerichteten Historiographie lieferte sich Lamprecht in der Krise des → Historismus vor dem 1. Weltkrieg heftigste Kontroversen und hielt die Frage »Was ist Kulturgeschichte?« für »jetzt sehr einfach zu lösen«. In Anlehnung an Wilhelm Wundts Völkerpsychologie sah er die Lösung im Primat der kollektiven, »sozialpsychischen« Faktoren vor den »individualistischen«. Da jeweils »psychische Errungenschaften der einen Nation auf die andere übertragen werden« (*Was ist Kulturgeschichte? Beitrag zu einer empirischen Historik*, 1896/97), verbinde sich K. eng mit der Universalgeschichte (→ Weltgeschichte). Lamprechts Konzept der K. eröffnete einerseits in innovativer Weise den Horizont für kulturanthropologisch vergleichende Fragestellungen, andererseits blieb es mit seinen nationalen Stufenlehren dem Evolutionismus seiner Zeit verhaftet.

Quer zu diesem nachwirkenden Paradigmenstreit der historischen Fachdisziplin um → Politische Geschichte oder K. ist aus der neukantianischen Wissenschaftsphilosophie ein neues Konzept der K. entwickelt worden (Max Weber, Ernst Troeltsch, Georg Simmel, Ernst Cassirer). Max Weber nannte als einzige Erkenntnis begründende Voraussetzung »jeder *Kulturwissenschaft* […], daß wir Kultur*menschen sind*, begabt mit der Fähigkeit und dem Willen, bewußt zur Welt *Stellung* zu nehmen und ihr einen *Sinn* zu verleihen« (»Die ›Objektivität‹ sozialwissenschaftlicher und sozialpolitischer Erkenntnis« [1904], in: M. W., *Gesammelte Aufsätze zur Wissenschaftslehre*, 1922). In diesem Sinn kündigte er seine Epoche machende Studie *Die* *protestantische Ethik und der ›Geist‹ des Kapitalismus* (1904) im Briefwechsel mit Heinrich Rickert als »kulturgeschichtlichen Aufsatz« an. Spezifisch ist für Weber, »Kulturerscheinungen« stets in makrohistorischen Konstellationen von Wirtschaft, Herrschaft und Rechtsinstitutionen zu analysieren. Troeltsch schrieb in ähnlicher Weise die abendländische Religionsgeschichte als K. der Kirchen, Sekten und mystischen Vereinigungen neu; Georg Simmel schärfte mit seinen Arbeiten zu »Formen der Vergesellschaftung« den mikrohistorischen Blick (→ Mikrohistorie) auf die K. Während bei Weber, Troeltsch oder Simmel K. zugleich der Begründung der Soziologie als Wissenschaft diente, bemühte sich Ernst Cassirer um eine philosophische Neubegründung der Kulturwissenschaften als Wissenschaft der »symbolischen Formen«, in denen Menschen sich im Umgang mit → Mythos, Religion, Sprache, Wissenschaft und Kunst ihrer Identität vergewissern (*Zur Logik der Kulturwissenschaften*, 1942). Eigenständig und eigenwillig war die Konzeption, mit der der Privatgelehrte Aby Warburg K. als »Wissenschaft vom bildlichen Ausdruck« zu Beginn des 20. Jh. konzipierte und durch seine kunsthistorischen Forschungen zum Nachleben der Antike in der christlichen Reformationsepoche untermauerte. Warburgs immense Bild- und Textsammlungen sind in die »Kulturwissenschaftliche Bibliothek Warburg« eingegangen, die – seit 1933 in London – zur Anlaufstelle der Ikonographie als K. und Kulturanthropologie geworden ist. In den Niederlanden sah Johan Huizinga die *Aufgaben der Kulturgeschichte* (1930) in der Erforschung von »historischen Lebenswelten« und »wie sie sich verdichten zu Kulturfiguren, Motiven, Themen, Symbolen, Ideen, Denkformen, Idealen, Stilen und Gefühlen«.

Nach dem 2. Weltkrieg, als die Kontroversen um die Erkenntnisprinzipien und relevanten Gegenstände der Geschichte im Zeichen der → Sozialgeschichte geführt wurden, wurde K. eine Zeit lang als ›Bindestrich-Geschichte‹

geschrieben, sei es zu Teilbereichen wie der Geschichte des Zuckers oder der Kleidung, sei es zu Ideen und Biographien großer Personen und ihrer Leistungen in Kunst, Wissenschaft und Philosophie. Mit dem programmatischen Aufsatzband *Kultur und Gesellschaft* (hrsg. von Friedhelm Neidhardt [u. a.], 1986) und dort v. a. mit dem Vorschlag Friedrich H. Tenbrucks, Prozesse »kultureller Vergesellschaftung« zum zentralen Gegenstand der historischen Forschung zu machen, ist für die geschichtstheoretische Debatte in Deutschland die Perspektive eröffnet worden, aus der frz. und angelsächs. Forscher (Michel Foucault, Roger Chartier, Peter Burke, Robert Darnton) eine »neue« K. (Lynn Hunt, Hrsg., *The New Cultural History*, 1989) proklamierten. Der *cultural turn* aller Wissenschaften vom Menschen wurde in der dt. Fachdiskussion allerdings wieder zu einer Entgegensetzung von K., diesmal zur Sozialgeschichte anstelle der Politikgeschichte dramatisiert (Thomas Mergel / Thomas Welskopp, Hrsg., *Geschichte zwischen Kultur und Gesellschaft*, 1997). Nicht zufällig knüpft die K. für ihre gegenwärtige Ortsbestimmung (Wolfgang Hardtwig / Hans-Ulrich Wehler, Hrsg., *Kulturgeschichte heute*, 1996) in starkem Maße wieder an das Problembewusstsein der historischen Kulturwissenschaften um 1900 an. Darüber hinausführend ist das Geschichtsdenken zu Beginn des 21. Jh. mit dem Leitbegriff der ›Kultur‹ durch neue interdisziplinäre Konfigurationen geprägt und von einer doppelten Erwartung geleitet. Zum einen gilt K. der Erfahrung des Fremden im zeitlichen Gang durch die Weltgeschichte und in räumlicher Ausdehnung auf alle Lebensformen und Zivilisationsräume der Erde. Zum anderen liefert sie modernen Gesellschaften auf umfassende Weise Kriterien ihrer wissenschaftlichen Selbstaufklärung darüber, wie sie zu dem geworden sind, was sie sind, und welche Lebenswelten im beschleunigten historischen Wandel der Neuzeit untergegangen sind.

Gangolf Hübinger

Heinz Dieter Kittsteiner: Was heißt und zu welchem Ende studiert man Kulturgeschichte? In: Wege zur Kulturgeschichte. Hrsg. von Wolfgang Hardtwig. Göttingen 1997. S. 5–27. (Geschichte und Gesellschaft. 23.1.)
Peter Burke: Eleganz und Haltung. Die Vielfalt der Kulturgeschichte. Berlin 1998.
Egon Flaig: Kinderkrankheiten der Neuen Kulturgeschichte. In: Rechtshistorisches Journal 18 (1999). S. 458–476.
Gangolf Hübinger: Die »Rückkehr« der Kulturgeschichte. In: Geschichtswissenschaften. Eine Einführung. Hrsg. von Christoph Cornelißen. Frankfurt a. M. 2000. S. 162–177.
Ute Daniel: Kompendium Kulturgeschichte. Frankfurt a. M. 2001.

Longue durée

Der Begriff ›l. d.‹ (›lange Dauer‹) bezeichnet besonders langsame Veränderungen in der Geschichte. Er ist von dem frz. Historiker Fernand Braudel geprägt worden. Dieser plädierte in seinem Aufsatz *Geschichte und Sozialwissenschaften. Die lange Dauer* (1958; dt. in: F. B., *Schriften zur Geschichte*, Bd. 1, 1992) dafür, solchen langfristigen Zeitstrukturen (→ Kontinuität) als einer »Tiefendimension« scheinbar unveränderter, *de facto* aber sich nur besonders langsam wandelnder Aspekte des historischen Geschehens in der Geschichtswissenschaft besondere Aufmerksamkeit zu schenken. Sein Konzept der ›l. d.‹ war Teil eines dreistufigen Modells von Zeitstrukturen: ›l. d.‹ – ›Konjunkturen‹ – ›Ereignisse‹. Dieses Dreierschema historischer Veränderungsrhythmen wurde zu einem wichtigen Bezugspunkt der → *Annales*-Schule. Braudel führte dieses Zeitlichkeitsmodell in seinem ersten Hauptwerk (*La méditerranée et le monde méditerranéen à l'époque de Philippe II*, 1949; dt.

Das Mittelmeer und die mediterrane Welt in der Epoche Philipps II., 1990) aus. Hier beschrieb er im ersten Teil die geographischen und kulturgeschichtlichen Bedingungsfaktoren, die die historischen Akteure in der Mittelmeerwelt des 16. Jh. prägten, so wie sie bereits die Gestaltungsspielräume früherer und nachfolgender Generationen bis hin zu den technologischen Revolutionen seit dem 19. Jh. festgelegt hatten. Die ›l. d.‹ quasi immobiler Strukturen ist jedoch nicht allein Forschungsgegenstand der Wirtschafts- und → Sozialgeschichte, sondern prägt als Beharrungseffekt zivilisatorischer Grundentscheidungen auch die Veränderungsrhythmen von Kulturen bzw. Gesellschaften. Vor allem die → Mentalitäten größerer Gruppen bzw. ganzer Kulturen oder Religionsgemeinschaften erweisen sich in dieser Betrachtungsweise als »Gefängnisse langer Dauer« (Ernest Labrousse), die dem beschleunigten historischen Wandel in Wirtschaft oder Politik Widerstand leisten und bis in die Neueste Geschichte Grenzen setzen.

Konzeptionell ist das Konzept der ›l. d.‹ Teil des Gegensatzpaares ›Struktur‹ und → ›Ereignis‹, das sozialwissenschaftlich orientierte Ansätze der Geschichtswissenschaft v. a. seit 1945 geprägt hat. ›l. d.‹ bezeichnet eine typische Zeitstruktur all jener unauffälligen Veränderungsprozesse (›Strukturen‹), die sich hinter dem Rücken der Zeitgenossen und jenseits ihrer ereigniszentrierten Aufmerksamkeit vollziehen, weil ihr Tempo sich dem Beobachtungshorizont der Akteure entzieht. Der Begriff markiert einen Wandel im Forschungsinteresse der Geschichtswissenschaft, insofern Phänomene wie sozialer Wandel, langfristige Veränderungen in Verhaltensweisen und Deutungsmustern bevorzugte Gegenstände der Forschung geworden sind. Forschungsstrategisch ist mit dem Konzept der ›l. d.‹ v. a. die Erforschung der historischen Demographie, des Klimas, der Ernährung und der gesamten Alltagskultur verbunden. Es erschließt das weite Feld der geographischen, biologischen und ökologischen Veränderungsprozesse, die als langfristig wirksame und sich nur langsam verändernde Faktoren in der Geschichte wirksam werden. Gleichzeitig hat der Begriff auch Eingang in die Erforschung kultureller Praktiken gefunden, um dort die Beharrungskraft und Langsamkeit breitenwirksamen Wandels von Einstellungen und Deutungsmustern zu unterstreichen. Angewandt wird er i. d. R. nur auf Veränderungen, die sich in Zeiträumen von mehr als 100 Jahren vollzogen haben. Dabei hat sich ein pragmatischer Gebrauch eingebürgert, der kaum noch Bezug auf das Dreierschema Braudels nimmt. Insbesondere hat sich der Ansatz unterschiedlicher Zeitstrukturen als fruchtbar erwiesen, um das räumliche und zeitliche Zusammentreffen unterschiedlicher Vergangenheiten (→ Gleichzeitigkeit des Ungleichzeitigen) zu analysieren.

Lutz Raphael

Hendrik Wesseling: Fernand Braudel. Historian of the longue durée. In: Itinerario 5 (1981). H. 2. S. 16–29.

Samuel Kinser: Annaliste Paradigm? The Geohistorical Structuralism of Fernand Braudel. In: American Historical Review 86 (1981). S. 63–105.

Ulysses Santamaria / Anne M. Bailey: A Note on Braudel's Structure as Duration. In: History and Theory 23 (1984). S. 78–83.

Krzysztof Pomian: L'ordre du temps. Paris 1984.

Carlos Antonio Rojas Aguirre: Fernand Braudel und die modernen Sozialwissenschaften. Leipzig 1999.

Jean Boutier: Fernand Braudel als Historiker des Ereignisses. In: Struktur und Ereignis. Hrsg. von Andreas Suter und Manfred Hettling. Göttingen 2001. S. 138–157.

Mentalitäten

Der Begriff ›M.‹ verweist zum einen auf das Programm der frz. Historiker um die Zeitschrift → *Annales* und zum anderen auf ein breites Forschungsfeld, auf dem kollektive und/oder individuelle Bewusstseinsformen, Deutungsmuster und Verhaltensweisen untersucht werden.

Das frz. Wort *mentalité* (lat. *mens* ›Denken, Verstand‹) wurde um 1900 durch Emile Durkheim, Lucien Lévy-Bruhl u. a. Autoren im Umkreis der *Année sociologique* zum sozialwissenschaftlichen Begriff erhoben. In mehreren Büchern prägte Lévy-Bruhl den Begriff der *mentalité primitive*, wobei er einen schroffen Gegensatz zwischen der »prälogischen Mentalität« der ›Naturvölker‹ und der »rationalen Mentalität« der ›Zivilisierten‹ aufbaute (*Les fonctions mentales des sociétés inférieures*, 1910, dt. 1921; *La mentalité primitive*, 1922, dt. 1927). Was als rein analytische Unterscheidung gedacht war, ließ sich leicht instrumentalisieren, indem ›M.‹ nicht nur das zu analysierende Fremde, sondern auch das Feindliche bezeichnen konnte. So verfasste Durkheim im 1. Weltkrieg ein Pamphlet über die »dt. M.« (*L'Allemagne au-dessus de tout. La mentalité allemande et la guerre*, 1915; dt. 1995).

Lucien Febvre, Marc Bloch u. a. *Annales*-Autoren übernahmen ›M.‹ u. a. Begriffe wie ›soziale Klasse‹ , ›kollektives Bewusstsein‹ usw. von der Durkheim-Schule. Febvre stützte sich v. a. in seinen Büchern über Verhaltensweisen und Deutungsmuster im 16. Jh. – *Martin Luther* (1928; dt. 1996), *Rabelais* (1942; dt. 2002) und *Margarete von Navarra* (1944; dt. 1998) – auf Lévy-Bruhl. Auch Bloch versuchte in *Die wundertätigen Könige* (*Les rois thaumaturges*, 1924; dt. 1998) die »M. einer Zeit« zu analysieren, in der »Logik« noch kein eindeutiges Kriterium war. Seine → histoire totale der Feudalgesellschaft rückte nicht etwa Ökonomie und Politik in den Mittelpunkt, sondern Lebensbedingungen und M.: »les conditions de vie et l'atmosphère mentale«

(*La société féodale*, 2 Bde., 1939/40; dt. 1982). Auch wenn es keinen so scharfen Gegensatz zwischen einem ›psychologisierenden‹ Febvre und einem ›anthropologischen‹ Bloch gab, wie André Burguière behauptet (»Der Begriff der ›Mentalitäten‹ bei Marc Bloch und Lucien Febvre: zwei Auffassungen, zwei Wege«, in: *Mentalitäten-Geschichte*, hrsg. von Ulrich Raulff, 1987), setzten die *Annales*-Gründer unterschiedliche Akzente: Bloch war der strengere Rationalist, der religiöse oder imaginäre Phänomene als »kollektive Irrtümer« betrachtete, während sich Febvre, obzwar Agnostiker, in die Welt des ›Irrationalen‹ hineinzudenken versuchte. Unter dem Einfluss seiner österreich. Mitarbeiterin Lucie Varga (*Zeitenwende*, 1991) begann er in den 1930er Jahren sogar, sich für Freud zu interessieren, den er vorher – ebenso wie Bloch – heftig abgelehnt hatte (Peter Schöttler, »Mentalitäten-Geschichte und Psychoanalyse: Lucien Febvres Begegnung mit Jacques Lacan 1937/38«, in: *Österreichische Zeitschrift für Geschichtswissenschaften* 11, 2000).

Später fächerte sich die frz. M.-Geschichte auf: Ging es anfangs um eine Erweiterung der → Sozialgeschichte in Bereiche, die traditionell der → Ideen-, → Geistes- und Religionsgeschichte überlassen waren, wurden jetzt – etwa bei Georges Duby (*Les trois ordres ou l'imaginaire du féodalisme*, 1978; dt. 1981) oder Jacques Le Goff (*L'imaginaire médiéval*, 1984; dt. 1990) – ganze Gesellschaften oder Teile ›mentalitätsgeschichtlich‹ betrachtet. Aufgrund vieler Anleihen bei Kulturanthropologen hat sich für diese gewandelte Perspektive das Etikett → ›Historische Anthropologie‹ eingebürgert. Seit den 1970er Jahren wird damit vielfach eine Kritik an der älteren M.-Geschichte verbunden. ›M.‹ als Begriff sei viel zu starr, um die subtilen Veränderungen in den Gefühlen und im Bewusstsein der Menschen zu erfassen. Mit der Vielfalt sozialer Praxisformen lasse er sich nur schwer zusammenbringen. Als Alternativen wurden sowohl ein erneuerter Ideologie-Begriff diskutiert

(»das imaginäre Verhältnis der Individuen zu ihren realen Existenzbedingungen«, Louis Althusser) als auch der von Pierre Bourdieu geprägte Habitus-Begriff (»strukturierte Strukturen, die geeignet sind, als strukturierende Strukturen zu wirken«). Etwa gleichzeitig eröffnete das Konzept des → Diskurses ein neues Terrain, indem es die sprachliche Strukturierung aller menschlichen Praktiken – also auch von M. – in den Blick der Historiker rückte (Régine Robin, *Histoire et linguistique*, 1973).

In der dt. Historie wurden der M.-Begriff und die damit verbundene Orientierung erst spät rezipiert, obwohl Soziologen wie Theodor Geiger schon früh mit dem Begriffspaar Ideologie/M. experimentierten (*Die soziale Schichtung des deutschen Volkes*, 1932). Als Gründe lassen sich sowohl der Widerstand der traditionellen Geisteshistoriker vermuten, die den Ansatz der → *Annales* ablehnten (vgl. Peter Schöttler, »Zur Geschichte der *Annales*-Rezeption in Deutschland (West), in: *Alles Gewordene hat Geschichte. Die Schule der »Annales« in ihren Texten 1929–1992*, hrsg. von Matthias Middell und Steffen Sammler, 1994), als auch der Marxisten in Ost und West, die um die Hegemonie ihres jeweiligen Ideologiebegriffs fürchten mussten. Dabei gab es schon vor dem 2. Weltkrieg Forschungen, die man als M.-Geschichte bezeichnen könnte, z. B. Carl Erdmanns *Die Entstehung des Kreuzzugsgedankens* (1935). Auch Johan Huizingas *Herbst des Mittelalters* (dt. 1923) lässt sich – trotz Blochs Kritik (dt. in: Peter Schöttler, Hrsg., *Marc Bloch – Historiker und Widerstandskämpfer*, 1999) – in diesem Kontext lesen. Dagegen teilte Norbert Elias' *Der Prozeß der Zivilisation* (1939) das Schicksal der *Annales*, von der dt. Zunft lange ignoriert zu werden.

Seit etwa zehn Jahren hat sich eine paradoxe Umkehrung ergeben: In Frankreich tritt das Etikett ›M.-Geschichte‹ zunehmend in den Hintergrund und wird in den *Annales* kaum mehr verwendet. Roger Chartier plädiert stattdessen für den Begriff »Repräsentationen« (*Die Welt als Repräsen-*

tation, 1989; dt. in: Middell / Sammler; vgl. auch die amerik. Zeitschrift *Representations*), und Alain Corbin spricht sogar von einer »Geschichtsschreibung ohne Namen« (1992). In Deutschland dagegen ist der M.-Begriff jetzt omnipräsent. Wo man früher ›Ideen‹ oder ›Ideologien‹ sagte, heißt es heute ›M.‹, so dass die Besonderheit des Konzepts durch Banalisierung und Etikettenschwindel verloren zu gehen droht. Dennoch hat die Öffnung der dt. Historie gegenüber Problemen der → Alltagsgeschichte- und → Mikrohistorie, der → Kultur- und → Diskursgeschichte einen tiefgreifenden methodischen Wandel eingeleitet, aus dem bereits viele Arbeiten hervorgegangen sind, die das Prädikat ›M.-Geschichte‹ tatsächlich verdienen (vgl. z. B. Willibald Steinmetz, *Das Sagbare und das Machbare*, 1993; Philipp Sarasin, *Stadt der Bürger*, 2., erw. Aufl. 1997; Rolf E. Reichardt, *Das Blut der Freiheit*, 1998; Valentin Groebner, *Gefährliche Geschenke*, 2000).

Peter Schöttler

Philippe Ariès: Die Geschichte der Mentalitäten. In: Die Rückeroberung des historischen Denkens. Hrsg. von Jacques Le Goff [u. a.]. Frankfurt a. M. 1990. S. 137–165. [Frz. 1978.]

František Graus: Mentalitäten – Versuch einer Begriffsbestimmung und Methoden der Untersuchung. In: Mentalität im Mittelalter. Hrsg. von F. G. Sigmaringen 1987. S. 9–48.

Peter Schöttler: Mentalitäten, Ideologien, Diskurse. Zur sozialgeschichtlichen Thematisierung der »dritten Ebene«. In: Alltagsgeschichte. Hrsg. von Alf Lüdtke. Frankfurt a. M. 1989. S. 85–136.

Peter Dintzelbacher (Hrsg.): Europäische Mentalitätsgeschichte. Stuttgart 1993.

Hervé Martin: Mentalités médiévales. 2 Bde. Paris 1996/ 2001.

Metaphern

Stärker als sonstige Wissenschaften ist die Historie durch Sprach- und Denkbilder (Allegorien, Analogien) geprägt, die aus anderen Lebensbereichen stammen. In manchen Wendungen ist der metaphorische Charakter verblasst (z. B. → Entwicklung, → Fortschritt), in anderen bleibt er deutlich (›Rad der Geschichte‹, ›politische Bühne‹, ›Blüte der Kultur‹). Meist wird aus dem ursprünglichen Anwendungsgebiet mehr auf den gemeinten Sachverhalt übertragen, als beabsichtigt ist. Dieser Bedeutungsüberschuss führt zu Missverständnissen und bedarf der sprachkritischen Reflexion. Im Hinblick auf die lebensweltliche Herkunft sind zu unterscheiden:

(1) *Organische M.*, die Staaten, Völker oder Kulturen als natürliches Funktionsgefüge bezeichnen und deren Wandel analog zu Wachstum, Blüte und Welken verstehen. Livius überliefert die Fabel vom Magen und den Gliedern, Ammian verwendet das Lebensaltergleichnis für Rom, Lukrez glaubte an ein Greisenalter der Welt, Rutilius traute Rom die Kraft der Wiedergeburt (*ordo renascendi*) zu. Die Renaissance sprach von einer »Wiedererwachsung« der Kunst (Albrecht Dürer), einer *regeneratio scientiarum* (Francis Bacon). In der Aufklärung war von einer »Erziehung« des Menschengeschlechts (Lessing, Herder, Kant) die Rede; Oswald Spengler sah in den Kulturen höhere Organismen.

(2) *Jahres- und Tageszeiten-M.* aktualisieren die Gestirne (der neue Herrscher als Sonne oder Stern), das Wetter (›Sturm und Drang‹, ›Blitzkrieg‹), den Jahreslauf (›Herbst des Mittelalters‹, ›Prager Frühling‹) und die Tageszeiten (›finsteres Mittelalter‹, ›Aufklärung‹, ›Götzen-Dämmerung‹). Die Uhr als Symbol des Weltenlaufs (›Fülle der Zeit‹, ›Weltenuhr‹) suggeriert wie die Natur-M. die Unverfügbarkeit des Geschehens, ebenso die ursprünglich astronomischen Begriffe ›Revolution‹, ›Periode‹ (→ ›Periodisierung‹), → ›Epoche‹, ›Phase‹, ›Konstellation‹.

(3) *Bewegungs-M.* liegen vor im »Fluss der Kultur« (Max Weber), »Strom der Zeit« (Bismarck), in ›Quelle‹, ›Stagnation‹ und ›Einfluss‹, im »Steuermann des Staates« (Platon), »Schiff der Kirche« (Ps. Clemens) und in Bildern der Landreise, die bergauf oder bergab, vorwärts oder zurück führt. Gipfel und Abgrund, Start und Ziel, Prozess, Übergang und Kreislauf verbildlichen und beurteilen Ereignisse und unterstellen eine Eindimensionalität, die sich aus dem Rückblick ergibt.

(4) *M. aus der Technik* evozieren das Bild der Maschine; seit dem 18. Jh. beliebt für den Staat, der präzise (so die Politiker), aber geistlos (so die Philosophen), arbeite. Zeitlos sind wiederum *M. aus der Architektur*: der Staatsgründer als Baumeister, der Staat als Haus, seine Auflösung als Zusammenbruch, Verfall oder Einsturz. Als ›Stützen‹ erscheinen Beamte und Soldaten; Kritiker leisten ›Wühlarbeit‹. »Basis« und »Überbau« brauchte Marx. Die Waage ist das Symbol für Schicksal und Gerechtigkeit, das Gleichgewicht Synonym für Stabilität von Polybios (*Historien*) bis zu den *checks and balances*. *Textil-M.* verwenden den Faden oder die Kette für Zusammenhang und Abhängigkeit.

(5) *M. aus dem Umkreis des Theaters* machen seit Platon aus der Geschichte ein Trauer- oder Possenspiel (Kant), eine Tragödie (Wilhelm von Humboldt) oder eine Komödie (Marx), unterscheiden Spieler und Statisten, Marionetten und Rollen (lat. *persona* ›Theatermaske‹). Die ›Entlarvung‹ versteht den Handelnden als Schauspieler. Politik als Würfelspiel findet sich bei Caesar, als Schachspiel bei Goethe, als Kartenspiel bei Bismarck. Geschichte erscheint als Spiegel, Buch, Bild und M. (Hieronymus), auch als Symphonie oder Konzert (Ranke).

Alexander Demandt

Alexander Demandt: Metaphern für Geschichte. Sprachbilder und Gleichnisse im historisch-politischen Denken. München 1978.
Jochen Schlobach: Zyklentheorie und Epochenmetaphorik. München 1980.
Gerhard Kurz: Metapher, Allegorie, Symbol. Göttingen 1982.
Wilhelm Köller: Dimensionen des Metaphernproblems. In: Zeitschrift für Semiotik 8 (1986). S. 379–410.
Francesca Rigotti: Metafore della Politica. Bologna 1989.

Methode, historische

Unter ›historischer M.‹ versteht man ein kontrolliertes Verfahren zur Herstellung von historischem Wissen. Ob es sich dabei um ein einfaches oder zusammengesetztes Verfahren, mit mehr rationalen oder irrational-lebenspraktischen Anteilen handelt, was ›Geschichte‹ und was ›Wissen‹ ist, ist nicht eindeutig bestimmt. Gegenstand der historischen Methodologie ist das Einzelverfahren der historischen M. im Hinblick auf ihre innere Konsistenz, aber auch in Bezug auf die allgemeine Methodologie der Wissenschaft. Den allgemein wissenschaftlichen Regeln für die Begriffsbildung, die Definition und Einteilung, das logische Schließen und die Begründung ist die historische M. jedenfalls in weitaus stärkerem Maße untergeordnet, als dies der zeitgenössischen historischen Forschungspraxis bewusst ist.

Für die Entwicklungsgeschichte der historischen M. hat sich ein Dreierschema eingebürgert: *didaktischer* (Antike bis Humanismus), *kritischer* (→ Aufklärungshistorie und → Historismus) und *theoretischer* Gebrauch. Dies ist jedoch ein aus Periodisierungszwang geborener Notbehelf, denn in der Praxis der Erzeugung historischen Wissens bilden alle drei Gebrauchsformen eine funktionale Einheit. Dies gilt für die ersten Werke der frühgriech. Geschichtsschreibung ebenso wie für gegenwärtige Arbeiten in der quantitativen oder Mentalitätengeschichte (→ Mentalitäten). Die zeitliche Entwicklung in der Methodologiegeschichte drückt somit nur aus, welcher Gebrauch jeweils implizit und ›unbeobachtet‹ bleibt oder explizit und damit reflektiert. Dabei erweist sich der didaktische Gebrauch als eigentlich von literarischen Verfahren bestimmt, die ›Kritik‹ wird als Teil der Rhetorik verstanden, die ›Theorie‹ ist eher auf der Ebene von → Mythos, Tragödie und Politik ausgeprägt. In der Epoche des kritischen Gebrauchs ist die Geschichtsschreibung, wenngleich mit abnehmender Intensität, noch Teil einer rhetorisch definierten Literatur und andererseits bereits fähig, einen selbstständigen Theoriegebrauch, d. h. einen säkularen und streng anthropozentrischen historischen Prozess zu fordern. Die Umsetzung des Entwurfs gelang aber nur unvollkommen. Im heutigen Zeitalter der theoretischen Anwendung der historischen M. wird die Kritik als selbstverständlich vorausgesetzt, mithin schwach reflektiert, während der literarische Anteil (→ Erzählung) erneut als zentrales und keineswegs konsensfähiges Problem der historischen M. in den Vordergrund getreten ist. Die Geschichte der historischen M. kann somit ausschließlich im Blickwinkel sog. ›Verwissenschaftlichung‹ bzw. ›sozialer Emanzipation‹ als Fortschrittsgeschichte (→ Fortschritt) entworfen werden. Lässt man beide Teleologien als einseitige Zweckanforderungen an den historischen Verlauf und seine Beschreibung beiseite, dann zeigt sich die Methodologiegeschichte nur als jeweils verschiedene Akzentgebung bzw. Explikation dessen, was Menschen bei der Erzeugung historischen Wissens schon immer getan haben.

Herodot nannte seine »Geschichten« die »Darstellung seiner Forschung« (*istories apodexis*) (*Historien*, Proömium) und bezeichnete damit die historische M. als auf → Erfahrung gegründet. Thukydides zerlegte diese Empirie in Selbst-Wahrnehmung (*autopsia*) der → Ereignisse und existentielle Kenntnisse der Praxis, durch die sie entstehen (*autopatheia*). Für beide sei die kritische Überprüfung sowohl nötig als möglich. Die Reden, unverzichtbarer Teil der Geschichte bis ins 18. Jh., wollte er nach dem »Gesamtsinn des in Wirklichkeit Gesagten« (*Peloponnesischer Krieg* I,22) rekonstruieren. Der Historiker Thukydides verwendet bereits die verstehende ›historische M.‹.

Aristoteles stufte die *historia* auf ein bloßes Faktenreservoir für die praktischen Teile der Philosophie und Naturwissenschaft zurück. Sie sei nicht theoriefähig, sondern umgekehrt Vorstufe (*methodus* als ›Weg‹) zum nur als Theorie wahrem Wissen. Im Mittelalter orientierte man sich für diesen nicht der → Kausalität fähigen Tatsachenbereich an Cicero, der ihn als Erzählung einzelner menschlicher Taten begriff (vgl. *De oratore*, II,54–64). Die historische M. folgte dabei der »Ordnung der Sachen«, d. h. der erzeugenden Umstände, und der »Ordnung der Worte«, d. h. der Logik der sprachlich-moralischen Wirkung.

Der Humanismus war v. a. der »Ordnung der Worte« verpflichtet und entwarf eine M.-Lehre für das Schreiben der Geschichte (*ars historica*). Geschichte als Sprachhandlung konnte dabei sowohl den physischen Verlauf als auch seine Gestaltungen im menschlichen Gedächtnis (*memoria*) ausdrücken. Als die Naturforschung im 17. Jh. quantifiziert wurde und sich der Begriff der historischen → Quelle vom einzelnen erzählten Bericht auf die Totalität aller verbalen wie nichtverbalen Überlieferung erweiterte, wurde die Krise der *ars historica* offensichtlich. Eine Epoche des Zweifels (*Pyrrhonismus historicus*) verwarf die Autorität des Einzelzeugnisses und seinen sprachlich adäquaten Ausdruck. Nun systematisierte man die Kritik der Quellen unter Mithilfe neuer → Historischer Hilfswissenschaften und gelangte zu einem wahrscheinlichen Wissen von der Geschichte.

In der Göttinger Schule des 18. Jh. fand sich die historische M. als Teil einer ›Enzyklopädie‹, d. h. Gesamtaufstellung der historischen Wissenschaften, bei der sich bereits die Schwerpunkte Suchen (→ Heuristik), Beurteilen (→ Kritik) und Deuten (Interpretation, → Verstehen) abzeichnen. Vorteil des aufgeklärten M.-Begriffs war seine Verflechtung mit der Totalität der damaligen logischen, physischen und kulturellen Wissenschaft, Schwachstelle seine gerade dadurch eingeschränkte Anwendbarkeit. Durch die Reduktion des historischen Gegenstands auf den Staat und die Konzentration auf Quellensuche, -kritik und -interpretation erhielt die historische M. im dt. Historismus erstmals eine schulmäßige Form: »... das Wesen der historischen Methode ist *forschend zu verstehen*, ist die Interpretation.« (Johann Gustav Droysen, *Historik*, 1857.) Ihr Zielpunkt war damit die Totalität der historischen Erscheinungen, denn nur im Ganzen (Horizont) und als Ganzes ist der historische Gegenstand erkennbar.

Im Laufe des 19. und 20. Jh. entwickelte sich die Gestalt der historischen M. in einer Gegenbewegung zur Verstehensproblematik. Hierzu gehören die Fragen nach der Übernahme rationaler Modelle wie → Typen, Gesetzmäßigkeiten und nach dem Gebrauch von Theorien, die von der Umformung des Verstehensvorgangs zur rationalen Erklärung (→ Erklären) bis hin zur Ausrichtung an zweckbestimmten Gesellschaftsmodellen reichten (→ Historischer Materialismus). Die historische Methodologie als Diskussion der Verstehensproblematik unter den Gesichtspunkten von → Objektivität, Parteilichkeit und Wissenschaftstheorie war in der zweiten Hälfte des 20. Jh. das Ergebnis einer klaren Akzeptanz der ›Theoriebedürftigkeit‹ der Geschichtswissenschaft. Im Gefolge des Übergangs zur kulturellen Diskurstheorie (Michel Foucault, *Archäologie des Wissens*, 1973; frz. 1969) und des Wechsels von der ›Geschichte‹ zum → ›Gedächtnis‹ verliert die historische Methodologie zurzeit, v. a. gegenüber der → Geschichtsdidaktik, an Boden. Die erneute Verbindung von historischer M.

mit erzählender Praxis und der analytischen Wissenschaftstheorie unter Einbeziehung der → Historiographiegeschichte könnte dazu beitragen, ihren schwindenden Einfluss wieder zu festigen.

Markus Völkel

Fritz Wagner: Geschichtswissenschaft. Freiburg i. Br. / München 1951.
Manfred Thiel (Hrsg.): Enzyklopädie geisteswissenschaftlicher Arbeitsmethoden. 10. Lieferung: Methoden der Geschichtswissenschaft und der Archäologie. München 1974.
Christian Meier / Jörn Rüsen (Hrsg.): Historische Methoden. München 1988.
Chris Lorenz: Konstruktion der Vergangenheit. Eine Einführung in die Geschichtstheorie. Köln [u. a.] 1997.

Mikrohistorie

M. ist eine Perspektive der → Sozial-, → Kultur- und Wirtschaftsgeschichte, die sich seit den späten 1970er Jahren in Italien und unabhängig davon auch in anderen europ. Ländern sowie in den USA herausgebildet hat. Sie definiert sich nicht – wie ihr Begriff nahe legen könnte – in erster Linie aus den Mikro-Dimensionen und der Kleinheit ihrer Gegenstände. Vielmehr gewinnt sie ihre Erkenntnismöglichkeiten aus einem Methoden- und Perspektivenwechsel, dessen Kern in der Verkleinerung der Beobachtungsmaßstäbe des Historikers liegt. Häufig wird ein Gegensatz von M. und Makrogeschichte konstruiert. Dieser ist insofern unangemessen, als aus der Erkenntnisperspektive der M. auch makrohistorische Zusammenhänge (z. B. Prozesse der Staatsbildung, der Konfessionalisierung, der

Industrialisierung) auf neue Weise untersucht werden können. Aus dem Blickwinkel der Makrohistorie betrachtet wird der M. allerdings oft der Status eines eigenständigen methodischen Ansatzes abgesprochen. Sie wird aufgrund der angeblichen Kleinheit ihrer Erkenntnisgegenstände am unteren Ende der Hierarchie historischer Betrachtungsweisen angesiedelt und auf die Aufgabe reduziert, die Lücken an Anschaulichkeit und Detailhaltigkeit auszufüllen, welche ein makrohistorischer Untersuchungsrahmen notwendig offen lässt.

Das Wort M. wurde, darauf hat Carlo Ginzburg, einer ihrer Pioniere, aufmerksam gemacht (»Mikro-Historie. Zwei oder drei Dinge, die ich von ihr weiß«, in: *Historische Anthropologie. Kultur – Gesellschaft – Alltag* 1, 1993), wohl zum ersten Mal im Jahr 1960 von Fernand Braudel verwandt. Der Nestor der → *Annales*-Schule benutzte das Wort allerdings nicht, um einer innovativen Richtung der Geschichtswissenschaft zum Durchbruch zu verhelfen, sondern eher nebenher und abwertend: *Micro-histoire* war für ihn ein Synonym für kurzfristige Ereignisgeschichte, für die bloßen Erscheinungen an der Oberfläche historischer Prozesse der → longue durée. Folgenreich für die Einführung in den professionellen Sprachgebrauch wurde die Literarisierung des Begriffs in dem Roman des frz. Kritikers Raymond Queneau *Die blauen Blumen* (1965). Doch auch hier wurde M. abwertend zur Bezeichnung des kleinen privaten Rests der Geschichte verwandt.

Erst seit den 1970er Jahren kam es im Zusammenhang mit dem Entstehen einer mikrohistorischen Forschungspraxis zur positiven Umwertung des Begriffs. Er verlor seine ironische Bedeutung zur Bezeichnung des kleinen Rests der ›großen‹ Geschichte und bezeichnete nun eine neue historische Forschungs- und Erkenntnisperspektive. Diese hat seit Ginzburgs exemplarischem Frühwerk, der *intellectual biography* eines Angehörigen der ländlichen Mittelschicht (*Der Käse und die Würmer. Die Welt eines Müllers um*

1600, 1979; ital. 1976), eine reiche und vielfältige historiographische Praxis hervorgebracht (Otto Ulbricht, »Mikrogeschichte. Versuch einer Vorstellung«, in: *Geschichte in Wissenschaft und Unterricht* 45, 1994).

Wesentlich für die M. ist die Konzentration auf ein begrenztes Beobachtungsfeld für historische Rekonstruktionen und Interpretationen, seien es ein Einzelner oder mehrere Individuen, eine soziale Gruppe, ein Dorf, eine Stadt oder ein Stadtteil. Auf diese Weise wird eine qualitative Erweiterung der historischen Erkenntnismöglichkeiten erreicht. Ein entscheidender Erkenntnisgewinn durch mikrohistorische Verfahren besteht darin, Handlungsbedingungen, Handlungen und Deutungen der Menschen ausgehend von einzelnen Personen und ihren wechselseitigen Verflechtungen und Abhängigkeiten zu untersuchen. Gerade dadurch können auch die Wechselbeziehungen der kulturellen, sozialen, ökonomischen und politisch-herrschaftlichen Momente umfassender historischer Prozesse als lebensgeschichtliche Zusammenhänge in den Blick gerückt werden. Die sozialen Gruppen, Institutionen und gesellschaftlichen Verhältnisse erscheinen nicht mehr als strukturelle und objektive Vor-Gegebenheiten wie etwa in der → Strukturgeschichte, sondern als von Individuen mitgestaltet, in den Grenzen ihrer Handlungsspielräume, in Konflikten und Verhandlungen (→ Individualität). Statt einer vorweggenommenen Kategorisierung in Form von unterstellten strukturellen Vorgegebenheiten oder makro-historischen Substanzen (›die‹ Familie, ›das‹ Individuum, ›der‹ Staat, ›die‹ Industrialisierung) erfolgt eine experimentelle Untersuchung sozialer Beziehungsnetze und menschlicher Verhaltensweisen. Auf diese Weise eröffnen sich neue Einsichten in die Konstitution historischer Handlungs- und Ereigniszusammenhänge, aber auch in kurz- oder längerfristige historische Prozesse.

Weder in Italien noch in Deutschland oder in anderen Ländern hat die M. eine Schule oder einheitliche Richtung gebildet. Dies widerspräche ihrem Selbstverständnis als einer experimentellen historiographischen Praxis und dem Impuls ihrer Entstehung aus einer expliziten kritischen Wendung gegen neue oder ältere historiographische Orthodoxien in der → Politischen, aber auch in der Sozialgeschichte. Gleichwohl lassen sich ihre Vertreter nach den von ihnen jeweils verfolgten inhaltlichen und methodischen Orientierungen unterscheiden. Jene Historiker unter ihnen, die wie z. B. Ginzburg einem kulturhistorischen Erbe verpflichtet sind, stehen keineswegs repräsentativ für die M. Eine Mehrzahl, die den Anspruch vertritt, M. zu praktizieren – z. B. Giovanni Levi, David Sabean, Natalie Zemon Davis oder Gianna Pommata – bekennen sich zum kritischen Erbe einer anthropologisch aufgeklärten Sozialgeschichte.

Hans Medick

Giovanni Levi: On Microhistory. In: New Perspectives on Historical Writing. Hrsg. von Peter Burke. Oxford 1991. S. 319–341.

Hans Medick: Mikrohistorie. In: Sozialgeschichte, Alltagsgeschichte, Mikrohistorie. Hrsg. von Winfried Schulze. Göttingen 1994. S. 40–53.

Jacques Revel (Hrsg.): Jeux d'échelles. La micro-analyse à l'experience. Paris 1996.

Jürgen Schlumbohm (Hrsg.): Mikrogeschichte – Makrogeschichte. Komplementär oder inkommensurabel? Göttingen 1998.

Modernisierungstheorien

›M.‹ sind theorieförmig explizierte Konzepte oder historiographisch implizite Prämissen über die historische Entwicklung v. a. westlicher Gesellschaften, bes. in der Zeit seit

Aufklärung und Industrieller Revolution. Sie entstammen meist den systematischen Sozialwissenschaften (Soziologie, Politologie) und werden in der Geschichtswissenschaft mit unterschiedlichem methodologischem Status eingesetzt. Typisch ist die Verknüpfung komparativer Perspektiven (als Vergleichsmaßstab zwischen verschiedenen Nationen oder Kulturen) mit normativen Voraussetzungen über → ›Fortschritt‹ und relative ›Höher‹-Entwicklung von Gesellschaften.

M. gründen auf Konzepten der Moderne, wie sie paradigmatisch in der frz. *Querelle des Anciens et des Modernes* um 1700 entwickelt wurden. Den Beginn ihrer theorieförmigen Ausarbeitung kann man in den Evolutions- und Stadientheorien bes. der schott. Sozialwissenschaft im 18. Jh. sehen (James Millar, Adam Ferguson, Adam Smith). Hier gründet jene enge Verknüpfung der M. mit Ursprung und Selbstreflexion der ›bürgerlichen Gesellschaft‹, die auch für die nationalökonomischen und philosophischen Geschichts- und Gesellschaftskonzepte des 19. und frühen 20. Jh. zentral war.

Eine klassische und sehr einflussreiche Ausformulierung erfuhren die M. in der US-amerik. Sozialwissenschaft der 1940er bis 1960er Jahre. Die damals dominierende strukturell-funktionale Soziologie (z. B. Talcott Parsons) ging von einer Dichotomie ›traditionaler‹ und ›moderner‹ Gesellschaften aus und explizierte die empirischen Kriterien und Bedingungen für eine sozialökonomische, sozialkulturelle und politische (*nation-building*) Transformation in die Moderne. Der analytische und normative Referenzpunkt war die liberale Demokratie und industrielle Gesellschaft des Westens, v. a. der USA, gegen den die Gesellschaften des Ostblocks (im Zeichen des Kalten Krieges) und der Entwicklungsländer als rückständig im Modernisierungsprozess beschrieben wurden. Die Herausstellung der ideologischen Funktionen der amerik. M. (z. B. Michael E. Latham, *Modernization as Ideology*, 2000) hat deren Begriffe und

Interpretationskonzepte kritisiert, aber nicht völlig wert- und einflusslos gemacht.

In Westdeutschland sind die amerik. M. zunächst in der Soziologie und Politologie (z. B. Wolfgang Zapf, Peter Flora) rezipiert worden; seit etwa 1970 spielen sie in der Geschichtswissenschaft eine wichtige Rolle. Für die → Sozialgeschichte mit ihrem Programm einer → Historischen Sozialwissenschaft (Hans-Ulrich Wehler, *Modernisierungstheorien und Geschichte*, 1975) erfüllten M. die Forderung nach anwendungsorientiertem Theoriebezug der Geschichte und makrosozialen, komparativen Perspektiven auf die Geschichte des Industriezeitalters. M. waren dabei (1) gegenstandsbezogene Theorien im Sinne der heuristischen Theorieanwendung; sie lieferten aber (2) ein nur teilweise expliziertes und inzwischen häufig problematisiertes, zugleich vergangenheitskritisches und fortschrittsbezogenes *master narrative* bes. der neueren dt. Geschichte. Vor dem Hintergrund des Nationalsozialismus konnte der ›dt. Sonderweg‹ damit als spezifisches Defizit der Modernisierung gedeutet werden.

Seit den 1980er Jahren artikuliert sich eine heftige, bisweilen polemische Kritik am Konzept der Modernisierung und an den sozialgeschichtlichen M., die auch zu konstruktiven Weiterentwicklungen führte. Im Zeichen der Postmoderne (→ Posthistoire) wurde (1) das Selbstverständnis der Moderne erschüttert. Bedeutender war (2) die methodologische Kritik, die von neueren Richtungen wie der → Historischen Anthropologie ausging und die neben den normativen Implikationen über → Evolution und → Fortschritt besonders die makrosoziale Perspektive und strukturgeschichtliche (→ Strukturgeschichte) Methode der M. verwarf. Zudem problematisierten Debatten über eine spezifische Modernität des Nationalsozialismus (3) zunehmend die inhaltliche Füllung von gesellschaftlicher »Modernisierung« (vgl. Michael Prinz / Rainer Zitelmann, Hrsg., *Nationalsozialismus und Modernisierung*, 1991).

Wenn Modernisierung auch »reaktionär« sein konnte (Jeffrey Herf, *Reactionary Modernism*, 1984) und die Moderne gleichzeitig die Potentiale von *Zivilisation und Barbarei* (Frank Bajohr [u. a.], Hrsg., 1991) enthielt, verloren die älteren M. ihre Überzeugungskraft. Es ist jedoch auffällig, dass in der Anwendung auf die dt. Geschichte die interpretative Verknüpfung von M. und Nationalsozialismus erhalten blieb und nur radikal anders gedeutet wurde.

Aktuelle Entwicklungen der M. weisen in zwei Richtungen, deren gegenseitiges Verhältnis noch nicht geklärt ist: Erstens treten Theorien der Modernität zunehmend an die Stelle von M. Der Referenzpunkt ist dabei nicht mehr die politische und sozialökonomische Moderne des 19. Jh., sondern die kulturelle Moderne des 20. Jh. einschließlich ihrer Krisen und tiefen Ambivalenz, die in der Affinität von *Modernity and the Holocaust* (Zygmunt Baumann, 1989) kulminiert. Zweitens erfahren soziologische M. derzeit eine Renaissance unter Stichworten wie ›Zweite Moderne‹ und ›reflexive Modernisierung‹. Obwohl die Rezeption dieser M. in der Geschichtswissenschaft noch weitgehend aussteht, ist deutlich erkennbar, dass ein Verzicht des Fachs auf M. und Modernitätskonzepte kaum möglich sein wird. Inzwischen ist nicht nur die Moderne ›reflexiv‹ geworden, sondern auch die M.: Die Kritik an M. wird diese nicht los, sondern bringt immer neue M. hervor.

Paul Nolte

Ulrich Beck [u. a.]: Reflexive Modernisierung. Frankfurt a. M. 1996.

Thomas Mergel: Geht es weiterhin voran? Die Modernisierungstheorie auf dem Weg zu einer Theorie der Moderne. In: Geschichte zwischen Kultur und Gesellschaft. Hrsg. von Th. M. und Thomas Welskopp. München 1997. S. 203–232.

Hans Ulrich Gumbrecht: [Art.] Modern, Modernität, Moderne. In: Geschichtliche Grundbegriffe. Hrsg. von Otto Brunner [u. a.]. Bd. 4. Basel/Stuttgart 1978. S. 93–131.

Mythos

M. sind → Erzählungen, in denen der Mensch sich selbst, die Gemeinschaft und das Geschehen in der Welt symbolisch deutet. ›M.‹ bezeichnet im Griechischen ›Wort‹ im Sinne einer letztgültigen Aussage und steht damit im Gegensatz zum *logos*, dem Wort, das sich erst in einer rationalen Argumentation als wahr erweist. Als ›Mythologie‹ wird einerseits die Gesamtheit der M. eines Volks bezeichnet, andererseits die Wissenschaft von den M.

M. wurden zum einen als vorgeschichtliche, altertümliche Erzählungen und Göttergeschichten verstanden, als Ausdrucksform einer vorrationalen Stufe der Kultur, die im aufgeklärten, nachmythischen Zeitalter ihre Wirksamkeit verloren haben. Seit dem 18. Jh. stießen M. auf verstärktes Interesse, zuerst im Zeichen der M.-Kritik der Aufklärung, seit dem 19. Jh. zunehmend als Gegenstand einer historisch vergleichenden M.-Forschung.

Im Gegensatz dazu wurden sie aber auch als grundlegende Modelle menschlichen Weltverständnisses aufgefasst, die in der Moderne weiterhin ihre Verbindlichkeit bewahren. Dieser Auffassung folgte die Psychoanalyse, die in M. psychische Modelle erkannte, die das menschliche Verhalten unbewusst weiterhin bestimmen, wie der Ödipus-Komplex bei Sigmund Freud oder die Archetypen Carl Gustav Jungs. Als »M. des Alltags« (Roland Barthes) dienen sie der emotionalen Orientierung und als gemeinsame Kommunikationsbasis in der modernen Gesellschaft. Schließlich wurden M. als primitive Erkenntnisformen verstanden (Ernst Cassirer), die letztlich auch wissenschaftlicher Weltdeutung oder einer geschichtswissenschaftlichen Interpretation der → Weltgeschichte, etwa den Modellen einer Fortschrittsgeschichte (→ Fortschritt) oder eines apokalyptischen Niedergangs (→ Dekadenz), zugrunde liegen.

Von diesen Deutungen ist der Versuch zu unterscheiden, in der Moderne durch eine bewusst geschaffene »neue Mythologie« (Schelling) der entzauberten Welt einen mythenhaften Sinn zu verleihen, zumeist mit der Absicht politischer Mobilisierung. Der junge Nietzsche hoffte auf eine »Wiedergeburt des deutschen Mythos« in der Musik Richard Wagners; der frz. Sozialphilosoph Georges Sorel wollte durch den »Mythos des Generalstreiks« die Massen der Arbeiter mobilisieren. Der Publizist Alfred Rosenberg suchte im »Mythus des 20. Jahrhunderts« den nationalsozialistischen Wertsetzungen die Autorität des mythischen Worts zu verleihen und einer rationalen Reflexion zu entziehen.

M. können in so unterschiedlichen Bereichen wie Frühgeschichte, Religionsgeschichte, → Historischer Anthropologie und → Politischer Geschichte zum Thema der historischen Forschung werden. In jedem Fall muss dabei neu definiert werden, was konkret als ›M.‹ verstanden wird, da es eine umfassende und verbindliche Definition der Begriffe ›M.‹ und ›Mythologie‹ nicht gibt. Allgemein lässt sich nur sagen, dass mit ›M.‹ eine Sprachform bezeichnet wird, die nicht rational überzeugen, sondern symbolisch-emotional wirken will. Deshalb muss mehr noch als der Gehalt die historische Wirksamkeit alter und moderner M. im Zentrum geschichtswissenschaftlicher Interpretation stehen.

Martin Dehli

Jan de Vries: Forschungsgeschichte der Mythologie. Freiburg i. Br. 1961.

Roland Barthes: Mythologies. Paris 1957. [Dt.: Mythen des Alltags. Frankfurt a. M. 1964.]

Manfred Frank: Vorlesungen über die neue Mythologie. 2 Bde. Frankfurt a. M. 1982/88.
W. Burkert / A. Horstmann: [Art.] Mythos, Mythologie. In: Historisches Wörterbuch der Philosophie. Hrsg. von Joachim Ritter [u. a.]. Bd. 6. Basel/Stuttgart 1983. Sp. 281–318.
Kurt Hübner: Die Wahrheit des Mythos. München 1985.

Nomothetisch/idiographisch

Das Gegensatzpaar ›n./i.‹ (griech., ›das Gesetze Aufstellende, ›das Besondere Beschreibende‹) findet seine Ausprägung im südwestdt. Neukantianismus. Dessen Hauptvertreter, Wilhelm Windelband und sein Schüler Heinrich Rickert, versuchten – ausgehend von Kants Erkenntnistheorie – eine spezifische Wissenschaftlichkeit der Kulturwissenschaften zu begründen. Damit wandten sie sich gegen die Subsumierung der Geistes- unter die Naturwissenschaften, die der engl. Philosoph John Stuart Mill postuliert hatte (*System of Logic*, 1843).

Versuche einer Abgrenzung von Natur- und Geisteswissenschaften finden sich schon vor den Neukantianern. Während Johann Gustav Droysen (*Historik*, 1857) seine für die → Geschichtswissenschaft spezifische Methode des »forschenden → Verstehens« in Abwehr des → Positivismus mit dem besonderen Objekt historischer Erkenntnis begründete, versuchte Wilhelm Dilthey (*Einleitung in die Geisteswissenschaften*, 1883) beide Wissenschaften durch die ontologische Unterscheidung zwischen Geist und Natur voneinander abzugrenzen.

Für die Neukantianer beanspruchte die Geschichte einen eigenen Platz neben den Naturwissenschaften aufgrund der unterschiedlichen Erkenntnisziele und -methoden. Windelband entwarf in seiner Rede über *Geschichte und Natur-*

wissenschaft (1894) die Grundzüge einer i. → Geschichtsphilosophie, nach der das Erkenntnisinteresse der Geschichtswissenschaft in der → Individualität der → Wirklichkeit liege, da nur singulären Phänomenen → Werte zuordenbar seien. Dieser i. Begriff von Geschichte als »Ereigniswissenschaft« charakterisiere den Unterschied gegenüber der Naturwissenschaft als »Gesetzeswissenschaft«, deren Erkenntnisziel in der Formulierung allgemeiner Gesetze liegt. Das n. Verfahren stelle daher das abstrakte Denken über die Wahrnehmung der konkreten Wirklichkeit.

Rickert ersetzte das Gegensatzpaar ›n./i.‹ durch die Dichotomie von individueller Kultur- und generalisierender Naturwissenschaft. In seinen Schriften (u. a. *Kulturwissenschaft und Naturwissenschaft*, 1899) sieht er die Lösung des Abgrenzungsproblems zwischen Natur- und Kulturwissenschaften in dem Verfahren der historischen Begriffsbildung. Der Unterschied zwischen Naturwissenschaft und Geschichte wird so nicht ontologisch, sondern epistemologisch begründet. Während das Erkenntnisinteresse der Naturwissenschaft nicht in der Wirklichkeit selbst, sondern in deren Mannigfaltigkeit und allgemeinen Gesetzen liege, hebe die Geschichte als wertbeziehende Wirklichkeitswissenschaft auf die individuellen Eigenschaften der Wirklichkeit und deren Werte ab. Die Geschichte könne dann allgemein gültige Erkenntnisse analog zu den Naturwissenschaften liefern, wenn sie auf einem System objektiver und allgemeiner Werte beruhe. Ohne eine solche Wertbeziehung sei historisches Interesse und damit Geschichte nicht möglich. Während in der Naturwissenschaft das Allgemeine letztlich das Gesetz sei, bestehe das Allgemeine in der Kulturwissenschaft in der Allgemeinheit des am Einzelnen bestimmbaren kulturellen Werts.

Auch Max Weber ging in seiner Wissenschaftstheorie von der Unterscheidung zwischen Begriff und Wirklichkeit aus (z. B. *Die ›Objektivität‹ sozialwissenschaftlicher und sozialpolitischer Erkenntnis*, 1904). Während die Wirklichkeit individuell sei, abstrahiere der Begriff von der Mannigfaltigkeit der Wirklichkeit und ziele auf das Allgemeine. Begriffe könnten daher die Individualität der Wirklichkeit nicht abbilden. Das aus der Unterscheidung zwischen Natur- und Kulturwissenschaft resultierende Problem, wie sich der Gegenstand der Kulturwissenschaft als Wirklichkeitswissenschaft konstituiert, löst Weber mit der durch einen Wertbezug festgelegten Bedeutsamkeit einer Erscheinung. Erst dieser Wertbezug transferiere eine Erscheinung in eine Kulturerscheinung und damit in einen Gegenstand kulturwissenschaftlicher Erkenntnis. Da diese Werte nur konkreten Erscheinungen zugeordnet werden könnten, sei es nicht möglich, sie aus einem System nomologischer Begriffe, dessen Bezug ja immer abstrakt ist, abzuleiten. Webers Neuansatz gegenüber Rickert besteht in der Historisierung und damit Wandelbarkeit dieser Werte. Das Konzept der idealtypischen Begriffsbildung (→ Typus) ermöglicht es, einerseits die der Auswahl des Forschungsgegenstands zugrunde liegenden Werturteile zu bestimmen und sie damit zur Grundlage kulturwissenschaftlicher Forschung zu machen und andererseits zu gewährleisten, dass diese Forschung selbst objektiv, d. h. wissenschaftlich verfährt.

Die Unterscheidung zwischen n. und i. verfahrenden Wissenschaften hat die Wissenschaftstheorie bis weit in das 20. Jh. bestimmt und fand ihre Zuspitzung in der These von den »zwei Kulturen« (Charles P. Snow, *The Two Cultures: and a Second Look*, 1959; dt. 1967) bzw. »drei Kulturen« (Wolf Lepenies, *Die drei Kulturen. Soziologie zwischen Literatur und Wissenschaft*, 1985). In der dt. Geschichtswissenschaft dominierte die i. Methode, während Vertreter einer n. Geschichtsauffassung – etwa im Marxismus (→ Historischer Materialismus) und Positivismus – nur eine marginale Rolle spielten. Mit der Einführung sozialwissenschaftlicher und quantifizierender Methoden in die Geschichtswissenschaft seit den 1960er Jahren erfolgte eine Aufweichung der strikten Trennung, ohne dass ein Konsens über den spezifischen Gegenstand und der entsprechenden Methodologie der Geschichtswissenschaft erreicht worden ist.

Eckhardt Fuchs

Jörn Rüsen: Rekonstruktion der Vergangenheit. Göttingen 1986.
Guy Oakes: Die Grenzen kulturwissenschaftlicher Begriffsbildung. Frankfurt a. M. 1990.
Gunter Scholtz: Zum Strukturwandel in den Grundlagen kulturwissenschaftlichen Denkens (1850–1945). In: Geschichtsdiskurs. Hrsg. von Wolfgang Küttler [u. a.]. Bd. 4. Frankfurt a. M. 1997. S. 19–50.
Chris Lorenz: Konstruktion der Vergangenheit. Eine Einführung in die Geschichtstheorie. Köln [u. a.] 1997.

Objektivität/Parteilichkeit

›O.‹ und ›P.‹ sind polare Begriffe innerhalb der Beziehung zwischen dem erkennenden Subjekt und dem zu erkennenden Objekt. Unter ›O.‹ (lat. *obiectum* ›Gegenwurf, Gegenstand‹) wird die Realität und/oder Wünschbarkeit von gegenstandsbezogenen, intersubjektiv nachprüfbaren und methodisch gewonnenen Aussagen über die Natur und menschliche Geschichte verstanden, die möglichst frei von den subjektiven Eigenschaften des Urteilenden sind (→ Subjektivität). Für viele Forscher ist O. keine → Tatsache, sondern eine regulative Idee, ein Ideal, ohne das keine Definition von Wissenschaft möglich ist.

Mit dem Begriff ›P.‹ werden zwei Bedeutungen verbunden: Erstens kann darunter die wertende und parteiische Stellungnahme des Historikers gegenüber seinem Gegenstand verstanden werden. Klares Anzeichen für solche P. ist die Verwendung normativ-moralischer Werturteile durch Historiker, die einen anderen Status haben als beschreibende und erklärende Sätze über die geschichtliche Welt. Während dieser Begriff von ›P.‹ erhebliche erkenntnistheoretische Probleme aufwirft, ist der zweite Begriff von ›P.‹ von größerer praktischer Bedeutung: Unter ›P.‹ wird in diesem Fall die mehr oder weniger bewusste Verzerrung, Verbiegung und Verkürzung bzw. gezielte Verfälschung historischer Aussagen im Dienste oder Auftrag außerwissenschaftlicher Instanzen verstanden, die als Verwalter und Interpreten dogmatischer Weltauffassungen dem Historiker die Resultate ihrer Forschung vorschreiben und Abweichungen sanktionieren.

Das O.- und P.-Problem begleitet die europ. → Historiographiegeschichte seit ihren Anfängen. Die zentralen Argumente der gegenwärtigen Debatte wurden in aufeinander folgenden Phasen der geschichtlichen Entwicklung entdeckt: Thukydides z. B. forderte, Erdachtes (*res fictae*) und Tatsächliches (*res factae*) streng zu scheiden und die Glaubwürdigkeit der Zeugen zu prüfen. Der im 2. Jh. n. Chr. lebende griech. Schriftsteller Lukian forderte die Unparteilichkeit des Geschichtsschreibers, seine innere und äußere Unabhängigkeit als notwendige Voraussetzung der Wahrheitssuche. Während das Mittelalter sich kaum theoretisch mit der Geschichtsschreibung beschäftigte, spitzte sich in der neuzeitlichen Philosophie das Problem von O. und P. zu. Das große Thema von Descartes und Vico bis Kant, Hegel, Fichte und in ihrem Gefolge der modernen → Geschichtstheorie wurde die Aktivität des Erkennenden innerhalb der Subjekt-Objekt-Beziehung, und zwar seine erkenntnisbedingende und/oder erkenntnisverhindernde Aktivität. Seit dem 18. Jh. wurde das O.- und P.-Problem dadurch komplizierter, dass die Geschichtlichkeit des Historikers, sein in die je subjektive Lebenswelt eingelagerter »Sehe-Punckt« (Johann Martin Chladenius, *Allgemeine*

Geschichtswissenschaft, 1752), zum Problem wurde. Daraus ergab sich das Paradox, dass die Perspektivität aller Erkenntnis nicht mehr als notwendige, Erkenntnis ermöglichende Folge der Aktivität des Forschers, sondern als seine ›standortgebundene‹, Erkenntnis verhindernde Subjektivität verstanden wurde.

Als sich im 19. Jh. die moderne, empirische → Geschichtswissenschaft formierte, hielten z. B. Wilhelm von Humboldt und Leopold Ranke am O.-Ideal fest, während Johann Gustav Droysen seine vaterländisch und religiös begründete P. und Karl Marx den parteiischen, bewussten »Klassenstandpunkt« als legitimen Teil der Geschichtswissenschaft verteidigten. In den letzten Jahrzehnten des 20. Jh. ist das O.- und P.-Problem in das Spannungsverhältnis von Sprache und → Wirklichkeit geraten. Denn nur, wenn mit der natürlichen Sprache die geschichtliche Welt beschrieben und erklärt werden kann, wenn Sprache und Geschichte in diesem Sinne zueinander ›passen‹, ist es sinnvoll, am Postulat der O. festzuhalten.

Gegenwärtig gibt es unter Geschichtswissenschaftlern und Philosophen ein breites Spektrum von Ansichten über die Möglichkeit und Wünschbarkeit von O. und P. Allerdings wird P. im zweiten, oben genannten Sinne weitgehend abgelehnt. Während z. B. Vertreter der philosophischen Hermeneutik, wie Hans-Georg Gadamer, den O.-Anspruch der Geschichtswissenschaft für reine Illusion halten, dürfte die Mehrheit der Historiker einen ›kritischen Realismus‹ vertreten: Sie sehen die einmal abgelaufene Geschichte (→ res gestae) als einen unbestimmt ›gegebenen‹ Gegenstand. Die Erforschung dieser Geschichte (→ historia rerum gestarum) dagegen erzeugt notwendig perspektivisches, doch begründetes Vermutungswissen: hypothetisch, vorläufig, durch Quellen und Forschung korrigierbar. Aus dieser Sicht wäre die O.-Frage falsch gestellt, wenn man als Ergebnis historischer Forschung absolute, d. h. unter keinen Bedingungen revidierbare Aussagen erwartete. Wie die totale (d. h. die nicht-perspektivische), so überschreitet auch die absolute Erkenntnis die Grenzen einer Erfahrungswissenschaft (→ Erfahrung). Auch die Geschichtsschreibung müsse sich, wie jede wissenschaftliche Disziplin, mit fragmentarischem und approximativem Wissen bescheiden.

Aus Sicht des ›kritischen Realismus‹ können alle Aussagen, die der Kritik der Forschergemeinschaft offen stehen, grundsätzlich nur hypothetische O. beanspruchen. Der vorläufige Charakter historischer Aussagen gelte für alle Ebenen der Forschung, für die Beschreibung und Erklärung ›einfacher‹ Tatsachen wie für diejenige hochkomplexer Erscheinungen. Jeder Historiker wisse, dass die Geschichtsschreibung über ein bestimmtes Thema gleichzeitig neue → Quellen erschließen, miteinander konkurrierende Hypothesen über Teilaspekte oder das Ganze des Themas vorlegen könne. Die objektivere Aussage wäre die besser begründete, sich an den Quellen besser bewährende Aussage. Wo einerseits die grundsätzliche Möglichkeit von O. fehle, könne man nur schweigen; wo andererseits absolute Erkenntnis beansprucht werde, sei jede weitere Forschung sinnlos.

Detlef Junker

Max Weber: Die Objektivität sozialwissenschaftlicher und sozialpolitischer Erkenntnis. In: M. W.: Gesammelte Aufsätze zur Wissenschaftslehre. Tübingen 1922. S. 146–214.
– Wissenschaft als Beruf. In: Ebd., S. 582–613.
Hans-Georg Gadamer: Wahrheit und Methode. Grundzüge einer philosophischen Hermeneutik. Tübingen 1960.
Jörn Rüsen (Hrsg.): Historische Objektivität. Aufsätze zur Geschichtstheorie. Göttingen 1975.
Detlef Junker / Peter Reisinger: Was kann Objektivität in der Geschichtswissenschaft heißen, und wie ist sie mög-

lich? In: Theorieprobleme der Geschichtswissenschaft. Hrsg. von Theodor Schieder und Kurt Gräubig. Darmstadt 1977. S. 420–471.
Reinhart Koselleck [u. a.] (Hrsg.): Objektivität und Parteilichkeit. München 1977.

Oral History

Der aus der anglo-amerik. → Historiographie übernommene Begriff ›O. H.‹ (Paul Thompson, *Voice of the Past*, 1988) meint ursprünglich die mündlich, zumeist durch Befragungen von Zeitzeugen überlieferte Geschichte.

Seit der Antike wurden in der Geschichtswissenschaft Aussagen Beteiligter als → Quelle genutzt. Seit dem 19. Jh. wurde die professionelle mündliche Überlieferung in Skandinavien, Polen und den USA eine bedeutsame Tendenz der Forschung, als durch die Industrialisierung oder durch Eroberung bzw. Kolonialisierung bedrohte Bevölkerungsgruppen in ihren Traditionen und sprachlichen Überlieferungen bewahrt, zumindest dokumentiert werden sollten. Ethnologie und Volkskunde waren zunächst ihre Hauptträger; nahezu sämtliche Untersuchungen der Kolonialvölker und fast alle Märchen- und Liedersammlungen fußen auf mündlichen Befragungen. Vielfach stand die mündliche Quelle in enger Verbindung zu den Fragen nach den → Biographien der »großen Persönlichkeiten« und ihrer Rolle in der Geschichte oder nach der Bedeutung des »subjektiven Elements« (→ Subjektivität) in historischen Prozessen. Die Vertreter des dt. → Historismus wie Johann Gustav Droysen (*Historik*, 1857) verwendeten die mündliche Überlieferung als historische Quelle und führten zugleich quellenkritische (→ Quellenkritik) Elemente gegen deren naive Nutzung ein: v. a. gegen die Gefahren durch spätere, lange Jahre nach den Ereignissen entstandene und zumeist von den auswertenden Wissenschaftlern selbst geschaffenen Quellen, die auf Erinnerungen eines trügerischen → Gedächtnisses beruhen.

Zumeist geht es jedoch den Forschungen, die sich auf Befragungen stützen, nicht um die präzise Erinnerung (→ Erinnern) an → Ereignisse und Abläufe, sondern um die Verarbeitung von Geschichte, um die Wirkung früherer Erfahrungen auf folgende historische Phasen oder um die Entstehung und sozialen Bedingtheiten eines »kollektiven Gedächtnisses« (Maurice Halbwachs, *Das Gedächtnis und seine sozialen Bedingungen*, 1966; frz. 1925) und deren Bedeutung für Kultur und Politik. Hier liegen die Hauptfelder der O. H.

Diese Tendenz spielte seit der Lamprecht-Debatte am Ende des 19. Jh. in Deutschland, aber v. a. in der frz. Zeitschrift → *Annales d'histoire économique et sociale* eine Rolle und hing mit der Entwicklung hermeneutischer Schulen zusammen, die den Verstehensbegriff (→ Verstehen) des Historismus weiter und z. T. gegen ihn entwickelten, um eine enge Verbindung der Historiographie zur Psychologie und besonders zur Sozialpsychologie durchzusetzen (Alexander von Plato, »Geschichte und Psychologie – Oral History und Psychoanalyse«, in: *BIOS* 11, 1998, H. 2). Wilhelm Dilthey versuchte mit seinem ›Erlebnis‹-Begriff die Hermeneutik auszuweiten und eine eigenständige Methodologie (→ Methode) gegen die Übernahme von naturwissenschaftlichen Methoden in den Geisteswissenschaften zu entwickeln (*Biographisch-literarischer Grundriss der allgemeinen Geschichte der Philosophie*, [4]1900). Im letzten Drittel des 20. Jh. wurde diese Tendenz durch lebensgeschichtliche Befragungen vertieft und eine enge Verbindung zur soziologischen und pädagogischen Biographieforschung gesucht. Die Zuwendung zur O. H. wurde in dieser Zeit mit einem demokratischen Anspruch begründet, der denjenigen eine Stimme verleihen sollte, die ansonsten von der Geschichtswissenschaft nicht gehört wurden. Seit diesen Neuanfängen wurde die O. H. methodisch genauer und ideologisch ungebundener. 1988 wurde mit *BIOS* eine eigene *Zeitschrift für Biographieforschung und Oral History* gegründet, in der Vertreter aus verschiedenen Disziplinen Forschungsergebnisse und methodologische Überlegungen vorlegen.

Die Hauptergebnisse der O. H. liegen hierzulande in der Untersuchung der Beziehung zwischen individueller Lebensgeschichte und Haltungen bzw. Erfahrungen einerseits und den in Deutschland zahlreichen politischen Systemwechseln andererseits. Das Gewicht solcher Untersuchungen ist nach mindestens fünf Systembrüchen, die innerhalb weniger Generationen zu verarbeiten waren und wegen der Bedeutsamkeit der Nachwirkungen von Erfahrungen, die im Nationalsozialismus und in den beiden Nachkriegsdeutschlands gemacht wurden und lange nachwirkten, offensichtlich.

Nach früheren informellen internationalen Konferenzen wurde 1998 die »International Oral History Association« gegründet, deren Sekretariat seitdem im Institut für Geschichte und Biographie der Fernuniversität Hagen angesiedelt ist (www.fernuni-hagen.de/INST_GESCHUBIOG). Die Assoziation gibt ein eigenes Journal in Englisch und Spanisch heraus: *Words and Silences* bzw. *Palabras y Silencios*.

Alexander von Plato

Lutz Niethammer: Lebenserfahrung und kollektives Gedächtnis. Die Praxis der Oral History. Frankfurt a. M. 1980.

– Fragen – Antworten – Fragen. In: L. N. / Alexander von Plato: »Wir kriegen jetzt andere Zeiten.« Auf der Suche nach der Erfahrung des Volkes in nachfaschistischen Ländern. Berlin/Bonn 1985. S. 256–304.

Alexander von Plato: Oral History als Erfahrungswissenschaft. Zum Stand der »mündlichen Geschichte« in Deutschland. In: Geschichtswissenschaft vor 2000. Perspektiven der Historiographiegeschichte, Geschichtstheorie, Sozialgeschichte. Festschrift für Georg G. Iggers. Hrsg. von Konrad H. Jarausch [u. a.]. Hagen 1991. S. 418–439.

Alexander von Plato: Zeitzeugen und die historische Zunft. In: BIOS 13 (2000). H. 1. S. 5–29.

Periodisierung

P. ist ein Hilfsmittel der historischen Forschung, das dem Historiker die zeitliche Ordnung vergangenen Geschehens ermöglicht. Die Gliederung der historischen → Zeit ergibt sich nicht aus dieser selbst, so als sei Geschichte ein vom forschenden Subjekt unabhängiger Geschehensverlauf. Jede zeitliche Ordnung ist das Ergebnis deutender Erklärung und Interpretation vergangenen Geschehens. Als solche müssen die Grundlagen und Verfahren der Strukturierung der Geschichte expliziert und wissenschaftlicher Überprüfung offen sein.

Nicht erst im wissenschaftlichen Diskurs tritt das Problem einer sinnhaften (→ Sinn) Gliederung der Zeit auf. Jeder Mensch hat das Bedürfnis, sein Leben als sinnvolle Einheit, als seine Lebensgeschichte, zu denken. Erst im erinnernden, deutenden Rückblick lassen sich einzelne Zeitabschnitte unterscheiden, die als bestimmte → Epochen der Lebensgeschichte erkennbar werden. Überträgt man solche lebensweltlichen Erfahrungen auf die geschichtswissenschaftliche Arbeit, so ginge die P. aus einer als Einheit gedachten Geschichte hervor, wie sie in der Idee der Menschheitsgeschichte deutlich wird: Diese enthält den Gedanken einer fortschreitenden → Entwicklung zu einer wie auch immer gedachten Vollendung (Heilsgeschichte). Das marxistische Schema der P. (→ Historischer Materialismus) war die letzte Konzeption, die von der Einheit der Geschichte als unbefragt gültigem und allgemeinem Prinzip der P. ausging. Gegen derartige Konstruktionen spricht die Unmöglichkeit, sie wissenschaftlich zu belegen: Der Gang der Menschheitsgeschichte lässt sich nicht empirisch nachzeichnen. Über Anfang und Ende der Geschichte sind keine gesicherten Erkenntnisse möglich.

Unter den Formen der P. ist die Dreiteilung der historischen Zeit in Altertum, Mittelalter und Neuzeit vorherrschend. Sie geht auf Christoph Cellarius (1685) zurück, der seine Gegenwart als Wiedergeburt (Renaissance) einer idealisierten antiken Kultur deutete und die Zwischenepoche abwertend als mittlere Zeit benannte. Die lange Wirksamkeit dieses Modells hat seine Schwächen lange verdeckt, lässt es sich doch z. B. nicht auf die außereurop. Welt übertragen. In der modernen, spezialisierten historischen Forschung ist es zunehmend differenziert worden, wie die Etablierung der Frühen Neuzeit und der → ›Zeitgeschichte‹ als eigene Forschungsfelder zeigt.

Die gegenwärtige Diskussion um P. ist mehr von Forschungsinteressen bestimmt als von universalen Theorien. Fruchtbar für die historische Erkenntnis und die historische Forschung haben sich jedoch theoretische Konstrukte erwiesen, die als heuristischer (→ Heuristik) Vorgriff historische Entwicklungen strukturieren helfen. Das gilt für den Begriff »Sattelzeit«, mit dem Reinhart Koselleck die für die Entwicklung der Moderne entscheidende Epoche 1750–1850 charakterisierte; oder für die von Eric J. Hobsbawm geprägte Bezeichnung »Doppelrevolution«, mit der er sowohl die politischen Revolutionen als auch die Industrielle Revolution als Ursachen tiefgreifender Umwälzungen der europ. Lebenswelten deutete. Auch die innere Gliederung von Epochen beruht auf Interpretationen, was Vorstellungen wie ›das lange 16. Jh.‹, ›das lange 19. Jh.‹ oder ›das kurze 20. Jh.‹ belegen. P. sind also nicht nur Hilfsmittel historischer Arbeit, sondern bieten außerdem »Lesarten von Geschichte« (Anette Völker-Rasor, Hrsg., *Frühe Neuzeit*, 2000), die zu Fragen und Reflexionen anregen.

Ursula A. J. Becher

Charles S. Maier: Consigning the Twentieth Century to History: Alternative Narratives for the Modern Era. In: American Historical Review 105 (2000). S. 807–831.
Reinhart Koselleck: Vergangene Zukunft. Zur Semantik geschichtlicher Zeiten. Frankfurt a. M. 1979.
Winfried Schulze: Neuere Geschichte – ein problematisches Fach. In: Geschichte. Ein Grundkurs. Hrsg. von Hans-Jürgen Goertz. Reinbek bei Hamburg 1998. S. 287–317.
Ulrich Raulff: Der unsichtbare Augenblick. Zeitkonzepte in der Geschichte. Göttingen 1999.
Reinhart Koselleck: Zeitschichten. Studien zur Historik. Frankfurt a. M. 2000.

Plausibilität

Der Begriff ›P.‹ bezeichnet ein Konzept in der Geschichtsschreibung, das einen Begründungszusammenhang herstellt. ›P.‹ ist dabei anzusiedeln jenseits von idiographisch verstandenen, historistischen Einzigartigkeiten auf der einen (→ Individualität), und teleologisch-begründeten, → ›nomothetischen → Entwicklungen auf der anderen Seite. So verweigert sich das Konzept der ›P.‹ den beiden dominierenden europ. geschichtsphilosophischen und historiographischen Großentwürfen des 19. und 20. Jh. – dem Hegelianismus/Marxismus-Leninismus und dem → Historismus sowie ihren jeweiligen Filiationen.

Um eine konkrete historische Situation oder Sequenz → erklären und analysieren zu können, verlangt das P.-Kriterium die situationsbezogene Berücksichtigung der materiellen und ideellen Interessen und Antriebskräfte der Akteure, die Abschätzung ihrer jeweiligen Handlungsspielräume und -gebundenheiten sowie die Einschätzung all der Faktoren, die als (relative) Konstanten lediglich eine Statistenrolle auf der historischen Bühne spielen. So soll eine allgemein einsichtige Konstruktion und Interpretation von vergangenen Konstellationen angeboten werden. Die Schwäche dieses Konzepts ist gleichzeitig seine Stärke: Es ist ein verhandelbares, also präsentistisches und damit jederzeit revidierbares Interpretament, das lebensweltlich unmittelbar einsichtige Zusammenhänge (Evidenz) herzustellen sucht und damit der Vorstellung von historistischen ›Zufälligkeiten‹ wie teleologischen ›Notwendigkeiten‹ gleichermaßen die Grundlage entzieht (→ Zufall). In der Praxis haben Historiker, die sich der P. als Argumentationsstruktur bedienen, die Differenz zwischen der Analyse bereits erfassten Quellenmaterials und neuen Befunden ebenso zu berücksichtigen wie die sich parallel dazu anbietenden Interpretationen. Insofern fördert der Bezug auf P.-Kriterien einen gezähmten und geregelten Relativismus. Als ein ursprünglich innerhalb der amerik. Historikerschaft entstandener Beitrag zur Geschichtswissenschaft ist die Vorstellung von P. deutlich einer *common sense*-orientierten Philosophie verhaftet, die ohne einen analytisch kaum fassbaren, aber qualitativ maßstabsetzenden *sense of proportions* nicht auskommt. Im Geltungsbereich des P.-Kriteriums ist die Gefahr eines *master plots* minimiert, ohne dass den Beliebigkeiten der so genannten Postmoderne die Türen geöffnet werden.

Eine Begriffs- und Konzeptionsgeschichte zum Thema ›P.‹ in den Geschichtswissenschaften liegt bisher nicht vor. Wegweisend für dt. Zusammenhänge war Otto Hintze 1935 mit seiner auf P. zielenden Bemerkung an Fritz Hartung, es sei diesem »gelungen, die schielende Dialektik des Herrn C[arl] Schmitt mit dem Rüstzeug einer gesunden und vernünftigen historischen Kritik zu überwinden und das von ihm entworfene Zerrbild der historischen Zusammenhänge durch eine dem Gegenstand wirklich angemessene (›objektive‹) Auffassung zu ersetzen« (→). Eine Rezeption dieser Auffassung blieb allerdings aus. Einflussreicher in der nordamerik. Zunft war u. a. Carl Becker (*Everyman His Own Historian*, 1935; *What is the Good of History?*, 1973). Peter Novick (*That Noble Dream*, 1988) analysierte die nordamerik. Debatten um die *objektivity question* und damit implizit das Konzept der ›P.‹. Eine erste und bislang letzte Zusammenschau bot Robert F. Berkhofer jr. (*Beyond the Great Story. History as Text and Discourse*, 1995).

Peter Th. Walther

Geschichtsdiskurs. Bd. 1: Grundlagen und Methoden der Historiographiegeschichte. Hrsg. von Wolfgang Küttler, Jörn Rüsen und Ernst Schulin. Frankfurt a. M. 1993.

Ewa Domańska: Encounters. Philosophy of History after Postmodernism. Charlottesville/London 1998.

Thomas L. Haskell: Objectivity Is Not Neutrality. Explanatory Schemes in History. Baltimore/London 1998.

Ludmilla Jordanova: History in Practice. London / New York 2000.

Politische Geschichte

Unter ›P. G.‹ versteht man die historische Analyse von Verlauf und Inhalt von Politik.

P. G. galt in Deutschland bis weit ins 20. Jh. als die eigentliche Geschichte, v. a. dort, wo sie staatliches Handeln beschrieb. Sie spiegelte das idealistische Vertrauen in die allgemeine und sittliche Bedeutung des Staats. Wirtschaftsgeschichte, Rechtsgeschichte, Kunstgeschichte, Literaturgeschichte und Kirchengeschichte entsprachen diesem allgemeinen Ideal der Historiographie nicht und fanden ihren Platz in anderen Fakultäten. P. G. konnte auch deshalb als ›allgemeine Geschichte‹ (→ Weltgeschichte) angesehen werden, weil der historische Fixpunkt, den Geschichtsschreibung im Voraus legitimieren und im Nachhinein erklären wollte, im 19. Jh. ein politischer war: die Gründung des ersten dt. Nationalstaats 1871. Politische Historiker wie Johann Gustav Droysen (*Geschichte der preußischen Politik*, 14 Bde., 1855–86) tendierten nach dem Scheitern der liberalen Nationalbewegung in der Revolution von 1848/49 zu einer überwiegend preußenfreundlichen Einstellung und projizierten die preuß. Machtstaatspolitik als »Preußens Beruf für Deutschland« in die Vergangenheit.

Die P. G. entwickelte sich parallel zum Aufstieg des modernen Staats. Mit der Ausdehnung staatlicher Zuständigkeit änderte sich auch die Akteursperspektive der P. G.: Herrschergeschichte wurde zur Politikgeschichte, an die Stelle des Monarchen trat der Staat. Für die Konzentration auf einen verstaatlichten Politikbegriff schien zu sprechen, dass sich dem Staat je länger, je mehr niemand entziehen konnte. Die Ausdehnung der Staatsaufgaben erweiterte den Gegenstandsbereich der P. G. Gleichzeitig wurde die Erzählung politischer Ereignisse ergänzt um die Darstellung von Strukturen in der Finanzgeschichte, der Verfassungsgeschichte, der Geschichte der europ. Staatensysteme und der Kolonialgeschichte.

Die P. G. teilte zentrale Prämissen des → Historismus, v. a. die Denkfigur der individualisierenden Betrachtung, die Kollektiven, besonders Völkern und Staaten, eine historische → Individualität zusprach. Diese → Subjekte wurden als dynamische Faktoren in der Geschichte angesehen. Staaten entstanden also, schlossen Verträge und führten Kriege. Richtung und Verlauf dieser Dynamik unterlagen einer bürgerlich-protestantischen Sichtweise. Die Staatenpolitik wurde unter dem »Primat der Außenpolitik« (Leopold Ranke) verhandelt, der die politische Dynamik in die zwischenstaatlichen Beziehungen verlegte. Dies trat in der wilhelminischen, besonders aber in der Geschichtsschreibung der Weimarer Republik hervor, die sich fast gänzlich in den Dienst des »Kampfes gegen Versailles« stellte.

Diese Sichtweise der P. G. blieb nicht unangefochten. Soziale Interessen waren durch das allgemeine Wahlrecht Teil der Reichspolitik geworden. Die Perspektive auf staatliche Subjekte musste den ›politischen Massen‹ Rechnung tragen. Selbst der Protagonist der P. G. im Kaiserreich, Heinrich von Treitschke, teilte seine Berliner Vorlesungen zur *Politik* (hrsg. 1897) in »das Wesen des Staates« und »die sozialen Grundlagen des Staates« ein. Soziale Ideen fanden Eingang in die politische → Ideengeschichte bei Friedrich Meinecke (*Weltbürgertum und Nationalstaat*, 1908). Innerhalb der P. G. gewann die Verfassungsgeschichte mit Otto Hintze (*Staat und Verfassung*, 1941) größere Bedeutung. P. G. war auch die entstehende Parteiengeschichtsschreibung (z. B. Franz Mehring, *Geschichte der deutschen Sozialdemokratie*, 1903; Karl Bachem, *Vorgeschichte, Geschichte und Politik der Zentrumspartei 1815–1914*, 8 Bde., 1927–32).

Die historische Beschreibung der nationalsozialistischen Machtergreifung 1933 und des 2. Weltkriegs mit den überlieferten Kategorien der P. G. wurde nach 1945 problematisch. So widersprach der »Primat der Außenpolitik« der Alleinschuld Deutschlands am Ausbruch des 2. Weltkriegs. Die prägende Erfahrung moderner P. G. war die Fischer-Kontroverse seit 1961 um die Ursachen für den Ausbruch des 1. Weltkriegs. Der Wendepunkt war, dass der nationale Teilnahmestandpunkt traditioneller P. G. in Widerspruch zu ihrer Methode geriet. Fischer sprengte mit seiner konventionellen Analyse der dt. Diplomatie und Kabinettspolitik unter Berücksichtigung sozialhistorischer Aspekte den Wertehorizont traditioneller P. G. gleichsam von innen (*Griff nach der Weltmacht*, 1961). P. G. konnte danach nicht mehr affirmativ, sondern nur noch kritisch betrieben werden.

Moderne P. G. trägt der Verschränkung von Politik und Gesellschaft Rechnung. Die Politik findet in der Gesellschaft nicht mehr ihr Gegenüber oder ihren Hintergrund, sondern ist Teil der Gesellschaft geworden. In modernen Industriegesellschaften verwischen sich die Grenzen zwischen Staat, Wirtschaft, Politik und Kultur. Die Akteursperspektive der P. G. verschiebt sich hin zu den organisierten Interessengruppen in der Gesellschaft. Dies fand seine provokative Zuspitzung im methodischen »Primat der Innenpolitik« (Eckart Kehr, Hans-Ulrich Wehler). Gegenstand der neueren P. G. ist neben der staatlichen und zwischenstaatlichen Politik die politische Willensbildung in den Parteien, in den organisierten Interessen und in der Presse. Die staatszentrierte Sicht wich der Analyse des »politischen Systems« (Gabriel A. Almond), einem Gefüge von Institutionen, Organisationen und Bewegungen neben und unter dem Staat. Die Analyse der politischen Willensbildung fragt nach der »politischen Kultur« (Karl Rohe), d. h. den kulturellen Vorstellungen, die Wahrnehmung und Gestaltung des Politischen längerfristig prägen.

Siegfried Weichlein

Gabriel A. Almond: Politische Systeme und politischer Wandel. In: Theorien des sozialen Wandels. Hrsg. von Wolfgang Zapf. Köln 1969. S. 211–227.

Eckart Kehr: Der Primat der Innenpolitik. Hrsg. von Hans-Ulrich Wehler. Frankfurt a. M. 1976.

Karl Rohe: Politische Kultur und ihre Analyse. Probleme und Perspektiven der Politischen Kulturforschung. In: Historische Zeitschrift 250 (1990). S. 321–346.

Wilhelm Bleek: Geschichte der Politikwissenschaft in Deutschland. München 2001. S. 142–197.

Positivismus

Als ›P.‹ bezeichnet man sowohl eine philosophische Strömung als auch eine Weltanschauung im 19. Jh.

Als Philosophie lässt sich der P. auf Auguste Comte zurückführen, der im *Cours de philosophie positive* (6 Bde., 1830–42) sein positivistisches System begründete, das die Grundlage für eine Reorganisation der Gesellschaft in deren Verwissenschaftlichung sah. Ausgehend von der Auffassung, dass sich die gesellschaftliche und historische → Entwicklung nach konstanten Gesetzen vollziehe, sah Comte in der positiven Sozialwissenschaft die Voraussetzung für eine rationale Praxis. Das Ziel einer solchen Soziologie bestand in der Erkenntnis dieser Gesetze, die eine → Voraussage der gesellschaftlichen Entwicklung ermöglichte.

Der P. breitete sich länderübergreifend ab der Mitte des 19. Jh. rasch aus. Mit Comtes zweitem Hauptwerk *Systeme de politique positive* (4 Bde., 1851–54) bildete das positivistische System eine Einheit von der klassifizierten, »natürlichen« Welt der Wissenschaften und einer konstruierten Welt der *humanité*, mit deren Hilfe der Mensch sich in der »natürlichen« Ordnung verorten und die Bedingtheit seines Handelns ermessen konnte. Alle Spielarten des organisierten P. einte die Auffassung von einem logischen Sinn der Welt und von einer letzten, positiven Wissenschaft, die die Menschheit dazu befähigte, den Sinn ihres Daseins zu erkennen. Der P. vermittelte zwischen den Gesetzeserkenntnissen und zwischen diesen und dem normativen Handlungswissen, in dem über die Entstehung einer neuen Einheitswissenschaft jene allgemeinen Gesetze entdeckt werden sollten, die zur Erkenntnis der für die Normen der Moralität entscheidenden »höheren Ordnung« führten. Der P. begründete mit dieser »Religion der Menschheit« eine neue Weltanschauung, die die Welt als sinnvolle Einheit und sich selbst als Hauptinstanz für die Erneuerung der Moral begriff.

Comte unterschied zwei Arten von Geschichte, der so genannten »sozialen Dynamik« als Teilbereich der Soziologie. Während die vorherrschende »konkrete« Betrachtung nur eine fortlaufende Reihe von → Ereignissen beschreibe, bestehe der Zweck der »abstrakten« Geschichte in der Aufdeckung der die Entwicklung der Menschheit bestimmenden historischen Gesetze. Das zentrale Gesetz ist das der drei Stadien, nach dem sich die Geschichte vom theologischen (fiktiven) über das metaphysische (abstrakte) zum positiven (wissenschaftlichen) Stadium vollziehe.

Der engl. Amateurhistoriker Henry Thomas Buckle knüpfte an Comte an, ohne dessen Dreistadiengesetz zu übernehmen. In *The History of Civilization in England* (2 Bde., 1857/61) begründete er in Ablehnung der traditionellen politischen Ereignisgeschichte eine theoriegeleitete Geschichtswissenschaft. Ausgehend von den natürlichen Faktoren Klima, Boden, Nahrung und den generellen Naturerscheinungen stellte er spezifische Gesetze auf, die beweisen sollten, dass die geistige Entwicklung der Menschheit den entscheidenden Faktor der historischen Entwicklung ausmache und dass sich in Europa der geschichtliche → Fortschritt aufgrund spezifischer klimatischer Bedingungen vollzogen habe. In Ablehnung von → Geschichtsphilosophie und Empirismus zielte der positivistisch-nomothetische Wissenschaftsanspruch darauf ab, durch die aus der empirischen Erforschung historischer Fakten hergeleiteten Verallgemeinerungen die Geschichtsschreibung in den Rang einer exakten Wissenschaft zu erheben. Die Funktion dieser evolutionären Geschichtswissenschaft (→ Evolution) lag im Erklärungspotential zukünftiger gesellschaftlicher Entwicklung, das sich aus dem gesetzmäßigen, einheitlich und universell fortschreitenden Geschichtsprozess ergab.

Buckles Versuch, die Geschichte als → nomothetische Wissenschaft zu begründen, stieß unter engl. und amerik. *scientific historians* auf Resonanz, wurde aber von dt. Historikern abgelehnt. Johann Gustav Droysen setzte der nomothetischen Geschichtswissenschaft sein historistisches Konzept vom »forschenden → Verstehen« entgegen (*Historik*, 1857). Die scharfe Ablehnung des P. hatte nicht nur eine innerdisziplinäre Dimension, die auf das hermeneutische Deutungsmonopol über die Geschichtswissenschaft in der Phase ihrer Verwissenschaftlichung abhob, sondern spiegelte auch weltanschaulich-politische Kontroversen. Der P. wurde als eine »atheistische« und »materialistische« Lehre bekämpft; zudem verfielen Buckles liberale und demokratische Auffassungen einem radikalen Verdikt. Unter diesen Schlagworten konnten auch akademische Historiker wie Karl Lamprecht mit dem Bannstrahl des P. versehen werden.

Die Ablehnung einer nomothetischen Geschichtswissenschaft verkannte die Gemeinsamkeiten zwischen P. und → Historismus, die im Objektivismus, einer geschichtsreligiösen (als universale Sinndeutung) sowie einer normativen und teleologischen Geschichtssicht lagen. War der geschichtswissenschaftliche P. ein Phänomen des 19. Jh., so blieb die nomothetische Geschichtsauffassung in Form des → Historischen Materialismus bis in das 20. Jh. erhalten.

Eckhardt Fuchs

Eckhardt Fuchs: Henry Thomas Buckle. Geschichtsschreibung und Positivismus in England und Deutschland. Leipzig 1994.

Bernhard Plé: Die »Welt« aus den Wissenschaften. Der Positivismus in Frankreich, England und Italien von 1848 bis ins zweite Jahrzehnt des 20. Jahrhunderts. Eine wissenssoziologische Studie. Stuttgart 1996.

Andrée Despy-Meyer / Didier Devriese (Hrsg.): Positivismes. Philosophie, Sociologie, Histoire, Sciences. Turnhout 1999.

Posthistoire

Unter ›P.‹ versteht man eine sich seit einem halben Jh. ausbreitende Zeitdiagnose und Form rückbezüglichen Geschichtsdenkens, wonach am ›Ende der Geschichte‹ ein geronnener Zustand der technisierten Massengesellschaft eintrete, der sich durch ›stationäre Beweglichkeit‹ ohne sinnhafte Alternativen oder erinnerungswürdige → Ereignisse auszeichne. Soweit es im P. noch Kultur gebe, zehre sie von historischen Beständen, allerdings nicht als aufklärendem Text oder zukunftsorientierender Meistererzählung über die Vergangenheit, sondern als eklektizistischem Spiel oder Identitätsarrangement von Symbolen und Bildfragmenten beliebiger Überlieferung.

Von Vorstellungen eines Endes der Geschichte, die mit apokalyptischen Beschwörungen oder messianischen Erwartungen verbunden waren, unterscheidet sich die P.-Diagnose dadurch, dass sie nicht auf das Ende von Welt, sondern auf das Ende von → Sinn abhebt. In der Gestik des *ennui* kehren die post-historischen Intellektuellen zu den pessimistischsten Weisheitslehren der Vorgeschichte zurück. »Es gibt nichts Neues unter der Sonne, alle Worte ermüden« (Salomon), wird postmodern zu: »No news in the media, text is out.«

»Das P.« ist ein von Arnold Gehlen 1952 eingeführter und in seinen kulturkritischen Schriften (z. B. *Über kulturelle Kristallisation*, 1963) sowie von Ernst Jünger in dem Roman *Eumeswil* (1978) popularisierter Begriff, der auch von der ›Neuen Linken‹ übernommen wurde. Der französisierend verfremdete dt. Neologismus ist schon wegen seines sächlichen Artikels kaum in andere Sprachen übertragbar; das Geschlecht korrespondiert mit einem angeblich alles beherrschenden ›es‹ der Gegenwart, dem unbewussten Sicherheitstrieb der Massen. Gehlen gab als Quelle den frz. Mathematiker und Philosophen Antoine Augustin Cournot an, der »die Geschichte, wie man sie normalerweise versteht«, von zwei ungeschichtlichen Zuständen davor und danach unterschieden hatte: den naturverbundenen Stammeskulturen der Frühzeit einerseits und einer technokratischen Vision der Annäherung an einen »Endzustand« andererseits (*Traité de l'enchainement des idées fondamentales dans les sciences et dans l'histoire*, 1861). Der mit dem Wort ›das P.‹ nicht nur bei Gehlen verbundene Ekel vor den Massen, dem Sozialstaat und dem Verlust bedeutsamer Männlichkeit kommt aus anderen, verdeckten Quellen. Die Spuren führen zu Bertrand de Jouvenels Lehre von der (totalitären) Freiheitsvernichtung durch die systemübergreifenden Zwänge des »Sozialprotektorats« (*du Pouvoir*, 1945) und zu der diesen Ansatz aufnehmenden Verfallstheorie (→ Dekadenz) Hendrik de Mans, der in *The Age of Fear* (1949; dt. 1951) zum ersten Mal das Wort ›P.‹ verwandte. Neuerdings wird ›P.‹ auch mit Klios weiblichem Geschlecht verbunden (Christian Lipperheide, *Nietzsches Geschichtsstrategien*, 1999).

Die fraktionsübergreifende Konjunktur des P.-Begriffs wurde gefördert durch seine Verquickung mit wirkungsmächtigen politischen Aktualisierungen und Vereinseitigungen vieldeutiger Vorstellungen Hegels über eine Erfüllung der Geschichte, v. a. durch Alexandre Kojève (*Introduction à la lecture de Hegel*, hrsg. von Raymond Queneau, 1947). In seiner Interpretation wird ›Geschichte‹ als »Wechselwirkung zwischen Krieger-Herren und Arbeiter-Knechten« verstanden. Sie komme dann zum »Stillstand«, wenn dieser Unterschied durch die Universalisierung der Arbeit der Bürger für das Kapital und den Staat aufhört, gesellschaftlich bestimmend zu sein und nach seiner Aufhebung in einem terroristischen Blutbad ein homogener und tendentiell universeller Staat entstanden sei, in den nur noch die zurückgebliebenen Provinzen der Welt einzupassen seien. Das Ende der Geschichte als »wissendes Werden« sei – wie er 1946 in einer berühmten *Fußnote* hinzufügte – weder eine kosmische noch eine biologische Katastrophe. Was zu Ende gehe, seien der »eigentliche Mensch«, die Philosophie, die Kriege und Revolutionen, mithin das »freie geschichtliche Individuum«.

1960 setzte Kojève eine weitere *Fußnote* hinzu, in der er den *American way of life* als paradigmatische Lebensform des »post-historischen« Menschen bezeichnete und die Konvergenz der Führungsmächte des Kalten Krieges prognostizierte. Diese *Fußnote* gilt als einer der Schlüssel zur postmodernen ästhetischen Virtualisierung eklektischer Traditionsbezüge, deren Macht v. a. in der Vergleichzeitigung und Verbildlichung der Weltbezüge in den elektronischen Medien zum Ausdruck kommt. Die Folgen brachte der Kommunikationsphilosoph Vilém Flusser (*Nachgeschichte. Eine korrigierte Geschichtsschreibung* [um 1990], postum 1997) auf die Formel: »Das Modell für die geschichtlichen Ereignisse ist nicht länger die Erzählung, sondern der Film. Nunmehr kann man die Ereignisse beschleunigen, in Zeitlupe betrachten und Flashbacks vornehmen. Vor allem aber kann man das Band der westlichen Geschichte zerschneiden und neu zusammenkleben.« Der Soziologe Jean Baudrillard radikalisierte die Medialisierung der Massengesellschaften bis zum Verlust aller Wirklichkeitsbezüge zu Raum und Zeit (z. B. *Agonie des Realen*, 1978; *Das Jahr 2000 findet nicht statt*, 1990).

Als das Sowjetimperium unterging und die weitverbreitete P.-Diagnose von der Erwartung einer »Rückkehr der Geschichte« übertönt wurde, erneuerte Francis Fukuyama (*The End of History and the Last Man*, 1992) Kojèves geschichtsphilosophische Konstruktion. Er verkürzte die zentrale Stellung der Schreckensherrschaft und der militärischen Expansion in der Synthetisierung des universellen und homogenen Staats, füllte diese Leerstelle mit einer wolkigen platonischen Tugendlehre (*thymos*) und sah das Ende der Geschichte mit der weltweiten Alternativlosigkeit des liberalen Demokratie- und Marktwirtschaftsmodells der USA eingeläutet.

»Wer vom Ende der Geschichte spricht, müßte eigentlich sagen können, was er meint, wenn er von Geschichte redet. Aber gerade das ist grundsätzlich nicht möglich«, behauptete Flusser. P. hat keinen Rückbezug auf Historie, sondern auf jene Art materieller und teleologischer Geschichtsphilosophie, welche die Essenz der Wirklichkeitsbestimmung der Vergangenheit in Sinn- und Sollensbestimmungen über die Zukunft umsetzte und dabei seit dem späten 19. Jh. in einen ideologisch-mythologisch umwölkten Voluntarismus verfiel. Diese Geschichte kommt im P. zu Ende und kritisiert zu Recht die Gültigkeit der Meistererzählungen, den Struktur gewordenen Progresszwang der ›Megamaschine‹ und den evolutionären Optimismus. Der Zusammenschluss dieser Kritiken in der P.-Diagnose aber enthält ein rückbezügliches Überschusselement, das nur in den bescheideneren Bemühungen der Historie um die Aufklärung vergangener Zukünfte je und je abgearbeitet werden kann.

Lutz Niethammer

Thomas Jung: Vom Ende der Geschichte. Rekonstruktionen zum Posthistoire in kritischer Absicht. Münster / New York 1989.

Lutz Niethammer mit Dirk van Laak: Posthistoire. Ist die Geschichte zu Ende? Reinbek bei Hamburg 1989.

Perry Anderson: Zum Ende der Geschichte. Berlin 1993. [Engl.: The Ends of History. London 1996.]

Martin Meyer: Ende der Geschichte? München/Wien 1993.

Rainer Rotermundt: Jedes Ende ist ein Anfang. Auffassungen vom Ende der Geschichte. Darmstadt 1994.

Psychohistorie

In der transdisziplinären P. werden Psychologie und Geschichte in dreifacher Weise verknüpft: P. ist (1) ein methodisches Werkzeug der Geschichtswissenschaft, da sie hermeneutischen Deutungsansätzen psychologische Modelle zum Verständnis historischer Phänomene anbietet; P. liefert (2) einen Beitrag zur historischen Epistemologie, indem sie die psychischen Interdependenzen zwischen dem Historiker und seinem Objekt während des Erkenntnisprozesses analysiert; P. trägt (3) zur Wissenschaftsgeschichte und Wissenschaftskritik bei, indem die Geschichtswissenschaft die Psychologie historisiert.

P. ist keine homogene Disziplin; ihre Vertreter gehen von ganz unterschiedlichen psychologischen Theoremen aus. Als Disziplin ist sie an der Grenze zwischen Natur- und Geisteswissenschaft angesiedelt und schwankt zwischen Empirie und Hermeneutik, zwischen Deduktion und Induktion, zwischen Biologismus und Kulturalismus. Biographische Untersuchungen (→ Biographie) stützen sich auf die vom Individuum abgeleitete psychoanalytische Theorie Sigmund Freuds und deren nach dem 2. Weltkrieg erfolgte Weiterungen: auf die kulturalistische Ich-Psychologie (Heinz Hartmann, Erich Fromm), die Theorie der präödipalen Objektbeziehungen (Anna Freud, Melanie Klein, Margaret S. Mahler, Heinz Kohut) und die Psychologie der Identitätskonstituierung (Erik H. Erikson). Ebenfalls psychoanalytisch fundiert ist die den universalen Symbolen verpflichtete Archetypenlehre Carl Gustav Jungs, die in der vergleichenden Religions- und → Kulturgeschichte rezipiert wurde. Auf der Basis psychoanalytischer Prämissen wandte sich der amerik. Psychohistoriker Lloyd de Mause gruppendynamischen Prozessen zu (Kriegsforschung, Wahlverhalten) und verband die Analyse kollektiver Hoffnungen mit Sozialisationstheorien sowie mit der Geschichte von Kindheit und Familie zu einer psychogenetischen

Entwicklungstheorie (*Grundlagen der Psychohistorie*, 1989).

Die psychoanalytische Fundierung der P. wurde von Historikern häufig als biologistisch, deterministisch und unhistorisch kritisiert. Demgegenüber vergewissert sich die Psychoanalyse gegenwärtig ihrer kulturalistischen Implikationen und Wurzeln (Lilli Gast, Jürgen Kröner).

An den Erkenntnissen der Psychosemiologie, die auf Annahmen des linguistischen Strukturalismus und der Psychoanalyse beruht, zeigten sich viele Vertreter der → *Annales*-Schule interessiert. Michel de Certeau vollzog die Abwendung der psychoanalytischen Bewegung vom analytischen Objekt in Frankreich unter dem Einfluss Jacques Lacans und Michel Foucaults und die Hinwendung zum → Diskurs, zur Sprache und zum Text konsequent mit und erzielte damit die linguistische Wende (→ Begriffsgeschichte) in der psychohistorischen Forschung.

In Deutschland wurde die analytische »Inszenierung« Alfred Lorenzers seitens der historischen Interaktions- und Konfliktforschung adaptiert. Noch nicht ausgeschöpft ist hingegen das Potential der P. für die Analyse kollektiver Phantasien (Ängste und Projektionen, Fremd- und Feindbildstereotypen, Selbstwahrnehmung und Repräsentationen, Symbolisierungen der historischen Kategorien Raum, Zeit und Geschlecht).

Die epistemologische Dimension der P. wurde in den letzten Jahren zunehmend für die Methodenreflexion der → Oral History relevant. Hilfreich war hier die Beobachtung, dass die intrapsychischen Prozesse, die im Interview mit Tätern und Opfern des Nationalsozialismus zwischen dem Historiker und seinem Gesprächspartner ablaufen, frappierende Parallelen zu den Übertragungs- und Gegenübertragungsmechanismen der psychoanalytischen Kur aufweisen (Dori Laub).

Seit neuestem öffnet sich die psychohistorische Forschung der Frage, wie sich → Geschichtsbewusstsein konstituiert (›Selektionsleistung des Gedächtnisses‹, Jürgen Straub). Die Grenze zwischen Geistes- und Naturwissenschaften wird hier mit dem Betreten kognitionspsychologischer und neurobiologischer Forschungsfelder überschritten.

Hedwig Röckelein

Hans-Ulrich Wehler (Hrsg.): Geschichte und Psychoanalyse. Frankfurt a. M. [u. a.] 1971.
Michel de Certeau: Theoretische Fiktionen. Geschichte und Psychoanalyse. Wien 1997.
Jürgen Straub (Hrsg.): Erzählung, Identität und historisches Bewußtsein. Die psychologische Konstruktion von Zeit und Geschichte. Frankfurt a. M. 1998.
Hedwig Röckelein: Psychological History in Germany and Its Problems with Obtaining Approval from Historical Science: State of Research – Perspectives. In: The Psychohistory Review. Studies of Motivation in History and Culture 27 (1999). H. 3. S. 3–21.
Jacques Szaluta: Psychohistory. Theory and Practice. New York [u. a.] 1999.

Quellen

»Q. nennen wir alle Texte, Gegenstände oder Tatsachen, aus denen Kenntnis der Vergangenheit gewonnen werden kann« (Paul Kirn, *Einführung in die Geschichtswissenschaft*, 1947). Q. sind Ausgangspunkte historischer Erkenntnis. Wie bei natürlichen Wasserläufen, die Vorstellung und Begriff prägten, kommt es jedoch nicht auf ihre bloße Existenz an; sie gewinnen ihre Bedeutung erst durch das menschliche Zurückverfolgen zu deren Ursprüngen.

Nachdem der Gegenwart alles Vergangene allein in

Nachrichten und Überresten erhalten ist, besteht die Aufgabe der Geschichtswissenschaft in einem methodisch-kritischen (→ Methode) und auf Q. gestützten Sich-Erinnern (→ Erinnern). Diese jedoch existieren bereits, bevor sie zum Gegenstand forschenden Interesses werden. Ihr Fehlen andererseits hat seine Ursache nicht selten in intentionalem Handeln: Seit der Antike ist die *damnatio memoriae* bekannt, die Vernichtung von Denkmälern in der Absicht, jede Erinnerung an die Taten der Vorgänger zu verhindern. Und vom Mittelalter bis in die unmittelbare Gegenwart ist das Bestreben und Betreiben der Mächtigen nachweisbar, Dokumente eigenen oder gegnerischen Handelns zu vernichten. *Ad fontes* (zurück zu den Q.) war eine Maxime des europ. Renaissance-Humanismus (15. und 16. Jh.). Die Vertreter dieser Geistesrichtung strebten einen unmittelbaren Rückgriff auf die Zeugnisse der Antike an, ohne die verunklarende Vermittlung einer ›finsteren‹ Zwischenzeit.

Für die Beantwortung der Frage, was Q. für die Methodik und Theorie der Geschichtswissenschaft bedeuten, bleibt festzuhalten, dass Q. nicht das Ergebnis der aus ihnen gewonnenen Erkenntnisse darstellen, sondern das Medium dieses Erkenntnisprozesses. Folglich trennt man in der wissenschaftlichen Praxis zwischen ›Q.‹ und ›Darstellungen‹ – bzw. den ›Primär‹-Q. und der ›Sekundär‹-Literatur. Setzt man beides in Beziehung, so bauen die Darstellungen und die wissenschaftliche Literatur zum einen auf den Q. auf, zum anderen stützen sie ihre Interpretation (→ Verstehen).

Während es kaum einer Erläuterung bedarf, was unter ›Texten‹ (wie → Historiographie, Urkunden, Akten) zu verstehen ist, und auch die aus der Vergangenheit erhaltenen ›Gegenstände‹ (z. B. Bauwerke, Grabfunde) zum allgemeinen Kenntnisstand rechnen, bedürfen die »Tatsachen, aus denen Kenntnis der Vergangenheit gewonnen werden kann« (Paul Kirn), hingegen näherer Erörterung, um sich etwa darüber klar zu werden, dass der Föderalismus in

Deutschland oder die heute noch bestehenden Sprachgrenzen in Europa historische Ursachen haben.

Das entscheidende Kriterium für eine Q. ist ihr Erkenntniswert für die historische Forschung. Dabei kommt es weniger auf ihre äußere Form an als auf ihre Nähe oder Ferne zu den entsprechenden Ereignissen oder Zuständen: Der Bericht eines Augenzeugen oder ein Foto wird hierbei Vorrang erhalten gegenüber einem späteren Bericht oder Untersuchungsprotokoll. Man hat hierfür die Bezeichnungen der ›Primär‹- bzw. der ›Sekundär‹-Q. gewählt. Jedoch kann eine sekundäre Q. aufgrund ihrer größeren → Objektivität – oder gerade aufgrund ihrer zeitlichen Distanz – eine Primär-Q. an Wert übertreffen.

Entscheidend für die Einschätzung der Q. hinsichtlich ihrer Intention und ihres Q.-Werts wurde die Beobachtung Johann Gustav Droysens, der in seiner *Historik* (1857) als Erster von der Erwägung ausging, dass eine Q. unbewusst-unabsichtlich oder aber absichtlich Zeugnis von einem historischen Faktum ablege, und folglich zwischen den nicht im Hinblick auf die Nachwelt entstandenen »Überresten« und den »zur Erinnerung bestimmten« Q. zu unterscheiden sei.

Nach Ernst Bernheim (*Lehrbuch der historischen Methode*, 1889) lassen sich Q. demnach unterscheiden in die Gattungen der »Tradition« und der »Überreste«: Tradition ist alles, was von den Begebenheiten übrig geblieben ist, hindurchgegangen und wiedergegeben durch menschliche Auffassung; Überreste sind alles, was unmittelbar von den Begebenheiten übrig geblieben ist. Eine durch menschliche Auffassung geformte Überlieferung (mit Blick auf eine Unterrichtung der Mit- und Nachwelt), die → »Tradition« also, ist zu unterscheiden von den »Überresten«, der unabsichtlichen, unwillkürlichen Hinterlassenschaft vergangener Zeiten.

Der Eindruck, dass die Anzahl der Q., verglichen mit der Antike und dem Mittelalter, zur Gegenwart hin gänzlich unüberschaubar geworden ist und in der Zukunft noch weiter anschwellen werde, trifft nur z. T. zu. Denn inzwischen versiegen ganze Q.-Gattungen. Dies gilt nicht nur für die allmählich zerfallenden alten Zeitungen und Zeitschriften, sondern gerade auch für die modernen Medien, die Bilder und Daten allgemein verfügbar und dauerhaft machen sollten: Filme und Tonträger haben nur eine begrenzte Lebensdauer und bedürfen aufwendiger Konservierung. Die elektronische Speicherung verhindert vielfach, dass ›unaktuelle‹ Daten überhaupt gesichert werden; desgleichen, dass selbst die gesicherten durch einen raschen technischen Wandel benutzbar bleiben. Nicht zuletzt schafft die mögliche Manipulierbarkeit durch technische Hilfsmittel auch neue methodische Probleme: Fälschungen mit Hilfe fototechnischer Retuschen wurden zuerst bei Bild-Q. des 20. Jh. nachgewiesen.

Umso mehr wird die Aufgabe einer sachgerechten Analyse und Interpretation historischer Q. (→ Quellenkritik) auch in Zukunft darin zu sehen sein, sich ihnen verstehend anzunähern. Immer wieder wird es Spielraum für neue Zugänge und neue Erkenntnisse geben: Denn nicht die Q. sind der eigentliche Forschungsgegenstand, sondern die Handlungen und Verhältnisse von Menschen in der Vergangenheit.

Klaus Arnold

Ahasver von Brandt: Werkzeug des Historikers. Eine Einführung in die historischen Hilfswissenschaften. Stuttgart 1958. [14]1996.

R. C. van Caenegem: Kurze Quellenkunde des Westeuropäischen Mittelalters. Unter Mitarb. von F. L. Ganshof. Göttingen 1964.

Winfried Baumgart (Hrsg.): Quellenkunde zur deutschen Geschichte der Neuzeit von 1500 bis zur Gegenwart. 6 Bde. Darmstadt 1982–96.

Klaus Arnold: Der wissenschaftliche Umgang mit den

Quellen. In: Geschichte. Ein Grundkurs. Hrsg. von Hans-Jürgen Goertz. Reinbek bei Hamburg 1998. S. 42–58.

Quellenkritik

Aufgabe der Q. ist die Beantwortung der Fragen nach Autorschaft und Entstehung historischer → Quellen, nach ihrer zeitlichen Einordnung und insbesondere nach ihrer Echtheit.

›Befund‹ und ›Deutung‹ sind zwei voneinander unabhängige und aufeinander folgende Stufen der Quelleninterpretation. Die Erhebung des Befunds geht der Deutung voran; eine Umkehrung dieses Ablaufs führt jegliche Q. ins Abseits. Hierbei geht es vorrangig um die Schriftquellen, zumal die nichtschriftlichen Überreste meist Aufgabe von Spezialdisziplinen darstellen. Doch auch dort – etwa bei der Archäologie – gilt eine strikte Einhaltung der Abfolge von Befund und Deutung.

Zur Erfassung des Befunds und zu den ersten Schritten der Q. gehört die Frage nach dem Autor des Texts, seinen Lebensumständen, seinen Intentionen: Wie viel konnte er von den von ihm berichteten Vorgängen wissen, und wie viel wollte er davon berichten?

Alles entscheidend für eine Q. ist die Frage der Echtheit. Erst dann wird man darangehen können, den Wert der Quelle hinsichtlich ihrer Aussagen zu ermitteln. Ist schon in der Auswahl des Stoffs eine Tendenz zu erkennen, so mehr noch in der zugrunde liegenden Wertung. Man kann also die Q. mit den Methoden der Kriminalistik oder einer Zeugenbefragung vor Gericht vergleichen. Denn i. d. R. wird die Tendenz eines Autors (oder Zeugen) nicht offen, sondern nur durch subtile Befragung oder durch ein ›Kreuzverhör‹ der Aussagen erkennbar. Dies gilt auch für die Frage der Authentizität einer Quelle insgesamt. In diesen Zusammenhang gehört die Berücksichtigung der Verbreitung und der Rezeption, die ein Text nachweislich gefunden hat.

Die Q. darf in keinem Fall eine solche Interpretation immanent, d. h. allein aus dem Text heraus, und ohne eine vorherige möglichst weitgehende Recherche über die faktischen Hintergründe und die Umstände seiner Entstehung verfolgen. Daneben ist der Text dahingehend zu befragen, inwieweit seine Aussagen nicht, wie auf den ersten Blick möglicherweise der Fall, singulär, sondern gattungsspezifisch und eher konventioneller Natur sind. Eine große Rolle spielen hierbei Topoi und rhetorische Muster. Daneben lassen sich in nahezu allen Quellengattungen Hinweise auf unterschiedliche → Mentalitäten von Gruppen finden. Wenngleich menschliches Verhalten nicht von Mentalitäten allein bestimmt wird, lassen sich gleichwohl Grundvorstellungen und Reaktionsmechanismen einzelner Gruppen in einem gegebenen Zeitabschnitt oder im zeitlichen Vergleich quellenmäßig erschließen.

Zentrale Frage für jegliche Q. ist die nach der Echtheit einer Quelle (das *discrimen veri ac falsi*): Ist der genannte Autor eines Textes tatsächlich der Verfasser? Entstammt die Quelle wirklich aus der Zeit, aus der zu stammen sie vorgibt? Ist sie möglicherweise ganz gefälscht oder zumindest verfälscht? Fälschungen traut man gemeinhin am ehesten dem ›finsteren‹ Mittelalter zu; doch sind sie nicht auf eine Epoche beschränkt. Die Entscheidung zwischen ›echt‹ und ›gefälscht‹ ist nicht immer zweifelsfrei zu treffen: Sind Fälschungen erst dingfest gemacht, braucht man sie keineswegs aus der Untersuchung zu verbannen: Sie sind als literarische oder als entlarvte Urkundenfälschungen vielmehr wiederum selbst Quellen, weil sie Aussagen über die Ursachen und Umstände ihrer Entstehung ermöglichen. Zur Aufdeckung von Fälschungen bedarf es insbesondere hilfswissenschaftlicher (→ Historische Hilfswissenschaften) und philologischer

Spezialkenntnisse; denn häufig stellt sich der erstrebte Tatbestand zwar als fiktiv (→ Fiktion), das zu seiner Herstellung verwendete Material jedoch als Sammlung von authentischen Versatzstücken heraus. So haben eine Reihe bedeutender Fälschungen (z. B. die ›Konstantinische Schenkung‹) oder Verfälschungen (wie die ›Emser Depesche‹) inzwischen ihre eigene Forschungs- und Wirkungsgeschichte.

Klaus Arnold

Fälschungen im Mittelalter. 5 Bde. Hannover 1986.
Gerhard Theuerkauf: Einführung in die Interpretation historischer Quellen. Schwerpunkt: Mittelalter. Paderborn 1991.
Bernd-A. Rusinek [u. a.]: Einführung in die Interpretation historischer Quellen. Schwerpunkt: Neuzeit. Paderborn 1992.
Klaus Meister: Einführung in die Interpretation historischer Quellen. Schwerpunkt: Antike. Bd. 1: Griechenland. Paderborn 1997.
Lothar Gall / Rudolf Schieffer (Hrsg.): Quelleneditionen und kein Ende? München 1999.

Res gestae / Historia rerum gestarum

Der Begriff ›R. g.‹ (vollbrachte Taten) bezeichnet von Cicero bis Robin G. Collingwood (*The Idea of History*, 1949; dt. 1955) das, womit es Geschichte inhaltlich-gegenständlich zu tun hat. In ihrer Gegenüberstellung haben sich ›R. g.‹ und ›H. r. g.‹ (›Geschichte der vollbrachten Taten‹) für die Auseinanderlegung der beiden Komponenten eingebürgert, die der Ausdruck ›Geschichte‹ in sich vereinigt: einerseits deren Gegenstand, das vergangene Geschehen selbst, andererseits seine wissensmäßige Erfassung und Darstellung.

Beide Begriffe stehen in einem gegenseitigen Verweisungszusammenhang, in dem die erkenntnistheoretische Frage, wie sich das Objekt und seine Erkenntnis aufeinander beziehen, für die Geschichte zum Austrag kommt. Dass ›Geschichte‹ in ihrer Doppelbedeutung R. g. und H. r. g. zugleich zusammenbindet und auseinander hält, verweist darauf, dass sie nie in nur einem dieser Elemente aufgeht, sondern sich in ihrem Aufeinanderbezogensein manifestiert. Einer genaueren Bestimmung der verschiedenen Aspekte dieses Spannungsverhältnisses kommt also systematische Aussagekraft über das zu, was Geschichte ausmacht:

Fasst man ›R. g.‹ und ›H. r. g.‹ (1) als Tat und das Bewusstsein ihrer selbst auf, so erscheint ihr Verhältnis als *Gewußtsein.* In diesem Sinne interpretierte Hegel (*Vorlesungen über die Philosophie der Weltgeschichte*, 1830) die Doppelseitigkeit des Geschichtsbegriffs als Simultaneität von Geschichtsschreibung und geschichtlichen Taten. Diese seien darum geschichtlich, weil sie sich selbst als geschichtliche Taten bewusst geworden seien und sich daher historiographisch selbst begleiteten. Bei Hegel findet dieses beidseitige Aufeinanderangewiesensein seine Grundlage in einer Geschichtsphilosophie, für die das Geschehen gerade in seiner Bewusstwerdung besteht, es haben also die R. g. den Prozess der H. r. g. genauso zu ihrem wesentlichen Inhalt wie umgekehrt.

Johann Gustav Droysen dagegen zielte auf die Konstitutionsweise historischen Bewusstseins, wenn er »Geschichte« von »Geschäften« absetzt (*Historik*, 1857). Mit diesem Schritt erfolgt eine Selbstdistanzierung der Geschäfte ins Überindividuelle, Überintentionale, Überaugenblickliche, die auf diese qualitativ verändernd zurückwirkt. Damit erzeugt sich eine Bewegung (»das Umsetzen des Geschäfts in Geschichte, und die Verwertung der Geschichte für die Geschäfte«), die ein Handeln aus dem Bewusstsein des historischen Zusammenhangs erst ermöglicht und damit eine Praxis, die sich über die Geschäfte erhebt: Geschichte zu machen. Der Akt der geschichtlichen Selbstbewusstwerdung rückt aus der Perspektive der realgeschichtlichen Arbeit des Weltgeistes in die der Arbeit des Historikers.

Hier verhalten sich R. g. und H. r. g. wie Material und Werk, Stoff und Deutung. Ihre Beziehung rückt (2) als *Konstruiertsein* in den Blick, wenn beide nicht mehr in ein objektivistisches Entsprechungsverhältnis gesetzt werden, wie etwa bei Leopold Ranke: »[...] dort erhebt sich die Sache zur Wissenschaft, hier nimmt die Wissenschaft den Gegenstand in sich auf: sie koinzidieren miteinander [...]« (*Aus Werk und Nachlaß*, Bd. 4, 1975). Vielmehr wird dann die »Idealität« (Collingwood) der R. g. betont: Sie werden erst im Prozess der H. r. g., also v. a. durch Auswahl und Interpretation (→ Heuristik, Verstehen) geschaffen. Insofern die → Tatsachen außerhalb ihrer Darstellung nie greifbar sind, wohl aber die Funktion eines regulativen Richtwerts für diesen Rekonstruktionsprozess einnehmen, gestaltet sich das Verhältnis beider als »Wechselwirkung zwischen dem Historiker und seinen Fakten« (Edward H. Carr, *What is History?*, 1961; dt. 1963). Die unauflösliche Spannung zwischen beiden muss immer neu justiert werden und ist so für das fortwährende Umschreiben der Geschichte verantwortlich.

Eine spezifische Zuspitzung erhält dieser Aspekt des Verhältnisses von R. g. und H. r. g., wenn man Geschichte als → Erzählung versteht und beide Pole als Faktum und → Fiktion aufeinander zuordnet, ihr Verhältnis also (3) als *Geformtsein* fasst. Hayden White (*The Content of the Form*, 1987; dt. 1990) wies darauf hin, dass erst die narrative Form den Inhalt, die Fakten, mit einem → Sinn ausstattet, der es erlaubt, sie als Geschichte zu bezeichnen.

Schließlich beziehen sich (4) R. g. und H. r. g. in ihrer Eigenschaft als Vergangenes und Gegenwärtiges im Modus des *Aktualisiertseins* aufeinander. Ihren klassischen Ausdruck hat diese Verhältnisbestimmung in Benedetto Croces Definition (*Zur Theorie und Geschichte der Historiogra-*

phie, 1915) gefunden, »daß jede wahre Geschichte Geschichte der Gegenwart ist«, d. h. aus dem aktuellen Interesse vergegenwärtigt wird. Von dem ständigen Prozess der Aktualisierung und wiederum Entaktualisierung zwischen R. g. und H. r. g. werden immer jeweils neue Teile erfasst. Schon Friedrich Nietzsche (*Vom Nutzen und Nachtheil der Historie für das Leben*, 1873) hatte das Gelingen einer solchen Relationierung in ihrer Umkehrbarkeit gesehen: Eine so verstandene ›Geschichte‹ solle auch immer wieder – neues – ›Geschehen‹ aus sich hervortreiben können.

Benjamin Herzog

Karl Keuck: Historia. Geschichte des Wortes und seiner Bedeutungen in der Antike und in den romanischen Sprachen. Münster 1934.

Reinhart Koselleck [u. a.]: [Art.] Geschichte. In: Geschichtliche Grundbegriffe. Hrsg. von Otto Brunner [u. a.]. Bd. 2. Stuttgart 1975. S. 593–717.

Roman, historischer

Als ›historischen R.‹ bezeichnet man einen Typus des R., der einen geschichtlichen, dokumentarisch verbürgten Stoff (Personen, → Ereignisse, → Entwicklungen, Lebensverhältnisse) in fiktionalen Konstruktionen darstellt.

Der Begriff ist seit den 1770er Jahren lexikalisch nachgewiesen (Adelung) und taucht in Konkurrenz zu älteren Genrebezeichnungen (Gemälde, Geschichte, Originalgeschichte) auf. Erstmals auf dem Titelblatt eines R. belegt ist er 1794 in Christian Friedrich Traugott Voigts anonym publiziertem *Athelin von Brutthow oder der Kreuzzug. Ein historischer Roman.* Er bleibt lange Zeit ziemlich unbestimmt, ähnlich wie die Begriffe ›historische Novelle‹ und ›historisches Gemälde‹.

Entscheidenden Einfluss auf die Entwicklung des historischen R. im europ. Literaturraum gewannen – seit seinem ersten Prosa-R. *Waverley* 1814 – die Werke Walter Scotts (z. B. *Ivanhoe*, 1819). Im Gefolge Scotts entstanden zahlreiche historische R., so dass sich seit den 1840er Jahren der Begriff in gattungstheoretischen Diskussionen etablierte, obgleich Begriffe wie ›Kulturbild‹, ›Sittenbild‹, ›Zeitgemälde‹ (→ Erzählung) dasselbe Genre bezeichneten.

Der historische R. war von Anfang an im Spannungsfeld zwischen → Geschichtswissenschaft, Didaktik und Literatur angesiedelt. Er diente in der Ära von 1848 bis 1871 v. a. der nationalen Gesinnungsbildung und geriet dabei gewöhnlich im Geflecht von Faktizität (→ Tatsache) und Fiktionalität (→ Fiktion) in Legitimationskonflikte. Wilhelm Hauffs *Lichtenstein* (1826), Joseph Viktor von Scheffels *Ekkehard* (1855), Felix Dahns *Ein Kampf um Rom* (1876) u. a. m. begründeten die Popularität des Genres ebenso wie den Trivialitätsverdacht, der durch Kunstwerke von unbestreitbarem Rang, z. B. Adalbert Stifters *Witiko* (1865–67), Conrad Ferdinand Meyers *Jürg Jenatsch* (1876), Wilhelm Raabes *Das Odfeld* (1889) oder Alfred Döblins *Wallenstein* (1920), nie ganz zurückgedrängt worden ist: Noch Adolf von Grolman (»Über das Wesen des historischen Romans«, in: *Deutsche Vierteljahrsschrift für Literaturwissenschaft und Geistesgeschichte* 7, 1929) kam zu einer negativen Bilanz. Bezeichnenderweise definierte er das Genre nicht als kanonisierte Form der Geschichtsdarstellung (→ Historiographie), sondern als »Versuch, eine erdachte und vielleicht gedichtete Romanhandlung in einen Rahmen einzuspannen, der mehr oder weniger archivalisch vom Dichter erforscht und mit Historischem vom Künstler geschmückt ist«.

1937 legte Georg Lukács in russ. Sprache die erste systematische Darstellung des Genres vor (dt. *Der historische Roman*, 1955). Ausgehend von der Position Scotts sowie von Goethes und Hegels Auffassung der Rolle des »notwendigen Anachronismus« in der Literatur, kennzeichnete Lukács die literarische »Gestaltung der breiten Lebensgrundlage der historischen Ereignisse in ihrer Verschlungenheit und Kompliziertheit, in ihrer vielfältigen Wechselwirkung mit den handelnden Personen«, den »dichterischen Beweis der historischen Realität« als zentrale Aufgabe des Genres. In der Literatur des Realismus sah er diese Aufgabe bewältigt; »der neue Typus« des historischen R., der den »mittleren« durch den »einsamen« Helden ersetzt und nach Lukács mit C. F. Meyer beginnt, erschien ihm schon als Anfang vom Ende des klassischen historischen R., als Vorläufer des von ihm scharf attackierten »Ästhetentums« der Moderne.

Lange über Lukács hinaus galt der von Scott geprägte Typus des historischen R. als Idealtypus. Erst die von Hans Vilmar Geppert eingeführte Dichotomie zwischen dem »üblichen« und dem »anderen« historischen R. (*Der ›andere‹ historische Roman*, 1976) – einem R.-Typus, der den »Hiatus von Fiktion und Historie« nicht länger verdeckt und der demnach jede Objektivitätsillusion (→ Objektivität) zerschlägt – brachte eine Neubelebung der Debatte über den historischen R. und seine Geschichte. Gefördert wurden die neuen Diskussionen über Möglichkeiten und Grenzen der Geschichtsschreibung v. a. auch durch jüngere bzw. postmoderne historische R., u. a. Alexander Kluges *Schlachtbeschreibung* (1964/78), Christoph Ransmayrs Ovid-R. *Die letzte Welt* (1988) und die R. Umberto Ecos. Die heutige Forschung konzentriert sich nach wie vor darauf, das Hauptproblem des Genres, nämlich »die Differenz zwischen den Kategorien des Historischen und des Fiktiven« (Gerhard Kebbel, *Geschichtengeneratoren*, 1992) sichtbar zu machen.

Johann Holzner

Ina Schabert: Der historische Roman in England und Amerika. Darmstadt 1981.
Lion Feuchtwanger: Das Haus der Desdemona oder Größe und Grenzen der historischen Dichtung [1961]. München 1984.
Hugo Aust: Der historische Roman. Stuttgart/Weimar 1994.
Hartmut Eggert: [Art.] Historischer Roman. In: Reallexikon der deutschen Literaturwissenschaft. Hrsg. von Harald Fricke. Bd. 2. Berlin / New York 2000. S. 53–55.
Innsbrucker Datenbank *Historischer Roman.* http://germanistik.uibk.ac.at/hr/

Sinn, historischer

›S.‹ ist eine Kategorie des historischen Denkens, die den inneren Zusammenhang organisiert, der aus einer Ereignisfolge (→ Ereignis) in der → Vergangenheit eine Geschichte für die Gegenwart macht. Zugleich damit gibt S. der Vergangenheit Bedeutung für die Gegenwart und regelt daher den grundlegenden Wertbezug des historischen Denkens.

Für das historische Denken und die Geschichtswissenschaft bedeutet S. mehr und anderes als nur eine subjektive Leistung. Unter ›S. der Geschichte‹ wird eine Qualität von Zeitverläufen in der menschlichen Welt verstanden, mit der ihr objektives Geschehen (→ Objektivität) auf die subjektiven Absichten (→ Subjektivität) der in ihr handelnden und leidenden Menschen, aber auch der sie deutenden Historiker bezogen ist. Jede Geschichtsschreibung (→ Historiographie) und jede Erkenntnisarbeit setzt diesen S. immer schon voraus. Er wächst ihnen aus zwei Quellen zu: aus dem ›S.‹, der in die Ereignisse der Vergangenheit durch die beteiligten Menschen eingelagert wurde (›objektiver S.‹, z. B. Sprache, Tradition), und aus dem S., mit dem die Erinnerung vergangenes Geschehen gegenwärtig hält.

Die vorausgesetzte Sinnhaftigkeit vergangenen menschlichen Geschehens in den kulturellen Praktiken der Erinnerung (→ Erinnern) und des → Gedächtnisses wurde unterschiedlich begründet und benannt. Sinnquelle waren zumeist Religion, Moral und Legitimitätspotentiale politischer Herrschaft. Die Geschichtsschreibung präsentierte lange Zeit und nicht nur im Westen das, was wir ›S. der Geschichte‹ nennen, als moralische Botschaft, als »dauernden Besitz« (Thukydides) oder als »durchgehenden Spiegel zur Hilfe der Regierungen« (der chines. Historiker Sima Guang, 1019–86); sie trat als → historia magistra vitae auf. In moderner Form wird dieser S. als → Fortschritt, als Zivilisation oder Kultur, als bewegende Kraft des menschlichen Geistes in den zeitlichen Veränderungen der menschlichen Welt, als dialektische Bewegung von Gesellschaftsformen hin zu einem Ziel in der Zukunft oder in anderen Vorstellungen und Annahmen konzipiert. In jedem Falle war die Vergangenheit über ihren S. mit den Absichten gegenwärtigen Handelns eng verbunden.

Zu einem Thema des intellektuellen und akademischen Diskurses wurde der ›S. der Geschichte‹ allerdings erst in der zweiten Hälfte des 19. Jh., als die Überzeugungskraft der idealistischen → Geschichtsphilosophie, die dem → Historismus zugrunde lag, schwächer wurde. So würdigte der Philosoph Hermann Lotze den ›S. der Geschichte‹ zum ersten Mal mit einem eigenen Kapitel eines umfassenden philosophischen Werks (*Mikrokosmos*, Bd. 3, 1864). Danach ging der Begriff rasch in den Diskurs der Philosophen (Wilhelm Dilthey, Georg Simmel) und Historiker (Ernst Bernheim) ein. Er gewann immer mehr Bedeutung, was den wachsenden Schwund eines erkenntnisfundierenden Vertrauens in den objektiven S. der Geschichte zeigt. War er für Wilhelm von Humboldt noch in einer »vorhergängigen ursprünglichen Übereinstimmung zwischen dem Subjekt und dem Objekt« des historischen Denkens begründet (*Ueber die Aufgabe des Geschichtschreibers*, 1821), so wurde er bei Max Weber zur nachträglichen Zutat des erkennenden Subjekts in den objektiv sinnlosen Weltverlauf.

Gegenwärtig wird dieser subjektive S. v. a. in den mentalen Aktivitäten des historischen Erzählens (→ Erzählung) ausgemacht und beschrieben. Es ist umstritten, ob er ein objektives Pendant in der historischen Erfahrung hat oder nicht. Allerdings gewinnt objektiver S. unter dem Leitbegriff der ›Kultur‹ wachsende Bedeutung für das historische Denken. Geschichte kann zur »Sinngeschichte« (Jan Assmann) einer ganzen Kultur werden. Damit gibt die historische Erfahrung eine Antwort auf die Sinnfrage der Gegenwart, allerdings ist es unklar geblieben, ob und wie der Sinngehalt des historischen Erzählens, der sich dem Sinnbedürfnis der Gegenwart verdankt, mit diesem Sinngehalt der historischen Erfahrung verbunden ist.

Jörn Rüsen

Jan Assmann: Ägypten. Eine Sinngeschichte. München 1996.

Klaus E. Müller / Jörn Rüsen (Hrsg.): Historische Sinnbildung – Problemstellungen, Zeitkonzepte, Wahrnehmungshorizonte, Darstellungsstrategien. Reinbek bei Hamburg 1997. [Darin: Jörn Stückrath: »›Der Sinn der Geschichte‹. Eine moderne Wortverbindung und Vorstellung?«, S. 48–78.]

Jörn Rüsen: Zerbrechende Zeit. Über den Sinn der Geschichte. Köln 2001.

Sozialgeschichte

Unter ›S.‹ versteht man zum einen eine geschichtswissenschaftliche Teildisziplin, die sich mit einem Teilbereich der geschichtlichen → Wirklichkeit – nämlich den sozialen

Strukturen, Prozessen und Handlungen im engeren Sinn – beschäftigt und insofern von anderen Teildisziplinen wie Politik-, → Kultur- und Wirtschaftsgeschichte zu unterscheiden ist. Zum anderen bedeutet ›S.‹ so viel wie ›Geschichte ganzer Gesellschaften‹ und stellt einen spezifischen Zugriff auf die allgemeine Geschichte dar. Dafür wird seit etwa 1970 auch die Bezeichnung ›Gesellschaftsgeschichte‹ gebraucht. Als Gesellschaftsgeschichte zielt S. auf Zusammenhang und Synthese und bezieht Wirtschaft, Politik und Kultur mit ein, jedoch unter Betonung der sozialen Strukturen, Prozesse und Handlungen im engeren Sinn. In dieser Bedeutung unterscheidet sich S. etwa von Betrachtungsweisen, die allgemeine Geschichte primär als Geschichte der großen Mächte und ihrer Beziehungen oder als Geschichte der Ideen und kulturellen Hervorbringungen verstehen.

Der Begriff ›S.‹ findet sich seit der zweiten Hälfte des 19. Jh. zumeist in Verbindungen wie ›Sozial- und Wirtschaftsgeschichte‹. Bisweilen ist er mit → Strukturgeschichte gleichgesetzt worden (Otto Brunner, Werner Conze). Doch wurde diese Sichtweise zu Recht aufgegeben: Strukturen und Prozesse finden sich auch in der Geschichte der Politik, der Wirtschaft und der Kultur, während S. nicht auf Strukturen und Prozesse beschränkt ist, sondern auch Wahrnehmungen, → Erfahrungen und Handlungen einbezieht. Ebenfalls ungebräuchlich ist heute eine ältere Nebenbedeutung, nach der S. als Arbeiter- und Arbeiterbewegungsgeschichte bzw. als Geschichte der ›sozialen Frage‹ verstanden wurde. Was gemäß der obigen Definition zur S. gehört, ist auch unter anderer Bezeichnung bearbeitet worden: als Teil der Kulturgeschichte, in der Historischen Soziologie und in vielen Spezialdisziplinen wie Stadt-, Bildungs-, Mentalitäten-, Gewerbegeschichte usw.

Im späten 19. und frühen 20. Jh. war die akademische Geschichtswissenschaft v. a. auf die Geschichte der Politik konzentriert. In Ergänzung, bisweilen in Opposition dazu, entwickelte sich S. als spezielle Disziplin am Rande, i. d. R.

in enger Verbindung mit der ebenfalls aus der Hauptströmung gedrängten Wirtschaftsgeschichte. Seit 1893/1903 erscheint die *Vierteljahrschrift für Sozial- und Wirtschaftsgeschichte*, entsprechende Organe entstanden in Frankreich 1908/13, den Niederlanden 1916, England 1927, den USA 1928 und Polen 1932. Sozialgeschichtliche Themen und Betrachtungsweisen hatten in den historisch orientierten Staats- und Sozialwissenschaften Platz, etwa bei Gustav Schmoller, Werner Sombart und Max Weber, wie auch bei Wissenschaftlern in marxistischer Tradition. Nach Neuansätzen um 1900 (Karl Lamprecht, Henri Berr) gelang frz. Historikern (Marc Bloch, Lucien Febvre) um die Zeitschrift → *Annales* ein weitgespannter, einflussreicher Neuansatz interdisziplinär orientierter Geschichtswissenschaft mit sozial- und wirtschaftsgeschichtlichem Kern. Otto Hintze legte in den 1920er und 1930er Jahren bahnbrechende verfassungsgeschichtliche und sozialgeschichtliche Pionierarbeiten vor. In der ›Volksgeschichte‹ der 1930er und 1940er Jahre ging die historische Erforschung von Volkstum und Rasse, Siedlungen und ländlicher Gesellschaft eine enge Verbindung mit völkisch-nationalistischen Ideologien ein. Doch insgesamt blieb die S. ein eng begrenztes Rand- und Ergänzungsfach.

Der Aufstieg der S. fand zwischen den 1950er und den 1980er Jahren statt. Fernand Braudel und die *Annales*-Gruppe in Frankreich (mit Betonung der vormodernen Geschichte Europas), an Marx orientierte Historiker wie Edward P. Thompson und Eric J. Hobsbawm in England mit besonderem Interesse an Marktgesellschaft, Industrialisierungs- und Arbeitergeschichte, historisch arbeitende Sozialwissenschaftler wie Reinhard Bendix und Charles Tilly in den USA (z. T. an → Modernisierungstheorien orientiert), Werner Conze und die von Reinhart Koselleck geprägte Sozial- und → Begriffsgeschichte, Hans-Ulrich Wehler und die Politische Sozialgeschichte des 19. und 20. Jh. in der Bundesrepublik sind hierfür Beispiele. Sozialgeschichtliche Themen wurden häufig: Arbeiterbewegung und Arbeitsverhältnisse, Stände und Klassen, soziale Ungleichheit und soziale Proteste, Industrialisierung und Urbanisierung, Familie und bald auch Alltagskultur, zunehmend frauen- und geschlechtergeschichtliche Themen (→ Geschlechtergeschichte). Man fragte auch nach den sozialgeschichtlichen Bedingungen und Folgen der Politik und sah Ideen, Bildung und Wissenschaft in ihrem gesellschaftlichen Kontext. So entstanden Bausteine einer sozialgeschichtlichen Interpretation der allgemeinen Geschichte (Gesellschaftsgeschichte) in Opposition und als Alternative zu den herkömmlichen Synthesen primär politikgeschichtlicher Prägung (→ Politische Geschichte). In Kritik am herkömmlichen → Historismus und seinen verstehend-narrativen Methoden wurden explizite Erklärung (→ Erklären), Typologisierung (→ Typus), der systematische → Vergleich, Quantifizierung und die Verwendung sozialwissenschaftlicher Begriffe, Modelle und Theorien betont, z. T. in enger Kooperation mit Soziologie, Politik und Ökonomie, später auch Ethnologie und Anthropologie (→ Historische Sozialwissenschaft). Diese Neuerungen waren nicht auf S. begrenzt, aber in ihr besonders ausgeprägt. Mit der Forderung nach einer neuen S. verbanden sich grundsätzliche Kritik an der Tradition des Fachs und die Hoffnung auf seine grundlegende Erneuerung. Ein in den 1960er und 1970er Jahren verbreitetes Klima der Gesellschaftskritik und des Reformoptimismus begünstigte die sozialgeschichtliche Wende in der Geschichtswissenschaft.

Vieles davon setzt sich bis heute fort. Doch seit den 1980er Jahren kommt es in einem sich wandelnden intellektuellen Klima zu neuen Herausforderungen, Chancen und Themen: Geselligkeit und Alltagskultur, Bürgerlichkeit und nationale Symbole, Gesundheit, Krankheit und Tod, der Körper und der Umgang mit ihm, Vertrauen und Emotionen. Anderes trat in den Hintergrund: soziale Klassen, Arbeitsverhältnisse, Industrialisierung. Die einstmals enge

Verbindung zur Wirtschaftsgeschichte lockerte sich, während der Aufstieg der → Kulturgeschichte zu neuem Wettbewerb, aber auch zu neuen Symbiosen mit der S. führte. Wahrnehmungen, Erfahrungen und Handlungen – die ›Innenseite‹ der Geschichte und das ›Subjektive‹ an ihr – wurden nach der Auseinandersetzung mit der → Alltagsgeschichte der 1980er Jahre von der S. gründlicher einbezogen. Die erneute Hinwendung zur verstehenden Methode (→ Verstehen) und erzählenden Darstellungsform machte sich auch in der S. bemerkbar, während quantifizierende Verfahren in den Hintergrund traten. Mikrohistorische Studien hatten in den 1980er und 1990er Jahren Hochkonjunktur. Konstruktivistische Sichtweisen (→ Konstruktivismus) gewannen an Boden und gestatten es heute, soziale Verhältnisse in ihrer Prägung durch staatliche Akte, kollektive Vorstellungen und gesellschaftliche Praxis zu begreifen. Die innere Vielfalt der S. wuchs und stellte ihre innere Einheit noch stärker als früher in Frage. Sozialgeschichtliche Themen und Fragestellungen drangen tief in die allgemeine Geschichte ein, die ihre frühere Verengung auf Politikgeschichte überwunden und sich die S. anverwandelt hat. Deren Außenabgrenzung ist fraglicher, ihr Gewicht insgesamt größer geworden.

Jürgen Kocka

Jürgen Kocka: Sozialgeschichte. Begriff – Entwicklung – Probleme. Göttingen [2]1986.

– Sozialgeschichte – gestern und heute. In: Paradigmen deutscher Geschichtswissenschaft. Hrsg. von Ilko-Sascha Kowalczuk. Berlin 1994. S. 15–31.

Peter N. Stearns (Hrsg.): Encyclopedia of European Social History. New York 2001.

Christoph Conrad: Social History. In: International Encyclopedia of the Social and Behavioral Sciences. Neue Aufl. London 2001. Bd. 21. S. 14299–306.

Strukturgeschichte

Unter ›S.‹ wurde in den 1950er und frühen 1960er Jahren eine aus sozial- und wirtschaftsgeschichtlicher Perspektive hergeleitete historisch-gesamtgesellschaftliche Betrachtungsweise v. a. des modernen ›technisch-industriellen Zeitalters‹ gefordert.

Anfang der 1930er Jahre formierte sich die sog. Volksgeschichte, unter deren Dach die in der dt. Geschichtswissenschaft marginalisierten historischen Teildisziplinen der Landesgeschichte, Mediävistik, Rechtsgeschichte, Agrargeschichte und → Begriffsgeschichte zu neuer Synthese zusammenfanden und sich interdisziplinär v. a. mit ›dt. Soziologie‹, Volkskunde und Sozialgeographie verbanden. Das ›Volk‹ repräsentierte dabei eine kollektive Kategorie des ›Allgemeinen‹, die es zuvor in der auf → ›Individualität‹ bedachten dt. Geschichtsschreibung (→ Historismus) nicht gegeben hatte. Im historischen Rückblick auf die agrarischen Bevölkerungen in den mittelalterlich-frühneuzeitlichen Landschaften wollte man ein ursprüngliches, durch die Tendenzen des modernen ›Massenzeitalters‹ noch nicht ›zersetztes‹ ›dt. Ethnos‹ finden. Im Nationalsozialismus erfuhr der Begriff rasch eine völkisch-rassistische Radikalisierung. Die Volksgeschichte diente sich dem Regime durch eine demographisch-statistische historische Legitimationsforschung seiner aggressiven Bevölkerungspolitik an.

Nach dem Ende des 2. Weltkriegs formulierten Vertreter dieser Volksgeschichte – v. a. Otto Brunner, Werner Conze und Theodor Schieder – ihren Ansatz um. Unter Berufung auf die Begriffsbildung der → *Annales*-Schule führte Conze die Bezeichnung ›S.‹ in die dt. Diskussion ein (*Die Strukturgeschichte des technisch-industriellen Zeitalters als Aufgabe für Forschung und Unterricht*, 1957). Die S. lehnte sich aber nicht an die *Annales* an, sondern grenzte sich von der frz. Kulturgeschichte ebenso ab wie von der marxistischen Geschichtswissenschaft.

Die S. entstand aus einer demonstrativen Rückkehr der Volkshistoriker in die Tradition des dt. Historismus, den sie zu erweitern und auszubauen trachtete. Dabei schlug man die Ergänzung der konventionellen → Politischen Geschichte durch strukturanalytische Untersuchungen und Darstellungen der wirtschaftlichen und sozialen ›Konditionierungen‹ politischen Handelns vor. Das Interesse und begriffliche Instrumentarium der Geschichte sollte sich den Verhältnissen des durch ›Massendemokratie‹ bestimmten ›technisch-industriellen Zeitalters‹ seit Ende des 18. Jh. zuwenden.

Die S. hielt an dem Anspruch fest, eine geschichtswissenschaftliche Synthese des historisch-gesellschaftlichen Gesamtzusammenhangs zu ermöglichen und insofern Wirtschafts- und → Sozialgeschichte mit Politikgeschichte zu verbinden. Insbesondere Conze und Schieder plädierten für Ausweitung der Sozialgeschichte, interdisziplinären Austausch mit den Sozialwissenschaften, Aufnahme quantifizierender Methoden und statistischer Verfahren, Forcierung älterer volksgeschichtlicher Ansätze sowie behutsame Öffnung gegenüber dem historischen → Vergleich. Der Kontakt zur spezifisch dt. soziologischen Schule Hans Freyers und Gunter Ipsens wurde wiederbelebt. Durch Typenbildung (→ Typus) sollte eine genuin historische Begriffssprache herausgearbeitet werden, die sowohl Zusammenhänge größerer (überstaatlicher) Einheiten zu erfassen erlaubte, als auch die Individualität der historischen Phänomene bewahrte (Theodor Schieder, *Der Typus in der Geschichtswissenschaft*, 1958).

Der Zentralbegriff der Struktur behielt stark formalen Charakter. Da die S. einer genaueren Bezeichnung der Strukturen auswich und präzisere Kausalannahmen vermied, wurde ihr Syntheseanspruch nicht eingelöst. Vielmehr kam es zu einer starken Auffächerung historischer Spezialfelder im Bereich v. a. der Wirtschafts- und Sozialgeschichte. Vieles, später der ›kritischen‹ Sozialgeschichte einer jüngeren Historikergeneration Zugerechnetes, entstand unter dem von Brunner, Conze und Schieder personell zusammengehaltenen

Dach der S.: Die Anfänge einer Sozialgeschichte der Arbeiterschaft, der historischen Urbanisierungsforschung, der Unternehmensgeschichte, der Regionalgeschichte und der Begriffsgeschichte sind eigentlich Teileinlösungen des strukturgeschichtlichen Programms. Auch institutionell erlangte die S. eine wichtige Position in der dt. Geschichtswissenschaft: So ging die Gründung des einflussreichen *Arbeitskreises für moderne Sozialgeschichte* auf Conze zurück.

In der jüngeren Sozialgeschichte, v. a. in ihrer sich als → Historische Sozialwissenschaft definierenden Strömung, in der marxistische und weberianische Einflüsse stärker waren und man zentrale Anregungen von den sozialhistorisch orientierten Emigranten in den USA bezog, geriet die S. rasch in die Kritik. Man akzeptierte sie nur als strukturanalytische Grundlage, über die man durch verschärfte Kritik des Historismus, durch Aufwertung der sozialökonomischen Analyse, durch eine ideologiekritische Wendung und durch den Entwurf einer ›politischen Sozialgeschichte‹ deutlich hinausstrebte. Im Sprachgebrauch verschliff sich die Bedeutung von S. auf eine vage Bezeichnung für strukturorientierte, quantifizierende Grundlagenanalysen. Im ideologiekritisch gewendeten Strukturbegriff, der ›Struktur‹ als restriktiven Handlungsspielraum dem Akteur gegenüberstellt, hat sich die kategoriale Tradition der S. jedoch erhalten.

Thomas Welskopp

Theodor Schieder: Geschichte als Wissenschaft. Eine Einführung. München/Wien 1965.

Jürgen Kocka: Sozialgeschichte. Begriff – Entwicklung – Probleme. Göttingen 1977.

Willi Oberkrome: Volksgeschichte. Methodische Innovation und völkische Ideologisierung in der deutschen Geschichtswissenschaft 1918–1945. Göttingen 1993.

Sebastian Conrad: Auf der Suche nach der verlorenen Na-

tion. Geschichtsschreibung in Westdeutschland und Japan 1945–1960. Göttingen 1999.
Jin-Sung Chun: Das Bild der Moderne in der Nachkriegszeit. Die westdeutsche Strukturgeschichte im Spannungsfeld von Modernitätskritik und wissenschaftlicher Innovation 1948–1962. München 2000.

Subjekt, historisches

Von entscheidender Bedeutung für die Spezifik des historischen Denkens sind die mit ihm verbundenen Annahmen, wer als S. und Akteur historischer → Entwicklungen zu gelten hat.

Betrachtet man unter diesem Gesichtspunkt die Entwicklung der neueren → Geschichtswissenschaft, zeigt sie sich wesentlich durch eine Abfolge konkurrierender S.-Begriffe geprägt. Die Epoche des → Historismus war gekennzeichnet durch einen emphatischen Begriff des Individuums, der es nahe legte, historischen Wandel (→ Kontinuität) am Leitfaden weltgeschichtlicher – i. d. R. männlicher und politisch einflussreicher – Persönlichkeiten zu rekonstruieren, in deren Handeln der Geist einer Epoche in seiner reinsten Form zum Ausdruck kam. Die politische → Biographie wurde zu dem historiographischen Genre, das dieser S.-Konzeption auf kongeniale Weise entsprach. Johann Gustav Droysens *Geschichte Alexanders des Großen* (1833) oder die zahlreichen Biographien Otto von Bismarcks sind Beispiele für dieses historistische Verständnis des S. als Repräsentant einer ›Idee‹ (→ Ideengeschichte).

Sowohl die marxistische, als auch die an Max Weber orientierte sozialgeschichtliche Kritik des Historismus entzündeten sich nicht zuletzt an dieser Vorstellung des historischen S. Zum einen erweiterte sich mit ihnen das soziale Spektrum geschichtlicher Handlungsakteure, denen auch jenseits der Politik eine weltgeschichtliche Bedeutung als Triebkräften geschichtlichen Wandels beigemessen wurde. Die bekanntesten Beispiele dafür sind etwa die Bourgeoisie und das Proletariat im Denken des → Historischen Materialismus oder die Kollektiv-S. sozialer Gruppen und Klassen im Sinne der Gesellschaftsgeschichte (→ Sozialgeschichte). Zum anderen depersonalisierte sich der S.-Begriff, indem er nicht mehr vornehmlich auf die lebensgeschichtliche Individualität von Persönlichkeiten zugeschnitten war, sondern auf deren Repräsentativität für ökonomisch bedingte Klassenlagen und Kollektivorientierungen. Diese Tendenz zu einer De-Individualisierung der historischen S. ging einher mit der Vorstellung, dass nicht intentional gesteuerte und daher hermeneutisch verstehbare (→ Verstehen) Handlungsakte autonomer Persönlichkeiten die Geschichte antreiben, sondern übermächtige strukturelle Handlungsbedingungen, denen die Individuen mehr oder weniger hilflos ausgeliefert sind. Prozesse der Urbanisierung, der Professionalisierung oder der Ausbildung sozialer Ungleichheit, konjunkturelle Zyklen und Marktmechanismen beerbten insofern die ehemals individuellen Handlungs-S. und nahmen deren Platz als Triebkräfte geschichtlichen Wandels ein.

Doch auch vor der Sozialgeschichte hat die Weiterentwicklung des historischen S.-Begriffs nicht Halt gemacht. Zum einen hat die → Geschlechtergeschichte seit den 1970er Jahren das Spektrum geschichtlicher Handlungsakteure erneut entscheidend erweitert, indem sie einerseits Frauen als die ›andere Hälfte der Menschheit‹ in ihrer spezifischen S.-Qualität (→ Subjektivität) zum Thema der Geschichtswissenschaft machte und andererseits einen komplexeren Blick auf die S. der Geschichte ermöglichte. Auch die Männer wurden unter Berücksichtigung ihrer bisher ausgeblendeten Rollen innerhalb des Geschlechterverhältnisses auf eine neue Weise sichtbar.

Ähnliches gilt für den S.-Begriff der → Historischen Anthropologie bzw. der → Mikrohistorie. In kritischer Distanz zur Sozialgeschichte und deren Akzentuierung anonymer und repräsentativer Kollektiv-S. lenken diese neueren Strömungen der Geschichtswissenschaft den Blick erneut auf individualisierbare Persönlichkeiten, deren alltagsweltliche Lebensvollzüge und -umstände sie am konkreten Fall in den Blick nehmen. Auf diesem Wege gewinnen die S. als gewöhnliche Menschen in ihrer jeweiligen Besonderheit eine Transparenz und Lebendigkeit, die sie vorher nicht besaßen. Methodisch bedeutet dies, einen Zwischenweg jenseits traditioneller Hermeneutik intentionalen Handelns und strukturanalytischer Rekonstruktionen objektiver Lebensbedingungen zu gehen. Daraus resultiert auch ein gestiegenes Interesse an sog. Ego-Dokumenten (→ Autobiographie), in denen sich subjektive Formen des Umgangs mit objektiven Gegebenheiten und Herausforderungen manifestieren.

In derartigen Auseinandersetzungen um das historische S. spiegeln sich immer auch die kulturellen Orientierungsbedürfnisse der Gegenwart sowie der Adressaten historiographisch präsentierter → Erfahrung. In der historischen Betrachtung menschlichen Handelns geht es darum, sich in der Gemengelage gegenwärtiger Handlungschancen und -zwänge kulturell zu orientieren und damit als S. zur Geltung zu bringen.

Friedrich Jaeger

Thomas Welskopp: Der Mensch und die Verhältnisse. »Handeln« und »Struktur« bei Max Weber und Anthony Giddens. In: Geschichte zwischen Kultur und Gesellschaft. Beiträge zur Theoriedebatte. Hrsg. von Thomas Mergel und Th. W. München 1997. S. 39–70.

Jürgen Straub / Hans Werbik (Hrsg.): Handlungstheorie. Begriff und Erklärung des Handelns im interdisziplinären Diskurs. Frankfurt a. M. / New York 1999.

Richard van Dülmen: Historische Anthropologie. Entwicklung – Probleme – Aufgaben. Köln 2000.

Subjektivität/Intersubjektivität

Erkenntnistheoretisch gesehen bezeichnet S. eine Form historischen Wissens, die wesentlich auf den Eigenschaften des erkennenden Subjekts und nicht auf denen des zu erkennenden Objekts (→ Objektivität) basiert. Insofern sie die historische Erkenntnis als solche konstituiert, unterscheidet sich die S. grundlegend von der Parteilichkeit als einem individuellen und veränderbaren Verhalten. I. im Sinne allgemeiner Geltung erlangen subjektiv begründete Aussagen durch Verständigung der Diskursteilnehmer über ihren Wahrheitsgehalt (→ Wahrheit).

In der rhetorischen Tradition der Geschichtsschreibung stellte sich die Frage nach der S. des historischen Wissens nicht, da die erkenntnistheoretische Unterscheidung von Subjekt und Objekt für sie keine Rolle spielte. Allein die Parteilichkeit oder Unparteilichkeit des Geschichtsschreibers entschied über die Glaubwürdigkeit seiner Darstellung. Die Entdeckung der Perspektivität historischer Erkenntnis durch Johann Martin Chladenius führte zu einer grundlegenden Veränderung dieses Geschichtsverständnisses (*Allgemeine Geschichtswissenschaft*, 1752). Von S. im strengen Sinne kann jedoch erst seit der transzendentalen Wende Immanuel Kants gesprochen werden, der im Rahmen seines idealistischen Denkens die Geschichte nicht mehr als gegebenes Objekt, sondern als Konstrukt des Historikers begriff (*Idee zu einer allgemeinen Geschichte in weltbürgerlicher Absicht*, 1784). Zeitgleich brachte Johann Gottfried Herder die sprachliche Verfasstheit der subjektiven Geschichtserkenntnis ins Spiel und erschloss damit die Bedeutung der Kommunikation für den Wahrheitsanspruch der Geschichtsschreibung (*Ideen zur Philosophie der Geschichte*, Bd. 1, 1784).

Wilhelm von Humboldt verband den bewusstseinsphilosophischen Ansatz Kants mit dem sprachphilosophischen Herders zu einer modernen Theorie des historischen Wissens (*Ueber die Aufgabe des Geschichtschreibers*, 1821). Er deutete die Geschichtsschreibung als Akt einer konstruktiven Sinnbildung (→ Sinn), in dem die Einbildungskraft eine zentrale Rolle spielt. Entscheidend war v. a. seine Einsicht in die Sprachlichkeit der Erkenntnis. Danach objektiviert sich das subjektive Wissen erst im sprachlichen Ausdruck (*Ueber die Verschiedenheiten des menschlichen Sprachbaues*, 1827–29). Die Geschichtsschreibung erweist sich vor diesem Hintergrund als Verfahren, in dem das ›subjektivierende‹ → Verstehen mit dem ›objektivierenden‹ Erzählen (→ Erzählung) zu einer ambivalenten Einheit verschmilzt. Die konstitutive S. der historischen Erkenntnis erhält so eine intersubjektive Dimension. Denn nur im Austausch mit anderen realisiert sich der Anspruch der historischen Erzählung auf allgemeine Geltung.

Hatte Humboldt wie nach ihm Johann Gustav Droysen seine idealistische → Historik noch im Kontext einer metaphysisch begründeten Ideenlehre entwickelt, die Subjekt und Objekt der Erkenntnis als geistige Einheit betrachtete, so führte die ›Krise des → Historismus‹ zu verschiedenen neukantianisch inspirierten Entwürfen einer formalen Geschichtslogik, die sich strikt von der materialen → Geschichtsphilosophie abgrenzten. Diese Wissenschaftslehren beschäftigten sich v. a. mit der konstitutiven Bedeutung der Begriffsbildung für die historische Erkenntnis. Bei Max Weber führte dieser Ansatz zum Konzept des Idealtypus (→ Typus), der als ein von subjektiven Wertvorstellungen bestimmtes Konstrukt die Erforschung der → Wirklichkeit anleitet (*Die ›Objektivität‹ sozialwissenschaftlicher und sozialpolitischer Erkenntnis*, 1904). Der Objektivitätsanspruch einer derartig verfahrenden Geschichtswissenschaft resultierte aus der Einhaltung methodischer Standards (→ Methode) und der Nachprüfbarkeit der Forschungsergebnisse.

Webers Wirkung reicht bis in die → Historische Sozialwissenschaft, die explizite Theorien wie die des sozialen Wandels als konstruktive Rahmenkonzepte empirischer

Forschung begreift. Eine grundlegende Alternative zu diesem Geschichtsverständnis bieten die im Gefolge des *linguistic turn* (→ Begriffsgeschichte) entwickelten Narrativitätskonzepte. Sie führen die Sinnbildungsleistung des Historikers nicht auf reflektierte geschichtstheoretische Entwürfe, sondern auf die sprachliche Form der Erzählung (→ Historiographie) zurück. Bezeichnenderweise wurde der angelsächs. Narrativismus in Deutschland zunächst im Kontext eines transzendentalphilosophischen Ansatzes rezipiert. So hat Hans Michael Baumgartner die Geschichte als Produkt einer narrativen Synthesis des erkennenden Subjekts definiert, die über Erzählung raum-zeitliche Elemente wie → Ereignisse und Handlungen zu einem in sich sinnvollen Entwicklungszusammenhang (→ Kontinuität) formt (*Kontinuität und Geschichte*, 1972). Die Wahrheit dieser Erzählkonstrukte beruht nicht auf ihrer Korrespondenz mit der geschichtlichen Wirklichkeit, sondern auf einer intersubjektiv begründeten Konsensbildung über das, was als wahre Geschichtserzählung gelten soll.

Relativiert Baumgartners Theorie die erkenntnistheoretische Unterscheidung von Subjekt und Objekt, so geht der Radikale → Konstruktivismus einen Schritt weiter und ersetzt sie durch die Differenz von System und Umwelt (Gebhard Rusch, *Erkenntnis, Wissenschaft, Geschichte*, 1987). Insofern diese allerdings als selbstkonstituierende Setzung des erkennenden Subjekts begriffen wird, bewegt sich auch der konstruktivistische Ansatz in der Tradition der S.-Philosophie. Das Erkennen gilt hier als ein in sich geschlossener Prozess, dessen materiale Grundlage das Gehirn ist. Dem → Gedächtnis kommt bei diesem Vorgang eine zentrale Rolle zu. Es stellt dem Verstehen bestimmte Deutungsmuster (keine Daten!) zur Verfügung, durch die → Erfahrungen zur Einheit einer sinnvollen Geschichte verbunden werden können. Dieses kognitive System ist selbstreferentiell, d. h., es gründet auf der theoretischen Reflexion der eigenen Praxis und steigert dadurch die S. des historischen

Wissens. Als wahr gilt dieses Wissen allerdings nur, wenn es sich im sozialen Handeln bewährt und im intersubjektiven Austausch bestätigt.

Einen anderen Weg innerhalb der konstruktivistischen Erkenntnistheorie geht Niklas Luhmann. Für ihn ist Wissen das Konstrukt gesellschaftlicher Kommunikation, genau genommen des sozialen Systems ›Wissenschaft‹ (*Die Wissenschaft der Gesellschaft*, 1990). Das kognitive System des erkennenden Subjekts spielt deswegen bei ihm ebenso wenig eine Rolle wie die damit verbundene I. der Wahrheit. In Bezug auf das Problem der historischen Erkenntnis hat Michel Foucault eine verwandte Position vertreten, als er das Wissen der Geschichte auf die formierende Kraft des → Diskurses zurückführte (*Archäologie des Wissens*, 1973; frz. 1969). In der ›Ordnung des Diskurses‹ verfügt das Subjekt nicht mehr über sich und sein Wissen, sondern löst sich auf im unendlichen Gespräch und im Gefüge der Macht.

Thomas Prüfer

Hans Michael Baumgartner: Die subjektiven Voraussetzungen der Historie und der Sinn von Parteilichkeit. In: Objektivität und Parteilichkeit in der Geschichtswissenschaft. Hrsg. von Reinhart Koselleck [u. a.]. München 1977. S. 425–440.

Thomas Prüfer: Wilhelm von Humboldts ›rhetorische Hermeneutik‹. Historische Sinnbildung im Spannungsfeld von Empirie, Philosophie und Poesie. In: Faktenglaube und fiktionales Wissen. Zum Verhältnis von Wissenschaft und Kunst in der Moderne. Hrsg. von Daniel Fulda und Th. P. Frankfurt a. M. [u. a.] 1996. S. 127–166.

Chris Lorenz: Konstruktion der Vergangenheit. Eine Einführung in die Geschichtstheorie. Köln [u. a.] 1997.

Viktor Lau: Erzählen und Verstehen. Historische Perspektiven der Hermeneutik. Würzburg 1999.

Systematik

Unter ›S.‹ versteht man einen Teilbereich der → Geschichtstheorie, in dem es um die materiale oder ontologische Frage geht, was Geschichte ist.

Während in den historiographischen Konzepten der Antike und des Mittelalters meist unausgesprochen vorausgesetzt wurde, was unter ›Geschichte‹ begriffen werden sollte, wurden seit der Mitte des 18. Jh. Vorstellungen einer → Geschichtsphilosophie entwickelt, die als spekulative Vorgabe den Geschichtsbegriff normierte. Mit der Etablierung der Geschichte als eigenständiger Wissenschaft im 19. Jh. wurde diese Aufgabe in die → Historik als Lehre von der Geschichte übernommen. Bei Johann Gustav Droysen (*Historik*, 1857) bildete eine durch die Philosophie des Dt. Idealismus geprägte S. neben Methodik (→ Methode) und → Topik (Lehre von der historischen Darstellung) einen Kernbereich historischen Arbeitens. In ihr ging es darum, »aus dem Wesen der Geschichte die derselben wesentlichen Kategorien zu entwickeln, um ihr Gebiet zu definieren«. Die »sittliche Welt« als Inbegriff Droysenscher S. und das → »Verstehen« als Inbegriff historischer Methodik waren unmittelbar miteinander verbunden: Die S. legte fest, ›was‹ Geschichte zuallererst konstituiert und ist; und diese Auffassung setzte Grenzen, ›wie‹ die »sittliche Welt« historisch erfasst werden konnte. Als S. lassen sich auch jene Varianten der Marxschen Geschichtstheorie (→ Historischer Materialismus) kennzeichnen, die Geschichte als stufenförmige Abfolge von Produktionsweisen → erklären. In der ›Gesetzmäßigkeit‹ historischer Prozesse ist auch hier der Bezug zwischen S. und Methode gegeben.

Ende des 19. Jh. wurde die explizite Reflexion über die S. in die Geschichtsphilosophie und die Sozialwissenschaften abgeschoben. Als Abwehrreaktion gegen Hegel und Marx verlagerte sich das Interesse der Geschichtstheoretiker v. a. auf die Methodik. Die Verbindung der Methodik zur idealistischen S. wurde zugunsten eines Bezugs auf die Wertphilosophie aufgegeben; als Basis einer verstehenden Methode diente nun der Wert der → Individualität.

Ohne materiale Voraussetzungen kamen die Historiker jedoch auch nach der Jahrhundertwende nicht aus: Einerseits wurde Geschichte immer mehr mit biologischen und sozialdarwinistischen Denkfiguren ›besetzt‹ (→ Evolution); andererseits wurde sie – wie schon im Historismus – mit ›dem Reich der Freiheit‹ gleichgesetzt, indem ›große‹ Individuen das Prinzip der Freiheit gegenüber ›zwingenden‹ (gesellschaftlichen usw.) Strukturen verkörperten. Beide materiale Bestimmungen der Geschichte wurden nach 1945 erfolgreich kritisiert. Die biologischen Denkfiguren wurden als ›deterministische Geschichtsmetaphysik‹ (oder ›Historizismus‹) entlarvt und die ›Reich der Freiheit‹-Version als ›voluntaristische Metaphysik‹ kritisiert. Mit dem Leitbild der → *Annales*-Schule gewannen bis etwa 1975 ›materialistische‹ und ›kollektivistische‹ Spielarten der → Strukturgeschichte an Einfluss, indem nicht Individuen, sondern Strukturen als historische → Subjekte der Geschichte fungierten. Seitdem ist das Pendel wieder zurückgeschwungen und sowohl die neue → Kulturgeschichte als auch die neue → Sozialgeschichte versuchen, eine Art Gleichgewicht zwischen Person, Handlung und Struktur herbeizuführen. Methodologisch hat das erst zu einer Neuauflage der ›Verstehen-versus-Erklären‹-Debatte geführt und später zu erneuten Diskussionen über ›Geschichte und Narrativität‹ (→ Erzählung). Mit der Rückkehr der systematischen Frage nach dem Verhältnis von historischen Strukturen und Handlungen ist auch die S. wieder unter dem Stichwort ›Theoriefähigkeit der Geschichte‹ in die geschichtstheoretische Reflexion zurückgekehrt.

Chris Lorenz

Patrick Gardiner (Hrsg.): Theories of History. New York 1959.
Thomas Mergel / Thomas Welskopp (Hrsg.): Geschichte zwischen Kultur und Gesellschaft. Beiträge zu Theoriedebatte. München 1997.
Chris Lorenz: Konstruktion der Vergangenheit. Eine Einführung in die Geschichtstheorie. Köln [u. a.] 1997.

Tatsache

Als ›T.‹ bezeichnet man das Postulat einer als wahr angenommenen Aussage über Vergangenheit.

Die Geschichtsschreibung gründet ihr Selbstverständnis seit der Antike auf den Bezug zur Tatsächlichkeit des berichteten Geschehens. Man verstand sie deshalb als eigenständige Textgattung (*Rhetorica ad Herennium*; Quintilian, *Institutio Oratoria*), die von fiktionalen Gattungen, wie der Fabel, abzugrenzen sei. Isidor von Sevilla unterschied in diesem Sinne ›Historia‹ und ›Fabel‹ als Bericht von den *res factae* bzw. *res fictae*. Obgleich mittlerweile verstärkt die Gemeinsamkeit historischer und fiktionaler Narration hervorgehoben wird (Hayden White) und die T. als »Götze« (Friedrich Nietzsche) oder → »Fiktion« (Nancy F. Partner) des Historikers kritisiert wurde, blieb der Rekurs auf T. ein Kennzeichen historischen Arbeitens.

Der dt. Begriff ›T.‹ verbreitete sich rasch, nachdem ihn Johann Joachim Spalding 1756 im Zuge seiner Übersetzung von Joseph Butlers *The Analogy of Religion, Natural and Revealed, to the Constitution and Course of Nature* aus *matter of fact* gebildet hatte. Gemeint waren damit zunächst ›Sachen der Tat‹ Gottes, d. h. solche Erscheinungen, an denen sich göttliches Wirken in der Geschichte aufweisen ließ. In diesem Sinne wird noch bei Johann Georg Hamann und Johann Gottfried Herder die Offenbarung Gottes in der Natur als T. verstanden. Der dem engl. *matter of fact* zugrunde liegende lat. Begriff *factum* war v. a. im juristischen Sprachgebrauch geläufig und diente dort ebenfalls zur Unterscheidung von wirklich Geschehenem und bloß Erdachtem. Während sich die juristische Rekonstruktion des *factums* einzelner Tathergänge auf das Geschehene (*factum*) zu konzentrieren hat, ist dies für eine Wissenschaft nicht selbstverständlich. So galt in der klassischen Wissenschaftsanschauung das angesammelte, kontingente Faktenwissen (*historia*) im Vergleich zur systematischen Einsicht in Ursachen als zweitrangig. Die neuzeitliche Aufwertung von T.-Wissen, die in engem Bezug zur Aufwertung von Geschichte als Wissenschaft steht, lässt sich als Auswirkung des durch den Empirismus, → Positivismus und → Historismus veränderten Wissenschaftsbilds verstehen. Neben der Wissenschafts- und Methodenentwicklung im engeren Sinne prägte die Ausdifferenzierung ökonomischer Schreibpraktiken (Mary Poovey, *A History of the Modern Fact. Problems of Knowledge in the Science of Wealth and Society*, 1998) und juristischer Methoden die Strategien der Feststellung wissenschaftlicher T. mit. So verweisen z. B. die im Bereich der Rechtsprechung entwickelten Standards bezüglich der Zeugen und ihrer Unparteilichkeit auf das wissenschaftlich-empirische Verifizieren von T. durch Beobachter und überprüfbare Belege (Barbara J. Shapiro, *A Culture of Fact. England 1550–1720*, 2000).

Für die historische Forschung formulierte Leopold Ranke: »Strenge Darstellung der Thatsache, wie bedingt und unschön sie auch sey, ist ohne Zweifel das oberste Gesetz« (*Geschichten der romanischen und germanischen Völker von 1494 bis 1535*, 1824). Gerade die häufig unpräzise Verwendung und scheinbar selbsterklärende Allgemeinverständlichkeit des T.-Begriffs und der mit ihm einhergehende Anspruch auf einen ›wahren‹ Bericht von Vergangenem verdecken die mit dieser Kategorie verbundenen Probleme historischer Erkenntnis und Narration. Die Rede von historischen T. impliziert, dass es im Sinne des wissenschaftlichen Realismus eine unabhängig von den menschlichen Vorstellungen bestehende → Wirklichkeit gibt. Akzeptiert man diesen Standpunkt, so bleibt die Frage des methodisch adäquaten Zugangs und der sprachlichen Wiedergabemöglichkeit (→ Erzählung). Für das Konzept der ›T.‹ ist festzuhalten, dass dem Historiker nur → Quellen vorliegen, d. h. Zeugnisse vergangener Sachverhalte, nicht T. Entwickelt er mit Hilfe der Quellen eine begründete Vorstellung über Vergangenheit, so kann er dies nicht ohne einen Vorgriff hinsichtlich der Relevanz desjenigen Aspektes leisten, den er aus der zeitlich-räumlichen Kontinuität und der Komplexität kausaler Bezüge hervorhebt. Indem er eine Aussage darüber formuliert, konstituiert er diesen Aspekt als eigenständig zu betrachtende T. vergangener Wirklichkeit. Die Formulierung der T. erfolgt in sprachlicher oder quantifizierender Relation zu in der Gegenwart Bekanntem. Die historische T. liegt so als Behauptung eines Texte über vergangene Wirklichkeit vor. Ihr Evidenzrahmen ist die Narration dieses und anderer Texte, ihr Referenzpunkt die postulierte Realität und Summe an Aussagen über sie, ihr Kriterium das der → Wahrheit.

Da die vom Historiker so konstituierten T. nicht vergangene Zustände, Vorgänge oder → Ereignisse für sich oder gar Wirklichkeit als Ganzes zu repräsentieren vermögen, sind sie nicht Abbild von → Vergangenheit, sondern in Aussagen gefasste Postulate über sie: dies jedoch nur dann, wenn man aus guten Gründen, d. h. nach Anwendung kritischer → Methoden, annehmen kann, dass es sich um wahre Aussagen handelt. Die Notwendigkeit, zwischen wahren und falschen Aussagen zu unterscheiden, ist als Regulativ in der Fülle historischer Behauptungen zu verstehen. Sie impliziert nicht, dass diese Unterscheidung stets einfach oder mit bleibender Sicherheit zu leisten ist; noch sollte sie als Aufforderung verstanden werden, Reales und Fiktionales dort voneinander zu trennen, wo es notwendig koexistiert und nur in Symbiose verständlich ist: im Bereich menschlicher Vorstellungen und Handlungsgründe, d. h. in der Geschichte selbst.

Arndt Brendecke

Ludwik Fleck: Entstehung und Entwicklung einer wissenschaftlichen Tatsache. Einführung in die Lehre vom Denkstil und Denkkollektiv. Basel 1935.

Günther Patzig: Das Problem der Objektivität und der Tatsachenbegriff. In: Objektivität und Parteilichkeit in der Geschichtswissenschaft. Hrsg. von Reinhart Koselleck [u. a.]. München 1977. S. 319–336.

Arno Seifert: Cognitio historica. Die Geschichte als Namensgeberin der frühneuzeitlichen Empirie. Berlin 1976.

Hayden White: Die Fiktion der Darstellung des Faktischen. In: H. W.: Auch Klio dichtet oder Die Fiktion des Faktischen. Studien zur Tropologie des historischen Diskurses. Stuttgart 1986. S. 145–160.

Topik

T. ist die Sammlung und Ordnung von ›allgemeinen Argumentationsgesichtspunkten‹, den *topoi* (griech., ›Orte‹, in der Rhetorik auch: ›Örter‹, lat. *loci* [*communes*] ›Gemeinplätze‹), die es erleichtern sollen, Argumente zu finden, welche dem jeweiligen Adressaten besonders einleuchten. Ihre Bedeutung für die Geschichtswissenschaft und andere gesellschaftliche Diskurse (Redeweisen) gründet darin, dass sie kommunikative Absichten, rhetorische Überzeugungstechniken sowie deren rationale Kalkulation theoretisch wie praxisanleitend vermittelt. In einem anspruchsvollen Verständnis bietet die T. nicht bloß einen Vorrat geläufiger

Gedanken; ihr perspektivisches Frageraster soll vielmehr das Urteil des Redenden oder Schreibenden schärfen, ihm helfen, gedankliche Verknüpfungen herzustellen und seinen Gegenstand strukturiert darzubieten.

Ihren klassischen Ort hat die T. in der Rhetorik, die von der griech. Antike bis weit in die Neuzeit die Produktion und Vermittlung von Wissen regelte. Mit der Verzeitlichung des gesellschaftlichen Bewusstseins seit etwa 1750 verlor das topologische Modell einer räumlichen Wissensordnung seine weltbildliche Grundlage. Trotzdem handelte Johann Gustav Droysen die historiographische Darstellung unter dem Titel »T.« ab (*Grundriß der Historik*, 1882). Die spezifische ›Örtlichkeit‹, die die alte T. den verschiedenen möglichen Argumenten zumaß, auf dass sie leichter ›aufzufinden‹ seien, kehrt dort als Standortgebundenheit jedes Historikers wieder (→ Objektivität). Insofern ist historische und überhaupt wissenschaftliche Erkenntnis prinzipiell topisch. Konkret unterschied Droysen vier Typen der Darstellung (untersuchend, erzählend, didaktisch, diskursiv), je nachdem welcher Gesichtspunkt und welche kommunikative Absicht im Vordergrund stehen. Indem er die historiographische »Darlegung« nicht bloß als nachgeordnete Aufgabe bestimmt, sondern ihr die reflexive Funktion zuweist, dass sich die Forschung an ihr »gleichsam Rechenschaft gebe von dem, was sie gewollt und erreicht hat« (*Grundriß der Historik*, 1882), entwirft er die T. darüber hinaus als eine forschungsreflexive Disziplin, nämlich als Reflexion auf Absicht und Leistung der Geschichtswissenschaft in gesellschaftlicher Hinsicht (→ Historiographie).

Der kategorialen Beweglichkeit der Moderne, in der alle Ortsbestimmungen nur vorläufige Gültigkeit haben, kann ein topologischer Theorieansatz erst durch diese Reflexivierung gerecht werden. Bei Droysen noch nicht konsequent durchgeführt, steht sie in der Geschichtstheorie nach wie vor aus. An die allgemein kultur- und sozialwissenschaftlichen T.-Studien Lothar Bornscheuers knüpft Jörn Rüsen im T.-Kapitel seiner *Grundzüge einer Historik* (3 Bde., 1983–89) an, um sich dann aber auf eine Typologie historiographischer Formen nach dem Vorbild Droysens zu beschränken. T. mündet hier in Typik, d. h. in materiale Festlegungen. Ob T. als Sammlung von inhaltlich konkretisierten Denk- bzw. Redeweisen anzusehen sei oder, darüber hinaus, eine formale Klassifikation von Argument*strukturen* leisten soll, ist seit je umstritten – und heute von entscheidender Bedeutung für ihr theoretisches und kritisches Potenzial.

Als geschichtswissenschaftliche Anwendung topischer Denkweisen in einem ganz konkreten Sinn kann die aktuelle Erforschung des ›kollektiven → Gedächtnisses‹ angesehen werden, wenn sie Geschichtsbilder untersucht, die an bestimmte geographische Orte geknüpft sind. Indem ebenso → Ereignisse, Personen, ja Waren als Gedächtnis-Topoi analysiert werden, lebt aber auch der metaphorische Ortsbegriff der klassischen T. weiter. Der Räumlichkeitsgedanke des Toposbegriffs verweist hier darauf, dass sich die geschichtsbildliche Bedeutung des einzelnen Gedächtnis-Topos stets nach dessen Konstellation zu anderen bemisst.

Daniel Fulda

Lothar Bornscheuer: Topik. Zur Struktur der gesellschaftlichen Einbildungskraft. Frankfurt a. M. 1976.

Pierre Nora (Hrsg.): Les lieux de mémoire. 7 Bde. Paris 1986–92.

Uwe Hebekus: [Art.] Topik/Invention. In: Einführung in die Literaturwissenschaft. Hrsg. von Miltos Pechlivanos [u. a.]. Stuttgart/Weimar 1995. S. 82–96.

Tradition

Unter T. (lat. *tradere* ›übergeben, überlassen‹) versteht man die Weitergabe von Elementen der kulturellen Ausstattung in den Dimensionen des Handelns (Riten, Brauchtum), der Gedanken (Ideen, Lehren), der Gegenstände (Kunstwerke, Monumente) sowie der Texte (religiöse und literarische Überlieferung). Zu unterscheiden ist zwischen einem schwachen, deskriptiven T.-Begriff, der retrospektiv in der Geschichte Zusammenhänge (z. B. Kunststile) erkennt, und einem starken, normativen T.-Begriff, der zukunftsorientiert das Ziel hat, → Kontinuität gegen die Gefahr von Abbruch und → Vergessen herzustellen.

T. stammt ursprünglich aus dem röm. Erbrecht und regelte neben der Übergabe von Eigentum auch die Übertragung von Rechten und Pflichten über die Todesschwelle hinweg. Im Christentum spielt der Begriff seit dem 2. Jh. eine wichtige Rolle für die Stabilisierung der Wahrheit des Evangeliums jenseits der kanonisierten Schrift in einer apostolischen Reihe persönlicher Zeugenschaft. In der jüd. Überlieferung als ›mündliche Torah‹ bezeichnet, steht T. für die Filiationskette des im Talmud dokumentierten diachronen Auslegungsgesprächs. Über diese Kette wird die Wahrheit der Überlieferung immer neu mit der Gegenwart vermittelt und ihre Autorität legitimiert. Diese Legitimationsfigur der T. wurde im Tridentinum gegen das protestantische Programm der *sola scriptura et fidei* erneuert.

Im 19. und 20. Jh. erhielt der Begriff ›T.‹ seine Bedeutung wesentlich in seiner Konfrontation mit dem Begriff der Moderne. Da sich die Moderne selbst – wie exemplarisch in der Frz. Revolution bezeugt – durch T.-Bruch definiert, konnte auf dieser Grundlage kaum ein positiver Zugang zum T.-Begriff gewonnen werden. Das spiegelt sich am Gebrauch des T.-Begriffs in der Geschichts- und Sozialwissenschaft, wo er epochenspezifisch (→ Epoche) und gesellschaftstypologisch (→ Typus) eingesetzt worden ist. In dieser Verwendung wurde T. weitgehend auf einen innovationsfeindlichen und rückwärtsgerichteten Traditionalismus verkürzt, der mit naturhafter Bewahrung, dumpfem Beharren und vorreflexiver Habitualisierung gleichgesetzt wird.

Gegenüber solchen Theorien machten Historiker wie Arno Borst (*Lebensformen im Mittelalter*, 1979) geltend, dass T. stets von Entscheidungsprozessen gebrochen sind und sich nie von selbst verstehen. In ideologiekritischer Perspektive entlarvten Eric J. Hobsbawm und Terence Ranger (Hrsg., *Invented Tradition*, 1983) vermeintlich alte T. als Erfindungen des 19. Jh. Die Autoren dieses Sammelbands arbeiten mit einer nicht unproblematischen Opposition zwischen authentischer Praxis, die sie ›Sitte‹ (*custom*) nennen, und unechter, konstruierter T. Ebenfalls 1983 wandte sich erstmals ein Soziologe dem T.-Begriff zu, ohne sich gleichzeitig in aufklärerischer Absicht von ihm zu distanzieren. Edward Shils fragte in seinem Buch *Tradition* danach, wie viel Vergangenheit, materiell wie ideell, in eine gesellschaftliche Gegenwart eingeht. Der T.-Begriff konnte erst eine neue sozialwissenschaftliche Bedeutung gewinnen, nachdem man anerkannt hatte, dass sich T. nicht nur aus unvordenklicher Vorzeit in die Gegenwart erstrecken, sondern auch als Rückwärtsprojektionen ihre Wirkung in der Gegenwart entfalten. Diese methodische Neuorientierung hat Patrick Hutton in dem Satz zusammengefasst: »In our own time, we have come to speak of the uses rather than the influences of the past.«

Im Zuge forcierter Globalisierung und Dekolonialisierung kommt es gegenwärtig zu einer Wiederentdeckung von T. als Ressource in den Konstruktionen kultureller Gedächtnisse und ethnischer Identitäten. Im Zuge dieser Entwicklung werden z. B. die Überreste vergangener Epochen und prähistorischer Kulturen als nationale Denkmäler (kulturelles Erbe, *legacy*, *heritage*, *patrimoine*) inszeniert.

In der Literaturwissenschaft umfasst T. das Arsenal der Muster, Exempla, Topoi, das als handwerkliche Orientierung dem Prozess des poetischen Herstellens zugrunde liegt. In diesem Kontext pflegt dem Begriff der T. der Begriff der Innovation gegenübergestellt zu werden. Innovation bedeutet jedoch nicht notwendig Abkehr von T., sondern setzt in der Überschreitung und Regelverletzung das Inventar der T. weiterhin voraus. Der engl. Dichter Thomas S. Eliot bestimmte deshalb T. und Innovation als Pole einer dialektischen Bewegung, in der sich der Prozess kultureller Erneuerung vollziehe. Theodor W. Adorno entwickelte neben dem modernistisch ideologiekritischen auch einen positiven T.-Begriff, den er als Erinnerung des Unerledigten definierte. Im scheinbar Veralteten »sucht das Lebendige der T. Zuflucht«. Adorno folgt hier Walter Benjamin, der sich für T. nicht als eine Kontinuität schaffende, sondern Kontinuität sprengende Kraft interessierte. Mit einem besonderen Interesse an Fragen der Normativität wandte sich Hans-Georg Gadamer dem T.-Begriff zu. Als humanistischer Klassizist dementierte er die modernistischen Vorstellungen von T.: »Auch die echteste, gediegenste Tradition vollzieht sich nicht naturhaft dank der Beharrungskraft dessen, was einmal da ist, sondern bedarf der Bejahung, der Ergreifung und der Pflege.« T. ist für ihn der sowohl freie als auch verbindliche Geltungsgrund einer Überlieferung. An die Stelle dieses affirmierenden T.-Begriffs setzten die Literatur-Theoretiker der Konstanzer Schule den Begriff der Rezeption mit dem Anspruch, literaturgeschichtliche Entwicklungen zu historisieren und zu entessentialisieren. In den Kulturwissenschaften wird der Begriff der T. inzwischen immer öfter durch → ›Gedächtnis‹ ersetzt und steht dann in Opposition zu ›Geschichte‹ als einer kritischen, identitätsabstrakten Historiographie.

Aleida Assmann

Hans-Georg Gadamer: Wahrheit und Methode. Grundzüge einer philosophischen Hermeneutik. Tübingen 1960.
Theodor W. Adorno: Über Tradition. In: Th. W. A.: Ohne Leitbild. Parva Aesthetica. Frankfurt a. M. 1967.
Siegfried Wiedenhofer: Das Alte und das Neue. Tradition zwischen Humanismus und Reformation. In: Melanchthonpreis. Beiträge zur ersten Verleihung. Hrsg. von Stefan Rhein. Sigmaringen 1988. S. 29–45.
Wilfried Barner (Hrsg.): Tradition, Norm, Innovation. Soziales und literarisches Traditionsverhalten in der Frühzeit der deutschen Aufklärung. München 1989.
Patrick H. Hutton: History as an Art of Memory. Hanover/London 1993.

Trope

Das Wort ›T.‹ leitet sich von griech. *tropos* (›Wende‹) ab und zeigt in einem → Diskurs einen *turn*, eine Wendung von einer Form bildlicher Sprache zu einer anderen, an. Die wissenschaftliche Beschäftigung mit solchen ›Wendungen‹ heißt ›Tropologie‹.

Eine modernistische Konzeption von Sprache, Sprechen und Diskurs stellt schon die Vorstellung einer ursprünglichen Eigentlichkeit in Frage. Semiotische Sprachkonzepte gehen von der Annahme einer unhintergehbaren figurativen Natur aller Sprache aus. Die eigentliche Bedeutung eines Worts, Ausdrucks oder Diskurses wird als ein gesellschaftlich determiniertes Produkt einer Auswahl aus den verschiedenen Anwendungsmöglichkeiten von Begriffen behandelt, die sich in ihrer Geschichte angesammelt haben. Unabhängig von der Absicht des Sprechers, ›eigentlich‹ zu sprechen, tragen die in seinem Diskurs eingesetzten Worte und Ausdrücke alle Konnotationen in sich, die in ihren verschiedenen Anwendungen enthalten sind. Man kann also sinnvoll von ›Eigentlichkeit‹ nur bei den technischen Sprachen sprechen, in denen alle Begriffe und deren syntaktische Beziehungen im Vorfeld jeder Anwendung eindeutig definiert sind. Daher bleiben in den verschiedenen Geisteswissenschaften, die anstelle technischer Sprachen oder Jargon weiterhin ›natürliche Sprachen‹ benutzen, Diskurse den Unschärfen und allzu genauen Festlegungen von Bedeutung unterworfen, die für eine figurative Sprache charakteristisch sind. Dies ist z. B. bei dem historischen Diskurs der Fall, der sich seit frühester Zeit in einem Konflikt zwischen zwei Paradigmen der Repräsentation und Exposition entwickelt hat: dem thukydideischen (strukturalistisch und ›wissenschaftlich‹) auf der einen und dem herodoteischen (narrativistisch und ›poietisch‹) auf der anderen Seite.

Eine tropologische Analyse historischer Texte versucht die Strukturen der Bildlichkeit zu identifizieren, durch die → Ereignisse der Vergangenheit von Lesern mit ganz anderen Bedeutungen versehen werden können als jenen, die der Geschichtsschreiber bewusst beabsichtigte. Eine solche Analyse versucht das ›linguistische Unbewusste‹ des Textes freizulegen: die möglichen Bedeutungen, die über die Sprache des Geschichtsschreibers vermittelt werden, die dieser benutzte, um seine Forschungsgegenstände zu beschreiben und um Ereignisabfolgen in eine → Erzählung umzusetzen. Die beschreibende und erzählende Arbeit des Historikers steht üblicherweise im Dienste des bewussten Versuchs, vergangene → Tatsachen empirisch festzustellen und ihr Auftreten zu → erklären, indem man sie den Gesetzen von Ursache und Wirkung unterwirft. Da aber der historische Diskurs in normaler oder natürlicher Sprache gefasst ist, unterliegt er in Hinsicht auf seine figurativen Bedeutungen der Dekodierung (oder Interpretation) durch seine Leser. So kann eine tropologische Analyse des Geschichtstextes enthüllen, auf welche Weise die Ereignisse, die der Historiker beschreibt, mehr oder weniger bewusst ideologisiert, d. h. mit Inhalt und mit Wertungen (→ Werte) angereichert sein können. Figurationen von historischen Ereignissen konstituieren die poietischen oder literarischen Dimensionen des Geschichtstextes, seinen Wert als eine erfundene → Fiktion, selbst wenn sein Bezugsrahmen als ›real‹ und sein Inhalt als ›reine Tatsachen‹ dargestellt werden.

Seit dem 17. Jh. ist es üblich geworden, Sprach- und Denkfiguren nach vier Prinzipien der Assoziation zu klassifizieren, die mit bestimmten tropischen Strukturen korrespondieren: Ähnlichkeit (metaphorisch), Kontiguität (metonymisch), Identität (synekdochisch) und Gegensatz (ironisch). Verschiedene Schreibstile weisen typischerweise eines oder mehrere dieser Assoziationsprinzipien als Grundlage ihrer deskriptiven Praktiken auf. So kann ein Ganzes aus Elementen aufgebaut sein, die durch verschiedene Formen der Beziehung und Kausalität miteinander verknüpft sind: genealogisch, mechanistisch, organologisch, dialektisch. In konventionellen historischen Erzählungen bleiben diese Formen der Verknüpfung implizit, während sie in → Geschichtsphilosophien (wie jenen von Hegel, Marx, Croce, Spengler und Toynbee) meist ausgesprochen und einer kritischen Überprüfung unterzogen werden.

Konventionelle Linguistik und Diskursanalyse benutzen die Begriffe ›T.‹ und ›Figur‹ im semiotischen Sinn meist austauschbar. Dabei ist es durchaus sinnvoll, zwischen einer solchen Figur (›der Aristokrat‹, ›der Bourgeois‹, ›das Proletariat‹) und einer T. (Überhöhung, Abwertung, Verschiebung, Beurteilung) zu unterscheiden. In der erzählenden Historiographie vollzieht sich die Hauptbewegung des Diskurses meist zwischen einem Figurensystem und einem anderen. Die Bewegungen selbst hingegen laufen auf der Basis von Assoziationsprinzipien ab, derer sich das → Verstehen bedient, um eine fremde Vergangenheit in eine des schon Vertrauten umzuwandeln.

Hayden White

Erich Auerbach: Mimesis. Dargestellte Wirklichkeit in der abendländischen Literatur. Bern/München 1971.
Hayden White: Metahistory. Die historische Einbildungskraft im 19. Jahrhundert in Europa. Frankfurt a. M. 1991. [Engl.: Metahistory. The Historical Imagination in Nineteenth-Century Europe. Baltimore/London 1973.]
– Auch Klio dichtet oder Die Fiktion des Faktischen. Stuttgart 1986. [Engl. Tropics of Discourse. Baltimore/London 1978.]
– Die Bedeutung der Form. Erzählstrukturen in der Geschichtsschreibung. Frankfurt a. M. 1990. [Engl.: The Content of the Form. Narrative Discourse and Historical Representation. Baltimore/London 1987.]
Paul Ricœur: Zeit und Erzählung. 3 Bde. München 1988–91. [Frz.: Temps et récit. Paris 1983–85.]

Typus

Das aus dem Griechischen übernommene lat. Wort ›T.‹ bezeichnet (1) eine Figur oder ein »Bild in der gipsernen Wand«, (2) die »regelmäßige Zu- und Abnahme« von Fieber und anderen Krankheiten und (3) »die regelmäßige Wiederkehr«. Neuhochdt. steht ›T.‹ für ›Grundform, Muster‹ (Jacob und Wilhelm Grimm, *Deutsches Wörterbuch*). Damit gemeint sind einerseits die Urgestalt von Dingen, Gegenständen oder Lebewesen und die als unveränderlich und wesentlich angesehenen Merkmale einer Sache, eines Vorgangs oder einer Person und andererseits die Vorstellung, welche zu Zeiten bei bestimmten Menschengruppen über jene besteht.

Die spezifisch geschichtswissenschaftliche Bedeutung des Begriffs ist bislang nicht lexikalisch fixiert. In Anlehnung an die theologische Begriffsbestimmung (*Religion in Geschichte und Gegenwart*) lässt sich formulieren: »Typen sind charakteristische Grundformen, die sich in der Geschichte mit gewisser Regelmäßigkeit oder Verbreitung wiederfinden. Indem man historische Typen aufstellt, faßt man das Gleichmäßige in der Mannigfaltigkeit geschichtlicher Verhältnisse und Vorgänge zu einer verhältnismäßig kleinen Gruppe von Grundformen zusammen«.

›T.‹ wird in der Geschichtswissenschaft als klassifikatorischer Begriff verwendet und dient dazu, Einzelerscheinungen mit spezifisch charakteristischen Zügen auf die Ebene von Grundmustern mit eigenem Erklärungswert zu heben. Die Verwendung des Begriffs setzt voraus – und enthält die Feststellung –, dass es sich bei so bezeichneten Sachverhalten um Grundformen von Zuständen, Verhältnissen oder Abläufen handelt, welche im Zusammenhang bestimmter Fragestellungen charakteristische Qualitäten haben. Der heuristische Wert (→ Heuristik) der Verwendung von T. besteht darin, dass sie (1) der gedanklichen Durchdringung und Gliederung des historischen Materials und der Charakterisierung wesentlicher Züge bestimmter Erscheinungen dienen und (2) das Vergleichbare so weit vergleichbar machen, dass das je Spezifische sichtbar wird. Die wissenschaftliche T.-Bildung wird also vom jeweiligen Forschungsstand begrenzt und verlangt eine abstrahierende Analyse des historischen Materials.

Welche methodischen Überlegungen einer solchen Analyse zugrunde liegen können, hat Max Weber im Zusammenhang seiner Lehre von den »Ideal-T.« entwickelt. Der Ideal-T. bezeichnet jene Stellen, an denen sich Theoriegebäude und → Wirklichkeit berühren und die Erscheinungen der Wirklichkeit wiederum theoretisch verknüpft werden. Er stellt kein Abbild der historischen Wirklichkeit und keine Hypothese dar, sondern ist gedankliches Konstrukt mit heuristischem Potential: Mit Hilfe des begrifflich reinen Ideal-T. – Weber nennt als Beispiel die »Stadtwirtschaft« – kann der Historiker im Falle jeder einzelnen Stadt feststellen, »wie nahe oder wie fern die Wirklichkeit jenem Idealbilde steht«, welche Züge für diese und welche für eine andere Stadt zu welcher Zeit spezifisch sind, und wie einzelne Städte sich voneinander und zu verschiedenen → Epochen unterscheiden; es lassen sich Gruppen von Städten mit ähnlichen wirtschaftlichen Verhältnissen bilden und voneinander unterscheiden und dynamische Prozesse deutlicher erfassen etc. In *Die drei reinen Typen der legitimen Herrschaft* (postum in: M. W., *Gesammelte Aufsätze zur Wissenschaftslehre*, ^{3}1968) unterschied Weber die Ideal-T. der »legalen« oder »bürokratischen«, der »traditionalen« und der »charismatischen Herrschaft«. An anderer Stelle bezeichnete er sein Bild der dt. Textilindustrie im 19. Jh. als ein idealtypisches (»Die Protestantische Ethik und der Geist des Kapitalismus« [1904/05], in: M. W., *Gesammelte Aufsätze zur Religionssoziologie*, Bd. 1, 1920).

Karl-Ludwig Ay

Max Weber: Die ›Objektivität‹ sozialwissenschaftlicher und sozialpolitischer Erkenntnis [1904]. In: M. W.: Gesammelte Aufsätze zur Wissenschaftslehre. Tübingen 1922. S. 190–212.

– Über einige Kategorien der verstehenden Soziologie [1913]. In: Ebd. S. 403–474.

Sven Eliaeson: Max Weber's Methodology: An Ideal Type. In: History of the Behavioral Sciences 36 (2000). H. 3. S. 241–263.

Hans Henrik Bruun: Weber on Rickert: From Value Relation to Ideal Type. In: Max Weber Studies 1 (2001). H. 1. S. 138–160.

Uta Gerhardt: Idealtypus. Frankfurt a. M. 2001.

Ungleichzeitigkeit des Gleichzeitigen

e. o. plauen: *Vater und Sohn*. Gesamtausgabe Erich Ohser. –
© 2000 Südverlag GmbH, Konstanz; mit Genehmigung der
Gesellschaft für Verlagswerte GmbH, Kreuzlingen (Schweiz).

Utopie

›U.‹ ist eine aus altgriech. *ou* ›nicht‹ und *topos* ›Ort‹ zusammengesetzte Kunstbildung des frühen 16. Jh., die man mit ›kein Ort, nirgends‹ übersetzen kann. Der Begriff ist doppeldeutig: Einerseits bezeichnet er eine unrealistische Vorstellung, ein nicht realisiertes und nicht realisierbares Projekt; andererseits im Gegenteil eine derzeit zwar noch nicht verwirklichte, aber künftig durchaus mögliche Zielvorstellung menschlichen Handelns.

Begriffsgeschichtlich liegt dieser modernen Doppeldeutigkeit die Mehrdeutigkeit des Ausdrucks ›U.‹ in der frühen Neuzeit zugrunde: Schon seit seiner Erfindung durch den engl. Humanisten und Staatskanzler Thomas Morus diente er als Bezeichnung sowohl für dessen berühmtes Werk *Utopia* (1516) als auch für die darin geschilderte Gesellschaftsverfassung. Später wurde er auch in metaphorischer Übertragung für ähnliche literarische Produkte bzw. für ähnlich unrealistische gesellschaftliche Reformprojekte benutzt.

Nach einer längeren, seit dem späten 17. Jh. andauernden Inkubationszeit rückte der Ausdruck ›U.‹ um 1840 gleichzeitig zum literarischen Gattungsbegriff für die so genannten ›Staatsromane‹ und zum politisch-sozialen Schlagwort auf: In den Auseinandersetzungen zwischen den politisch-weltanschaulichen Lagern der modernen Gesellschaft lotet er seither die Möglichkeit und Wünschbarkeit v. a. liberaler und sozialistischer Gesellschaftsreformen aus: Die konservative U.-Kritik stützte sich dabei auf die These von der Begrenztheit und letztlichen Invarianz der menschlichen Natur, die progressive U.-Kritik dagegen auf die historische → Erfahrung, dass vieles von dem, was zu einer Zeit als unrealisierbar galt, sich später als durchaus realisierbar herausstellte.

Damit konnte die konservative U.-Kritik nicht nur ideologiekritisch in Frage gestellt, sondern seit der zweiten

Hälfte des 19. Jh. sogar in ihr Gegenteil verkehrt werden: Gesellschaftspolitische U. galten nun v. a. im linksliberalen und sozialistischen Sprachgebrauch immer häufiger als Vorboten einer neuen Zeit, welche mit Vorliebe in → Epochen nahe bevorstehender gesellschaftlicher Umbrüche entstehen. Gegen diese v. a. in Deutschland seit den 1920er Jahren von Gustav Landauer, Ernst Bloch und Karl Mannheim vertretene Auffassung – die sich im angelsächs. Begriff *utopia* bis heute weit weniger stark ausgebildet findet – erhob sich nach dem 2. Weltkrieg wiederum eine konservative U.-Kritik an den totalitären Strukturen utopischer Gesellschaftsverfassungen, welche an der nationalsozialistischen und kommunistischen Herrschaft in Deutschland und weiten Teilen des Ostblocks abgelesen wurden.

Der Sprachgebrauch schwankt bis heute zwischen den divergierenden Bedeutungen des Ideals und der (mitunter gefährlichen) Illusion. Als gesellschaftspolitischer Kampfbegriff lotet ›U.‹ die Überzeugungskraft widersprüchlicher geschichtstheoretischer Perspektiven auf die Veränderbarkeit der menschlichen Natur und Gesellschaft aus. Die semantische Ambivalenz ist unvermeidbar, denn jede Vereindeutigung würde die Offenheit der zukünftigen gesellschaftlichen Entwicklung unzulässig verkürzen (→ Zukunft).

Lucian Hölscher

Karl Mannheim: Ideologie und Utopie. Bonn 1929.

Utopieforschung. Interdisziplinäre Studien zur neuzeitlichen Utopie. Hrsg. von Wilhelm Voßkamp. 3 Bde. Stuttgart 1982.

Lucian Hölscher: [Art.] Utopie. In: Geschichtliche Grundbegriffe. Hrsg. von Otto Brunner [u. a.]. Bd. 6. Stuttgart 1990. S. 733–788.

Richard Saage: Politische Utopie der Neuzeit. Darmstadt 1991.

Hans-Günther Funke: [Art.] Utopie, Utopiste. In: Handbuch politisch-sozialer Grundbegriffe in Frankreich 1680–1820. Hrsg. von Rolf E. Reichardt [u. a.]. Bd. 11. München 1991. S. 6–100.

Vergangenheit

›V.‹ ist der Allgemeinbegriff für die Gesamtheit der Phänomene, auf die sich ein Bewusstsein beziehen kann, ohne dazu unmittelbar neuer Sinnesdaten oder Erlebnisse zu bedürfen.

In Bezug auf die Totalität aller Geschehnisse bzw. menschlicher Erlebnisse ist die V. Kants ›Noumenon‹ vergleichbar, d. h. dem Ding an sich oder der sinnlich erfahrbaren Welt überhaupt, die als ganze und damit nach ihrem ›Wesen‹ niemals zur Anschauung gelangen kann. Anschauung bzw. Rekonstruktion von V. sind an Überreste (→ Quellen) verschiedenster Art geknüpft und bleiben in ihren Ergebnissen fragmentarisch. Der Begriff ›V.‹ kann für die historische Arbeit nur eine regulative Idee sein, d. h., sie steht hinter jeder sinnvollen historischen Einzelaussage, ohne selbst jemals in einer solchen ausgedrückt werden zu können. Begriffsgeschichtlich gehört ›V.‹ vorwiegend in den Bereich der sprachwissenschaftlichen, theologischen und philosophischen Reflexion und ist erst in jüngerer Zeit – und keineswegs systematisch – zum Gegenstand rein historischer Überlegungen geworden. Als dt. Wort wurde ›V.‹ erst in der zweiten Hälfte des 18. Jh. eingeführt, und zwar als erste der drei grammatischen Zeitstufen (Präteritum). Älter ist ›Vergänglichkeit‹ als ›nicht von Dauer‹ oder ›irdisch‹. Setzt man Geschichte mit → Erzählung gleich, dann ist die V.-Form eine Erzählfunktion, die den Verlauf eines Geschehens charakterisiert, während die Perfektform seinen Abschluss bewirkt.

Für die Linguistik bildet die Unterscheidung von V., Gegenwart und Zukunft kein universelles Merkmal. Die eigentliche Sprecher-Zeit ist für sie die Gegenwart, von der aus sich die zurück- und vorlaufenden Zeitaspekte entwickeln. Schon Augustinus verwies auf »die Gegenwart vergangener Dinge, die Gegenwart gegenwärtiger Dinge, die Gegenwart zukünftiger Dinge« (*Confessiones* 11,20). Insgesamt gilt die V.-Form als Zeit der ›erzählten‹, d. h. als Metainformation der stillgestellten Welt gegenüber der ›besprochenen‹, also unmittelbar bewegten Welt. Keineswegs abschließend bearbeitet ist die Begriffsgeschichte und -bestimmung von V. als Referent der historischen Tätigkeit bzw. des → Gedächtnisses. Bis ins 18. Jh. erinnerten (→ Erinnern) primitive wie Hochkulturen ihre V. in Form von Traditionsprozessen, die die zeitliche wie qualitative Differenz von Gegenwart und Vorausgegangenem unterdrücken. Hier wird zwischen absoluter V. (mythische Urzeit, → Mythos) und relativer V. (mitwandernder Zeithorizont von 3–4 Generationen) unterschieden. In extremem Maß wurden V.-Vorstellungen von Ursprungs- (Schöpfung) und Endzeitkonstruktionen geprägt. Gemäß der Auslegung von Psalm 90,4 wurde in der Spätantike das Alter der Welt auf etwa 4000 Jahre v. Chr. geschätzt, ihr Ende für die Zeit um 2000 n. Chr. erwartet. Angesichts der beschränkten absoluten Zeit wurde V. in geschichtstheologischen Schemata wie Alter Bund, Weltmonarchie etc. gedacht, denen symmetrische Gegenwartsvorstellungen und solche des Jüngsten Tages entsprechen, während explizite innerweltliche Zukunftskonzepte (Joachim von Fiore, ›Zeit des Hl. Geistes‹) erst im Hochmittelalter erscheinen.

Der Ansatz der rationalistischen frühneuzeitlichen Philosophie in der reinen Reflexion verstand sich als Traditionsbruch. V. wurde als das Negative, als Nichtwissen begriffen. Parallel dazu erfolgte eine enorme Dehnung der absoluten Weltzeit mit der Verabschiedung von biblischem Weltanfang und Weltende. Analog zu den ›Geschichten‹, die im Zeitalter des aufgeklärten Empirismus zum Kollektivsingular ›die Geschichte‹ werden, konnte nun von der einen V. als Vorstufe einer qualitativ andersartigen (selbsthergestellten) Menschheitsphase (Zukunft) die Rede sein. V. konnte im Anschluss daran als bloß »subjektive Vorstellung, in der Erinnerung« bei Hegel (*Enzyklopädie der philosophischen Wissenschaften*, 1830) durch den Gedanken in der Gegenwart aufgehoben und überschritten werden. Gegen diese negative Bestimmung wehrte sich Johann Gustav Droysen mit einer erneuten Pluralisierung zu »Vergangenheiten«, die die Gegenwart des Menschen »mit einer Welt von Erinnerungen« umleuchten (*Historik*, 1857). Parallel zur Deutung der V. als primär ästhetisches und in Bezug auf Emanzipation zweideutiges Selbstwissen wandelte sie sich im Vormärz zum Kampfbegriff. Die Restauration wurde zum »Rücksprung in die V.«, die Revolution zum »Sprung in die Zukunft« (Brockhaus, [Art.] *Zeitgeist*, 1841). Diese Zukunft bestimmte Kierkegaard über ein Paradoxon: Der Blick auf sie sei ausschließlich ein von der V. reflektierter Blick (*Journals and Papers*, *»Presentiment«*, Bd. 3, 1975).

Von hier aus eröffnen sich Perspektiven der gegenwärtigen V.-Diskussion. Bei Heidegger ist V. eine Kategorie zeitlicher Existenz, bei Gadamer der autoritative Horizont, in dem der Interpret → »Sinn« gewinnt. Für viele moderne Geschichtsdenker ist V. zur Möglichkeitsbedingung und zum Kontrast von Geschichte, Gedächtnis und Erinnerung geworden. Hierbei ist gegenwärtig vom Übergewicht des (kollektiven) Gedächtnisses, d. h. der sozialen Funktion der V. auszugehen. V. als geplante Erinnerung gilt einerseits als bedrohlich (Fundamentalismus), andererseits als sowohl naturwüchsige (→ Tradition) als auch moralisch gerechtfertigte (Holocaust) in ihrem Bestand durch Vergessen bedroht.

Markus Völkel

Harald Weinrich: Tempus. Besprochene und erzählte Welt. Stuttgart 1964.
Wilhelm Köller: Philosophie der Grammatik. Stuttgart 1988.
Jacques Le Goff: Geschichte und Gedächtnis. Frankfurt a. M. / New York 1992.
Jan Assmann: Das kulturelle Gedächtnis. Schrift, Erinnerung und politische Identität in frühen Hochkulturen. München 1992.
Paul Ricœur: Das Rätsel der Vergangenheit. Erinnern – Vergessen – Verzeihen. Göttingen 1998.

Vergleich, historischer

Der historische V. dreht sich um die Beschreibung, Analyse und Typisierung von Unterschieden und Gemeinsamkeiten, Divergenzen und Konvergenzen, Transfers und Abschließungen zwischen historischen Gesellschaften. (1) In der Regel werden Länder synchronisch in derselben Epoche verglichen, sehr viel seltener diachronisch zu unterschiedlichen Zeiten, aber in derselben Entwicklungssituation. (2) Historische V. befassen sich i. d. R. mit begrenzten Themen. Globale V. über alle Aspekte der Wirtschaft, Gesellschaft, Kultur und Politik sind äußerst selten. (3) Die weit überwiegende Mehrheit der V., zumindest zum 19. und 20. Jh., behandelt Nationen; weniger üblich sind V. zwischen Regionen und Orten, die wiederum häufig als Ausschnitte von Nationen verstanden werden. Noch seltener sind V. zwischen ganzen Zivilisationen. (4) In der Regel befasst sich der historische V. mit zwei oder wenigen Ländern; nur eine Minderheit behandelt mehr Länder, alle Länder einer Zivilisation, manchmal sogar alle Länder der Welt.

Epochemachende V. und methodische Aufsätze zum V. wurden schon in der ersten Hälfte des 20. Jh. von Marc Bloch, Max Weber und Otto Hintze geschrieben. Aber erst seit der Lösung der → Geschichtswissenschaft von ihrer Orientierung auf die Nationalgeschichte in den 1960er und 1970er Jahren waren die intellektuellen Voraussetzungen für einen Aufschwung der vergleichenden historischen Forschung in ganz Europa günstig. Darüber hinaus trugen verschiedene Faktoren zu diesem Aufschwung bei, der von Historikern wie Vertretern der meisten Gesellschafts- und Geisteswissenschaften getragen wurde, so z. B. die Öffnung gegenüber anderen Disziplinen, die den V. schon früher praktizierten, die Schaffung materieller Voraussetzungen in der Fachhistorie (z. B. Auslandsstipendien, Gastprofessuren, fremdsprachige Literatur) und ein Mentalitätenwandel hin zu einer gewollten und erlebten Internationalisierung des Alltags.

Ein entscheidender Grund für den Erfolg des V. ist seine thematische Flexibilität. Zunächst schien es, als könne der historische V. nur in eng begrenzten Feldern praktiziert werden, v. a. im V. von Verfassungen, Institutionen, Sozialstrukturen und wirtschaftlicher Entwicklung. Inzwischen sind auch andere Anwendungsgebiete etabliert, so z. B. in der Kulturgeschichte, der Geschichte von Symbolen, Riten und Erinnerungsorten sowie der Geschichte von → Mentalitäten, Normen, → Werten. Darüber hinaus findet man den V. in der → Geschlechtergeschichte ebenso wie in der politischen → Ideengeschichte, in der Ereignisgeschichte, v. a. der Geschichte von Revolutionen, ebenso wie in der Biographiegeschichte, im intellektuellen V. von Personen ebenso wie in Doppelbiographien (→ Biographie).

Den Intentionen des Vergleichs folgend lassen sich vier Typen des historischen V. unterscheiden: (1) der *analytische V.*, der die Ursachen für bestimmte historische Prozesse, Strukturen, Mentalitäten, Institutionen oder Ereignisse herausfinden will, ohne damit eine Bewertung der verglichenen Gesellschaften zu verbinden; (2) der *aufklärende V.*, die Gegenüberstellung von positiven oder negativen historischen Entwicklungen, die bessere Erklärung von Fehlentwicklungen, die in einzelnen Gesellschaften unterschiedlich stark waren; (3) der *verstehende* (→ Verstehen) *V.*, der einen besseren Zugang zur Geschichte einer anderen Gesellschaft zu gewinnen versucht, indem er diese mit der eigenen historisch vergleicht; (4) der *Identitäts-V.*, der im V. mit anderen Ländern Mythen (→ Mythos) über das eigene Land testet, kritisiert und ändert, manchmal auch bestätigt oder erfindet.

Der Erfolg des historischen V. beruht nicht auf der Attraktivität der vergleichenden → Methode, sondern auf der Wichtigkeit der Themen und Thesen, die vergleichend entwickelt werden. Der historische V. hat bisher v. a. in drei Richtungen wichtige Ergebnisse erbracht:

(1) Die Diskussion über den dt. Sonderweg, also über die These, dass die nationalsozialistische Machtübernahme auf langen gesellschaftlichen Vorbedingungen beruht, trug besonders in Deutschland viel zur Verbreitung des V. bei. Diese These war ursprünglich nicht vergleichend entwickelt worden, ging aber von der Annahme aus, dass Deutschland vom normalen Weg der anderen westeurop. Länder abgewichen sei. Die lange Debatte über diese These, ihre bessere komparative Begründung v. a. in den 1970er Jahren und die komparativen Einwände dagegen bzw. die Modifikation in den 1980er und 1990er Jahren von einem internationalen Historikerkreis brachte zahlreiche vergleichende Arbeiten hervor, darunter Glanzstücke des historischen V.

(2) Eine zweite Richtung war seit den 1970er Jahren die vergleichende historische Untersuchung der Geschichte der Moderne. Während es in älteren historischen V. eher um demographische Transition, Urbanisierung, Industrialisierung, Wirtschaftswachstum, Alphabetisierung, Wahlbeteiligung, sozialen Protest ging, werden in jüngeren historischen V. dieser Richtung eher Geschlechterbeziehungen, Individualisierung, Dienstleistungen, Umwelteinstellungen, Transfers und Begegnungen, Religiosität, Verständnis der Menschenrechte, Wertewandel in das Zentrum gestellt. Wahrschein-

lich hat diese Richtung des V. international am meisten vergleichende Arbeiten hervorgebracht.

(3) Neuerdings sieht es so aus, also ob der V. europ. mit außereurop. Gesellschaften ein drittes zugkräftiges Thema des V. wird, von großräumigen und langfristigen V. ebenso wie in Lokalstudien. Was die Besonderheiten des Westens, seines Aufstiegs seit der Frühen Neuzeit und des Niedergangs Europas seit dem 1. Weltkrieg ausmacht, wie man ihn erklärt, wie dieser Aufstieg und Abstieg von Europäern und Nichteuropäern in ihren wechselseitigen Begegnungen erfahren wurde, könnte für den historischen V. der Zukunft wichtiger werden.

Hartmut Kaelble

Marc Bloch: Historische Vergleiche und Europa. In: M. B.: Aus der Werkstatt des Historikers. Frankfurt a. M. 2000. S. 113–184.

Charles Tilly: Big Structures, Large Processes, Huge Comparisons. New York 1984.

Heinz-Gerhard Haupt / Jürgen Kocka (Hrsg.): Geschichte und Vergleich. Frankfurt a. M. 1996.

Jürgen Osterhammel: Sozialgeschichte im Zivilisationsvergleich. Zu künftigen Möglichkeiten komparativer Geschichtswissenschaft. In: Geschichte und Gesellschaft 22 (1996). S. 143–164.

Hartmut Kaelble: Der historische Vergleich. Eine Einführung zum 19. und 20. Jahrhundert. Frankfurt a. M. 1999.

Vernunft, historische

Der Begriff ›historische V.‹ bedeutet zum einen das Vermögen, sich vernünftig im Denken und Erkennen mit der Historie zu beschäftigen, und zum anderen die Eigenschaft der V., selbst historisch zu sein, d. h. eine Geschichte zu haben.

Der Fachbegriff ›historische V.‹ wurde von Wilhelm Dilthey eingeführt, dessen *Einleitung in die Geisteswissenschaften* (1883; in: W. D., *Gesammelte Schriften*, Bd. 1, 1922) als *Kritik der historischen Vernunft* konzipiert war. Die Analogie zu Immanuel Kants Titel *Kritik der reinen Vernunft* ist Programm: Auch Dilthey ist davon überzeugt, dass die geplante »Grundlegung« nur möglich sei, wenn man transzendental, d. h. nach den Bedingungen der Möglichkeit von Wissenschaft fragt, in der sich die Vernünftigkeit der V. bewähren muss. Zugleich war damit eine Ergänzung des Kantischen Programms gemeint, denn Kants V.-Kritik hatte nach Dilthey nur die Naturwissenschaften vor Augen, während die Philosophie 100 Jahre später auch der Tatsache gerecht werden müsse, dass inzwischen Geschichtsschreibung und Philologien als Universitätsdisziplinen etabliert waren und als »Geisteswissenschaften« Wissenschaftlichkeit beanspruchten. So fasste Dilthey die »Kritik der historischen Vernunft« als Aufgabe, die Wissenschaftlichkeit der Geisteswissenschaften, die von den Naturwissenschaftlern in Frage gestellt war, durch eine von deren Standards und Normen unabhängige »Erkenntnistheorie, Logik und Methodologie« zu sichern. Eine Kritik aber, die die V. in ihrem historischen Gebrauch zum Thema macht, konnte den V.-Begriff selbst nicht unverändert lassen. Diese Einsicht führte Dilthey über eine bloße Ergänzung hinaus zu einer Revision der Konzeption Kants. Nach Dilthey mag die V., so lange sie sich als abstraktes, intellektuelles Vorstellungsvermögen versteht, den mathematischen und physikalischen Themen und Gegenständen gerecht werden; dagegen ist sie unfähig, die ganze Wirklichkeit des Menschen und seiner Welt angemessen aufzufassen, solange sie sich nicht auch dem Wollen und Fühlen in unserem Erleben öffnet. So leitete Dilthey eine Neufassung des traditionellen Bewusstseinsbegriffs ein, der sich bei ihm primär am »Erlebnis« orientierte und Denken, Wollen und Fühlen zusammenführte. Dieser konkrete Bewusstseinsbegriff aber gestattete es nicht länger, außer Acht zu lassen, dass das so bestimmte Bewusstsein in einer Wirklichkeit steht, die wesentlich geschichtlich ist. Im Unterschied zu Kants »Bewußtsein überhaupt« ist Diltheys oberster Bezugspunkt das »geschichtliche Bewußtsein«, was unmittelbar zur zweiten Bedeutung des Ausdrucks »historische Vernunft« als Einsicht der V. in ihre eigene Historizität führt. Dass das Bewusstsein von der Geschichte (→ Geschichtsbewusstsein) sich selbst als etwas geschichtlich Bedingtes weiß und erkennt, kann man als das Grundprinzip des ›historischen Bewusstseins‹ verstehen, das seit dem 19. Jh. als Basis historischer Bildung gilt.

Das Konzept historischer V. führt auf erhebliche Probleme, die daran deutlich werden, dass von Aristoteles bis ins späte 18. Jh. die theoretische V. wesentlich als Vermögen wissenschaftlicher Erkenntnis verstanden wurde und die Historie nicht als wissenschaftsfähig galt, sondern als Kunst (*ars*). Die modernen Geschichtswissenschaften, die sich um 1800 herausbildeten, verzichteten aber auf jede Berufung auf abstrakte V.-Prinzipien und definierten sich durch ihre → Methoden – v. a. die der → Quellenkritik; die → Geschichtsphilosophie – besonders die Hegels, die sich auf ›die‹ V. berief – galt unter den Historikern der ›historischen Schule‹ als unwissenschaftlich. So entstand das philosophische Begründungsdefizit, das Dilthey auszufüllen trachtete. Die Frage war nur, wie eine V., die sich selbst als historisch begreift, die Grundlegung vernünftiger Historie leisten könne; sie rechnet sich von vornherein selbst dem Gegenstandsbereich zu, den es erst zu konstituieren, d. h. in seiner prinzipiellen Möglichkeit aufzuweisen gilt. Dieser Zirkel ist der Grund für die Probleme des → Historismus, die zu Beginn des 20. Jh. diskutiert und als ›Krise des Historismus‹ erfahren wurden. Wenn die V., die sich der Historie zuwendet, selbst geschichtlich ist und sich mit ihrem

Gegenstandsbereich wandelt, führt dies zu einem universellen Relativismus, der die Vernünftigkeit des Umgangs mit der Geschichte und damit mit sich selbst bedroht. Das Resultat ist eine »Dialektik der historischen Vernunft« (Schnädelbach), die darin besteht, dass wir auf der einen Seite nicht anders können, als in unserem Denken und Erkennen vernünftige Geltungsansprüche zu erheben, die nicht bloß historisch relativ sind, während wir andererseits genau wissen, dass unsere V. eine Geschichte hat, d. h. eine kulturelle Genese, die uns nicht über das Historische hinausführt. Ob die Fortbildung des historischen zum hermeneutischen Bewusstsein durch Martin Heidegger und Hans-Georg Gadamer wirklich eine ›Überwindung‹ dieser dialektischen Situation bedeutet, ist umstritten; die grundlegenden Veränderungen der Wissenschaftstheorie durch jüngere wissenschaftshistorische Forschungen (Thomas S. Kuhn, Paul K. Feyerabend u. a.), aber auch die Herausbildung eines neuen, »analytischen« Historismus (Hermann Lübbe) haben den Problemen der historischen V. neue Aktualität verliehen.

Herbert Schnädelbach

Wilhelm Dilthey: Texte zur Kritik der historischen Vernunft. Hrsg. und eingel. von Hans-Ulrich Lessing. Göttingen 1983.

Hans-Ulrich Lessing: Die Idee einer Kritik der historischen Vernunft. Wilhelm Diltheys erkenntnistheoretisch-logisch-methodologische Grundlegung der Geisteswissenschaften. Freiburg i. Br. / München 1984.

Hans-Georg Gadamer: Wahrheit und Methode. Grundzüge einer philosophischen Hermeneutik. Tübingen 1960. [Insbes. Tl. 2., S. 162–250.]

Herbert Schnädelbach: Vernunft und Geschichte. Vorträge und Abhandlungen. Frankfurt a. M. 1987. [Insbes. S. 9–20, 23–46, 47–63.]

Verstehen

Das ›V‹. meint eine Erkenntnisweise, die historische Phänomene aus ihrer jeweiligen Besonderheit oder → Individualität heraus zu begreifen sucht, statt sie aus allgemeinen Annahmen über den Lauf der Geschichte abzuleiten. Sie will → erklären, was sich nur historisch erklären lässt, was sich allein aus der Immanenz der Geschichte selbst ergibt. ›V.‹ ist die zentrale methodische Kategorie (→ Methode) der im Zeichen des → Historismus begründeten modernen Geschichtswissenschaft und der Inbegriff des von ihr erhobenen genuinen Erkenntnisanspruchs. Obwohl seine Geltung immer wieder in Frage gestellt worden ist, hat der Begriff diesen Rang bis heute behalten.

Die Vorgeschichte des Begriffs beginnt in der vom Renaissance-Humanismus erneuerten Hermeneutik, auf die auch das Wort zurückgeht (hermeneúein ›auslegen, verständlich machen‹). Die Humanisten wollten das klassische Altertum, das sie durch eine große zeitliche Kluft von der Gegenwart getrennt sahen, wiederbeleben, indem sie die griech.-röm. Welt, über die Überlagerungen und Verfälschungen eines ganzen Jahrtausends hinweg, wiederum in ihrer Eigentümlichkeit sichtbar machten. Im Zentrum stand dabei die antike Literatur, die zu ihrer authentischen Aneignung nicht nur der Textkritik, sondern auch der sprachlichen und sachlichen Auslegung bedurfte. Diese historische Auslegungskunst erfasste bald auch andere Texte und Textsorten und führte schließlich zu einer universalen philologischen Gelehrsamkeit. Ein weiterer Schritt war, dass die Geschichtsschreiber dazu übergingen, sie auf die Behandlung ihrer → Quellen zu übertragen.

Die Entstehung des Historismus um 1800 hatte zur Folge, dass sich die historische Auslegung der Texte zur historischen Auslegung der → Wirklichkeit überhaupt erweiterte. Das neue Konzept findet sich zuerst in Wilhelm von Humboldts Akademierede *Ueber die Aufgabe des Ge-*

schichtschreibers (1821). Sie verweist den Historiker auf »das Studium der schaffenden Kräfte der Weltgeschichte«, unter denen die »Ideen« als Manifestationen menschlicher Freiheit herausragen, die sich in je verschiedener »Individualität« ausprägen. Von ihnen hebt Humboldt die mechanischen, physiologischen und psychologischen »Kräfte« ab, die dem Reich der → Kausalität angehören; er spricht ihnen durchaus Wirksamkeit zu, sucht sie freilich wiederum den »Ideen« und damit der Freiheit anzunähern oder jedenfalls unterzuordnen. Voraussetzung für die Erkenntnis der »Ideen« ist »eine vorhergängige, ursprüngliche Uebereinstimmung zwischen dem Subject und Object«: »Wo zwei Wesen durch gänzliche Kluft getrennt sind, führt keine Brücke der Verständigung von einem zum andren, und um sich zu verstehen, muss man sich in einem andren Sinn schon verstanden haben.« Die »Uebereinstimmung« besteht darin, dass »Alles, was in der Weltgeschichte wirksam ist, sich auch in dem Innern des Menschen bewegt«: dass wir der »Ideen« in der Geschichte deswegen ansichtig werden, weil wir selbst von »Ideen« bewegt sind. Sie ermöglicht einen Erkenntnisprozess, in dem der Historiker sein allgemeines Vorwissen auf seinen Gegenstand anwendet und zugleich an ihm berichtigt, »bis durch diese wiederholte Wechselwirkung die Klarheit zugleich mit der Gewissheit hervorgeht«.

Johann Gustav Droysen führte diese Skizze einer allgemeinen historischen Hermeneutik in seiner *Historik* (1857) aus; er knüpfte damit an die Vorlesung *Enzyklopädie und Methodologie der philologischen Wissenschaften* an, die sein Lehrer, der Klassische Philologe August Boeckh, seit 1809 wiederholt vorgetragen hatte. Zum »Wesen der geschichtlichen Methode« erklärte Droysen die »Interpretation«, die ihm von der Klärung des jeweiligen pragmatischen Zusammenhangs über die Bestimmung der jeweiligen Bedingungen wie auch der Motive der historischen Akteure bis zur Ergründung der »Ideen« reichte. Die »Ideen«, in denen alle anderen Faktoren zusammenliefen, standen für »das eigentümliche Wesen der geschichtlichen, d. h. sittlichen Welt, die freie sittliche Tat und das Recht eines jeden, ein neuer Anfang und eine Totalität in sich zu sein«; ihre gelingende Erkenntnis beruhte auf dem »Gleichsein des Wissenden und dessen, wovon man weiß«: »jeder jedem anderen ein Fremdes und doch ihm Gleiches, ein Stück Außenwelt, aber zugleich ein Spiegel seiner eigenen inneren Art; einer dem anderen verständlich«.

Zu Droysens Lehrgebäude gehörte die endgültige Fixierung der neuen Erkenntnisweise auf den Begriff des ›V.‹, indem er sie vom ›Erklären‹ abgrenzte; er spitzte damit eine Dichotomie zu, die schon das Humboldtsche »Studium der schaffenden Kräfte« bot. Droysen wollte so den aus Westeuropa vordringenden → Positivismus abwehren, der es unternahm, die Historie nach dem Vorbild der Naturwissenschaften als eine Gesetzeswissenschaft aufzuziehen. Das neue Begriffspaar sollte demgegenüber die Eigenständigkeit der Geschichtswissenschaft bezeichnen: »glücklicherweise gibt es zwischen Himmel und Erde Dinge«, »die nicht entwickelt, nicht erklärt, sondern verstanden werden wollen«. Wilhelm Dilthey brachte das 1894 in den *Ideen über eine beschreibende und zergliedernde Psychologie* auf die Formel: »Die Natur erklären wir, das Seelenleben verstehen wir.«

Die weitere methodologische Karriere des V.-Begriffs ist ohne diese Polarisierung nicht zu denken. Allerdings fehlt es seit Dilthey nicht an Versuchen, die bloße Konfrontation zu überwinden. Schon Humboldts »Ideen«-Lehre schloss bis zu einem gewissen Grad jene auf Kausalität angelegten Kräfte ein, die später dem »Erklären« zugeschlagen wurden; auch Droysens »Interpretation« sollte, bevor sie »die freie sittliche Tat« erreichte, Stationen durchlaufen, die jeweils zunächst eine Art »Kausalzusammenhang« ergaben. Die neue terminologische Differenzierung ließ keine einfache Rückkehr zur bisherigen Reflexionsebene zu, löste aber zugleich, auf einer höheren Ebene, Bemühungen um eine neue Vermittlung aus. Bald ging der Streit nicht um eine simple Alternative, sondern um das rechte Mischungsverhältnis. Max Weber stellte 1913 Überlegungen *Ueber einige Kategorien der verstehenden Soziologie* an, die auf das Programm eines »verstehenden Erklärens« hinausliefen: eines V., das sich weitestgehend »erklärender« Verfahren bediente und damit ein Höchstmaß an wissenschaftlicher Rationalität gewann. Demgegenüber wog Friedrich Meinecke 1928 *Kausalitäten und Werte in der Geschichte* mit dem Ziel ab, letztere, die Humboldts und Droysens »Ideen« entsprachen, als »die eigentliche Interessensphäre des Historikers« zu erweisen, so sehr auch »der Weg der Kausalität unbeirrt bis zum letzten erreichbaren Punkte gegangen werden« müsse.

Nach 1945 hat die Herausforderung durch die systematischen Sozialwissenschaften der Kausalität und damit dem ›Erklären‹ in der Geschichtswissenschaft erheblichen Vorschub geleistet. Andererseits ist von einem Buch wie Hans-Georg Gadamers *Wahrheit und Methode* (1960) auch eine Rehabilitierung hermeneutischen Denkens ausgegangen, die auch auf die geschichtstheoretische Diskussion ausgestrahlt hat. Die gegenwärtige → Historik ist wiederum durch Ausgleichsbemühungen mit jeweils verschiedener Akzentuierung gekennzeichnet, die aber alle das V. im Zentrum dessen ansiedeln, was – verglichen mit anderen Disziplinen – die Eigenart der → Geschichtswissenschaft ausmachen soll.

Ulrich Muhlack

Joachim Wach: Das Verstehen. Grundzüge einer Geschichte der hermeneutischen Theorie im 19. Jahrhundert. 3 Bde. Tübingen 1926–33.

Karl-Georg Faber: Theorie der Geschichtswissenschaft. München 1971.

Louis O. Mink: Historical Understanding. Hrsg. von Brian Fay [u. a.]. Ithaca/London 1987.
Thomas Haussmann: Erklären und Verstehen: Zur Theorie und Pragmatik der Geschichtswissenschaft. Mit einer Fallstudie über die Geschichtsschreibung zum Deutschen Kaiserreich von 1871–1918. Frankfurt a. M. 1991.
Ulrich Muhlack: Verstehen. In: Geschichte. Ein Grundkurs. Hrsg. von Hans-Jürgen Goertz. Reinbek bei Hamburg 1998. S. 99–131.

Voraussage

Mit den Begriffen ›V.‹ und ›Prophetie‹ stellen sich für die Geschichtswissenschaft zwei Probleme, die im Kontext der Frage nach der Bedeutung von → Zukunft stehen: Zum einen bezeichnet ›Prophetie‹ eine historische Praxis, die Zukünftiges interpretativ bestimmen wollte (Orakel, Vision, Weissagung, u. a.), um auf ihre Gegenwart einzuwirken und durch die sich für den Historiker heute Vergangenheiten und deren Zukunftsvorstellungen erschließen lassen; zum anderen konfrontieren die V. der Gegenwart (z. B. Futurologie, Prospektive) die Geschichtswissenschaft mit der Frage nach ihrer eigenen Prognosefähigkeit, die sie mit Blick auf vergangene Erfahrungen und gegenwärtige Interessen wahrnehmen könnte. Umstritten ist, inwieweit die Geschichtsschreibung als Kritik von V. fungieren soll oder bei V. über langfristige Prozesse und zukünftige Szenarien eine Beraterfunktion einnehmen kann.

Mit Beginn der neuzeitlichen Philosophie entstand eine empirisch fundierte Kritik an der antiken bzw. mittelalterlichen Prophetie und ihren theologisch-mystischen (z. B. Vision, Wahrsagung) bzw. philosophisch-spekulativen (z. B. Imagination, Offenbarung) Formen. Das Denken der Aufklärung vollzog dabei eine Wende von dem im

Glauben fundierten Diskurs über die Funktion von Prophetie in der christlichen Religion hin zur radikalen Kritik des Offenbarungsglaubens. Dadurch eröffnete sich ein Deutungsraum für neue Formen der V., z. B. in der → Geschichtsphilosophie des 18. Jh.: Kant unterscheidet im *Streit der Fakultäten* (1798) zwischen einer »prophetischen« und einer »wahrsagenden« Geschichtsschreibung. Zwar ist er sich bewusst, dass die Geschichte frei handelnder Menschen nicht voraussehbar ist, er verweist jedoch im Sinn der »wahrsagenden« Geschichtsbetrachtung auf das Fortschreiten des Menschengeschlechts zum Besseren, das er an Begebenheiten (»Geschichtszeichen«) seiner Gegenwart (Frz. Revolution) festmacht. Mit dem Bild des Historikers als »rückwärtsgekehrter Prophet« bestimmt Friedrich Schlegel im Übergang zum 19. Jh. in seinen *Athenäum-Fragmenten* den für die folgende Geschichtsschreibung konstitutiven Zukunftsbezug, ohne die sich verstärkende Kritik an der Möglichkeit von Prophetie und V. auszuräumen. Hegel z. B. lehnt in der *Phänomenologie des Geistes* (1806) das »prophetische Reden« als Gegensatz von Wissenschaft ab. Wilhelm von Humboldt bestimmt dagegen die Fähigkeit des »Ahnens« als methodisches Element der Geschichtsschreibung (1821). Mit der Methodologisierung (→ Methode) und Ausdifferenzierung der Sozial- und Geisteswissenschaften verschärfen sich jedoch die Zweifel an der Prognosefähigkeit: Max Weber weist in *Wissenschaft als Beruf* (1919) jede Form von »Kathederprophetie« zurück. Nach Karl R. Popper (*Das Elend des Historizismus*, 1965; engl. 1957) sind gesetzförmige historische Aussagen als Grundlage von V. unmöglich.

Die gescheiterten V. der → Modernisierungstheorien oder des → Historischen Materialismus bestärken heute die Skepsis gegenüber der V. Entweder konstatiert die Geschichtstheorie die prinzipielle »Nichtprognostizierbarkeit« der Zukunft (Hermann Lübbe) oder sie verweist auf eine Kenntnis der verschiedenen »Zeitschichten« von Geschichte (Reinhart Koselleck): Nur so könne man aus der Vergangenheit etwas lernen, um es kritisch für die Gestaltung einer offenen Zukunft bereitzuhalten.

Arnd Hoffmann

Reinhart Koselleck: Die unbekannte Zukunft und die Kunst der Prognose (1984/85). In: R. K.: Zeitschichten. Studien zur Historik. Frankfurt a. M. 2000. S. 203–221.
Gunter Scholz: Die Weltbilder und die Zukunft: Prophetie – Utopie – Prognose. In: G. Sch.: Zwischen Wissenschaftsanspruch und Orientierungsbedürfnis. Zu Grundlage und Wandel der Geisteswissenschaften. Frankfurt a. M. 1991. S. 332–357.
Georges Minois: Histoire de l'avenir. Paris 1996. [Dt.: Geschichte der Zukunft. Orakel, Prophezeiungen, Utopien, Prognosen. Düsseldorf/Zürich 1998.]
Lucian Hölscher: Die Entdeckung der Zukunft. Frankfurt a. M. 1999.

Wahrheit, historische

Die Frage nach der W. in der Geschichte hat ihren Ursprung in der Erwartung, die der Leser eines historischen Textes gegenüber dessen Autor hegt: Dieser Leser erwartet vom Historiker, dass er ihm einen wahren Bericht und keine → Fiktion zu lesen gibt, d. h. einen Text, der sich in glaubwürdiger Weise auf → Ereignisse bezieht, die sich vor dem Bericht ereignet haben. Die Frage besteht darin, ob und inwieweit man davon ausgehen kann, dass der Pakt eingehalten wird.

(1) Das Wesen der Forderung nach W. in der Geschichte

wird deutlicher, wenn man sie von der Forderung nach Treue oder Zuverlässigkeit auf der Ebene des → Gedächtnisses unterscheidet. Es gibt nämlich ein dem Gedächtnis eigentümliches W.-Streben, auf das die Geschichte ihr eigenes W.-Streben in kritischer Art und Weise aufbaut. Einerseits stellt das Gedächtnis angesichts des Rätsels der gegenwärtig anwesenden Vorstellung einer abwesenden und darüber hinaus den Stempel der Vorgängigkeit tragenden Sache die Kraft einer unerschütterlichen Gewissheit dar. Dieses Rätsel findet im Erlebnis des Wiedererkennens jedoch eine partielle Auflösung. Die Erinnerung (→ Erinnern) ist aber nicht nur ein Ort der Gewissheit, sondern auch des Zweifels: Man kann dem Gedächtnis Ungenauigkeit, Verwechslungen und – insbesondere aufgrund seiner Verbindung mit der Erzählung, deren selektiver Charakter wohlbekannt ist – v. a. Parteilichkeit (→ Objektivität) vorwerfen. Gleichwohl bleibt die kleine Freude des Wiedererkennens im Vergleich mit der Geschichte allein dem Gedächtnis vorbehalten.

(2) Ausgangspunkt der Frage nach der für die Geschichte eigentümlichen W. ist der Einschnitt zwischen der historischen → Erzählung und der einfachen Erinnerung, wie sie in Form der privaten Erzählung entfaltet wurde. Dieser Einschnitt fällt mit dem zwischen Mündlichkeit und Schriftlichkeit zusammen. → Historiographie ist, wie ihr Name bereits andeutet, voll und ganz Schrift; sie begleitet alle Phasen dessen, was man als historiographische Operation bezeichnen kann: die dokumentarische Phase, die Phase des → Erklärens / → Verstehens, die eigentliche schriftliche Phase im literarischen Sinne. Die W.-Frage stellt sich in jedem dieser Stadien anders; sie lässt also keine kompakte, undifferenzierte, einheitliche Antwort zu.

(3) In ihrer dokumentarischen Phase geht die W.-Frage mit dem Übergang von der mündlichen zur schriftlichen Form des Zeugnisses einher. Nun beginnt die vergleichende Prüfung, die das Zeugnis in die kritische Phase überführt,

in der es nicht nur mit anderen Zeugnissen konfrontiert wird, sondern auch mit allen Arten von Dokumenten, die nicht allesamt – nicht einmal indirekte oder unbewusste – Zeugnisse sind, sondern schlicht schriftliche oder nichtschriftliche Spuren. Eine erste Ebene historischer W., die des dokumentarischen Beweises, kann so um einfache Aussagen herum artikuliert werden, die sich auf begrenzte Ereignisse beziehen (wer hat was, wann, unter welchen Umständen getan?). Man kann in dieser Hinsicht von einem ›Indizienmodell‹ sprechen, wobei der Akzent auf dem indirekten, vermittelten, auf Vermutungen beruhenden, probabilistischen Charakter der Geschichtswissenschaft als einer Wissenschaft durch Spuren liegt.

(4) Im Stadium des Erklärens/Verstehens wird die W.-Frage komplexer. Zunächst einmal macht der historische Diskurs bei der Beantwortung der »Warum?«-Frage auf vielfältige Weise von der Formel »weil …« Gebrauch. Desweiteren zergliedert er die unterschiedlichen Bezugsebenen des Erklärens/Verstehens nach verschiedenen deskriptiven Gesichtspunkten: die ökonomische, gesellschaftliche, politische, kulturelle Ebene, usw. Ein anderer analytischer Ansatz betrifft direkt die Zeiterfahrung, und zwar in Bezug auf die Unterscheidung verschiedener Maßstäbe der Dauer (lange, mittlere, kurze Dauer). In einer Geschichte im großen Maßstab (→ longue durée) sieht man andere Dinge als in einer Geschichte im kleinen Maßstab wie der → Mikrohistorie: In großen Maßstäben überwiegt eine eher deterministische Sichtweise, in kleinen überwiegen Situationen der Ungewissheit, in denen die Akteure das ganze Potential an Berechnung, Imagination, Risiko und willkürlicher Initiative ausschöpfen. So wird auf der Ebene des Erklärens/Verstehens die Kohärenz des historischen → Diskurses zum vorherrschenden W.-Kriterium.

(5) Auf der Ebene der literarischen Darstellung bringt der historische Diskurs dann sein Bestreben zur Geltung, von der Intervention individueller oder kollektiver Akteure

(→ Subjekt) in den Lauf der geschehenden Geschichte Rechenschaft zu geben. Diese Akteure erhalten v. a. durch die narrativen Mittel der Schrift den in den Bereich der Erzählkunst fallenden Status von Protagonisten einer Handlung. Zu den im eigentlichen Sinne narrativen Strukturen treten jene aus dem Bereich der klassischen Rhetorik oder, jüngeren Datums, der Argumentationstheorie als der Kunst des Überredens und Überzeugens hinzu. Auf dieser schriftlichen Ebene ist die Ähnlichkeit zwischen dem historischen Diskurs und den diversen Formen fiktionaler Rede am größten. Der Preis jedoch, den man für diese literarische Qualität der Darstellung von Vergangenem zu zahlen hat, besteht in einer möglichen Vermischung der Genres, auf die sich narrativistische oder rhetorische Theorien der historischen Erkenntnis mit ihren relativistischen, ja skeptischen Schlussfolgerungen berufen. In dieser Hinsicht muss man zugeben, dass sich das Schicksal der W. in der Geschichte nicht nur auf der schriftlichen Ebene der Darstellung des Vergangenen durch den Historiker entscheidet. Es entscheidet sich auf einer Ebene, die die drei Ebenen der historiographischen Operation – die dokumentarische, die erklärende und die literarische Ebene – miteinander verbindet.

(6) In den Versuchen umfassender Synthese schließlich erweist sich die Geschichte als eine Konstruktion, die die Frage stellt, ob Geschichtskonstruktionen nicht mehr oder weniger approximative Rekonstruktionen sind. Das größte Problem besteht in diesem Zusammenhang darin, zu wissen, was der Historiker als den einschlägigen Gegenstand seiner Forschung betrachtet: Das Ereignis als individuell determinierte Tatsache? Markante Veränderungen in diesem oder jenem Bereich des Handelns? Die Entstehung sozialer Bindungen und der damit verbundenen Identitäten? Das Schicksal der Nationen? Die Bewegung der Universalgeschichte (→ Weltgeschichte)? Was gilt für diesen oder jenen Historiker als ›totales Objekt‹? Nun stellt sich legitimerweise die Frage, welchen Platz die Interpretation in

der historischen Urteilsbildung einnimmt. Interpretationen gibt es in allen Stadien der historischen Operation, von der dokumentarischen bis hin zur schriftlichen Ebene. In jedem dieser Stadien wird die → Subjektivität des Historikers mit der Sorge um Objektivität und Unparteilichkeit abgewogen. In dieser Hinsicht sind zwei Ergänzungen zu bedenken: Zum einen gilt es, die wohltuende Rolle von Kontroversen zu unterstreichen, zum anderen, die Reihe der Um-Schreibungen zu berücksichtigen, die die Diskussion über ein kontroverses Thema in der Zeit entfalten. Insgesamt gesehen aber gilt: Wenn es in der Geschichte auch keine definitive W. gibt, so ist es gleichwohl falsch, dass man deshalb sagen könne, was man wolle; jeder Historiker kann sich für seinen eigenen Diskurs auf eine Wahrscheinlichkeitsvermutung berufen, die es wert ist, in der Diskussion verteidigt zu werden.

Paul Ricœur

Paul Ricœur: Histoire et Vérité. Paris 1955. [Dt.: Geschichte und Wahrheit. München 1974.]
– Temps et récit. 3 Bde. Paris 1983–85. [Dt.: Zeit und Erzählung. München 1988–91.]
– La mémoire, l'histoire, l'oubli. Paris 2001.
Adam Schaff: Historia i Prawda. Warszawa 1970. [Dt.: Geschichte und Wahrheit. Wien [u. a.] 1970.]
Reinhart Koselleck [u. a.] (Hrsg.): Objektivität und Parteilichkeit in der Geschichtswissenschaft. München 1977.

Weltgeschichte

Zwischen den Begriffen ›W.‹ und Universalgeschichte hat sich keine allgemein anerkannte Abgrenzung etabliert. Beide bezeichnen eine Geschichtsschreibung, die jede Form lebensweltlich erfahrbaren Zusammenhangs übersteigt und für maximale räumliche Weite Geltung beansprucht. Bis ins 20. Jh. war W. stets zentriert und nicht von einem planetarischen Blickpunkt her entworfen. Sie war eine Geschichte der (jeweiligen) Zivilisation im Verhältnis zu den sie umgebenden andersartigen ›Barbaren‹. Allgemeine Geschichte wird sie wegen ihres totalisierenden, heute selten noch erhobenen Anspruchs genannt, den Rahmen für alle anderen Arten von Geschichtsschreibung bereitzustellen.

Weltgeschichtsschreibung ist weit älter als die im frühen 19. Jh. in Europa, später, von dort ausstrahlend, weltweit zur Norm gewordene Nationalhistoriographie. In mehreren Zivilisationen, v. a. der hellen., chines., muslim.-arab. und der des christlichen Mittelalters, bildete schon früh die Grenze der imperial beherrschten, der geographisch bekannten oder der als religiöse Ökumene begriffenen Welt den Horizont historischer Sinnkonstruktion (→ Sinn). In Vorderasien und im Okzident wurden solche Sinnkonstruktionen früh mit heilsgeschichtlichen Vorstellungen verbunden. Bis in die Gegenwart haben die Vertreter der W. Einsichten in Richtung und tiefere Bedeutung der Geschichte zu gewinnen versucht. W. zeigt daher eine besondere Nähe zu materialer → Geschichtsphilosophie und trendkundigem Prophetentum (→ Voraussage). Die Schwierigkeit, den empirisch gestützten Begründungsregeln moderner historischer Forschung zu genügen, hat einer solchen Haltung Vorschub geleistet.

Vom Standpunkt heutiger Geschichtswissenschaft verdient v. a. die W. des 18. Jh. Beachtung. Drei Entwicklungen trafen damals zusammen und ließen neuartige Entwürfe von W. entstehen: (1) *Die Säkularisierung der universalhistorischen Auffassung* (Adalbert Klempt, 1955), die vorausgegangen war, (2) die erstmalige Verfügbarkeit von ethnographisch-historischem Material aus allen Teilen der Erde, (3) die philosophische Vorstellung von »Menschheit« als sich in Auseinandersetzung mit natürlichen Umwelten entwickelndem Gattungssubjekt. Diese Motive verbanden sich v. a. in Antoine Marquis de Condorcets *Esquisse d'un tableau historique des progrès de l'esprit humain* (1795; dt. 1796). Zuvor hatten, der Reiseliteratur folgend, Voltaire, (*Essai sur les mœurs*, 1751; dt. 1867) und Johann Gottfried Herder (*Ideen zur Philosophie der Geschichte der Menschheit*, 1784–91) auf die Eigenlogik nicht-europ. Zivilisationen aufmerksam gemacht, August Ludwig Schlözer (*WeltGeschichte nach ihren HauptTheilen im Auszug und Zusammenhange*, 1785–89) scharfsinnige Betrachtungen über Zeitstrukturen und Raumverhältnisse in einer weltweit ausgreifenden Geschichtsdarstellung angestellt und Edward Gibbon (*History of the Decline and Fall of the Roman Empire*, 1776–88; dt. 1790–92) das großartige Panorama einer zahlreiche Völker und Kulturen verbindenden Interaktionsgeschichte Eurasiens vom 2. bis 15. Jh. entworfen. Zur gleichen Zeit zeichnete sich eine begriffliche Nuancierung ab, die immer noch brauchbar ist: Universalgeschichte fragt in eher spekulativer Absicht nach linearen oder zyklischen Verläufen der menschlichen Gattungsgeschichte, die meist als eine Abfolge von ›Stadien‹ gedacht wird, während W. konkreter und quellennäher die Vielfalt zivilisatorischer Formen betrachtet und sich weniger eng an allgemeine Schemata und Muster bindet. In der ›historischen Soziologie‹ des 20. Jh. ist diese Unterscheidung jedoch wieder undeutlich geworden.

Im Zeichen von → Historismus, Professionalisierung der Geschichtsforschung und europ. Vorherrschaft in der Welt verlor W. während des 19. Jh. an Prestige im Gefüge historischen Wissens. Die bemerkenswertesten universalhistorischen Entwürfe waren der → Historische Materialismus und die aus England und den USA stammende frühe evolutionistische Ethnologie (→ Evolution). Die von Fachhistorikern geschriebenen W. waren hingegen überwiegend triumphalistische Erzählungen vom Aufstieg Europas, in denen der Rest der Welt eine Statistenrolle spielte. Das weltgeschichtliche Reflexionsniveau der Spätaufklärung wurde erst wieder im beginnenden 20. Jh. in Max Webers Studien zu Herrschaft, Vergesellschaftung und Religion erreicht.

Der 1. Weltkrieg ließ Zweifel an den eurozentrischen Geschichtsbildern des 19. Jh. aufkommen. Die Gründer der → *Annales*-Schule, v. a. Marc Bloch, propagierten eine Geschichtswissenschaft im weltweiten Bezugsfeld, auch wenn erst Fernand Braudel dem Programm eigene Taten folgen ließ (*Civilisation matérielle, économie, capitalisme*, 1979; dt. 1985/86). Singulär war Arnold J. Toynbees *A Study of History* (1934–61; dt. 1949), ein Werk, das erstmals mit einer radikalen De-Zentrierung Europas Ernst machte. Seine Untersuchung von 23 verschiedenen Zivilisationen hat, trotz eines gewissen Schematismus der Analyse und unvermeidlicher Schwächen im Detail, den Formenreichtum der Vergangenheit anschaulich sichtbar gemacht.

Ohne Toynbee wäre die Renaissance der W. nicht denkbar gewesen, die 1963 mit William H. McNeills *The Rise of the West* begann. Zwar kommentierte der Amerikaner McNeill später den Eurozentrismus seines Werks selbstkritisch, es bleibt ihm jedoch das Verdienst, W. von allem Prophetentum gelöst und eng mit der empirischen Arbeit ›normaler‹ Historiker verbunden zu haben. Für McNeill ist W. kein »Super-Diskurs«, sondern eine besondere, anderen keineswegs überlegene Weise, historische Probleme zu formulieren. Ebenfalls in den 1960er Jahren setzte ein weltweiter Aufschwung der Forschung zur Geschichte Asiens, Afrikas, Lateinamerikas und Ozeaniens ein, deren Erträge heute zum ersten Mal eine empirienahe Behandlung weltgeschichtlicher Fragestellungen ermöglichen. Damit rückt W. in enge Nachbarschaft zu jenen Soziologien, die allgemeinere Theorien an historischem Material zu erhärten versuchen. ›Historische Soziologie‹, wie sie von Barrington Moore (*Social Origins of Dictatorship and Democracy*, 1966; dt. 1969) oder Immanuel Wallerstein (*The Modern World-System*, 1974 ff.; dt. 1986 ff.) vertreten wird, ist ebenfalls global und vergleichend angelegt. Neuerdings hat man vorgeschlagen, beide Richtungen unter dem Sammelnamen ›Makrogeschichte‹ zusammenzufassen.

Seit McNeills »Veralltäglichung« der W. lässt sich diese nicht mehr als ›allgemeine‹ Geschichte bezeichnen. Während weiterhin populärwissenschaftliche W. produziert werden, die oft nichts als ungeordnete Stoffsammlungen und Wiederbelebungen alter Klischees sind, bemüht sich die akademische W., wie sie v. a. in den USA immer wichtiger wird, um eine Neufundierung als *global history.* Damit ist nicht die Totalbeschreibung der Vergangenheit gemeint, sondern die Analyse internationaler und interkultureller Beziehungen in begrenzten Epochen und unter genau bestimmten Hinsichten. Zu den besonders stark beachteten Themen gehören technologische und kulturelle Transfers, Kolonialismus in all seinen Formen, Migrationen über Zivilisationsgrenzen hinweg, Akkulturation und kulturelle Mischung (›Hybridität‹) sowie über große Entfernungen wirksame Umwelteinflüsse. Als besonders anregend hat sich die Übertragung naturwissenschaftlicher Argumentationsweisen auf historische Themen erwiesen (z. B. Jared Diamond, *Guns, Germs, and Steel: The Fate of Human Societies*, 1997; dt. 1998). Es darf jedoch auch schon als Globalgeschichte gelten, wenn etwa der 1. Weltkrieg nicht mehr nur als ein innereurop. Ereignis dargestellt wird (Hew Strachan, *The First World War*, Bd. 1, 2001).

W. wird heute kaum noch als Gattungsgeschichte der Menschheit im Sinne der Aufklärung verstanden. Sie durcheilt keineswegs alle Epochen von der Vorzeit bis zur Gegenwart. Toynbees Zuversicht, ›Zivilisationen‹ scharf voneinander unterscheiden zu können, ist ihr durch Einwände von Ethnologen und Kulturtheoretikern gegen Ganzheitsdenken und ›Essentialismus‹ (die Annahme, es gebe zeitlose und eindeutige ›Wesens‹-Merkmale einer jeden Zivilisation) genommen worden. Auch ging die postmoderne und mikrohistorische Kritik an ›großen Erzählungen‹ nicht spurlos an ihr vorüber. W. definiert sich daher weniger durch den Umfang der betrachteten Gegenstände und den Allgemeinheitsgrad der über sie getroffenen Aussagen als durch die Reichweite der untersuchten Beziehungen. Sie beschäftigt sich mit Fernwirkungen und Grenzüberschreitungen aller Art. Stärker als viele andere Richtungen der Geschichtswissenschaft bedient sie sich des historischen → Vergleichs, wobei sie sich – in der Nachfolge Max Webers – bei der Auswahl der zu vergleichenden Fälle nicht auf den ›Westen‹ beschränkt. Debatten werden heute weniger um die Frage geführt, ob W. grundsätzlich möglich und zulässig sei, als um forschungspraktische Probleme. Die historiographische und die geschichtsphilosophische Tradition werden dabei selten beschworen.

Jürgen Osterhammel

Ernst Schulin (Hrsg.): Universalgeschichte. Köln 1974.
Bruce Mazlish / Ralph Buultjens (Hrsg.): Conceptualizing Global History. Boulder 1993.
Johan Galtung / Sohail Inayatullah (Hrsg.): Macrohistory and Macrohistorians: Perspectives on Individual, Social, and Civilizational Change. Westport 1997.
Philip Pomper [u. a.] (Hrsg.): World History. Ideologies, Structures and Identities. Oxford 1998.
Neue Entwicklungen in der Geschichtswissenschaft. Universal-, Welt- und Globalgeschichte. Wien 1998. (Beiträge zur historischen Sozialkunde. Sondernr. 1998.)

Werte

Als ›W.‹ gelten Leitvorstellungen, an denen Individuen oder Gruppen ihr Handeln verbindlich ausrichten. Historiker haben W. stets unter zwei Gesichtspunkten thematisiert: zum einen, inwieweit sich W. aus der Geschichte ablesen lassen, und zum anderen, welche W. sie selbst in die Geschichte hineintragen.

Der Begriff ›W.‹ ist durch die neukantianische Kritik am → Historismus in die Theoriedebatte um die erkenntnisleitenden Interessen der Geschichtswissenschaft, insbesondere um → ›Objektivität und Parteilichkeit‹ bzw. ›Perspektivität‹ und ›Relevanz‹ historischer Erkenntnis gelangt. Wilhelm Windelband unterschied zwischen → nomothetischen Natur- und idiographischen Geisteswissenschaften, aus denen sich nichtsdestoweniger die allgemeinen ethischen und ästhetischen W. der Menschheitsgeschichte erforschen lassen (*Geschichte und Naturwissenschaft*, 1894). Heinrich Rickert führte für seine Begründung der historischen Kulturwissenschaften die Unterscheidung von »Sein und Sollen« ein (*Kulturwissenschaft und Naturwissenschaft*, 1899). Max Weber griff diese Position für seine Auseinandersetzung mit dem Historismus, wie er etwa von Gustav Schmoller in der Nationalökonomie vertreten wurde, auf. Webers Aufsatz *Der Sinn der ›Wertfreiheit‹ der soziologischen und ökonomischen Wissenschaften* (in: M. W., *Gesammelte Aufsätze zur Wissenschaftslehre*, 1921) thematisiert ›Geschichte‹ zugleich als einen Prozess unauflöslicher »Wertkollisionen«. Historische Erkenntnis beruht nach Weber auf den drei theoretischen Operationen der analytischen Begriffskritik, der empirischen Tatsachengliederung und der selbstreflexiven W.-Beziehung. Die Zeit nach dem 1. Weltkrieg stand unter dem Vorzeichen von Relativismus und Relativismuskritik historischer W. Der Theologe Ernst Troeltsch schrieb sein großes Spätwerk *Der Historismus und seine Probleme* (1922) in der Absicht, die »Anarchie der Werte« durch eine europ. »Kultursynthese« zu überwinden. Dagegen entwarf Karl Mannheim eine historisch orientierte »Wissenssoziologie«, um soziale Denkstandorte zu ermitteln, von denen aus W. und W.-Systeme wie z. B. der Konservatismus geformt worden sind.

Neu formuliert wurde die W.-Problematik in den geschichtstheoretischen Reflexionen der 1970er Jahre. Für die Vertreter einer marxistischen Geschichtswissenschaft fielen ›Objektivität‹ des Geschichtsprozesses und subjektive W.-Setzung in der Person des ›klassenbewußten‹ Historikers zusammen (→ Subjektivität). Für die »kritische Sozialgeschichte« gab es unter Berufung auf Theodor Mommsen eine »Pflicht der politischen Pädagogik« und eine Warnung vor »apolitischer Abstinenz« des Historikers (Hans-Ulrich Wehler). Stärker zu Max Weber zurück führt die Position, die vom »perspektivischen Charakter« aller historischen Aussagen ausgeht und den wertenden Standort zu den Konstitutionsbedingungen historischer Erkenntnis rechnet (Wolfgang J. Mommsen). Neueste Ansätze des historischen Denkens versuchen, die Entgegensetzung von ›wertfreier‹ und ›kritischer‹ Konstruktion der Vergangenheit durch eine Theorie des → Geschichtsbewusstseins oder durch Erforschung kollektiver Erinnerungsorte (*lieux de mémoires*) zu vermeiden und so die geschichtstheoretische Einheit von → Vergangenheit, Gegenwart und → Zukunft zu wahren.

Gangolf Hübinger

Wolfgang J. Mommsen: Gesellschaftliche Bedingtheit und gesellschaftliche Relevanz historischer Aussagen. In: Die Funktion der Geschichte in unserer Zeit. Hrsg. von Eberhard Jäckel und Ernst Weymar. Stuttgart 1975. S. 208–224.

Reinhart Koselleck [u. a.] (Hrsg.): Objektivität und Parteilichkeit. München 1977.

Chris Lorenz: Konstruktion der Vergangenheit. Eine Einführung in die Geschichtstheorie. Köln 1997. S. 367–436.

Hans-Ulrich Wehler: Historisches Denken am Ende des 20. Jahrhunderts. 1945–2000. Göttingen 2001.

Wirklichkeit

In der Geschichtswissenschaft spielt die (historische) ›W.‹ eine bedeutende Rolle als Sammelbegriff dessen, was untersucht wird: die Komplexität einer vergangenen Situation, Begebenheit oder eines Sachverhalts. Der Begriff taucht v. a. dort auf, wo → Objektivität und Referentialität historischer Aussagen diskutiert werden. Gewöhnlich ist W. das Objekt der Erkenntnis, und die Erkenntnis ist die abbildgetreue, mimetische, wenn auch perspektivisch eingeschränkte Wiedergabe dessen, was gegeben ist. Historische ›W.‹ wird zum Begriff für das Faktische, von dem die → Quellen berichten. Das ist die Position eines Realismus, der zwischen Erkenntnisobjekt und Erkenntnissubjekt trennt und der wissenschaftstheoretisch eigentlich überwunden ist, die Praxis der Historiker aber noch beherrscht.

Neben diesem naiven Realismus steht der reflektierte Realismus derjenigen, die sich Rechenschaft über die Schwierigkeiten ablegen, eine adäquate Rekonstruktion vergangenen Geschehens herzustellen, und die davon überzeugt sind, dass die → Subjektivität des Erkennenden das Objekt selber durchsetzt und im Grunde schon verändert, bevor es erkannt werden konnte. Das Objekt existiert nicht unabhängig vom erkennenden Subjekt, sondern »in der Einbildungskraft des Menschen« (Alfred Heuß, *Versagen und Verhängnis*, 1984) bzw., neukantianisch gewandt, in seinem Bewusstsein. Im Grunde ergibt sich auch aus dieser Realismuskonzeption eine mimetische Wiedergabe des Vergangenen, wie es im Bewusstsein als gegeben erscheint.

Die Kritik am herkömmlichen Erkenntnis- und W.-Verständnis hat die Geschichtswissenschaft in eine tiefe Krise gestürzt. Die Sprache legt ihr tropologisches (→ Trope) Raster über das Quellenmaterial, das angeblich von vergangener W. zeugt. Es ist die Sprache, die die narrative Strategie beherrscht und die eingesetzt wird, um dem einstigen Geschehen → Sinn und damit Existenz für uns zu verleihen

(Hayden White, *Metahistory*, 1973; dt. 1984). Die Aufgabe des Historikers erschöpft sich im Umgang mit Sprache, befürchten viele, denn eine W., auf die Sprache verweist, ist nicht in Sicht. So wird der Verweis auf eine außersprachliche W., auf eine W. außerhalb von Texten, zum Problem. Manche meinen, sie würde preisgegeben, andere weisen darauf hin, dass der *linguistic turn* als Ringen gerade um eine neue, dem veränderten W.-Verständnis angemessene Referentialität historischer Aussage zu verstehen sei. Unter dem Gesichtspunkt der Sprachdominanz ist diese Aussage ein »literarisches Artefakt« (White). Die so genannte historische W. ist nicht ein *factum*, sondern ein *fictum*, sie entsteht in der Beziehung, die Historiker mit der Sprache zum Material des Vergangenen eingehen.

Besonders deutlich tritt das veränderte W.-Verständnis in der Diskursanalyse Michel Foucaults zutage (*Die Ordnung des Diskurses*, 1974; frz. 1970). W. ist hier nicht das bereits Vorhandene, auf das sich der Historiker bezieht. Sie entsteht vielmehr dort, wo um die Kontrolle der Beziehungen gerungen wird, die Subjekte in machtbestimmten Auseinandersetzungen miteinander eingehen, d. h. in der Kontrolle des → Diskurses. Der Diskurs selber ist also »die Macht, deren man sich bemächtigt« bzw. »die Gewalt, die wir den Dingen antun«. Die W. wird nicht unmittelbar zur Sprache gebracht, sie wird nur vermittelt wahrgenommen, ja, sie wird überhaupt erst im Diskurs geschaffen.

Die Vorstellung von der Konstruktivität der Geschichte wurde mit Peter Bergers und Thomas Luckmanns *Die gesellschaftliche Konstruktion der Wirklichkeit* (1969; engl. 1966) ins Gespräch gebracht, das zwischen objektivierten Normen und Strukturen der Gesellschaft, ihrer Internalisierung und der Externalisierung subjektiv begriffener gesellschaftlicher Vorstellungen zu vermitteln suchte. W. ist in ihrem Kern keine feste, unabänderliche, objektive Größe, sondern eine im Sozialisationsprozess des Menschen immer wieder neu entstehende und sich verändernde Realität.

Dass es so etwas wie W. (›ontisch‹) gibt, setzt zwar der Radikale → Konstruktivismus voraus (Ernst von Glasersfeld, *Radikaler Konstruktivismus*, 1996), er vermag aber kein geschlossenes und von anderen zu akzeptierendes Bild von W. (›ontologisch‹) zu entwerfen. Mit den ersten Lebenserfahrungen bildet sich der Mensch seine eigene Vorstellung von W. und nutzt dieses Wissen, um sich in dieser Welt zu orientieren. Aufgrund der neuronalen Funktion seines Gehirns vermag er nicht zu einer W. zu gelangen, die objektiv oder auch nur inter-subjektiv erfassbar wäre. Die neuronale Tätigkeit bricht nicht aus der von ihr erzeugten W. aus, um eine außerhalb dieser Tätigkeit gegebene W. zu erreichen, sie bleibt eine Konstruktion. Gespräche zwischen dem Radikalen Konstruktivismus und der Geschichtswissenschaft stehen am Anfang (G. Rusch, S. J. Schmidt). Die Diskussion um die Konstruktivität der Geschichte zeigt, dass der Begriff der ›W.‹ präsentischen und futurischen Charakter trägt. → »Erinnern konstruiert gegenwärtige Vergangenheit« (S. J. Schmidt). Die Rede von ›historischer‹ oder ›vergangener‹ W. ist mehr als problematisch. Was vergangen ist, existiert nicht mehr, ist also auch nicht wirklich. Historische ›W.‹ kann keinen Zustand unabhängig von seinem Erkanntwerden in der Gegenwart meinen, sondern allenfalls eine Beziehung, die in der Veränderlichkeit der Gegenwart zur Vergangenheit gesucht wird und die Zukunft zu eröffnen verspricht.

Hans-Jürgen Goertz

Johannes Kleinstück: Wirklichkeit und Realität. Kritik des modernen Sprachgebrauchs. Stuttgart 1971.

Paul Watzlawik: Wie wirklich ist die Wirklichkeit? Wahn, Täuschung, Verstehen. München 1976.

Gerhard Rusch: Erkenntnis, Wissenschaft, Geschichte. Frankfurt a. M. 1987.

Niklas Luhmann: Am Ende der kritischen Soziologie. In: Zeitschrift für Soziologie 20 (1991). S. 147–152.
Siegfried J. Schmidt: Geschichte beobachten. Geschichte und Geschichtswissenschaft aus konstruktivistischer Sicht. In: Österreichische Zeitschrift für Geschichtswissenschaften 8 (1997). S. 19–44.

Zeit

Z. (griech. *chronos*, lat. *tempus*) ist wie Raum ein Universalbegriff, ohne den keine menschliche Erfahrung und keine Wissenschaft denkbar ist. Je nach Fragestellung unterscheiden sich die Z.-Begriffe mathematisch, physikalisch, chemisch, biologisch, psychologisch, linguistisch, phänomenologisch, theologisch und philosophisch. Sie sind nicht alle widerspruchsfrei zu vermitteln, auch wenn eindrucksvolle Versuche vorliegen (Stephen W. Hawking, *Eine kurze Geschichte der Zeit*, 1989, amerik. 1988; Friedrich Cramer, *Der Zeitbaum*, 1993). Die Geschichtswissenschaft ist auf Z.-Theorien angewiesen, zum einen weil der handelnde und leidende Mensch in seine nur temporal zu begreifenden natürlichen Vorbedingungen des Lebens eingelassen bleibt, zum anderen weil alle Z.-Theorien und -Kategorien selber eine Geschichte haben, ohne deren Kenntnis keine Periode der Vergangenheit begriffen werden kann (G. J. Whitrow, *Time in History*, 1988; Arno Borst, *Computus, Zeit und Zahl in der Geschichte Europas*, 1990). In Anbetracht der kulturellen Vielfalt je nach Fragestellung historisch auftretender Z.-Bestimmungen greifen alle systematischen Zusammenfassungen zu kurz. Dennoch seien zwei Vereinfachungen genannt, die auf Widersprüchen beruhen: die Opposition von innerer und äußerer Z. sowie die Gegenüberstellung von wiederkehrender und linearer Z.

(1) Die Zurückführung aller Z.-Begriffe auf die innere Wahrnehmung zeichnet den Menschen als ein zeitbewusstes Wesen aus, das die drei Dimensionen der → Vergangenheit, Gegenwart und → Zukunft in seiner Seele enthalten vorfindet (Augustinus, *Confessiones*, Buch 11); oder Z. ist die aller Erfahrung vorausliegende »reine Form der sinnlichen Anschauung« (Immanuel Kant, *Kritik der reinen Vernunft*, A 31, B 46); oder die »Zeit der Erfahrungswelt« wird rückbezogen auf »die immanente Zeit des Bewußtseinsverlaufs« (Edmund Husserl, *Vorlesungen zur Phänomenologie des inneren Zeitbewußtseins* [1905], 1928). Derartige Zugriffe verweisen darauf, dass alle Z.-Maße, -Berechnungen und auch -Deutungen kulturelle und intellektuelle, gleichsam binnen-menschliche Leistungen sind, auch wenn die ermittelten Daten von der Natur oder von der Geschichte vorgegeben sind. Sie werden primär gefunden, nicht erfunden. Zahlreiche, im Lauf der Geschichte subjektiv verschieden wahrgenommene Zeitbestimmungen sind deshalb objektivierbar, d. h. allen Menschen in gleicher Weise zugänglich. Dazu gehören der Sonnen- und Mondumlauf, die planetarischen Konstellationen, die Jahreszeiten, der Tag- und Nachtwechsel (nicht die gleichförmige Stunde, die Minute oder die Sekunde), Ebbe und Flut, die Wetterlagen, universale und naturale Vorgaben, ohne die keine Arbeit, kein Schlaf, keine Ernte und keine Saat denkbar sind. Hinzu kommen die dem Menschen biologisch mitgegebenen zeitlichen Prägungen. Jede Kindheitserfahrung, klein und noch nicht groß zu sein, verweist auf die Generationsabfolge, in die man hineingeboren wird, und die abschichtig zu durchleben jedem auferlegt ist oder vergönnt sein mag. Aber im Hinblick auf die Eltern bleiben die Kinder immer auch Kinder bis zum Tod. Das Sterben beginnt mit dem Leben, und erst wenn man aufgehört hat zu leben, hat man aufgehört zu sterben (Innozenz III.), eine paradoxe Z.-Erfahrung, die Martin Heidegger als Zeitigung des Daseins ausgelegt hat, und die inzwischen als

›biologische Uhr‹ naturwissenschaftlich objektiviert worden ist.

Kosmologisch, geophysikalisch oder biologisch bedingte Z.-Bestimmungen finden sich, variabel, in allen Kulturen. Die Weltalter- und Lebensalterlehren, die Herstellung von Genealogien, → Chronologien und schließlich von Kalendern und Uhren bezeugen die Wechselwirkung zwischen Naturkunde bzw. -wissenschaft und menschlicher Erfahrung. Alle Gesellschaften zehren von institutionalisierten Z.-Regelungen: in den religiös oder politisch ritualisierten Festen und Feiern, im Erbrecht, Eherecht und im Wahlrecht, im repetitiven Institut der Emanzipation, bis hin zu Fahrplänen und geregelten Arbeitszeiten. Deshalb gewinnen alle Z.-Bestimmungen durch ihre von der Natur teils erheischten, teils ermöglichten Begründungen *eo ipso* eine kulturelle und gesellschaftliche Dimension (Rudolf Wendorf, *Zeit und Kultur*, 1980; Norbert Elias, *Über die Zeit*, 1984). Die Trennung zwischen innerlich erfahrener und äußerlich vorgegebener Z., zwischen geometrischer und lebendiger Z. (Cramer), zwischen subjektiver und realer Z. (Peter Bieri, *Zeit und Zeiterfahrung*, 1972) nötigt dazu, einen gemeinsamen Nenner zu suchen. So geht Paul Ricœur (*Zeit und Erzählung*, 3 Bde., 1988–91; frz. 1983–85) z. B. von einer analytisch klaren Unterscheidung aus, die die Z. einer (subjektiven) historischen → Erzählung von der erzählten (objektiven) Z. zu trennen nötigt. Die gemeinsame Basis sucht er in der übergreifenden geschichtlichen Z., die, gleichsam anthropologisch, an die *Narratio* zurückgebunden bleibt. Keine faktisch-geschichtliche ohne historisch-reflektierte Z.

(2) Ein weiterer innerer Widerspruch jeder Z.-Bestimmung gründet in der Opposition wiederkehrender und gerichteter Z. Die aristotelische Definition (*Metaphysica*, Buch *Delta II*, 219b, 1 f.; 220a, 24 f.), dass Z. das (Zahl-)Maß der Bewegung von früher oder später sei, erlaubt es, Z. selber als gleichförmig, sogar rekurrent zu deuten. Auch die

physikalischen Z.-Bestimmungen sind rückläufig lesbar, gleichsam veränderungsneutral wie bei Newton und noch bei Einstein. Dann ist Z. primär der Maßstab für Wandel und Veränderung, aber nicht der Wandel selbst (→ Kontinuität). Diese gleichsam statische Natur wird seit dem 18. Jh. dynamisiert. Die Naturkunde (*historia naturalis*) wird selber verzeitlicht, gewinnt Millionen Jahre an Vergangenheit und eine offene Zukunft, in die hinein sich sowohl die Natur wie auch die Geschichte entwickeln. Z. wird zum Prozess, der – in verschiedenen zeitlichen Dimensionen – sowohl die Natur wie die Geschichte erfasst. Seitdem gewinnt der so genannte Z.-Pfeil eine neue Schubkraft, die irreversibel auf Erneuerung, → Fortschritt oder Wandel verweist. Z. ist nicht mehr nur Maßstab der Veränderung, Z. wird selber zur Kraft der Veränderung – zumindest metaphorisch.

Neue Kriterien gewinnen seitdem an Evidenz: Für Natur und für Geschichte pluralisieren sich die Zeiten, sie werden kosmischen oder sozialen und politischen Systemen zugeordnet, die ihre je eigene Z. beanspruchen dürfen (Herder, Halbwachs, Gurvitch). Verschiedene Systeme zeitigen zugleich verschiedene Zeiten: die → Gleichzeitigkeit des Ungleichzeitigen. Diese Z.-Bestimmungen hängen vom Standpunkt der Beobachter ab – sowohl in der Natur- als auch in der Geschichtswissenschaft; sie lassen sich nicht widerspruchsfrei auf einen gemeinsamen Nenner bringen. Gemeinsam ist den innovationsträchtigen Z.-Bestimmungen aber, dass sie immer von Faktoren der Wiederkehr abhängen, die sich in den Ereignissen rhythmisch verschieden wiederholen, ohne die keine Neuerung denkbar ist (dagegen: → Zyklentheorie). Wenn alles, auf der linearen Z.-Skala gemessen, nur neu wäre, fiele die Menschheit dauernd in ein Loch. Wenn sich alles nur stetig wiederholte, gäbe es keinen Wandel. Daher lautet die für Natur- und Geisteswissenschaften gemeinsame Herausforderung, Prozesse zu erkennen, die sowohl innovativ sind, als auch auf wiederkehrenden Voraussetzungen ihrer Innovation beruhen. Die Spannung zwischen einmaligen Ereignisreihen und ihren sich wiederholenden Bedingungen erzeugt verschiedene Geschwindigkeiten der Veränderung, in der Natur wie in der Geschichte, die in dieser Hinsicht analog lesbar sind. Für die Geschichtswissenschaft folgt daraus, dass

a) alle Geschichte »Z.-Geschichte« ist, nicht nur die der so genannten → ›Zeitgeschichte‹ der jeweiligen Gegenwart;
b) sie auf diachrone Tiefenbestimmungen der Chronologie, der Archäologie und der Genealogie angewiesen bleibt;
c) alle einmaligen Ereignissequenzen unwiederholbare Z.-Punkte der rechten Entscheidung (*kairos*) hervortreiben, die – wie in der Liebe – verpasst oder eingelöst werden (vgl. in der Naturgeschichte die »Bifurkationen« von Cramer);
d) die sich wiederholenden Voraussetzungen aller Einzelgeschichten kürzer oder länger währen, sich beschleunigen oder verzögern können. (Reinhart Koselleck, *Zeitschichten*, 2000.)

Für die Neuzeit gilt, dass wissenschaftlich-technische Faktoren eine zusätzliche Beschleunigung herbeigeführt haben, die in der Natur nicht vorgegeben war (Stephen Toulmin / June Goodfield, *Entdeckung der Zeit*, 1970; engl. 1965). Zunächst Dampfmaschinen, dann elektronisch, chemisch oder atomar erzeugte Akzeleratoren haben das gesamte Leben beschleunigt; in der Produktion, im Verkehr, im Nachrichtenwesen, in den Waffensystemen und in der Wissenschaft, die selbst ihre natürlichen Vorgaben verändert und übersteigt. Gesellschaftliche Zustände und politische Entscheidungen geraten unter Beschleunigungszwänge, deren Folgen zu stabilisieren immer schwerer fällt.

Reinhart Koselleck

Harald Weinrich: Tempus. Besprochene und erzählte Welt. Stuttgart 1964.
Hans Blumenberg: Lebenszeit und Weltzeit. Frankfurt a. M. 1986.
Julius T. Fraser: Time. The Familiar Stranger. Amherst 1987. [Dt.: Die Zeit. Auf den Spuren eines vertrauten und doch fremden Phänomens. München 1988.]
Gerhard Dohrn van Rossum: Die Geschichte der Stunde. Uhren und moderne Zeitordnungen. München [u. a.] 1992.
Kurt Flasch: Was ist Zeit? Frankfurt a. M. 1993.

Zeitgeschichte

Als gegenwartsnächstes Betätigungsfeld der Geschichtsschreibung ist Z. so alt wie diese selbst, als Teilgebiet der akademischen Geschichtswissenschaft in Deutschland aber ist sie eine Hervorbringung der zweiten Nachkriegszeit des 20. Jh.

Das *Deutsche Wörterbuch* der Brüder Grimm weist die Vokabel ›Z.‹ für das 17. Jh. nach, doch in die Begriffswelt des dt. → Historismus fand sie keinen Eingang. Diese »eigentümliche Berührungsscheu« (Hans Günter Hockerts, 1993) bedeutete freilich nicht, dass die Geschichtswissenschaft des 19. und v. a. des frühen 20. Jh. davon abgesehen hätte, sich der jüngsten Vergangenheit interpretierend zuzuwenden; hinzuweisen ist insbesondere auf die zumeist apologetische Historiographie zur sog. Kriegsschulddebatte nach dem 1. Weltkrieg, aber auch auf so bedeutende Werke wie Arthur Rosenbergs *Die Entstehung der Deutschen Republik 1871–1918* (1928) und seine im Exil publizierte *Geschichte der Deutschen Republik* (1935).

Den entscheidenden Anstoß zur Konzeption von Z. als eigenständiger Disziplin bildete allerdings erst die Erfahrung der »deutschen Katastrophe« (Friedrich Meinecke, 1946). So entstand seit 1947 in München – gefordert und gefördert nicht zuletzt von der auf öffentliche Aufklärung über die NS-Zeit drängenden amerik. Besatzungsmacht – ein »Institut zur Erforschung der nationalsozialistischen Politik«, aus dem 1952 das »Institut für Zeitgeschichte« hervorging. Im Jahr darauf startete dort mit den *Vierteljahrsheften für Zeitgeschichte* ein neues Periodikum, in dessen erster Ausgabe Hans Rothfels, einer der beiden Herausgeber, »Zeitgeschichte als Aufgabe« begründete. Fast beiläufig formulierte der aus dem amerik. Exil zurückgekehrte Historiker in dieser Arbeitsskizze, was er unter Z. verstanden wissen wollte: die »Epoche der Mitlebenden und ihre wissenschaftliche Behandlung«.

Diese fortan viel zitierte Definition nahm die Jahre ab 1917/18 in den Blick, in denen Rothfels den Anbruch einer »neuen universalgeschichtlichen Epoche« erkannte. Die zentralen Topoi der frühen bundesrepublikanischen Z. waren folglich die Krisengeschichte und *Die Auflösung der Weimarer Republik* (Karl Dietrich Bracher, 1955), *Die nationalsozialistische Machtergreifung* mit Fokus auf den Jahren 1933/34 (Karl Dietrich Bracher / Wolfgang Sauer / Gerhard Schulz, 1960), aber auch bereits insgesamt *Der Nationalsozialismus. Weltanschauung, Programm und Wirklichkeit* (Martin Broszat, 1960). Es war eine betont nüchtern-kritische Faktenarbeit, deren sich diese erste Generation empirischer Zeithistoriker verschrieb; als Flakhelfer oder als junge Frontsoldaten selbst Zeitgenossen der NS-Zeit, sorgten sie dafür, dass die akademische Zeitgeschichtsschreibung von der damals politisch vorwaltenden Totalitarismustheorie vergleichsweise unbeeinflusst blieb und in vielem nach wie vor gültige Ergebnisse lieferte.

Noch zu Beginn der 1970er Jahre verstand man in der Bundesrepublik unter ›Z.‹ im Kern die Geschichte der Weimarer Republik und des Dritten Reiches. Im Gegensatz dazu hatte sich das bereits vor dem Münchener Institut in

Ost-Berlin gegründete »Deutsche Institut für Zeitgeschichte« allein mit der Entwicklung seit 1945 befasst; ohne groß Früchte getragen zu haben, wurde es in dem Moment, da sich die westdt. Z. auf den Weg in die Erforschung der Nachkriegsgeschichte machte, abgewickelt. Aber auch die DDR-Historiographie über den ›dt. Faschismus‹ blieb, gemessen an der Produktivität der im Westen seit den 1960er Jahren immer stärker an den Universitäten verankerten Z., bis zuletzt mager.

Seit ihrer institutionellen Begründung in Deutschland hat sich der Epochenbereich der Z. durch schieren Zeitablauf praktisch verdoppelt, und seit 1989/90 ist zur Geschichte der Weimarer Republik, des Dritten Reiches und der Bundesrepublik noch jene der DDR hinzugetreten, die bis dahin wenig beachtet worden war, nun aber den zusätzlichen Reiz der ›Abgeschlossenheit‹ aufweist. Vor dem Hintergrund dieser Ausweitung hat Karl Dietrich Bracher bereits in den 1980er Jahren vorgeschlagen, zwischen einer »älteren«, die Periode bis 1945 umfassenden, und einer danach einsetzenden »neueren« Z. zu unterscheiden. Hans Günter Hockerts (1993) spricht – mit der DDR zugleich die untergegangene dt. Zweistaatlichkeit vor Augen – sogar von nunmehr »drei Zeitgeschichten«.

Solche Überlegungen zur Re-Definition von Z. suchen an Erklärungszusammenhängen festzuhalten und Epochendeutungen zu sichern, die sich nicht mehr länger durch das Band der Zeitgenossenschaft gleichsam wie von selbst herstellen. Mag es dafür im Einzelnen auch gute Gründe geben: Indem sie die Existenz des Zeitzeugen und dessen ›Vetorecht‹ ausblenden, ebnen diese Bemühungen gerade jene methodische Differenz ein, die die akademische Z. von der allgemeinen Geschichtswissenschaft unterscheidet.

Mit dem *Abschied von der Zeitgenossenschaft* (Norbert Frei, 1998) verliert die Epoche des Nationalsozialismus unausweichlich jene Bedeutung als Kern der dt. Z., die sie seit 1945 innehatte. Gerade deshalb spricht vieles dafür, das

Konzept einer ›Geschichte des 20. Jh.‹ zu stärken, in dem die NS-Zeit den ihr gebührenden herausragenden Platz erhielte, ohne die Z. zu überlasten.

Norbert Frei

Eberhard Jäckel: Begriff und Funktion der Zeitgeschichte. In: Die Funktion der Geschichte in unserer Zeit. Hrsg. von E. J. und Ernst Weymar. Stuttgart 1975. S. 162–176.
Norbert Frei: The Federal Republic of Germany. In: Contemporary History. Practice and Method. Hrsg. von Anthony Seldon. Oxford / New York 1988. S. 122–129.
Hans Günter Hockerts: Zeitgeschichte in Deutschland. Begriff, Methoden, Themenfelder. In: Aus Politik und Zeitgeschichte. (1993). B 29–30. S. 3–19.
Matthias Peter / Hans-Jürgen Schröder: Einführung in das Studium der Zeitgeschichte. Paderborn [u. a.] 1994.
Hans Günter Hockerts: Zugänge zur Zeitgeschichte: Primärerfahrung, Erinnerungskultur, Geschichtswissenschaft. In: Aus Politik und Zeitgeschichte. (2001). B 28. S. 15–30.

Zufall

Unter ›Z.‹ (lat. *accidentia*, griech. *tyche*, *automaton*) versteht man ein → Ereignis, in dem voneinander unabhängige Handlungen räumlich und zeitlich zusammenfallen. Zwar wird der Z. durch ihn bedingende Ursachen bestimmt und muss innerhalb eines strukturierten Handlungsbereichs überhaupt erst als Z. perspektiviert werden. In seiner Faktizität jedoch ist er für die Handelnden selber nicht vorhersehbar oder planbar, gerade weil er deren Absichten durchkreuzt.

Der Z. ist ein theoretisch umstrittenes Phänomen der historischen Sinnbildung (→ Sinn). In der Philosophie wurde er häufig negativ konnotiert wegen seines ordnungsstörenden Charakters, der ihn erkenntnistheoretisch als »Asyl der Unwissenheit« (Spinoza) oder moralisch als bloß subjektives Glück/Unglück disqualifizierte. Für die sich seit dem 18. Jh. entfaltende → Geschichtsphilosophie wurde der Z. als überraschende Unterbrechung notwendig erscheinender Prozesse oder gesetzmäßiger Zyklen (→ Zyklentheorien) interessant und bestätigte die Offenheit des Zukunftshorizontes (→ Zukunft).

Wilhelm von Humboldt betrachtete »die Fügung des Z.« als eine der »bewegenden Ursachen der Weltgeschichte« (1818) und stellte ihn neben die Freiheit des Menschen und die Notwendigkeit der Natur in das Zentrum der historischen Betrachtung. In Johann Gustav Droysens *Historik* (1857) wurde der Z.-Begriff eher traditionell als Gegensatz zum Wesen einer Sache gedacht. Hegel forderte 1830 die Entfernung des Z. als »äußerliche Notwendigkeit« aus der Betrachtung der Weltgeschichte und schuf damit die Voraussetzung für die materialistische Interpretation des Begriffs: So wird der Z. bei Karl Marx 1871 zu einem Zeitfaktor, der zwar in der besonderen Form handelnder Individuen das Tempo ereignisgeschichtlicher Verläufe variieren, an der notwendigen Richtung des sozioökonomischen Gesamtprozesses aber nichts ändern kann.

Mit Beginn des 20. Jh. wurde der Z. aus dem geschichtsphilosophischen Denkrahmen (Wesen – Erscheinung/Akzidenz, Idee – Individuum, Notwendigkeit – Kontingenz) gelöst und methodisch reflektiert. Max Weber verortet ihn 1906 erkenntnistheoretisch als Bedingung der Möglichkeit jeder historischen Urteilskraft, insoweit kausale Urteile immer auf der theoretischen Unterscheidung zwischen »adäquater« und »zufälliger« Verursachung eines vergangenen Ereignisses beruhen. Die moderne Kontingenzerfahrung, dass historische Prozesse, Lebenswelten und Strukturen prinzipiell auch anders möglich sind, führt zu einer produktiven Anerkennung des Z. in den modernen Geschichtstheorien. Er wird nun zum Perspektivbegriff einer selbstreflexiven Geschichtsschreibung (Reinhart Koselleck). Sowohl die geschichtstheoretische Beschäftigung mit dem Handlungsbegriff (Rüdiger Bubner, Hermann Lübbe) als auch historische Erzähltheorien (→ Erzählung) (Paul Ricœur) werten den Begriff weiter auf: Aus Handlungen werden erst dann erzählbare Geschichten, wenn der Z. in diese ›einfällt‹ und die Akteure überrascht oder enttäuscht. Denn nicht die regel- oder gesetzmäßigen Momente von Vergangenheit charakterisieren ein angemessenes Verständnis der → res gestae, sondern die Unbestimmtheit des Geschehens selber: die Möglichkeit, dass den Handelnden ›etwas dazwischen kommen kann‹ (→ Kontrafaktische Geschichte). Dabei besteht die erkenntnistheoretische Ambivalenz des Z. weniger in der Unbestimmtheit seines subjektiven oder objektiven Charakters als vielmehr in der möglichen Vermittlung zwischen konkreter Z.-Erfahrung der Zeitgenossen, die mitten im Geschehen stehen (*Ex-ante*-Perspektive) und erklärendem Gestus des Historikers, der den analytischen Vorteil des ›Danach‹ (*Ex-post*-Perspektive) genießt und den Z. deshalb auflösen kann.

Arnd Hoffmann

Reinhart Koselleck: Der Zufall als Motivationsrest in der Geschichtsschreibung (1968). In: R. K.: Vergangene Zukunft. Zur Semantik geschichtlicher Zeiten. Frankfurt a. M. 1989. S. 158–175.

Gottfried Stiehler: Die Rolle des Zufalls in der Geschichte. In: Deutsche Zeitung für Philosophie 21 (1973). H. 9. S. 1048–60.

Christian Meier: Der Zufall in Geschichte und Historie. In: Zufall. Mainzer Universitätsgespräche 1994/95. Hrsg. von Günter Eifler [u. a.]. Mainz 1995. S. 105–126.

Helmut Neuhaus: Der Historiker und der Zufall. In: Neue Wege der Ideengeschichte. Festschrift für Kurt Kluxen zum 85. Geburtstag. Hrsg. von Frank-Lothar Kroll. Paderborn/München 1996. S. 61–80.

Arnd Hoffmann: Über den temporalen Charakter von Zufall und Kontingenz in der Geschichtstheorie. In: Zukunft der Geschichte. Historisches Denken an der Schwelle zum 21. Jahrhundert. Hrsg. von Stefan Jordan. Berlin 2000. S. 77–94.

Zukunft

Als ›Z.‹ bezeichnet man die kommende Zeit der Geschichte. Die Rede von der Z. setzt einen Standpunkt in der Gegenwart voraus, von dem aus der historische Blick sich, wie zurück in die → Vergangenheit, so auch nach vorn in die Z. richtet. Insofern ist sie eng mit der Vorstellung von einer allumfassenden, homogenen und linearen → Zeit verknüpft. ›Die Z.‹ in diesem Sinne gibt es – ebenso wie ›die Geschichte‹ – nur im Singular, unbeschadet der Tatsache, dass jedes vergängliche Wesen zu jedem Zeitpunkt seine eigene Z. hat. Während sich die Z. nämlich subjektiv auf die jeweilige Gegenwart bezieht, überschneidet sich die vergangene Z. objektiv mit der Gegenwart und der zukünftigen Vergangenheit.

Ebenso wie der Begriff ›der Geschichte‹ (schlechthin) entstand auch der Begriff der Z. erst im 18. Jh. Der lat. Vorläuferbegriff *futurum* bezeichnete noch keinen zukünftigen Zeitraum, sondern nur ein zukünftiges → Ereignis. Ebenso wie lat. *adventum* diente der Ausdruck ›Z.‹ in der frühen Neuzeit noch ausschließlich zur räumlichen Bezeichnung der ›Ankunft‹. Erst in der zweiten Hälfte des 18. Jh. bürgerte sich, vermittelt durch die theologische Rede von der ›Zukunfft Christi‹ zum letzten Gericht am Jüngsten Tag, die temporale Bedeutung eines zukünftigen Zeitraums ein. Mentalitätsgeschichtlich trug der neue Begriff der enormen

Ausdehnung des innerweltlichen Erwartungshorizonts zur Zeit der Aufklärung Rechnung, welche das nach mittelalterlicher Vorstellung nahe Weltende auf viele Jahrtausende, ja Millionen von Jahren hinausschob (vgl. Gotthold Ephraim Lessing, *Die Erziehung des Menschengeschlechts*, 1780; Immanuel Kant, *Allgemeine Naturgeschichte und Theorie des Himmels*, 1755; ders., *Idee zu einer allgemeinen Geschichte in weltbürgerlicher Absicht*, 1784).

Neben die Vorstellung von den auf den Betrachter ›zukommenden‹ zukünftigen Ereignissen trat jetzt auch die geschichtsphilosophische Konzeption einer in die Z. fortschreitenden Bewegung des Menschen (→ Fortschritt). Während die theologische Weltdeutung von einer geschlossenen Z. und damit der Präexistenz der kommenden Dinge ausgegangen war (welche sich allerdings nicht der menschlichen Voraussicht, sondern nur dem prophetischen Blick Gottes erschloss), rechnete die neue → Geschichtsphilosophie der Aufklärungszeit mit einer offenen Z.: ihr zufolge existieren die kommenden Dinge gegenwärtig noch nicht, sie können nur unter Verwendung prognostischer Verfahren mit einer gewissen Wahrscheinlichkeit erschlossen werden. Dachte jene die Z. von ihrem Ende her, so diese von der Gegenwart und Vergangenheit. Allerdings konnte die neuere Z.-Konzeption die ältere nie vollständig verdrängen, vielmehr verknüpfen sich im modernen Begriff ›Z.‹ beide Vorstellungen miteinander: Ohne programmatische Z.-Entwürfe, die ein Ziel der geschichtlichen Bewegung ins Auge fassen, kommen moderne Gesellschaften heute ebenso wenig aus wie ohne prognostische Hochrechnungen.

Was die historische Realität der Z. betrifft, so ist, wie nach Ernst Bloch v. a. Bertrand de Jouvenel gezeigt hat, zwischen den tatsächlichen (*futures*) und den möglichen zukünftigen Ereignissen (*futuribles*) zu unterscheiden. Im Gegensatz zur älteren theologischen Vorstellung, dass in der Z. prinzipiell alles möglich (weil Gott allmächtig) ist, bemüht sich die neuzeitliche Wissenschaft um eine rationale Eingrenzung des Raums konkreter zukünftiger Möglichkeiten.

An diesen Bemühungen nimmt in mehrfacher Hinsicht auch die Geschichtswissenschaft teil:

- durch die Bereitstellung historisch verbürgter Erkenntnisse über vergangene Ereignisse, Prozesse und Strukturen, aus denen prognostische Schlüsse auf die Z. zu ziehen sind;
- durch hypothetische Vorgriffe auf mögliche zukünftige → Entwicklungen und Problemstellungen, die der historischen Forschung als erkenntnisleitende Interessen dienen;
- durch die geschichtstheoretische Annahme, dass sich der geschichtliche → Sinn vergangener Ereignisse und Entwicklungen erst von deren Ende her in der Z. erschließen lässt.

Ohne den Vorgriff auf die Z. ist deshalb neuzeitliche Geschichtswissenschaft nicht denkbar: Sie verlöre ohne ihn nicht nur ihre gesellschaftspolitische Relevanz, sondern auch den ihr eigenen Wirklichkeitsbezug überhaupt (→ Wirklichkeit). Mit der Problematisierung des Konzepts eines einheitlichen historischen Wirklichkeitsraums löst sich allerdings seit dem 1. Weltkrieg der traditionelle Begriff ›der Z.‹ zunehmend auf: Zeitstrukturen werden in den modernen Wissenschaften (wie in der Geschichtswissenschaft so auch in Albert Einsteins physikalischer Relativitätstheorie und vielen neueren soziologischen, psychologischen und linguistischen Zeitstudien) mehr und mehr als Erscheinungen begriffen, die an die ›Materie‹ der Dinge zurückgebunden und durch deren Ausdehnung begrenzt sind. Vollends in der Theorie und Praxis virtueller Konstruktionen und Animationen wird die traditionelle Vorstellung von der einen historischen Z. neuerdings fragwürdig. Wie die geschichtliche Wirklichkeit insgesamt so scheint auch die Z. in sozial, medial und temporal begrenzte Z.-Räume zu zerfallen, deren Vermittlung in einer temporalen Superstruktur vielleicht bald nicht mehr sinnvoll erscheint.

Lucian Hölscher

Ernst Bloch: Das Prinzip Hoffnung. 2 Bde. Berlin 1954/1955.

Bertrand de Jouvenel: L'art de la conjecture. Monaco 1964. [Dt.: Die Kunst der Vorausschau. Neuwied/Berlin 1967.]

Reinhart Koselleck: [Art.] Geschichte, Historie. In: Geschichtliche Grundbegriffe. Hrsg. von Otto Brunner [u. a.]. Bd. 2. Basel/Stuttgart 1975. S. 593–717.

George Minois: Histoire de l'avenir. Paris 1996. [Dt.: Die Geschichte der Zukunft. Düsseldorf (u. a.) 1998.]

Lucian Hölscher: Die Entdeckung der Zukunft. Frankfurt a. M. 1999.

Zyklentheorie

Mit dem Begriff ›Z.‹ oder ›Kreislauftheorie‹ wird eine Deutung des Geschichtsverlaufs bezeichnet, nach der in der Geschichte aufsteigende und absteigende Perioden bestimmten Gesetzmäßigkeiten folgen. Impliziert ist eine wertende Vorstellung von Höhepunkten, denen aber die → Dekadenz unvermeidlich folgt. Das geometrische Bild des Kreises ist insofern nicht ganz zutreffend, weil es eher den → *Mythos der ewigen Wiederkehr des Gleichen* (Mircea Eliade, 1953) ausdrückt. Für historische Abläufe fehlt der Metapher die Zeitachse. Geeigneter wäre deshalb das Bild einer um eine Zeitachse oszillierenden Wellenlinie.

In vielen Mythen und Religionen ist die Vorstellung von Zyklen v. a. festgemacht an den natürlichen Zeitwahrnehmungen des Tages- und Jahreszyklus sowie der in diesem

Rhythmus zu beobachtenden organischen Vorgänge: z. B. Morgenrot, Erwachen, Blüte, Herbst. Ebenso dient die Vorstellung von Weltaltern und der Verlauf des menschlichen Lebens (Geburt, Kindheit, Jugend etc.) zur metaphorischen Kennzeichnung größerer Zeiträume (→ Metaphern). Bedeutend für Deutungen des Geschichtsverlaufs sind auch Beobachtungen astronomischer Zyklen.

Zyklendenken ist für die griech.-röm. Antike grundlegend. Dabei sind zwei Modelle zu unterscheiden, die für die Moderne prägend wurden:

(1) Platon setzte drei Zyklen parallel. Das zeitlich überschaubare menschliche Leben, große kosmische Zyklen von vielen tausend Jahren (platonisches Jahr) und dazwischen einen Kreislauf der Polis von etwa 3000 Jahren. Mensch, Geschichte und Kosmos haben ein diesseitiges Leben, das danach durch eine Zwischenzeit im jenseitigen Zustand abgerundet wird. In der Seelenwanderungslehre Platons folgt auf die körperlose Zwischenzeit des Menschen im Hades ein neues irdisches Leben. Eine Wiedergeburt ist aufgrund der strukturellen Analogie der Zyklen auch für politische und kulturelle Gebilde möglich.

(2) In der Naturphilosophie des Aristoteles entwickelt sich dagegen alles Irdische in einem unendlichen Prozess zyklisch. Es gibt zwei sich ergänzende Prinzipien aller Veränderung, die *generatio* (›Entstehung‹) und *corruptio* (›Verfall‹), die analog auch für die geistigen Produkte gelten, die gewonnen, aber auch wieder verloren werden. Die Menschheit erneuert sich periodisch durch eine *regeneratio* (›Palingenese‹, ›Wiedergeburt‹). Mit der Kontinuität des Prozesses ist bei Aristoteles eine wichtige Voraussetzung für die Anwendung von Zyklendenken auf die reale Geschichte geschaffen.

Der erste Historiker, der das zyklische Modell konkret auf die Geschichte bezog, war Polybios. Er sah einen Zyklus im Wandel der Verfassungen, aus dem sich von Machiavelli bis Montesquieu die Theorie einer gesetzmäßigen Folge der drei Regierungsformen ›Republik‹, ›Monarchie‹ und ›Despotismus‹ herausbildete.

Grundlegend war Zyklendenken für das historische Selbstverständnis der Humanisten der Renaissance und des 17. Jh. Die bewunderte Antike war für sie eine abgeschlossene Periode, auf die nach der Zwischenzeit des Mittelalters ein neuer Zyklus folgte. Die Zentralmetapher der Zeit – ›Renaissance‹ – drückt die Gewissheit aus, dass der Zyklus der Moderne zu einem vergleichbaren Kulturhöhepunkt gelangen kann. Ihn zu erreichen erfordere Nachahmung der antiken Vorbilder: Die Imitationslehre in Kunst und Literatur war Stimulus für den eigenen Aufstieg und die Überwindung des ›toten, finsteren Mittelalters‹. Zum Ausdruck des Schemas der Universalgeschichte ›Antike/Mittelalter/Moderne‹ dienen v. a. Metaphern aus dem Bereich der Naturzyklen.

In der Logik einer strengen Auslegung der Z. mussten Antikeverehrung und Erneuerungswillen, die im Renaissancedenken komplementär waren, zu einem Konflikt führen, wenn die antiken Vorbilder nicht mehr als unübertreffbar galten und ein neues Höhepunktbewusstsein aufkam. Nach der humanistischen Deutung der Z. wäre dann neuerliche Dekadenz unausweichlich. Dieser Konflikt ist der Kern der *Querelle des Anciens et des Modernes*, die auf dem Höhepunkt der frz. Klassik ausbrach (Charles Perrault, *Le siècle de Louis*, 1687). Das neue, hohe Selbstbewusstsein der Zeit war in den Grenzen der Z. im Sinne einer Unübertreffbarkeit der Antike nicht mehr zu vermitteln. Die *Querelle* markiert deshalb die Geburtsstunde der Fortschrittstheorie (Bernard Le Bovier de Fontenelle, *Digression sur les anciens et les modernes*, 1688).

Seit dem 18. Jh. kommt es häufig zu einer Kombination zwischen Zyklen- und Fortschrittstheorie (→ Fortschritt), nach der die Menschheit zwar Phasen relativen Rückschritts kennt, aber durch Vermehrung der Erkenntnis insgesamt fortschreitet. Als adäquate Bilder dafür dienen die aufsteigende Wellenlinie oder Spirale. Eine relative Gültigkeit behält die Z. auch dann, wenn die Zyklen nicht universalhistorisch auf die Menschheitsgeschichte bezogen werden, sondern auf die nationalen Kulturen, die seit dem 18. Jh. mehr und mehr als eigenständige ›Organismen‹ verstanden werden. Aufstieg, Blüte, Dekadenz jeder Kultur ist in der Zeit und im Raum verschieden. Von den frz. Renaissancehumanisten (z. B. Louis Le Roy, *De la vicissitude ou variété des choses en l'univers*, 1575) bis zu Arnold J. Toynbee (*A study of history*, 1934–61) haben Historiker versucht, das Nebeneinander und die Folge von kleineren und größeren nationalen und kontinentalen Zyklen zu beschreiben.

Eine partikulare Anwendung der Z. erfolgte in vielen Teildisziplinen (Ökonomie, Soziologie, Politikwissenschaft). Vittorio Hösle (*Wahrheit und Geschichte*, 1984) versuchte im Anschluss an Hegel auch die Geschichte der Philosophie zyklisch zu deuten. Die Bewertung der eigenen Zeit ist in zyklischen Modellen sehr verschieden: Sie dient sowohl zum Ausdruck des optimistischen Geschichtsbilds der Renaissance als auch eines modernen Kulturpessimismus (z. B. Oswald Spengler, *Der Untergang des Abendlandes*, 2 Bde., 1918/22).

Jochen Schlobach

Eduard Spranger: Die Kulturzyklentheorie und das Problem des Kulturverfalls. In: Sitzungsberichte der Preußischen Akademie der Wissenschaften. Berlin 1926. S. XXXV–LX.

Jochen Schlobach: Z. und Epochenmetaphorik. München 1980.

Wilhelm P. Bürklin: Evolution und Zyklus. In: Politische Wissenschaft und Politische Ordnung. Festschrift zum 65. Geburtstag von Rudolf Wildenmann. Hrsg. von Max Kaase. Opladen 1986. S. 265–278.

Weiterführende Literatur

Ältere Referenzwerke und Textsammlungen

Johann Gustav Droysen: Historik. Rekonstruktion der ersten vollständigen Fassung der Vorlesungen (1857). Grundriß der Historik in der ersten handschriftlichen (1857/58) und in der letzten gedruckten Fassung (1882). Hrsg. von Peter Leyh. Stuttgart-Bad Cannstatt 1977.

Ernst Bernheim: Lehrbuch der historischen Methode (und der Geschichtsphilosophie). Leipzig 1889. [5/6]1908.

Friedrich Nietzsche: Vom Nutzen und Nachtheil der Historie für das Leben [1873]. In: F. N.: Kritische Studienausgabe. Hrsg. von Giorgio Colli und Mazzino Montinari. Bd. 1. München 1988. S. 243–334.

Ernst Troeltsch: Der Historismus und seine Probleme. Tübingen 1922.

Max Weber: Gesammelte Aufsätze zur Wissenschaftslehre. Tübingen 1922. [7]1988.

Friedrich Meinecke: Die Entstehung des Historismus. 2 Bde. München 1936.

Edward Hallett Carr: What is History? London 1961. Nachdr. Basingstoke [u. a.] 1995.

Robin George Collingwood: The Idea of History. Oxford 1946. Erg. Ausgabe 1994. [Dt.: Philosophie der Geschichte. Stuttgart 1955.]

Theodor Schieder: Geschichte als Wissenschaft. Eine Einführung. München 1965. [2]1968.

Fritz Stern: Geschichte und Geschichtsschreibung. Möglichkeiten, Aufgaben, Methoden. Texte von Voltaire bis zur Gegenwart. München 1966.

Manfred Asendorf (Hrsg.): Aus der Aufklärung in die permanente Revolution. Geschichtswissenschaft in Deutschland. Hamburg 1974.

Wolfgang Hardtwig (Hrsg.): Über das Studium der Geschichte. München 1990.

Horst Walter Blanke / Dirk Fleischer (Hrsg.): Theoretiker der Aufklärungshistorie. 2 Bde. Stuttgart-Bad Cannstatt 1990.

Stefan Jordan (Hrsg.): Schwellenzeittexte. Quellen zur deutschsprachigen Geschichtstheorie in der ersten Hälfte des 19. Jahrhunderts. Waltrop 1999.

Nachschlagewerke

Eugen Haberkern / Friedrich Joseph Wallach: Hilfswörterbuch für Historiker. 2 Bde. Bern [u. a.] [2]1964. [9]2001.

Waldemar Besson (Hrsg.): Das Fischer Lexikon Geschichte. Frankfurt a. M. 1961.

C. D. Kernig (Hrsg.): Sowjetsystem und demokratische Gesellschaft. Eine vergleichende Enzyklopädie. 6 Bde. Freiburg i. Br. 1966–72.

Konrad Fuchs / Heribert Raab (Hrsg.): dtv Wörterbuch zur Geschichte. 2 Bde. München 1972. Nachdr. 1996.

Otto Brunner [u. a.] (Hrsg.): Geschichtliche Grundbegriffe. Historisches Lexikon zur politisch-sozialen Sprache in Deutschland. 8 Bde. Stuttgart 1972–97.

Joachim Ritter [u. a.] (Hrsg.): Historisches Wörterbuch der Philosophie. Basel/Stuttgart 1971 ff.

Lexikon des Mittelalters. 10 Bde. Stuttgart [u. a.] 1980–99.

Jürgen Mittelstraß (Hrsg.): Enzyklopädie Philosophie und Wissenschaftstheorie. 4 Bde. Mannheim [u. a.] 1980–96.

Horst Bartel [u. a.] (Hrsg.): Wörterbuch der Geschichte. Berlin 1984.

Richard van Dülmen (Hrsg.): Fischer Lexikon Geschichte. Frankfurt a. M. 1990.

Hans Jörg Sandkühler (Hrsg.): Europäische Enzyklopädie zu Philosophie und Wissenschaften. 4 Bde. Hamburg 1990.

Manfred Asendorf [u. a.]: Geschichte. Lexikon der wissenschaftlichen Grundbegriffe. Reinbek bei Hamburg 1994.

Der Neue Pauly. Enzyclopädie der Antike. 16 Bde. Stuttgart [u. a.] 1996–2002.

Theorie der Geschichte

Karl-Georg Faber: Theorie der Geschichtswissenschaft. München 1971. [5]1982.

Theorie der Geschichte. Beiträge zur Historik. Hrsg. von der Studiengruppe »Theorie der Geschichte«. Werner-Reimers-Stiftung, Bad Homburg. 6 Bde. München 1972–90.

Arthur C. Danto: Analytical Philosophy of History. Cambridge/ Mass. 1965. [Dt.: Analytische Philosophie der Geschichte. Frankfurt a. M. 1980.]

Jörn Rüsen: Grundzüge einer Historik. 3 Bde. 1983–89.
Pietro Rossi (Hrsg.): Theorie der modernen Geschichtsschreibung. Frankfurt a. M. 1987.
Paul Ricœur: Temps et récit. 3 Bde. Paris 1983–85. [Dt.: Zeit und Erzählung. München 1988–91.]
Hayden White: Metahistory. The Historical Imagination in Nineteenth-Century Europe. Baltimore 1973. [8]1993. [Dt.: Metahistory. Die historische Einbildungskraft im 19. Jahrhundert in Europa. Frankfurt a. M. 1991.]
Wolfgang Küttler [u. a.] (Hrsg.): Geschichtsdiskurs. 5 Bde. Frankfurt a. M. 1993–99.
Hans-Jürgen Goertz: Umgang mit Geschichte. Eine Einführung in die Geschichtstheorie. Reinbek bei Hamburg 1995.
Antoine Prost: Douze leçons sur l'histoire. Paris 1996.
Christian Simon: Historiographie. Eine Einführung. Stuttgart 1996.
Chris Lorenz: Konstruktion der Vergangenheit. Eine Einführung in die Geschichtstheorie. Köln [u. a.] 1997.
Klaus Bergmann [u. a.] (Hrsg.): Handbuch der Geschichtsdidaktik. Seelze-Velber [5]1997.
Hans-Jürgen Goertz (Hrsg.): Geschichte. Ein Grundkurs. Reinbek bei Hamburg 1998. [2]2001.
Horst Walter Blanke [u. a.] (Hrsg.): Dimensionen der Historik. Geschichtstheorie. Wissenschaftsgeschichte und Geschichtskultur heute. Köln [u. a.] 1998.
Richard Evans: Fakten und Fiktionen. Über die Grundlagen historischer Erkenntnis. Frankfurt a. M. 1998.
John Arnold: Geschichte. Eine kurze Einführung. Stuttgart 2001.

Geschichte der Geschichtswissenschaft

Bernd Faulenbach: Geschichtswissenschaft in Deutschland. Traditionelle Positionen und gegenwärtige Aufgaben. München 1974.
Ernst Schulin: Traditionskritik und Rekonstruktionsversuch. Studien zur Entwicklung von Geschichtswissenschaft und historischem Denken. Göttingen 1979.
– Deutsche Geschichtswissenschaft nach dem Zweiten Weltkrieg (1945–1965). München 1989.
Winfried Schulze: Deutsche Geschichtswissenschaft nach 1945. München 1989.

Georg G. Iggers: Geschichtswissenschaft im 20. Jahrhundert. Göttingen 1993. [2]1996
Christoph Cornelißen (Hrsg.): Geschichtswissenschaften. Eine Einführung. Frankfurt a. M. 2000.
Günther Lottes / Joachim Eibach (Hrsg.): Kompaß Geschichtswissenschaft. Göttingen 2002.

Namenregister

Sachregister

Geschichte

Arnold, John H.: Geschichte. Eine kurze Einführung. Übers.: K. Schuler. 168 S. 20 Abb. UB 17026

Aufriß der Historischen Wissenschaften. Hrsg.: M. Maurer.
- Bd. 2: Räume. 419 S. UB 17028
- Bd. 4: Quellen. 480 S. UB 17030
- Bd. 6: Institutionen. 408 S. UB 17032

Baruch, Marc Olivier: Das Vichy-Regime. Frankreich 1940–1944. Übers.: B. Martens-Schöne. Für die deutsche Ausgabe bearb. von St. Martens. 224 S. 8 Abb. 1 Kt. UB 17021

Brown, Peter: Autorität und Heiligkeit. Aspekte der Christianisierung des Römischen Reiches. 128 S. UB 9709

Daten zur antiken Chronologie und Geschichte. Hrsg.: M. Deißmann. 213 S. UB 8628

Deutsche Geschichte in Quellen und Darstellung. Hrsg.: R. A. Müller.
- Bd. 1: Frühes und hohes Mittelalter. 750–1250. Hrsg.: W. Hartmann. 472 S. UB 17001
- Bd. 2: Spätmittelalter. 1250–1495. Hrsg.: J.-M. Moeglin u. R. A. Müller. 503 S. UB 17002
- Bd. 3: Reformationszeit. 1495–1555. Hrsg.: U. Köpf. 503 S. UB 17003
- Bd. 4: Gegenreformation und Dreißigjähriger Krieg. 1555–1648. Hrsg.: B. Roeck. 437 S. UB 17004
- Bd. 5: Zeitalter des Absolutismus. 1648–1789. Hrsg.: H. Neuhaus. 488 S. UB 17005
- Bd. 6: Von der Französischen Revolution bis zum Wiener Kongreß. 1789–1815. Hrsg.: W. Demel u. U. Puschner. 427 S. UB 17006
- Bd. 7: Vom Deutschen Bund zum Kaiserreich. 1815–1871. Hrsg.: W. Hardtwig u. H. Hinze. 488 S. UB 17007

– Bd. 8: Kaiserreich und Erster Weltkrieg. 1871–1918. Hrsg.: R. v. Bruch. 511 S. UB 17008
– Bd. 9: Weimarer Republik und Drittes Reich. 1918–1945. Hrsg.: H. Hürten. 464 S. UB 17009
– Bd. 10: Besatzungszeit, Bundesrepublik und DDR. 1945–1969. Hrsg.: M. Niehuss u. U. Lindner. 480 S. UB 17010
– Bd. 11: Bundesrepublik und DDR. 1969–1990. Hrsg.: D. Grosser, St. Bierling u. B. Neuss. 422 S. UB 17011

Auch in Kassette

Deutsche Geschichte. Von U. Dirlmeier u. a. 440 S. 202 Abb. 13 Ktn. Geb.

Deutschtum und Judentum. Ein Disput unter Juden aus Deutschland. Hrsg.: Ch. Schulte. 208 S. UB 8899

Einhard: Vita Karoli Magni / Das Leben Karls des Großen. Lat./Dt. Hrsg.: E. Scherabon Firchow. 96 S. UB 1996

Finley, Moses I.: Antike und moderne Demokratie. Mit einem Essay von Arnaldo Momigliano. 146 S. UB 9966

Die Französische Revolution. Ein Lesebuch mit zeitgenössischen Berichten und Dokumenten. Hrsg.: Ch. E. Paschold u. A. Gier. 395 S. 22 Abb. 3 Kt. UB 8535

Friedrich der Große: Das Politische Testament von 1752. Übers.: F. von Oppeln-Bronikowski, Nachw.: E. Most. 195 S. UB 9723

Geschichte Englands. Von Michael Maurer. 403 S. 106 Abb. 9 Ktn. Geb.

Geschichte Frankreichs. Hrsg.: E. Hinrichs. 389 S. 110 Abb. 11 Ktn. Geb.

Geschichte schreiben in der Postmoderne. Beiträge zur aktuellen Diskussion. Hrsg.: Ch. Conrad u. M. Kessel. 372 S. UB 9318

Goertz, Hans-Jürgen: Unsichere Geschichte. Zur Theorie historischer Referentialität. 131 S. UB 17035

Kleine deutsche Geschichte. Von Ulf Dirlmeier [u. a.]. 480 S. UB 9359

Kleine Geschichte Englands. Von Michael Maurer. 526 S. UB 9616

Kleine Geschichte Frankreichs. Von Heinz-Gerhard Haupt [u. a.]. Hrsg.: E. Hinrichs. 472 S. UB 9333

Kleine Geschichte Irlands. Von Michael Maurer. 336 S. UB 9695

Kleine Geschichte Rußlands. Von Hans-Heinrich Nolte. 536 S. UB 9696

Kleine Geschichte Spaniens. ca. 550 S. UB 17039

Kleinschmidt, Harald: Geschichte der internationalen Beziehungen. Ein systemgeschichtlicher Abriß. 495 S. UB 17013

König, Ingemar: Kleine römische Geschichte. 509 S. Geb.

König, Ingemar: Der römische Staat.
- Teil 1: Die Republik. 262 S. UB 8834
- Teil 2: Die Kaiserzeit. 550 S. UB 9615

Kultur & Geschichte. Neue Einblicke in eine alte Beziehung. Hrsg.: Ch. Conrad u. M. Kessel. 392 S. UB 9638

Kolumbus: Der erste Brief aus der Neuen Welt. Lat./Dt. Mit dem spanischen Text des Erstdrucks im Anhang. Übers., Komm. u. Hrsg.: R. Wallisch. 112 S. UB 18079

Kuhn, Axel: Die Französische Revolution. 275 S. 15 Abb. UB 17017

Lehnert, Detlef: Die Weimarer Republik. Parteienstaat und Massengesellschaft. 399 S. 10 Abb. UB 17018

Literatur im Dritten Reich. Texte und Dokumente. Hrsg.: S. Graeb-Könneker. 416 S. 38 Abb. UB 18148

Nipperdey, Thomas: Wie das Bürgertum die Moderne fand. 76 S. UB 17014

Ockham, Wilhelm von: Texte zur politischen Theorie. Exzerpte aus dem »Dialogus«. Lat./Dt. Hrsg.: J. Miethke. 400 S. UB 9412

Padberg, Lutz E. von: Die Christianisierung Europas im Mittelalter. 307 S. 19 Abb. 8 Kt. UB 17015

Die Peinliche Gerichtsordnung Kaiser Karls V. und des Heiligen Römischen Reichs von 1532 (Carolina). Hrsg. und erl.: F.-Ch. Schroeder. 215 S. UB 18064

Pufendorf, Samuel: Die Verfassung des deutschen Reiches. Übers. u. Hrsg.: H. Denzer. 224 S. UB 966

Quellen zur Geschichte der Frauen.
- Bd. 1: Antike. Hrsg.: B. Patzek. 344 S. 18 Abb. UB 17022
- Bd. 3: Neuzeit. Hrsg.: A. Conrad u. K. Michalik. 458 S. 19 Abb. UB 17024

Die Revolution von 1848/49. Eine Dokumentation. Hrsg.: W. Grab. 279 S. UB 9699

Der römische Festkalender der Republik. Feste, Organisation und Priesterschaften. Von Angelika u. Ingemar König. 152 S. UB 8693

Sachsenspiegel. Landrecht und Lehnrecht. Hrsg.: F. Ebel. 267 S. UB 3355

Schulze, Hagen: Gibt es überhaupt eine deutsche Geschichte? 77 S. 11 Abb. UB 17016

Stollberg-Rilinger, Barbara: Europa im Jahrhundert der Aufklärung. 408 S. UB 17025

Tocqueville, Alexis de: Über die Demokratie in Amerika. Ausw. u. hrsg.: J. P. Mayer. 391 S. UB 8077

Die Verfassung des Deutschen Reichs vom 11. August 1919. Hrsg.: H. Mosler. 80 S. UB 6051

Widukind von Corvey: Res gestae Saxonicae / Die Sachsengeschichte. Lat./Dt. Übers. u. Hrsg.: E. Rotter u. B. Schneidmüller. 262 S. UB 7699

Philipp Reclam jun. Stuttgart